2020

# 浙江外事年鉴

《浙江外事年鉴》编纂委员会 编

ZHEJIANG FOREIGN AFFAIRS YEARBOOK

ZHEJIANG UNIVERSITY PRESS
浙江大学出版社

**图书在版编目（CIP）数据**

浙江外事年鉴. 2020 /《浙江外事年鉴》编纂委员会编.-- 杭州：浙江大学出版社，2021.1
ISBN 978-7-308-21037-9

Ⅰ. ①浙… Ⅱ. ①浙… Ⅲ. ①外事管理－浙江－2020－年鉴 Ⅳ. ①D827.55-54

中国版本图书馆 CIP 数据核字（2021）第 019083 号

# 2020
# 浙江外事年鉴

《浙江外事年鉴》编纂委员会 编

---

| | |
|---|---|
| 责任编辑 | 傅百荣 |
| 责任校对 | 董雯兰 |
| 封面设计 | 王一之 |
| 出版发行 | 浙江大学出版社 |
| | （杭州市天目山路 148 号　邮政编码 310007） |
| | （网址：http://www.zjupress.com） |
| 排　　版 | 浙江民振印务有限公司 |
| 印　　刷 | 浙江民振印务有限公司 |
| 开　　本 | 889mm×1194mm　1/16 |
| 印　　张 | 19.25 |
| 插　　页 | 12 |
| 字　　数 | 500 千 |
| 版 印 次 | 2021 年 1 月第 1 版　　2021 年 1 月第 1 次印刷 |
| 书　　号 | ISBN 978-7-308-21037-9 |
| 定　　价 | 150.00 元 |

---

## 《浙江外事年鉴》编纂委员会

# 编 辑 说 明

一、《浙江外事年鉴》由浙江省人民政府外事办公室主持编纂，是浙江省涉外工作年度大事、新事和要事的信息资料文献。

二、《浙江外事年鉴（2020）》主要记述 2019 年 1 月 1 日至 12 月 31 日期间发生的涉外事件。鉴于浙江省人民政府外事办公室与浙江省人民政府港澳事务办公室合署这一实际情况，本年鉴将港澳工作也列入收编范围。

三、《浙江外事年鉴（2020）》设图记、省级外事、部门外事、高校外事、地市外事五大栏目，共有条目 1531 余条。条目一般按事件发生时间的先后顺序排列。

四、本年鉴列有详细目录。

五、本年鉴所收内容（含图片）均由省外事办公室各处（室）和直属单位，各地市外事办公室，以及省级各有关部门、单位和驻浙机构提供。年鉴的编辑、出版得到全省各级各单位外事部门的高度重视与积极配合。在此，谨向参与年鉴编辑工作的领导和作者致谢。因编辑水平所限，书中难免有不足之处，敬请广大读者批评指正。

《浙江外事年鉴》编辑部

2020 年 10 月

2019 年 4 月 25 日，省委书记、省人大常委会主任车俊，省委副书记、省长袁家军在杭州会见奥地利总理库尔茨。

2019 年 9 月 12 日，省委书记、省人大常委会主任车俊在杭州会见哈萨克斯坦总统托卡耶夫。

2019 年 11 月 29 日，省委书记、省人大常委会主任车俊在杭州会见苏里南总统鲍特瑟。

2019 年 4 月 23 日，省委书记、省人大常委会主任车俊在杭州会见香港特别行政区立法会主席梁君彦。

2019 年 5 月，省委书记、省人大常委会主任车俊在匈牙利会见匈牙利巴兰尼亚州州长佐尔坦·马达拉斯。

2019 年 5 月，省委书记、省人大常委会主任车俊在德国与德国石荷州州长丹尼尔·君特(时任德国联邦参议院议长)及石荷州议长克劳斯·施利共同出席“美丽中国诗画浙江”浙江省非遗文化展开幕式。

2019 年 5 月 26 日，省委副书记、省长袁家军在杭州会见尼日尔总统穆罕默杜·伊素福。

2019 年 5 月 15 日，省委副书记、省长袁家军在绍兴会见日本爱知县知事大村秀章。

2019 年 3 月 25 日，省委副书记、省长袁家军在杭州会见芬兰赫尔辛基–乌西玛大区主席马尔库·马库拉。

2019 年 9 月，省委副书记、省长袁家军访问沙特阿美石油公司，与公司总裁兼首席执行官阿敏·纳瑟尔等会谈。

2019 年 9 月，省委副书记、省长袁家军在卢旺达会见卢旺达总统卡加梅。

2019 年 9 月，省委副书记、省长袁家军在南非出席浙江省—东开普省经贸交流论坛。

2019 年 3 月 18 日，省政协主席葛慧君在杭州会见比利时西弗兰德省省长卡尔·德卡卢维。

2019 年 7 月，省政协主席葛慧君在哈拉雷和津巴布韦总统姆南加古瓦共同出席东阳市与奇诺伊市结好仪式。

2019年6月8日，省委副书记、宁波市委书记郑栅洁在宁波会见斯洛文尼亚副总理兼基础设施部部长阿伦卡·布拉图舍克。

2019年6月8日，省委副书记、宁波市委书记郑栅洁在宁波与保加利亚经济部部长卡拉尼科洛夫共同出席宁波市政府和保加利亚经济部合作备忘录签字仪式。

2019 年 11 月 13 日，省委副书记、宁波市委书记郑栅洁在宁波会见老挝高级干部研修班。

2019 年 10 月 27 日，省委副书记、宁波市委书记郑栅洁在德国斯图加特戴姆勒奔驰集团考察。

2019年3月8日，省委常委、秘书长陈金彪在杭州会见摩洛哥独立党代表团。

2019年6月8日，省委常委、常务副省长冯飞在宁波会见印度尼西亚海洋统筹部副部长利德万。

2019年11月4日，省委常委、宣传部部长朱国贤在杭州会见俄罗斯访华记者和专家代表团。

2019年5月16日，省委常委、组织部部长黄建发在杭州会见墨西哥蒙特雷科技大学校董会代表团。

2019年7月5日，省委常委、杭州市委书记周江勇在阿塞拜疆会见联合国教科文组织文化助理总干事奥托内·拉米雷斯。

2019年4月18日，省人大常委会副主任梁黎明在杭州会见萨尔瓦多第一副议长何塞·塞拉芬·奥兰特斯。

2019 年 9 月 4 日，省人大常委会副主任李卫宁在杭州会见柬埔寨暹粒省副省长莱·萨姆瑞斯。

2019 年 3 月 25 日，副省长朱从玖在杭州会见白俄罗斯明斯克州执行委员会副主席尼古拉·罗加修克。

2019 年 5 月 30 日，副省长朱从玖在杭州会见俄中友好、和平与发展委员会地方合作理事会俄方秘书长谢苗诺夫·阿尔乔姆。

2019 年 8 月 26 日，副省长朱从玖在杭州会见前来参加第 4 届“浙江省·静冈县友好交流乒乓球大赛”的日本静冈县副知事吉林章仁。

2019 年 4 月 16 日，副省长高兴夫在杭州会见巴西杜克加西亚市市长华盛顿·罗斯·奥利维拉。

2019 年 9 月 6 日，副省长成岳冲在杭州会见新加坡南洋理工大学校长苏布拉·苏雷什教授。

2019 年 8 月 1 日，省政协副主席张泽熙在杭州会见美国加利福尼亚州政要代表团。

2019 年 4 月 1 日，省政协副主席马光明在杭州会见韩国济州名人代表团。

2019 年 3 月 22 日，意大利设计日活动在宁波城市展览馆举行。

2019 年 5 月 13 日，2019 年全国地市级友协领导干部培训班在温州举行。

2019 年 5 月 22 日，德国吉森—温州友好协会会长约阿西姆·席厄率吉森市民代表团在温州交流。

2019 年 6 月 8 日，中东欧博览会主宾国斯洛伐克展区开馆仪式。

2019 年 6 月 9 日，首届中国–中东欧国家合作论坛在宁波召开。

2019 年 6 月 27 日，省外办举行“不忘初心、牢记使命”主题教育集中学习。

2019 年 7 月 9 日，第 21 届浙江省·韩国全罗南道学术研讨会在杭州举行。

2019 年 7 月 10 日，省外办主任金永辉在“不忘初心、牢记使命”主题教育中讲党课。

2019 年 7 月 31 日，“浙江省·西澳州投资贸易论坛”在杭州举行。

2019 年 8 月 11 日，第八季海外名校学子走进金华山。

2019 年 8 月 19 日，“为友谊行走”徒步浙江活动。

2019 年 8 月 20 日，第二十届亚洲区家政学会双年国际学术会议在杭州召开。

2019 年 10 月 17 日，第四届中国—阿拉伯广播电视合作论坛在杭州举行。

2019 年 11 月 3 日，“走进欧洲——浙江省台州市高中生英语及欧洲文化知识大赛”颁奖仪式。

2019 年 11 月 4 日，罗马尼亚文艺代表团与温州文艺团体在温州举办庆祝两国建交 70 周年文艺演出。

2019 年 11 月 10 日，中国丽水市与日本三岛市在丽水签署旅游合作备忘录。

2019 年 11 月 24 日，第八届浙江省日剧表演比赛在浙江工商大学举行。

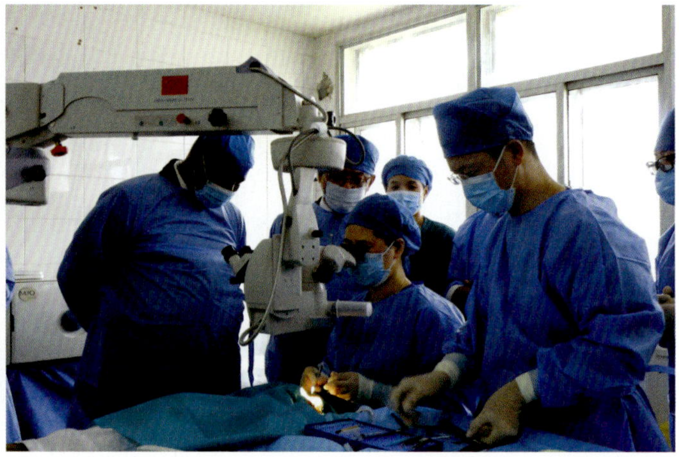

2019 年 11 月 27 日，中非总统图瓦德拉、中国驻中非大使陈栋、中非卫生部办公厅主任瓦尼科马内视察友谊医院“光明行”专家手术室并观摩手术过程。

2019 年 11 月 25 日，第三期义路同行——全球青年创业培训班学员参观中国义乌跨境电子商务产业园易家园区。

2019 年 12 月 5 日，世界互联网法治论坛在乌镇举行。

# 目 录

## 省级外事

### 综 述



### 对外工作

#### 美洲和大洋洲

**欧洲**



**亚洲和非洲**

## 港澳事务

## 民间交流



# 部门外事

## 省人大常委会

## 省高级人民法院



## 省人民检察院



## 省经信厅

## 省教育厅



## 省科技厅

## 省公安厅



## 省司法厅



## 省自然资源厅



## 省生态环境厅

## 省交通运输厅



## 省农业农村厅



## 省商务厅

## 省文化和旅游厅



## 省卫生健康委员会

## 省广电局



## 省体育局



## 省林业局



## 省总工会



## 团省委

## 省妇联



## 省科协



## 省文联



## 省残联



## 省贸促会

## 省工商联

## 省农科院



## 亚太小水电中心



## 国际小水电中心

## 高校外事

### 浙江大学



### 中国美术学院



### 浙江工业大学

## 宁波大学



## 浙江师范大学

## 浙江理工大学



## 杭州电子科技大学

## 浙江工商大学



## 中国计量大学

## 浙江中医药大学

## 浙江海洋大学



## 浙江农林大学



## 温州医科大学

## 浙江传媒学院



## 浙江外国语学院

## 温州大学



## 浙江树人大学

## 浙江万里学院



## 宁波诺丁汉大学



## 义乌工商职业技术学院

## 地市外事

### 杭州市

#### 综述



#### 重要活动



#### 主要出访



#### 主要来访



#### 友好城市交流



### 宁波市

#### 综述



#### 重要活动

## 温州市

港澳事务



## 嘉兴市

综述



重要活动



主要出访



主要来访



友好城市交流



## 湖州市

综述

### 重要活动



### 主要出访



### 主要来访

## 绍 兴 市

### 综述



### 重要活动



### 主要出访



### 主要来访



### 友好城市交流



## 金 华 市

### 综述



### 重要活动

### 主要出访



### 主要来访



## 衢 州 市

### 综述



### 重要活动



### 主要出访



### 主要来访

## 舟山市



## 台州市



## 丽水市

**主要来访**



**友好城市交流**



## 义乌市(县级市)

# 省级外事

# Foreign Affairs at the Provinical Level

# 综　述

2019年以来，浙江省外办高举习近平新时代中国特色社会主义思想伟大旗帜，以习近平外交思想为引领，充分发挥浙江作为中国革命红船起航地、改革开放先行地、习近平新时代中国特色社会主义思想重要萌发地（即“三个地”）的独特优势，精心谋划，主动作为，服务大局，彰显担当，在对外交往工作中有力宣介习近平新时代中国特色社会主义思想在浙江的生动实践，在“两个服务”中有效提升外事工作水平，在推进“两个高水平”建设中努力营造良好的国际环境，着力为构建中国特色大国外交作出浙江贡献。

**一、落实“两个维护”，党对外事工作集中统一领导得到加强。**坚持把党的政治建设摆在首位，突出政治建设统领地位，进一步增强办党组的政治功能，彰显省级机关的政治属性，坚决贯彻执行党中央对外大政方针和战略部署，把“两个维护”落实到对外工作中，强化党对外事工作的集中统一领导。充分发挥“三个地”的独特优势，积极利用外事、港澳、友协工作渠道，以重要外宾团组来访接待和省领导出访为契机，积极宣介党的十九大精神和习近平新时代中国特色社会主义思想。贯彻中央关于加强党对地方外事工作领导体制改革的精神，及时健全全省党委外事工作委员会机构设置，全面落实省委书记车俊在省委外事工作委员会第一次全体会议上“四个高”的讲话精神，将全省外事资源更好地统筹到服务国家外交大局和对外开放战略中，推动浙江外事继续走在前列。

**二、紧贴中央大局，服务国家总体外交主动有为。**一是圆满完成重大外交外事活动。积极参与做好中俄印三国外长会晤、落实《南海各方行为宣言》第17次高官会和第25次中国一东盟高官磋商、首届中国一中东欧国家博览会暨国际消费博览会、第六届世界互联网大会等重要会议和多边外交活动，圆满完成外交部等中央和国家部委在浙江省举办的11个大型国际会议的外事礼宾和服务保障工作。二是精心做好重要党宾国宾接待工作。根据中央统一安排，充分利用浙江“三个地”独特优势，先后接待外国及港澳团组212批，其中接待尼日尔总统、奥地利总理、埃塞俄比亚总理、第73届联合国大会主席等党宾国宾重要团组165批，省部级以上团组38批。通过参访红色教育基地、赠送《习近平论治国理政》英文版书籍，宣介了习近平新时代中国特色社会主义思想。

**三、聚焦“一带一路”，服务浙江省高水平对外开放精准有力。**一是“大交流、大周边”迈出新步伐。统筹安排省领导出访，以高层互访为引领，深化与“一带一路”沿线国家务实合作，全面拓展浙江省对外开放新格局。推动浙江与出访国建立更加广泛、密切、务实的合作关系。二是“大平台、大项目”取得新进展。坚持外事工作为经济发展服务的方针，全力配合办好第21届中国浙江投资贸易洽谈会、浙江省“一带一路”建设推进大会，并联合有关部门成功举办乌兹别克斯坦纳沃伊州经贸推介会、芬兰乌西玛大区科技对接会、浙江省一东开普省经贸对接会等10多项经贸活动，积极为企业搭建交流平台，实现精准对接，促进大批项目落地。三是“大友城”得到新拓展。持续提升友城交往广度深度，在友好省州捷克皮尔森州、匈牙利巴兰尼亚州、德国石荷州、韩国忠清南道等举办和参加了10多场丰富多彩的文化艺术交流活动；加大与重点友城美国印第安纳州、澳大利亚西澳州的交流合作力度，重点培植双方同时具有互补优势和交流意愿的务实合作领域。全省新增友城和友好交流关系城市9对，总数达506对，进一步拓展了全省友城工作格局。四是浙港澳合作迈上新台阶。认真做好香港代表团来访接待工作，宣介浙江省经济社会发展情况和改革开放成果，搭建浙港澳教育交流平台，做好优秀澳门学子考察团在浙江省的交流访问，推动构建浙港澳全方位交往新格局。联合相关部门出台港澳居民子女参加中考优待、"浙里办APP"实名认证、企业注册登记等多项面向在浙港澳居民的便利化服务措施。

**四、围绕"民心相通"，服务民间公众外交稳中有进。**一是精心开展民间友好交往活动。参与组织中美建交40周年庆祝招待会、中日少年足球友谊赛、浙江省·静冈县友好交流乒乓球大赛等多项交流活动，增进民意沟通，深化民间友好。二是深入推进"一带一路"民心项目合作。成功举办2019第三届"未来之桥"中国—中东欧青年研修交流营、"海外名校学子走进金华古村落"等多批次特色活动，深入推进人文各领域交流合作。精心承办世界城地组织亚太区2019执行局会议暨"一带一路"国际城市经贸合作对话会，形成"义乌倡议"，加强全球化背景下的地方和城市经贸合作。

**五、创新制度机制，切实做好海外领事保护工作。**一是深入开展境外旅游安全专项治理工作。联合省文明办、省文旅厅和杭州萧山机场举办领保宣传进机场暨安全文明出境游宣传，启动浙江省"境外旅游安全工作专项治理年宣传月"活动。二是妥善处理海外领事保护和省内涉外案(事)件。快速响应海外领保事件，配合外交部和驻外使领馆协调处理包括埃塞俄比亚空难、劳务纠纷、远洋渔业等各类海外领事保护案(事)件92起。稳妥应对境内涉外突发事件，先后处置省内涉外突发案(事)件55起，及时处置率均达100%，有力维护了浙江省在外公民和机构以及外方当事人的合法权益。

**六、深化"最多跑一次"改革，外事服务管理从紧务实。**一是严把政策审核。坚持以任务为导向把好审核关，有效控制了党政出访团组总量。二是简化审批流程。实施分类精准施策，启动因公出国(境)审批"最多跑一次"改革，通过重点项目申报制度、扩大高校"备案制"审批、争取国有企业外事审批权、建立绿色通道制度等手段，持续精简手续、优化流程，重点保障紧密围绕浙江省中心工作任务的团组"走出去"。稳步推进信息化升级改造，因公赴港澳、邀请外国人来华实现在线审批和申办单位自行打印批件，提升了外事综合管理的质量效益。三是精准为民服务。参加"全面推进精准服务外贸企业专项行动"省级服务组，深入基层开展实地调研和政策培训，向企业宣讲海外领事保护政策。积极推广APEC商务旅行卡，办卡量同比增长41%；签证代办、领事认证业务稳步发展。主动邀请外国驻华使节到嘉兴和杭州实地参观考察、与企业家面对面交流座谈，通过建立驻外使节与浙江企业的直接联系，助力浙江企业"走出去"。

**【浙江省代表团访问捷克、匈牙利和德国】** 5月23日至6月1日，省委书记、省人大常委会主任车俊率浙江省代表团访问捷克、匈牙利和德国。

在捷克，车俊会见了捷克总统泽曼。双方认为，浙江是"一带一路"的重要起点，捷克是"一带一路"的重要支点，合作前景十分广阔。希望双方借中捷建交70周年这一契机，开展更加广泛的交流合作，造福两地人民。车俊还分别会见了捷克第一副总理兼内务部部长哈马切克、捷克总统办公厅主任米纳日、总统中国事务特命代表德沃吉克、文化部副部长卡利斯托娃、外交部第一副部长考斯基、工贸部副部长哈夫利切克和中捷克州副州长比特拉、科瓦克斯。双方就推进"一带一路"捷克站建设、深化义新欧班列运营和能源开发合作等交换了意见。代表团出席了浙江（宁波)—捷克经贸科技合作交流会，车俊致辞，双方共签订22个合作项目，涉及现代物流、智慧城市、能源开发、跨境电商等领域，签约项目总金额3.8亿美元。车俊与捷克工贸部第一副部长易洛德克法、捷中友协执行副主席穆哈莱克共同出席中国计量大学和布拉格金融管理大学联合成立的"浙江捷克人文交流中心和中东欧研究院"揭牌仪式，车俊向布拉格金融管理大学孔子学院和人文交流中心赠送了一批汉语教材、宣布提供10个省政府奖学金名额。代表团观看了杭州文澜中学和捷克奥特那中学教育文化交流汇演，出席了“丝茶瓷：丝绸之路上的跨文化对话”展览开幕式。访捷期间，代表团考察了捷克站帕夫洛夫物流园，听取捷克站“一场多园”布局及发展计划汇报。车俊还会见了皮尔森州副州长格律能、德里乔娃，希望双方充分利用中国—中东欧博览会平台，加强先进制造业、高新技术产业的合作。

在匈牙利，车俊会见了匈牙利前总理迈杰希、国会副主席希莱尔、国有资产管理不管部长巴尔特法伊、外交与对外经济部副部长乐万特及国务秘书派特劳。车俊和巴尔特法伊等共同出席浙江（宁波）—匈牙利经贸科技合作交流会并致辞，200多位浙匈客商开展了对接，现场签订合作项目13个，涉及商贸物流、安防、汽车制造等多个领域，总投资2.8亿美元。车俊还会见了巴兰尼亚州州长佐尔坦，并共同签署进一步深化两省州务实合作协议书；出席了两省州企业家经贸交流会、“湖山胜概——诗画浙江”书画展开幕式、“大音希声——美丽浙江”专场音乐会等活动。

在德国，车俊会见德国联邦参议院议长、石荷州州长君特，并共同启动“美丽浙江，诗画江南”非遗文化展。访问期间，代表团一行出席浙江—德国数字经济和高新技术产业高峰论坛，浙德双方现场签订合作项目21个，总投资7.7亿美元，涉及政府机构间合作、工业材料、港口物流、技术研发等领域；考察了正泰集团欧洲公司、基尔造船厂。

**【浙江省政府代表团访问沙特阿拉伯、卢旺达和南非】** 9月3日至12日，省委副书记、省长袁家军率浙江省政府代表团访问沙特阿拉伯、卢旺达和南非。

在沙特阿拉伯，袁家军分别会见了该国能源部部长哈立德·法利赫、国家投资总局局长易卜拉欣·阿勒欧摩尔、国际战略伙伴关系中心执行主席费舍尔·阿勒苏盖尔和沙特阿美石油公司总裁兼首席执行官阿敏·纳瑟尔，出席浙江·沙特合作交流会。袁家军表示，浙江十分重视与沙特阿拉伯的合作，愿与沙特一道，发挥产业优势，加强互联互通，鼓励更多企业参与，扩大双向投资合作，推动更多大项目好项目落地，共建共享“一带一路”合作成果。代表团一行实地考察了谢巴油田和达曼沙特阿美总部、工业4.0展示厅、贸易公司、阿卜杜勒阿齐兹国王世界文化中心，并出席了浙江（舟山）自贸区·沙特阿美合作备忘录签约仪式。

在卢旺达，袁家军会见了该国总统卡加梅；出席了中国（浙江）·卢旺达数字经济发展合作论坛并作主旨演讲，代表团共签订7个合作项目，涉及跨境电商、工业园区建设、人员培训、物流仓储、农产品贸易等领域。代表团还参观了浙江援卢科技合作及能力建设成果展，考察阿里巴巴集团、金华职业技术学院援卢成果情况，为浙卢竹业研发科技合作示范基地揭牌，并向卢旺达竹业技术培训学员颁发结业证书。

在南非，袁家军会见了东开普省省长奥斯卡·玛布雅尼，双方共同见证了浙江省余杭区与东开普省萨拉巴特曼区友好交流关系签约。在曼德拉大学，代表团出席了浙江—南非中南青年创新创业交流论坛，主题是“共享数字经济新机遇，激活创新创业新动能”。访问期间，代表团一行还考察了南非科学与工业研究理事会3D打印实验室及小型科技成果展，出席了中国（浙江）—南非（东开普）经贸交流论坛、“彩虹之约”浙江文旅推广展、浙江南非合办的非洲首个中医类孔子学院揭牌仪式，见证了南非金伯利国家钻石孵化器与杭州西联集团、杭州钱塘新区与库哈工业园区、浙江安邦护卫集团与南非安兰医疗等重大项目合作协议的签署。

**【浙江省代表团访问阿拉伯联合酋长国、坦桑尼亚和津巴布韦】** 7月17日至26日，省政协主席葛慧君率浙江省代表团访问阿拉伯联合酋长国、坦桑尼亚和津巴布韦。

在阿拉伯联合酋长国，代表团分别会见了该国“拥抱中国”组委会主席、皇室成员谢赫马吉德，迪拜皇室成员谢赫穆勒·阿勒马克图姆特别顾问阿卜杜拉，迪拜环球港务集团首席运营官马修·李，双方就互派联合考察团组共同开拓科技、健康、文娱、教育等领域合作达成共识。此外，代表团举办了浙江“一带一路”迪拜站推进座谈会及浙江在阿拉伯联合酋长国海外政协委员及商会代表座谈会，走访了浙江执御信息技术公司在阿布扎比的无人智慧商店和海康威视集团在迪拜总部公司。

在坦桑尼亚，代表团分别会见了坦桑尼亚国会委员会主席哈桑·尊古、桑给巴尔第二副总统赛义夫·阿里·伊迪、坦桑尼亚外交及东非合作部部长帕拉马甘巴·卡布迪等。哈桑·尊古表示坦桑尼亚方面希望和浙江加强经贸、新能源、建筑、旅游及信息技术等多领域的合作。此外，代表团举办了浙江（金华）—坦桑尼亚贸易投资论坛、浙江（金华）—桑给巴尔贸易投资论坛，坦桑尼亚贸易与工业部部长巴尚瓜、国家旅游局主席米哈约及民营企业基金会首席执行官戈弗雷等坦桑尼亚高层及150余位企业代表出席了投资论坛。代表团还访问了浙江师范大学在达累斯萨拉姆大学的孔子学院。

在津巴布韦，代表团会见了该国总统姆南加古瓦并共同出席浙江（金华）—津巴布韦贸易投资论坛以及东阳市和奇诺伊市结好仪式，举办了在津巴布韦浙商及华人华侨代表座谈会。

访问期间，葛慧君还分别接受了坦桑尼亚国家电视台、津巴布韦国家电视台、《英雄报》《哈拉雷日报》等30余家主流媒体的专访报道。

**【哈萨克斯坦总统访问浙江】** 9月12日，省委书记、省人大常委会主任车俊在杭州会见了哈萨克斯坦总统托卡耶夫。随同来访的哈萨克斯坦第一副总理兼财政部部长斯迈洛夫等高级官员，省领导陈金彪、朱从玖、陈小平，中国驻哈萨克斯坦大使张霄等参加会见。

车俊说，浙江是“一带一路”的重要起点，哈萨克斯坦是“一带一路”沿线的重要国家，双方合作空间广阔，愿以总统阁下此次访问为契机，加强双方各层级、各领域的交流，共同推动两地的经贸合作，重点在能源开发、农林产业、电子商务、装备制造等方面开展对接，进一步深化人文交往，努力为两地人民带来更多实实在在的好处。

托卡耶夫说，浙江是中国最具活力的省份之一，十分重视与浙江深化交流合作，希望双方建立更紧密的联系，加强在科技、工业、商贸、农业特别是数字经济方面的务实合作，携手共赢发展。

在浙期间，托卡耶夫一行考察了海康威视公司、阿里巴巴集团和中国茶叶博物馆。

**【塞尔维亚总理访问浙江】** 11月6日，省委书记、省人大常委会主任车俊在杭州会见了塞尔维亚总理布尔纳比奇。随同来访的塞尔维亚副总理利亚伊奇等高级官员，省领导袁家军、陈金彪、从健敏、朱从玖，中国驻塞尔维亚大使陈波会见时在座。

车俊说，浙江作为民营经济和开放型经济大省，将认真贯彻落实习近平主席的主旨演讲精神，进一步深化与塞尔维亚的交流合作。希望双方以推进“一带一路”建设为契机，以中国—中东欧国家博览会为平台，加深经贸交流，支持互相投资和开拓市场；以科技合作为引领，在数字经济、电子政务、人工智能、5G等领域开展多维度的务实合作；以人文和情感为纽带，加强友好往来和文化、体育领域的交流，推动双方友好关系不断向前发展。

布尔纳比奇说，透过浙江这些年来发生的日新月异变化，充分感受到了新中国成立70年来取得的巨大进步。塞中友谊如钢铁般牢不可破，塞尔维亚人民感谢塞中合作带来的福祉。当前，塞尔维亚正在大力发展数字经济，积极推动教育、科技等领域发展。浙江是中国最发达的省份之一，塞尔维亚与浙江合作潜力巨大、前景广阔。希望双方加强各层级往来，深化各领域务实合作。塞方欢迎更多浙江企业前来投资发展，并将努力为它们创造更好营商环境。

布尔纳比奇一行在杭州先后参观了海康威视公司、阿里巴巴集团和梦想小镇。

**【苏里南总统访问浙江】** 11月29日至30日，苏里南总统鲍特瑟夫妇一行50人访问浙江。29日，省委书记、省人大常委会主任车俊会见宴请鲍特瑟。

车俊说，习近平主席与鲍特瑟总统共同宣布中苏建立战略合作伙伴关系，推动两国关系迈上新台阶，这为浙江与苏里南深化友好关系注入了新动力。浙江作为对外开放和民营经济大省，将认真贯彻两国元首达成的共识，积极参加与苏里南的交流合作，希望以此为契机，在"一带一路"框架下加强各领域的交流合作，更好发挥浙籍华侨的桥梁纽带作用，携手谱写浙苏友好关系新篇章。

鲍特瑟说，70年来中国在经济、社会、文化等各个领域取得了举世瞩目的成就。浙江有许多好做法好经验值得苏方学习借鉴，愿与浙江开展更大力度的务实合作，欢迎浙江的朋友前往投资兴业、旅游观光。省委常委、秘书长陈金彪，省委常委、杭州市委书记周江勇，副省长朱从玖，致公党省委会主委、省政协副主席郑继伟，省委副秘书长、办公厅主任王纲，省外办主任金永辉，省商务厅厅长盛秋平，省委办公厅副主任王文滋，省发展改革委副主任焦旭祥，省外办副主任顾建新等参加会见。

当天，中国—苏里南工商界午餐会在杭州举行。省委副书记、省长袁家军在致辞时表示，要认真落实习近平主席和鲍特瑟总统达成的共识，鼓励更多浙江企业赴苏投资兴业，推动两地基础设施、经贸、数字经济、能源、人文旅游等全方位交流合作再上新台阶，为共建"一带一路"作出浙江贡献。朱从玖、金永辉、盛秋平、省文化和旅游厅厅长褚子育、省国资委主任冯波声、省工商联党组书记陈浩、省发展改革委副主任徐幸、省教育厅副厅长韩平、省贸促会副会长张青山、顾建新、杭州市副市长陈卫强、浙江理工大学党委书记吴锋民等参加午餐会。

**【美大北欧地区共产党干部联合考察团访问浙江】** 2月22日至27日，由英国、美国、加拿大、瑞典、挪威和芬兰等6个国家8个共产党的领导人和干部组成的美大北欧地区共产党干部联合考察团一行22人访问浙江。26日，省委常委、常务副省长冯飞会见宴请考察团一行。其间，考察团参观了嘉兴南湖革命纪念馆、浙江红船干部学院、陈望道故居等红色景点，了解中国共产党的历史及发展；赴两山理论发源地——湖州安吉，考察新发展理念的实践及新农村建设情况；访问天能集团、义乌国际商贸城等，了解非公企业党建及浙江省民营经济的发展。

**【联合国前秘书长访问浙江】** 6月4日，省委书记、省人大常委会主任车俊会见联合国前秘书长潘基文一行。车俊对潘基文来杭参加联合国世界环境日全球主场活动表示欢迎，对他在任联合国秘书长期间加强全球环境治理的做法表示赞赏。他说，发展决不能以牺牲环境为代价。这些年来，浙江深入践行习近平生态文明思想，全面打响污染防治攻坚战，大力推进美丽浙江建设，加快高质量发展，取得了阶段性成效。浙江将以联合国世界环境日全球主场活动在杭召开为契机，充分学习借鉴国际经验和专家的意见建议，进一步统一认识、综合施策，加强与周边地区的合作，全力打好生态文明建设持久战，为全球环境治理作出新贡献。潘基文说，这些年来，浙江不仅经济快速发展，而且在生态保护和生态文明建设上也取得了明显进步。同时，浙江与韩国地方的交流合作也取得了丰硕成果。希望浙江分享生态文明建设的经验成果，为改善全球环境质量发挥更加积极作用；深化与韩国地方的各领域交流合作，推动友好关系不断向前发展。副省长彭佳学，省委副秘书长、办公厅主任王纲，省生态环境厅厅长方敏，省外办主任金永辉，省委办公厅副主任王文滋等参加会见。

**【举办首届中国—中东欧国家博览会暨国际消费品博览会、第21届中国浙江投资贸易洽谈会】** 6月8日，首届中国—中东欧国家博览会暨国际消费品博览会、第21届中国浙江投资贸易洽谈会在宁波开幕。展会吸引了1186家境内外企业参展，包括中东欧国家在内的2万余名境内外政府官员和客商参会，来自22个国家和地区的6700余名专业采购商登记到会采购。9日上午，中国—中东欧国家合作论坛召开。中共中央政治局委员、国务院副总理胡春华出席论坛并发表主旨演讲。省委书记、省人大常委会主任车俊，商务部副部长兼国际贸易谈判副代表俞建华致欢迎辞。本届展会"主题省"——吉林省省长景俊海、立陶宛经济和创新部部长辛克维丘斯、黑山名誉总统武亚诺维奇、斯洛文尼亚副总理布拉图舍克、克罗地亚副总理托卢希奇、斯洛伐克副总理理查德·莱希先后致辞。省委副书记、省长袁家军主持，省委副书记、宁波市委书记郑栅洁出席。

本届展会以“深化开放合作、携手互利共赢”为主题，突出进口和走出去特色，举行会议论坛、经贸洽谈、贸易展览和人文交流等四大板块的20多场活动，努力与“一带一路”沿线国家共享高水平开放合作新机遇，共创高质量互利共赢新篇章。国家有关部门领导，省委常委、秘书长陈金彪，省委常委、宣传部部长朱国贤，副省长朱从玖、王文序，宁波市委副书记、市长裘东耀，中东欧国家政要、驻华使节、国际友城代表，省有关部门负责人、各市代表团和国内外客商参加论坛。

8日晚，省委副书记、省长袁家军宴请出席中国—中东欧国家合作论坛的斯洛伐克副总理理查德·莱希一行。

**【举办浙江省推进“一带一路”建设大会】** 6月8日，浙江省推进“一带一路”建设大会在宁波举行。省委书记、省人大常委会主任车俊出席会议并讲话。车俊强调浙江将认真落实习近平主席在第二届“一带一路”国际合作高峰论坛上的重要讲话精神，积极主动推进论坛成果的落实，与沿线国家共享高水平开放合作新机遇，共创高质量互利共赢新篇章，共同为“一带一路”工笔画增色添彩。车俊指出，“一带一路”是促进中国同世界共同开放的大舞台，也是通向共同繁荣的大机遇。浙江希望与沿线国家和地区深化交流合作，高质量共建“一带一路”。立陶宛共和国政府秘书长斯东凯提斯、印度尼西亚海洋统筹部副部长利德万、土库曼斯坦驻华大使杜尔德耶夫等致辞。省委副书记、省长袁家军主持。省委副书记、宁波市委书记郑栅洁，省委常委、秘书长陈金彪，省委常委、常务副省长冯飞，省委常委、杭州市委书记周江勇等出席。会上，浙江省一批企业和政府机构与“一带一路”沿线12个国家和地区的企业签订了20个合作项目，涉及汽车生产、智能制造、能源开发、园区建设等领域，总投资143亿美元。

**【举办第三届世界油商大会】** 10月18日，第三届世界油商大会在浙江舟山开幕。省委常委、常务副省长冯飞致辞并作主旨演讲，副省长朱从玖参会，海关总署副署长张际文、商务部部长助理任鸿斌、国家能源局副局长刘宝华致辞。大会以“共商油气、共享机遇、共谋发展”为主题，目标面向国际油商，全面展示了浙江自贸试验区油气全产业链建设，进一步吸引和集聚更多国际油气投资商、贸易商、交易商前来投资合作，扩大提升中国以石油天然气为代表的大宗商品资源全球配置能力。多家世界500强企业、石油领域世界50强企业、化工领域世界50强企业等来自世界各地的油商参会。

17日，副省长朱从玖在舟山分别会见前来参加第三届世界油商大会的托克集团董事长兼首席执行官卫杰明、埃克森美孚集团全球液化天然气市场营销总裁魏可孚、BP英国石油公司综合供应与贸易东半球区域首席执行官温莎岚、嘉能可全球油气首席执行官亚历山大·桑纳和道达尔贸易和供应板块全球总裁托马斯·韦梅尔。朱从玖说，自上届油商大会以来，浙江经济社会发展呈现喜人态势，浙江自贸试验区在体制机制创新、船用燃料油供应、通关效率提升、油气企业集聚、营商环境优化等各方面取得了良好成绩，成为浙江经济发展新的增长点。浙江自贸试验区作为全国唯一以油气全产业链建设为特色的自贸试验区，发展机遇和前景令人看好。希望参会嘉宾通过油商大会这一平台，加强对接交流，深化务实合作，更深入地参与到自贸试验区油气全产业链各环节建设发展中，携手共创全方位合作新局面。参会嘉宾表示愿以大会为纽带，建立更加紧密的对接合作关系，围绕油气全产业链在更深层次、更广领域开展合作，推动更多务实合作成果在自贸试验区落地。省政府副秘书长高屹，省商务厅厅长、省自贸办主任盛秋平，舟山市市长、浙江自贸试验区管委会常务副主任何中伟，舟山市委副书记、新区党工委专职副书记、浙江自贸试验区管委会副主任华伟，省外办副主任姚国文，舟山市副市长、浙江自贸试验区管委会副主任韩峻，省发展改革委副厅长级负责人陶国胜等参加上述会见。

**【举办世界互联网大会】** 10月20日，第六届世界互联网大会在浙江乌镇开幕。中共中央总书记、国家主席习近平致贺信。中共中央政治局委员、中宣部部长黄坤明出席开幕式，宣读习近平主席贺信并发表主旨演讲。省委书记、省人大常委会主任车俊致辞。中宣部副部长、国新办主任徐麟，国家市场监督管理总局局长肖亚庆，人民日报社社长李宝善，中央统战部副部长、全国工商联党组书记徐乐江，省领导袁家军、葛慧君、郑栅洁出席。车俊说，世界互联网大会见证了互联网改变世界的强大力量，浙江也因承办大会而收获近水楼台先得月的红利。浙江将以“三个地”的政治自觉和责任担当，深入学习贯彻习近平主席关于互联网发展的重要论述，认真落实世界互联网大会取得的共识和成果，全力打造“智能浙江”“智造浙江”“智慧浙江”，奋力书写“智能互联、开放合作”的浙江篇章。

本届大会以“智能互联 开放合作——携手共建网络空间命运共同体”为主题，80多个国家和地区的约1500名嘉宾参会。中央和国家有关部门负责人出席开幕式，陈金彪、冯飞、朱国贤、冯文平、王双全、高兴夫、周国辉、吴朝晖出席开幕式。

20日晚，省委常委、宣传部部长朱国贤出席第六届世界互联网大会“乌镇之夜”欢迎晚宴。

**【2019中国(浙江)全球科技精准合作交流会暨“一带一路”国际科学组织联盟青年科学家研讨会】** 11月9日在杭州召开。省委副书记、省长袁家军，中科院院长白春礼、“一带一路”国际科学组织联盟秘书处代表扎布塔·辛瓦利教授在开幕式上致辞，副省长高兴夫主持。8日，高兴夫宴请出席合作交流会的中外嘉宾代表，包括诺贝尔化学奖获得者、美国斯克利普斯研究所教授巴瑞·沙普利斯，图灵奖获得者、加密实验室首席科学家惠特菲尔德·迪菲，美国工程院院士、美国明尼苏达大学教授裴有康，ANSO理事会代表、巴基斯坦科学院前秘书长扎布塔·辛瓦利，中科院院长白春礼等。省政府副秘书长董贵波，省外办副主任姚国文等参加宴请。

**【世界互联网法治论坛】** 12月5日在乌镇开幕。来自25个国家和地区的首席大法官、大法官、司法官员、专家学者围绕“以法治方式推动建立网络空间命运共同体”主题，共同交流、共商合作、共谋发展。中国最高人民法院院长周强，省委书记、省人大常委会主任车俊，希腊最高民事和刑事法院院长察拉加尼季斯出席开幕式并致辞。4日晚，周强、车俊出席最高人民法院的欢迎晚宴并致辞，欢迎各国与会嘉宾。

**【浙江省情介绍会暨迎春招待会】** 1月15日在上海举行，来自58个国家的驻上海总领事馆、香港特区政府驻上海经贸处等230多位嘉宾出席。

副省长朱从玖向嘉宾介绍了浙江省2018年经济社会发展情况和2019年目标。他说，2018年浙江着力构建对外开放新平台，深入推进“一带一路”重要枢纽和中国(浙江)自由贸易试验区建设，持续深化“最多跑一次”改革。浙江已成为中国经济实力最强、开放程度最高、生态环境最优、百姓生活最殷实的省份之一。2019年，浙江省将全面推进开放强省建设，高水平打造自由贸易区、“一带一路”建设综合试验区等重大开放平台，深化“义甬舟”开放大通道建设，努力构建全面开放新格局。浙江将进一步加强与各国驻上海总领事馆在经贸往来、人文交流、签证业务和领事保护等方面的合作力度。

会上，嘉兴市作了城市主题推介。

**【全省市外办主任会议】** 4月28日在杭州召开。会议学习传达党的对外联络工作座谈会、全国地方外办主任会议、省委外事工作委员会第一次会议精神，总结回顾2018年全省外事工作，研究部署2019年重点工作。省外办党组书记、主任金永辉出席会议并讲话。省外办党政领导班子成员，各市外办主任、秘书处(综合处)处长，以及义乌市外办主任，省外办机关各处室、直属单位主要负责人参加会议。

学习了省委书记车俊在省委外事工作委员会第一次会议上的讲话精神，传达了副省长朱从玖对全省外事工作的批示。车俊、朱从玖充分肯定了过去一年全省外事工作所取得的成绩，并对深入学习贯彻习近平外交思想、做好新时代外事工作提出要求。

会议总结了 2018 年全省外事工作。会议认为，2018 年在省委、省政府和中央有关部委的正确领导下，全省外事工作在领导体制改革、服务党和国家对外工作大局、助力浙江省"两个高水平"发展、开展友城务实合作、提升外事为民服务能力等方面取得新成效、实现新突破。

会议指出，2019 年是新中国成立 70 周年，是浙江省实现高水平全面建设小康社会的关键之年。要以习近平新时代中国特色社会主义思想为引领，深入学习贯彻中央外事工作会议、省委十四届三次全会、全省经济工作会议精神，按照中央和省委的决策部署，紧紧围绕省委省政府中心工作，更加注重服务大局、统筹谋划、机制创新和自身建设，全面推进"五大工程"建设，为加快推进"两个高水平"和"六个浙江"建设做出应有贡献。

会议强调，2019 年主要抓好八项工作任务：一是提高政治站位，深入学习贯彻习近平外交思想、中央部委和省委有关会议精神；二是加强党的领导，全面深化外事系统改革工作；三是充分发挥地方优势，主动服务党和国家总体外交，服务全省经济社会高质量发展；四是促进友城高质量发展，着力打造民心相通工程；五是深化重点领域交流，持续拓展浙港澳合作空间；六是严格因公出国（境）管理，推动"最多跑一次"改革和"三服务"活动取得实效；七是完善体制机制建设，进一步加强涉外安全工作；八是加强干部队伍建设，努力打造浙江外事铁军。

会议还部署了有关专题工作。杭州市外办、宁波市外办、湖州市外办、嘉兴市外办、绍兴市外办作了大会交流发言。

**【浙江省安全文明出境游系列宣传活动】** 7 月 12 日在杭州萧山国际机场举行。活动由省外办、省文明办、省文旅厅、杭州萧山国际机场有限公司联合举办，省外办副主任顾建新出席活动揭幕仪式，为活动剪彩并致辞。省文旅厅、省文明办、杭州萧山国际机场公司有关领导和负责人出席。

本次活动以"平安出境游，领保伴我行"为主题，通过宣传展板、现场咨询、交流互动、发放《中国领事保护和协助指南》宣传手册等多种方式，向即将出境旅游的我省公民宣传介绍出境安全注意事项、文明旅游常识以及如何使用外交部全球领保应急呼叫中心热线等内容，引导浙江省公民增强出境旅游风险预防意识和自我保护能力，树立理性消费、理性维权，正确求助、准确求助的意识，推动形成安全文明出游的良好氛围。活动以精准服务体现对省委"三服务"部署的积极响应，让外事工作更接地气、更贴近民生。

杭州萧山国际机场目前共开通国际通航城市 49 个，进驻国际航空公司 25 家，日均旅客近万人。暑假是出境游高峰，学生多、小孩多，活动选择在机场国际出发大厅举办，吸引了不少出境旅客驻足。本次活动的现场咨询与互动从 7 月 12 日起持续 5 天，宣传展板展示到月底，让更多旅客受益。

**【2019"领保进校园"安全宣传活动】** 11 月 29 日在杭州外国语学校举办。省外办、省教育厅、杭州外国语学校领导及有关职能部门负责人出席开幕式。省外办副主任彭波出席活动开幕式，并为活动致辞。

本次活动以"祖国在身后，领保伴我行"为主题，把"不忘初心"主题教育开进课堂，通过宣传展板、现场讲座、交流互动、发放《中国领事保护和协助指南》宣传手册等多种方式，向即将出国留学、游学或者是旅游观光的浙江省公民宣传介绍出境安全注意事项、文明旅游常识以及如何使用外交部全球领保应急呼叫中心热线等内容，引导全省公民增强出国留学、游学或者是旅游观光风险预防意识和自我保护能力，通过"小手拉大手"的方式影响其父母及长辈，扩大预防性领事保护宣传面，同时营造政府及时引导、学校广泛参与、个人加强防范的良好局面，从而从源头上最大限度地减少出国（境）师生安全案(事)件的发生。

浙江在线等省内主流媒体对本次活动进行了报道,联合采访了彭波和省外办领事处有关负责人。

**【抓实主题教育,突出活动“外事味”和成效】** 2019年,省外办把开展好“不忘初心、牢记使命”主题教育作为首要政治任务,紧扣习近平新时代中国特色社会主义思想这一主线,深入学习贯彻习近平总书记“四个到位”的指示要求,精心研究制定主题教育方案,坚持把学习教育、调查研究、查摆问题、整改落实贯穿始终,圆满完成了主题教育工作各项要求。精心谋划特色亮点活动,组织了“2019驻沪总领事馆官员走进浙江”活动,邀请19个国家的26位驻上海总领事馆官员和签证官代表来浙江考察,为企业“走出去”支招,积极展示浙江省“三个地”的政治优势和“两个高水平”建设的实践成果。开展“领保宣传进机场”活动,向即将出境旅游的省内公民宣传介绍出境安全注意事项,实践外事为民的初心。组织“习近平总书记‘一带一路’相关讲话论述中的政治术语翻译技巧培训”活动,提升语言干部的政治术语翻译技巧,为精准生动翻译习近平新时代中国特色社会主义思想打下坚实基础,得到省委书记车俊在全省主题教育工作总结大会上的肯定。安排机关党委就主题教育活动接受浙江卫视和浙江日报采访,对全办主题教育工作进行了宣传。部署主题教育整改方案和清单,建立整改落实任务进度表,明确工作要求和工作时限,推动问题整改统筹兼顾、力求实效,特别是修订《省外办党组党风廉政建设主体责任清单》,进一步完善了党风廉政工作长效机制。针对直属单位省外服公司流动党员“失联”现象突出的问题,将其列入主题教育9项专项整治的重点工作,推动公司党委加大转隶和清理力度,使公司流动党员转隶清理工作取得明显成效。

**【以支部建设为重点,夯实基层党建基础】** 2019年,省外办机关党委严格基层党建工作要求,以创建“模范机关、清廉机关”为目标,推动出台了《2019年省外办党支部标准化建设工作考核标准》,推动基层党支部的标准化和规范化。针对党支部功能定位不准、支部党建工作与业务工作融合不够的问题,研究制定了《优化机关党组织设置建立新型党支部工作实施方案》,完成了机关新支部的组建工作,由一处室一支部的组织格局变成了机关第一党支部等六个支部,进一步增强了党组织凝聚力和战斗力。

**【建章立制规范管理】** 召开全省因公出国(境)党风廉政建设联席会议、地市外办出国(境)审批处长会议。会同有关部门印发《关于进一步加强中小学教师因公出国(境)学习交流的通知》。组织全省外事系统专办员培训班,全省180多家单位、11个市及部分直办县共350余人参会,外交部外管司、领事司相关负责人受邀为参训学员授课,助力参加培训人员提高政策水平、了解操作实务,提高外事管理规章制度的执行力。

**【精准创新抓服务】** 一是推进教学科研团组备案制扩面。将省级部门直属学院、高职院校、专科学校纳入备案制管理,进一步扩大备案制实施范围。备案制管理通过优化流程,压实组团单位主体责任,实现了教育科研领域审批“四减”,即减材料,办理更便捷;减环节,流程更优化;减层级,服务更高效;减时限,办理更迅速,助力各层级教学科研人员更广泛地参加国际学术交流与合作。二是用足用好政策,服务省属国企走出去。经积极争取和多方协调,指导省能源集团、省交通投资集团、省机电集团3家国企申报外事审批权并获批,助力国企基层人员“走的快、走得顺”。目前全省享有外事审批权企业共9家,包括巨化集团公司、万向集团公司、浙江国贸集团控股有限公司、浙江省物产集团公司、杭州钢铁集团公司、浙江凯喜雅国际股份有限公司。坚持有保有压,对企业经贸类团组区别管理,对确有需要的企业则灵活处理,适当放宽出访批次和人数限制,并且根据外交部有关文件精神,对涉外业务比较多的企业实行“一次审批、一年内多次出国有效”的审批办法。

**【邀请函签发管理】** 全省各核实主体及免于被核实主体在积极为外国人来浙从事各类正常活动提供便利条件、促进对外交往和外贸业务的同时,严格执行外交部和省委、省政府有关规定,进一步规范和加强管理。一是创新管理制度。为防止少数有非法移民倾向、不良记录和企图骗取签证非法滞留的外国人员来华，各核实主体创新实施了约谈企业法人、邀请单位备案、建立核查机制、离境情况反馈，黑白名单设置等管理办法，为邀请外国人来华工作的顺利开展提供了制度保障。二是严格审核把关。制定严格的审批规定和流程，专人审核，专人签发，根据企业和邀请对象的实际情况完善报批材料要求，发现企图弄虚作假骗取来华签证或不符合来华条件的，一律不予同意。三是提升服务水平。采取种种有效措施努力简化手续，限定工作时限，提高工作效率和服务质量。有的地方设立了专门的涉外服务中心，为涉外企业提供一站式服务；有些地方建立了直报企业制度，符合条件的企业邀请外国人来华可以直接报核实主体审批，减少了逐级报批的环节。全年全省共签发邀请外国人签证邀请函16082批23209人次。

**【领事认证】** 2019年，全省办理领事认证单认证164803份（民事类87631份、商业类77172份）、双认证104324份。省外办办理领事认证单认证128449份（民事类80197、商业类48252份）、双认证79169份。省外办新增印度、乌兹别克斯坦两个领事认证统办国家。

**【因私签证及APEC商务旅行卡】** 2019年，全省外事系统代办因私签证12565批19868人次，浙江外事出国人员服务中心代办因私签证8071批12485人次。全省申办APEC商务旅行卡1288批2051人次，位居全国第一；省外办申办APEC商务旅行卡627批1038人次。新增阿根廷、秘鲁两个因私签证代办国家，开通罗马尼亚、丹麦、坦桑尼亚、苏里南等国签证填表服务。

**【全省第十期外事系统英语翻译讲习班】** 8月13日至16日在杭州举行。省外办，省直有关单位，各市、县（市、区）外办80余名翻译干部参加了学习。省外办副主任姚国文出席开班式并致辞。

讲习班以“筑译为桥——展示好浙江形象，传播好中国声音”为主旨，结合主题教育活动，开设《新时代中国关键概念的翻译》《外事外宣翻译常见问题及规范》《地方政府工作报告的翻译》等专题，由上海外国语大学张爱玲、张健教授，以及上海市外事翻译室吕正韬副主任、科大讯飞研究院技术专家开展指导与训练。

通过强化培训，参训干部比较准确掌握了新时代中国关键概念、特色时政语汇、党政重要表述的权威译法，了解了外事翻译规范、前沿工具，提高了外事口译的翻译技巧，促进了相互业务交流。

**【全省第九期外办主任研修班】** 11月18日至21日在温州举办。省外办相关干部，各市外办主任、业务骨干及部分县（市，区）外办主任参加研修。省外办副主任彭波出席开班式并致辞。研修班围绕地方外办领事保护、领馆管理与涉外案件处置等专题，邀请外交部领事司领导和专家作辅导报告，组织领保工作经验交流会和基层领保机构现场教学。

**【全省外事业务培训会】** 12月26日在杭州举行。省级有关单位、相关高校及企业的涉外业务部门负责人、业务骨干150余人参加了学习。省外办副主任顾建新出席开班式并致辞。

培训会上，外交部政策规划司孙安林参赞围绕“习近平外交思想与中国特色大国外交”专题，详细解析了当前国际形势、大国关系、新时期习近平外交思想要义。联合国国际法委员会委员、外交部国际法咨询委员会主任委员、中国驻马来西亚原大使黄惠康博士就“外事礼宾和外事文书实务指南”，为学员做外事礼宾礼仪、外交语言和文书规范等业务指导。

（曾苑、董丹丹、陶允冀、王敏、张逸洲、陶婷婷、董培军）

# 对外工作

## 美洲和大洋洲

**【美国波音国际总裁访问浙江】** 2月13日，省委副书记、省长袁家军会见宴请美国波音国际总裁马爱仑一行。袁家军说，中国一直大力倡导全球化，希望中美合作在正常轨道上前进。中国推动全球化的政策不会改变，中国开放的大门只会越开越大。波音是中美关系的重要推动者和建设者。希望波音继续发挥积极作用，推动中美合作。马爱仑感谢浙江省政府对波音舟山项目的支持，希望双方合作实现互利共赢发展，成为中美交往的成功典范。省外办主任金永辉、舟山市市长何中伟、省发展改革委领导陶国胜等参加会见宴请。

**【美国印第安纳州美中商会执行理事访问浙江】** 3月11日至13日，美国印第安纳州美中商会执行理事任轲霖一行2人访问浙江。省外办副主任彭波会见宴请代表团。

**【新西兰驻上海总领事访问浙江】** 3月12日至13日，新西兰驻上海总领事罗安竺一行2人访问浙江。副省长朱从玖会见代表团一行。省政府副秘书长高屹、省外办副主任彭波、省教育厅副厅长于永明、省外国专家局局长厉勇、杭州市副市长陈卫强参加会见。在浙期间，代表团访问了省科技厅、浙江大学城市学院和新西兰奥克兰大学创新研究院。

**【美国高盛集团亚洲区总裁访问浙江】** 3月13日，美国高盛集团亚洲区总裁托德·莱伦德一行2人访问浙江。副省长朱从玖会见代表团。

**【美国国会众议院“美中工作小组”代表团访问浙江】** 3月18日至21日，美国国会众议院“美中工作小组”代表团一行12人访问浙江。20日，省委书记、省人大常委会主任车俊会见宴请代表团。车俊表示，中美关系是当今世界最重要的双边关系之一。两国就贸易问题达成共识需要相向而行，共同努力。他相信中美双方的共同利益远大于分歧，合作是中美两国最好的选择。希望中美两国利用建交40周年的契机，认真落实中美两国元首达成的重要共识。也希望“美中工作小组”对浙美在经贸、投资、教育、文化等领域的互利合作，给予更多的关注和帮助。“美中工作小组”共同主席里克·拉森表示，中美应就经贸问题找到解决办法，这也是美国国会两党的共识。美方也同意合作是中美两国最好的选择，认为应该采取措施推动中美关系发展。全国人大外事委员会副主任委员陈国民，省委常委、秘书长陈金彪，省人大常委会党组书记、副主任梁黎明，省人大常委会秘书长李火林、省人大常委会外事工作委员会主任郭剑彪、省商务厅厅长盛秋平、省委办公厅副主任王文滋、省外办副主任彭波、省发展改革委副主任焦旭祥等参加会见。

在杭期间，杭州市委书记周江勇会见宴请代表团。代表团参观访问西湖国宾馆八角楼、余杭融设计图书馆、龙坞水库、阿里巴巴集团、长安福特杭州工厂、万向一二三公司，并游览了西湖、灵隐寺。

**【美中贸易全国委员会会长访问浙江】** 3月20日至22日，美中贸易全国委员会会长克雷格·艾伦率美国企业家代表团一行11人访问浙江。省委副书记、省长袁家军会见代表团。袁家军表示，美中贸易全国委员会长期致力于推动中美关系发展,服务在华美国企业。美国是浙江省最重要的经贸合作伙伴。他愿意听取美中贸易委员会的意见，探讨双方如何更好地开展合作,推动中美关系发展。希望双方建立畅通的沟通渠道,帮助双方企业更好地实现互利共赢。艾伦说,美中双方应进行更多建设性探讨。美国企业对浙江的投资不是短期的,而是非常长期的。在座的美国企业负责人就本公司与浙江合作情况作了简短介绍。省政府秘书长陈新、省商务厅厅长盛秋平、省外办副主任彭波等参加会见。

**【美国运通董事长访问浙江】** 3月21日,省委副书记、省长袁家军会见美国运通董事长施恺睿。袁家军说,开放合作共赢,是大势所趋。浙江是中国改革开放的先行地,是一片充满活力的创新创业创造热土。欢迎更多美国企业来浙投资,积极参与浙江改革开放和高质量发展的进程,扩大合作领域,提升合作层次。浙江省将坚持深化市场化改革、扩大高水平开放,认真贯彻新出台的外商投资法,依法平等保护各类市场主体合法权益,主动帮助解决实际困难,为外资企业在浙发展创造良好环境。施恺睿表示,愿不断推进与浙江企业在数字经济、金融科技等领域的务实合作,实现互利共赢。副省长朱从玖、省政府秘书长陈新、省政府副秘书长高屹、人行杭州中心支行行长殷兴山、省外办副主任彭波、省地方金融监管局副局长盛益军等参加会见。

**【美国国会议员助手团访问浙江】** 3月21日至23日，美国国会议员助手团一行11人访问浙江。22日,省外办副主任顾建新宴请助手团一行。在浙期间,助手团参观了阿里巴巴集团,与浙江科技学院人工智能专业师生座谈。

**【巴西杜克加西亚市市长访问浙江】** 4月16日，巴西杜克加西亚市市长华盛顿·罗斯·奥利维拉一行18人访问浙江。副省长高兴夫会见代表团,表示了与杜克加西亚市在经贸投资等领域开展合作的愿望。省政府副秘书长董贵波、省外办副主任彭波、省科技厅副厅长曹新安、省商务厅副厅长房立群、省经信厅副巡视员沈建新等参加会见。董贵波宴请代表团。

在浙期间，奥利维拉一行参观了阿里巴巴、海康威视和云集等企业。

**【萨尔瓦多第一副议长访问浙江】** 4月18日至19日，萨尔瓦多第一副议长何塞·塞拉芬·奥兰特斯一行8人访问浙江。省人大常委会副主任梁黎明会见并宴请奥兰特斯一行。梁黎明介绍了浙江经济社会发展和浙江省人大的情况,双方就加强浙江省与萨尔瓦多在包括议会等领域交流进行了商谈。省人大常委会秘书长李火林、省外办主任金永辉、省人大常委会外事工作委员会副主任何新国、省农业农村厅副厅长张火法、省商务厅总经济师朱军等参加会见。

在浙期间,奥兰特斯一行参观了杭州国际博览中心、瓶窑镇农业公共服务中心和阿里巴巴集团。

**【萨尔瓦多议员代表团访问浙江】** 4月27日,萨尔瓦多议会外委会秘书长洛佩兹率议员代表团一行7人访问浙江。省人大常委会副主任李卫宁会见宴请代表团一行，省外办副主任顾建新、省人大常委会外事工作委员会副主任何新国等参加。在浙期间，代表团参观考察了瓶窑镇农业公共服务中心和吉利集团。

**【美国驻上海总领事馆副总领事访问浙江】** 4月29日至30日,美国驻上海总领事馆副总领事韩劲风一行5人访问浙江。省外办副主任彭波会见代表团。在浙期间,代表团拜会了浙江大学、西湖大学、杭州市外办和杭州未来科技城等,就加强浙美交流与合作交换意见。

**【浙江省代表团访问巴拿马、古巴和法国】** 5月7日至17日，应巴拿马科隆省政府、古巴马坦萨斯省人民权力代表大会以及法国巴黎大区政府邀请,常务副省长冯飞率浙江省代表团访问巴拿马、古巴和法国。在巴拿马,冯飞会见科隆省政府高层,探讨未来加强两省之间经贸、文化和教育领域的合作事宜。在古巴,代表团拜会马坦萨斯省人民权力代表大会,并与马省卫生、渔业、文化和教育部门举行工作会谈,出席向马省赠送两台锤式碎石机仪式和“浙江马省中医周”活动开幕式。在法国,代表团会晤巴黎大区第一副主席杰罗姆·查尔特，商讨经贸、科技、教育、文化等领域合作问题，并应邀出席法国第四届创新科技展等。

**【古巴驻上海总领事访问浙江】** 5月14日，古巴驻上海总领事内斯托·托雷斯一行2人访问浙江，参加杭州美食节活动。省外办主任金永辉会见代表团一行。

**【美国奥尔布莱特石桥集团联席董事长、商务部前部长访问浙江】** 5月16日，美国奥尔布莱特石桥集团联席董事长、商务部前部长卡洛斯·古铁雷斯一行8人访问浙江。省委副书记、省长袁家军会见古铁雷斯一行。袁家军说，浙江省对中美经贸磋商高度关注，希望美方能顺应经济全球化潮流，妥善处理中美经贸摩擦，让中美关系行稳致远。开放才能发展，合作方能共赢。浙江将支持美国企业到浙江投资兴业，从友好省州层面推动双方交往，为中美健康交流合作作出积极贡献。古铁雷斯说，奥尔布莱特石桥公司的主业是为跨国公司提供咨询服务，中国是他们最大的市场，贸易战情势下没有赢家，美方加征关税也损害了美国公司和消费者的利益。

**【墨西哥蒙特雷科技大学校董会代表团访问浙江】** 5月16日至17日，墨西哥蒙特雷科技大学校董会代表团一行25人访问浙江，出席蒙特雷中国创新中心揭幕仪式。省委常委、组织部部长黄建发会见代表团一行。黄建发对校董会选择到中国和浙江省访问表示赞赏，并希望加强浙江省和蒙特雷科技大学在科研和人才等领域的交流合作。省委组织部副部长温暖，省外办主任金永辉，省委组织部部务会议成员、办公室主任程来节，省教育厅党委副书记干武东，省委人才办专职副主任张旭明，杭州市委组织部常务副部长徐小林，杭州市江干区区委书记滕勇等参加会见。

在浙期间，蒙特雷科技大学校董会代表团一行参观了阿里巴巴集团、梦想小镇和人工智能小镇。

**【澳大利亚驻上海总领事访问浙江】** 5月23日至24日，澳大利亚驻上海总领事梅耕瑞一行3人访问浙江，作离任拜会。副省长朱从玖会见代表团。朱从玖感谢梅耕瑞在任期间为推动澳大利亚和浙江省交流合作付出的努力。梅耕瑞对浙江省对他工作的支持表示感谢。省政府副秘书长高屹、省外办副主任彭波参加会见。在杭期间，梅耕瑞出席在杭州君悦酒店举办的“非凡澳大利亚”美食美酒品鉴招待会。

**【美国驻上海总领事访问浙江】** 5月24日至25日，美国驻上海总领事谭森一行10人访问浙江，出席“费城交响乐团”为庆祝中美建交40周年演出，并在演出前举办招待会。省政协副主席周国辉出席招待会并观看演出。

**【波音中国总裁访问浙江】** 5月27日和9月17日至18日，波音中国总裁谢利嘉一行2人两次访问浙江。常务副省长冯飞会见代表团，双方就波音与浙江省合作项目情况进行了交流。省外办副主任彭波参加会见。

**【美国肯恩大学校长访问浙江】** 5月31日至6月5日，美国肯恩大学校长达伍德·法拉希一行7人访问浙江。6月4日，省委书记、省人大常委会主任车俊会见代表团一行。车俊说，浙江省和温州市出台了一系列促进温州肯恩大学更好更快发展的政策措施。希望美国肯恩大学投入更多的优质教育资源，引进更加先进的办学理念，共同把温州肯恩大学建设成为高水平的国际化应用型大学，打造成为中美教育合作的典范。法拉希说，希望双方进一步加强对接、深化合作，扩大办学规模、提升办学质量，共同把学校办得更好。省委常委、秘书长陈金彪，副省长、温州市委书记陈伟俊，省委副秘书长、办公厅主任王纲，省外办主任金永辉，省教育厅厅长陈根芳等参加会见。会见结束后，省委常委、宣传部部长朱国贤宴请代表团一行。

在浙期间，法拉希一行还参加了中美STEM教育论坛，并出席温州肯恩大学2019届毕业生毕业典礼等。

**【牙买加圣詹姆斯大区浙江友好委员会前主席访问浙江】** 6月2日

至5日，牙买加圣詹姆斯大区浙江友好委员会前主席克林顿·陈访问浙江。省外办副巡视员余亦平宴请。

**【联合国统计司副司长访问浙江】** 6月6日，联合国统计司副司长伊沃·哈文格一行3人访问浙江。常务副省长冯飞会见代表团。双方就加强浙江省和联合国在大数据领域合作等事宜进行了交流。

**【加拿大驻上海总领事馆副领事访问浙江】** 6月11日，加拿大驻上海总领事馆副领事石凯群一行2人访问浙江。省外办副巡视员余亦平宴请。

**【第73届联合国大会主席访问浙江】** 6月19日，第73届联合国大会主席玛丽亚·费尔南达·埃斯皮诺萨·加尔塞斯一行7人访问浙江。省委副书记、省长袁家军会见宴请埃斯皮诺萨主席一行。袁家军表示，联合国是多边主义的旗帜，为维护世界和平、促进全球发展发挥了重要作用。浙江将立足浙江特色优势，全面加强与世界各国、联合国等国际组织的交流合作，大力推动绿色可持续发展，为推动构建人类命运共同体贡献浙江智慧和力量。埃斯皮诺萨说，浙江的发展融合了自然和社会、历史和现代，值得学习借鉴。中国在维护多边主义方面做出了积极努力。她期待与浙江进一步加强在生态文明建设、可持续发展等领域的务实合作。外交部国际司大使谢波华，省政府秘书长陈新，省政府副秘书长、研究室主任应雄，省外办主任金永辉等参加会见宴请。

在杭期间，代表团考察了正泰集团，游览了西湖。

**【巴西帕拉伊巴州副州长访问浙江】** 7月11日，巴西帕拉伊巴州副州长莉吉雅·费利西亚诺一行12人访问浙江。副省长朱从玖会见代表团，希望进一步增进两省州之间的相互了解，充分发挥各自的优势，推进在渔业、港口发展等领域的务实交流与合作，推动双方关系再上新台阶。莉吉雅·费利西亚诺表示，帕拉伊巴州在巴西投资环境较好，高等教育发达，州内的卡贝德卢港地理位置十分重要，希望今后与浙江省加强在港口、新能源、渔业、高等教育和基础教育等领域的合作。

省政府副秘书长高屹、省商务厅副厅长胡潍康、省友协专职副会长陈艳勤等参加会见。

**【澳大利亚西澳州财政、金融、能源、原住民事务部部长访问浙江】** 7月30日至8月1日，澳大利亚西澳州财政、金融、能源、原住民事务部部长本威特率西澳工商、教育界代表团一行19人访问浙江。31日，本威特出席西澳州政府与省外办、省发展改革委、省工商联共同举办的“西澳投资贸易论坛”，宣介西澳州投资政策，推动中国企业与西澳企业对接。副省长朱从玖出席论坛并致辞。省外办副主任陈江风参加活动。

**【加拿大太阳马戏娱乐集团总裁访问浙江】** 8月9日，加拿大太阳马戏娱乐集团总裁丹尼尔·拉玛尔一行10人访问浙江，出席加拿大太阳马戏娱乐集团和杭州新天地集团联合推出的太阳马戏团驻场演出。省友协专职副会长陈艳勤参加活动。

**【浙江省代表团访问墨西哥、巴西和荷兰】** 9月5日至14日，应墨西哥新莱昂州议会、巴西里约州议会、荷兰弗里福兰省政府邀请，省人大常委会副主任梁黎明率浙江省代表团访问墨西哥、巴西和荷兰。在墨西哥，代表团拜会新莱昂州议会，访问蒙特雷科技大学和北美华富山工业园，并召开浙籍华侨座谈会了解浙江省贯彻实施《华侨保护条例》情况。在巴西，代表团访问里约州议会和杜克加西亚市。在荷兰，代表团拜会弗里福兰省政府和议会，参加嘉善经济技术开发区在荷兰举办的农业说明会活动，访问嘉善国际创新中心（欧洲）。

**【浙江省代表团访问格林纳达、苏里南和萨尔瓦多】** 9月15日至25日，应格林纳达外交部常务秘书阿瓦尔·布朗、苏里南帕拉马里博市东北区市长M.V.纳库斯特和萨尔瓦多圣萨尔瓦多市市长埃内斯托·穆伊松特·加西亚-普列托的邀请，副省长朱从玖率浙江省代表团访问格林纳达、苏里南和萨尔瓦多。在格林纳达，代表团拜会总理、贸易部部长、旅游部部长、渔业部部长等政府官员，具体商谈支持两地经贸、农业、渔业等领域人员互访和项目合作事宜。在苏里南，代表团拜会外交部部长、贸工旅游部部长、首都帕拉马里博市东北区市长等政要，拓展了友好交往关系，推进了杭州市与帕拉马里博市友城交流合作事宜，并访问苏里南大学孔子学院。在萨尔瓦多，代表团拜会圣萨尔瓦多市市长穆伊松特，推进了杭州市与圣萨尔瓦多市友好交流，并了解了该市优势产业。

**【巴西中右翼政党议员考察团访问浙江】** 9月19日至21日，巴西民主党参议员、参议院副政府领袖希科·罗德里格斯率巴西中右翼政党议员考察团一行11人访问浙江。20日，省政协副主席马光明会见宴请考察团一行。访浙期间，考察团参观了杭州城市规划展览馆、杭州市行政服务中心、梦想小镇，访问了阿里巴巴集团并进行座谈。

**【美国印第安纳州州长访问浙江】** 9月26日至28日，美国印第安纳州州长埃里克·霍尔科姆一行14人访问浙江。26日，省委书记、省人大常委会主任车俊会见宴请代表团。车俊表示，印第安纳州和浙江省合作空间很大，希望进一步加强两省州高层互访，积极支持企业到对方投资兴业，重点开展钢铁、汽车、制药、机械、现代农业等领域的务实合作，继续在教育、旅游、青年等领域开展友好交流，更好地造福两地人民。霍尔科姆表示，印第安纳州一直以与浙江结好为傲，过去双方的合作取得了很大成就，未来一定能够取得更大的成就。希望双方互学互鉴、深化合作，推动友好关系不断向前发展。会见结束后，车俊、霍尔科姆共同签署了深化友城合作协议。省委常委、秘书长陈金彪，副省长朱从玖，浙江大学校长吴朝晖，省委副秘书长、办公厅主任王纲，省外办主任金永辉，省教育厅厅长陈根芳，省商务厅厅长盛秋平，省委办公厅副主任王文滋以及万向集团董事长、首席执行官鲁伟鼎，浙江泰普森（控股）集团有限公司董事长杨宝庆等陪同参加活动。

27日，省委副书记、省长袁家军和霍尔科姆共同出席两省州经贸投资对接会，见证双方签署深化经贸合作备忘录。袁家军在会前与霍尔科姆举行简短会见时表示，双方要面向未来，坚定信心，增进共识，全面落实深化友好省州关系协议和经贸合作备忘录，合力推动经贸、产业、科技、旅游、人文等领域务实合作，努力实现更高水平的互利共赢、共同发展。霍尔科姆表示愿意参与浙江的经济和社会发展进程，为两省州人民带来福祉。省政府秘书长陈新，省政府副秘书长、研究室主任应雄，省外办主任金永辉，省商务厅厅长盛秋平等陪同出席活动。

代表团在浙期间还访问了阿里巴巴集团、泰普森集团，游览了西湖。

28日，代表团离开杭州时，车俊、陈金彪、朱从玖、金永辉等为霍尔科姆送行。

**【联合国统计司司长访问浙江】** 10月16日，联合国统计司司长斯特芬·施万斯特一行5人访问浙江。常务副省长冯飞会见代表团一行。

**【苏里南部落酋长团访问浙江】** 10月25日至28日，苏里南部落酋长团一行19人访问浙江。省外办副主任陈江风宴请代表团。

**【厄瓜多尔洛斯里奥斯省省长访问浙江】** 10月27日至29日，厄瓜多尔洛斯里奥斯省省长特兰一行6人访问浙江。副省长朱从玖会见宴请代表团一行，表示两省间存在贸易合作潜力，应增进相互了解，细化具体合作项目。浙江作为新丝绸之路的起点，致力于推动“一带一路”进程，愿积极与洛省开展交流与合作。特兰说，洛省目前仍是传统的粗放型农业，农作物产量低，因此非常希望浙江省能在农业技术方面为提高洛省农业产量提供支持与帮助，期待未来在在相关领域开展合作。

省政府副秘书长高屹、省外办副主任陈江风、省商务厅副厅长房立群等参加会见。访浙期间，特兰访问了湖州和浙江大学农业与技术学院。

**【巴西众议院宪法司法和公民委员会代表团访问浙江】** 11月5日至7日，巴西众议院议员阿莱士·马嫩特率宪法司法和公民委员会代表团一行5人访问浙江。6日，省人大常委会副主任赵光君会见并宴请代表团，双方就两地经济社会发展和议会交流等情况进行了交流。省人大常委会监察和司法委员会主任委员马以、省人大常委会外事工作委员会副主任何新国、省外办副主任彭波等参加会见和宴请。

访浙期间，代表团考察了杭州华为技术有限公司和阿里巴巴集团，并游览西湖和乌镇景区。

**【巴巴多斯农业与食品安全部部长访问浙江】** 11月6日至8日，巴巴多斯农业与食品安全部部长因达尔·韦尔一行5人访问浙江。副省长彭佳学宴请代表团。

**【苏里南贸易工业旅游部部长访问浙江】** 11月7日至9日，苏里南贸易工业旅游部部长曾锦荣一行3人访问浙江。副省长朱从玖宴请代表团。

**【美国科恩集团董事长访问浙江】** 11月18日至19日，美国国防部前部长、美国科恩集团董事长兼首席执行官威廉·科恩携诺力昂公司、爱德华生命科学公司及美国辉瑞公司高管一行13人访问浙江。19日，省委副书记、省长袁家军会见代表团一行，省政府秘书长陈新、省外办主任金永辉等参加。会见结束后，随行企业高管与省卫健委进行座谈。

**【美国势必锐航空系统公司董事长访问浙江】** 11月19日，省委副书记、省长袁家军会见美国势必锐航空系统公司董事长鲍勃·约翰逊。袁家军指出，浙江是中国革命红船起航地、中国改革开放先行地、习近平新时代中国特色社会主义思想重要萌发地，民营经济发达，创新动能强劲，对外开放包容，生态环境优美，历史文化厚重，是一片充满商机、充满活力的创业创新热土，浙江开放的大门只会越开越大。美国是浙江第一大货物贸易伙伴、第二大服务贸易伙伴、第四大外资来源地和第二大对外投资目的地，双方利益高度交融，合作领域广阔。浙江热情欢迎更多的跨国公司和美国优质企业来浙江投资，重点在数字经济、生命健康、航空航天、高端制造等领域开展务实合作，共享长三角一体化国家战略的历史机遇。袁家军表示，浙江将一如既往坚持开放强省导向，坚持以开放促改革、促发展、促创新，坚持以“最多跑一次”改革为牵引加快政府数字化转型，严格落实外商投资法律法规，不断创新优化支持服务外商投资企业的载体和政策，打造最佳营商环境。副省长高兴夫、省政府秘书长陈新、省政府副秘书长董贵波、省外办主任金永辉、省发展改革委副主任胡奎等参加会见。

**【加拿大媒体代表团访问浙江】** 11月27日至30日，加拿大媒体代表团一行7人访问浙江，参观了物产中大、娃哈哈等浙江知名企业，并考察了浙江财经大学浙加合作办学项目。

**【苏里南大学校长访问浙江】** 12月5日至8日，苏里南大学校长杰格迪等一行2人访问浙江。6日，省外办副主任顾建新宴请代表团。

**【墨西哥新莱昂州经济和劳工部部长访问浙江】** 12月8日至11日，墨西哥新莱昂州经济和劳工部部长罗伯特·鲁西尔迪一行8人访问浙江。9日，副省长朱从玖会见代表团一行并出席浙江企业入驻北美华富山工业园意向书签字仪式。省外办主任金永辉、省商务厅厅长盛秋平、省外办副主任彭波、华立集团CEO肖琪经等参加活动。会见后，金永辉宴请代表团一行。

**【基里巴斯妇女、青年、体育和社会事务部部长访问浙江】** 12月14日至21日，基里巴斯妇女、青年、体育和社会事务部部长塔奥巴·凯亚率基里巴斯全国运动会冠军足球队一行55人访问浙江。16日，副省长成岳冲会见代表团主要成员。成岳冲表示，代表团此行对促进双方友好关系发展具有积极意义，希望通过此次访问推动双方在经贸投资、文化旅游、农业渔业及教育体育等领域的交流与合作，共同推进经济社会繁荣进步。塔奥巴·凯亚说，杭州优美的风景和现代化城市建设给他留下了深刻的印象，他希望中国，特别是浙江能够帮助基里巴斯发展体育事业，开发青年一代的潜力，特别是团队协作项目。

省政府副秘书长蔡晓春、省体育局局长郑瑶、省外办副主任彭波、省教育厅副厅长于永明等参加会见。

在浙期间，随团冠军足球队分别与浙江大学男女足球队进行友谊赛。代表团还访问义乌、舟山等地，考察义乌国际商贸城和大洋世家股份有限公司。

## 欧　洲

**【中俄印外长第16次会晤】** 2月27日在乌镇举行。中国国务委员兼外交部部长王毅、俄罗斯外交部部长拉夫罗夫和印度外交部部长斯瓦拉杰参加会晤。这是中俄印外长会晤继哈尔滨（2007年）、武汉（2010年）、北京（2015年）之后第4次来到中国，也是首次来到浙江。此次中俄印三国外长聚首乌镇，就当前国际形势以及三方合作深入交流，达成多项重要共识，为今后进一步拓展三边、地区以及全球层面各领域合作夯实了基础。

**【比利时西弗兰德省省长访问浙江】** 3月18日，省政协主席葛慧君在杭州会见比利时西弗兰德省省长卡尔·德卡卢维一行。双方表示将以此次访问为契机，进一步夯实合作基础，推进重点领域交流，深化在经贸投资、环保科技、健康卫生、文化旅游以及港口物流等领域的合作，特别是加强教育交流合作，谋划更多产学研合作项目，切实造福两地人民，推动两省友好关系再上新台阶。当天，代表团一行还出席了西弗兰德省旅游推介会。

**【捷克总统中国事务特命代表访问浙江】** 3月29日，捷克总统中国事务特命代表、捷中友好合作协会主席雅罗斯拉夫·德沃吉克一行在捷克驻华大使佟福德的陪同下访问浙江。

省委书记、省人大常委会主任车俊在杭州会见了雅罗斯拉夫·德沃吉克一行。车俊对雅罗斯拉夫·德沃吉克长期以来推动捷中互利合作表示钦佩。他说，近年来，在“一带一路”倡议持续引领以及中国—中东欧国家合作不断推动下，中捷友谊像眼下的春天那样生机勃发、充满希望。在此大背景下，浙江与捷克的友好交往日趋紧密、合作内容不断增多。我们愿以中捷建交70周年为契机，在“一带一路”框架下进一步深化在经贸、科研、教育、文化旅游等领域的务实合作，给两地人民带来更多实实在在的好处。

雅罗斯拉夫·德沃吉克说，浙江是中捷开展合作的排头兵，捷克愿与浙江进一步深化人文交流，拓宽各领域务实合作，推动双方交流合作结出更加丰硕的成果。

省委常委、秘书长陈金彪，省委副秘书长、办公厅主任王纲，省外办主任金永辉、副主任顾建新，省委办公厅副主任王文滋等参加会见。

中午，省长袁家军宴请主席一行，双方就进一步推动浙捷友好交流合作进行了商谈。省政府副秘书长、研究室主任应雄，省外办主任金永辉，省商务厅厅长盛秋平参加宴请。

在杭期间，雅罗斯拉夫·德沃吉克一行游览了西湖等。

**【浙江—瑞士青年企业家创新论坛】** 4月2日在杭州举行。浙江青年企业家代表与来自瑞士的青年企业家代表围绕“企业传承与创新发展”主题展开交流。此次论坛的举办为浙江与瑞士的青年企业家深入交流，推进浙江与瑞士在经济、科技、文化等各领域深度交流和合作，实现共赢共享发展搭建平台。瑞士驻上海总领事曾礼惟参加论坛并分享了瑞士在商业可持续发展和企业可持续实践等方面的经验。

**【德国驻华大使访问浙江】** 4月1日至3日，德国驻华大使葛策一行4人访问杭州。2日，省委书记、省人大常委会主任车俊会见了大使一行。

车俊说，浙江作为民营经济和外向型经济大省，愿以大使一行此次来访为契机，加强与德国在“一带一路”建设、产业投资、教育和文化旅游等方面的合作，推动双方交流合作向更高水平迈进，携手共赢发展。葛策表示愿通过努力，推动德国地方与浙江密切港口、铁路、工业制造、人才培养等方面的交流合作，努力取得更加丰硕的成果。

省委常委、秘书长陈金彪，省委副秘书长、办公厅主任王纲，省外办主任金永辉，省商务厅厅长盛秋平出席会见。在杭期间，大使一行访问了浙江科技学院、中国美术学院，参观了阿里巴巴集团、吉利集团、人工智能小镇和中国茶叶博物馆，并游览了西湖。

**【波兰总领事履新访浙】** 4月12日，副省长朱从玖在杭州会见了波兰新任驻上海总领事马莱克·切谢尔楚克一行。双方分别介绍了浙江省经济社会发展近况及波兰的有关情况，并就浙江与波兰下一步的交流合作进行探讨。

**【奥地利总理访问浙江】** 4月25日，省委书记、省人大常委会主任车俊在杭州会见奥地利总理库尔茨。省委副书记、省长袁家军，省委常委、秘书长陈金彪和农工党浙江省委会主委罗建红，奥地利下奥州州长米克尔-莱特纳、州政委员艾希廷格、驻华大使石迪福，中国驻奥地利大使李晓驷参加会见。

车俊说，奥地利是中国在欧洲的重要合作伙伴，浙江与奥地利有着密切的交往和很深的感情。总理阁下领导的奥地利新一届政府将"一带一路"倡议首次写入执政协议，为深化浙江与奥地利的交流合作打开了更加广阔的空间。希望双方进一步加强"一带一路"框架下的合作，推动企业间加强双向投资，不断深化科技创新、高等教育、文化旅游等领域的交流合作，携手共同发展。

库尔茨说，奥中长期友好合作成果丰硕，离不开两国省州之间交流合作打下的扎实基础。多年来下奥州与浙江开展了富有成效的合作，希望两省州进一步密切各层级的往来，加强各方面的交流，深化各领域的合作特别是加强科研、文化、旅游等的务实合作，推动合作交流向更高水平迈进，为推动奥中友好关系不断向前发展注入新动力。

会见结束后，袁家军、米克尔-莱特纳签署了浙江省与下奥州在技术、研究和高等教育领域的合作协议。

在浙期间，库尔茨考察了阿里巴巴集团，出席了浙江省—下奥州商务论坛。副省长朱从玖参加论坛。

**【中国—捷克建交70周年纪念招待酒会】** 5月18日在杭州举办。这场酒会与同时在余杭大剧院举办的《CNN全球十大交响乐团——捷克爱乐乐团音乐会》一起，为中捷两国的真挚友谊送上一份厚礼。副省长朱从玖，捷克驻上海总领事理查德·卡尔帕奇和夫人等参加了招待酒会。

**【俄中友好、和平与发展委员会地方合作理事会俄方秘书长访问浙江】** 5月30日，副省长朱从玖会见俄中友好、和平与发展委员会地方合作理事会俄方秘书长、莫斯科州州长顾问、统一俄罗斯党总委员会委员谢苗诺夫·阿尔乔姆一行，双方就推动俄罗斯与浙江在经贸、教育、文体等领域的友好交流与合作交换了看法。

**【白俄罗斯驻华大使访问浙江】** 6月6日，副省长彭佳学在杭州会见白俄罗斯驻华大使鲁德、白俄罗斯农业食品部副部长斯米利金一行。彭佳学说，白俄罗斯是"一带一路"上的重要节点国家，中国和白俄罗斯的全面战略伙伴关系一直保持高水平运行。希望客人此行能加深对浙江省的认识和了解，共同推进双方在经贸、农业等领域的合作走深走实，取得更多成果，实现互利共赢。

**【斯洛伐克副总理参加首届中国—中东欧国家博览会】** 6月7日至10日，斯洛伐克以主宾国身份参加了首届中国—中东欧国家博览会。本次活动，斯洛伐克方派出了包括政界、商界和文艺界约90位代表参会，其中由斯洛伐克副总理理查德·莱希率领的官方代表团一行29人。博览会期间，省委副书记、省长袁家军，省委副书记、宁波市委书记郑栅洁宴请了莱希一行。斯洛伐克方举办了斯洛伐克展区开馆仪式、斯洛伐克—中国专场推介和企业对接会等几项主要活动。

**【匈牙利巴兰尼亚州州长访问浙江】** 6月8日，省委书记、省人大常委会主任车俊在宁波会见匈牙利巴兰尼亚州州长佐尔坦·马达拉斯一行。车俊说，从今年开始，中国—中东欧国家投资贸易博览会正式更名为中国—中东欧国家博览会暨国际消费品博览会，并升格为国家级涉外展会，这为促进中国、浙江与世界的互利合作搭建了一个更加广阔的平台。浙江愿与巴兰尼亚州以结好15周年为契机，借力"一带一路"的东风，充分利用好中国—中东欧国家博览会这个平台，积极落实两省州务实合作协议，进一步深化在经贸、产业、科研、教育、文化、旅游等领域的交流合作，密切青少年之间的往来，更好造福两地人民。佐尔坦说，巴兰尼亚州非常重视与浙江的交流合作，十分看好浙江未来的发展。他将推动更多企业前来参加中国—中东欧国家博览会，加强各领域的合作交流，推动友好关系不断向前发展。省委副书记、宁波市委书记郑栅洁，省委常委、秘书长陈金彪，省外办主任金永辉等参加会见。

**【英国伦敦金融城市长访问浙江】** 7月13日，副省长朱从玖会见伦敦金融城市长艾思林、伦敦证券交易所首席执行官亚迪等一行共9人。朱从玖表示，今年第十次中英经济财金对话在英国伦敦举行，中英双方共同宣布启动沪伦通，这对促进中英双方在金融领域加强合作有极大意义。浙江省的凤凰行动计划就是鼓励部分企业通过上市做大做强，解决企业的融资问题，并完善企业公司治理。目前浙江省有540家上市企业，其中100家在海外市场上市，伦敦作为全球重要的金融中心，也将是浙江企业赴外部市场上市的重要目的地之一。浙江与英国及其他欧洲国家在资本领域已经有很多成功合作的例子，如吉利汽车收购沃尔沃和伦敦出租车公司，阿里巴巴在欧洲的投资等，这些并购对浙江的企业发展帮助极大，使它们获得了更大的国际市场份额，进入国际资本市场。希望双方进一步增进对彼此金融服务业发展情况的了解，以沪伦通开通为契机，推动两地金融与专业服务合作交流，相互取长补短，不断实现互利共赢。

艾思林表示，伦敦资本市场极其成熟，受到国际社会广泛认可。目前已有20家中资银行落户伦敦，也是重要的人民币离岸结算中心。伦敦金融城拥有伦交所，浙江省许多创新企业也有融资需求，双方合作可以实现互利共赢。

省政府副秘书长高屹，省外办副主任顾建新，省地方金融监管局副巡视员徐素荣参加了上述活动。

在杭期间，伦敦金融城和伦敦证券交易所还举办了伦敦资本市场圆桌会。

**【捷克外交部国务秘书访问浙江】** 9月2日，副省长朱从玖在杭州会见捷克外交部国务秘书米洛斯拉夫·斯塔塞克一行。朱从玖说，捷克是"一带一路"沿线的重要国家，浙江十分重视与捷克的合作，双方高层互访频繁，各领域务实合作和友好交流不断推进。希望双方进一步加强互动，加深了解，推进在经贸、文化、科技、体育、旅游等领域的合作，推动双方关系不断迈上新台阶。

**【匈牙利国会常务副主席访问浙江】** 9月11日，省人大常委会副主任李卫宁在杭州会见匈牙利国会常务副主席玛特劳伊一行。李卫宁简要介绍了浙江省经济社会发展情况和省人大及其常委会的基本情况。他说，中匈两国建交70年来，友谊和合作始终是双边关系主旋律。浙江与匈牙利交流合作基础良好，空间广阔，前景看好。浙江愿在"一带一路"和中国中东欧合作的框架下，继续深化与匈牙利在经贸、人文、地方等领域的合作，实现互利共赢、共同发展。

**【比利时西弗兰德省省长访问浙江】** 10月9日，省委副书记、省长袁家军在杭州会见比利时西弗兰德省省长卡尔·德卡卢维。双方表示要珍视彼此友谊，以明年纪念两省结好20周年为重要节点，高水平谋划和推进一批重大合作项目，进一步深化巩固在经贸、科技、教育、医学、旅游、循环经济等领域的务实合作，全面分享在公共安全、社会治理、人工智能、数字政府建设等方面的成功经验，扎实推动地方合作再上新台阶。

**【法国巴黎大区议会副主席访问浙江】** 10月16日，副省长朱从玖在杭州会见法国巴黎大区议会副主席杜汝安·克莱芒一行。他说，近年来，中法关系始终保持高水平健康稳定发展，浙江与巴黎大区的友好交流合作也取得了很多新成果。希望双方在此基础上进一步扩大交流合作，特别是加强产业创新、城市规划、职业培训、文化创意等领域的合作，不断实现互利共赢。

**【捷克众议院主席访问浙江】** 11月6日，省委书记、省人大常委会主任车俊在杭州会见捷克众议院主席冯德拉切克。他说，习近平主席在第二届中国国际进口博览会上重申中国开放的大门只会越开越大，这为深化浙捷交流合作打开了更加广阔的空间。希望浙捷双方保持"走亲戚"式高层交往，深化政治互信；抓住"一带一路"建设机遇，深化经贸往来；加强资源有效对接，深化创新合作；密切人文交流，深化传统友谊，推动双方交流合作向更高水平迈进。

冯德拉切克说，捷方高度评价中国国际进口博览会，习近平主席精彩的主旨演讲为进一步深化捷中交流合作注入了信心。开放合作是当今时代潮流，贸易壁垒对谁都没有好处。捷克工业发达、经济外向度高，愿同中方开展各领域的务实合作。希望捷浙双方联系更紧密、交流更广泛、合作更深入，携手共赢发展。

冯德拉切克出席了浙江和捷克"一带一路"框架下的合作商务论坛，参观了阿里巴巴集团、炬华科技公司。

省领导陈金彪、李学忠、朱从玖，捷克驻华大使佟福德会见时在座。

**【德国汉斯·赛德尔基金会主席访问浙江】** 11月20日，省委常委、组织部部长黄建发在杭州会见德国汉斯·赛德尔基金会主席乌苏拉·曼勒为团长的德国妇女代表团一行。

黄建发对汉斯·赛德尔基金会长期以来对浙江的支持和帮助表示感谢，并简要介绍了浙江经济社会发展情况。他说，中德两国一向合作紧密，浙江与德国石荷州结为友好省州以来，友好关系不断发展。希望代表团此行进一步加深对浙江的了解，推动新时期中德全方位友好交流与务实合作不断创新发展。

**【法国国立民航大学校长访问浙江】** 12月13日，副省长朱从玖在杭州会见法国国立民航大学校长奥利维耶·尚苏一行。朱从玖说，浙江正加大力度引进知名高校来合作办学，法国国立民航大学和北京航空航天大学携手到浙江举办"中法航空大学"已经启动。希望通过此次访问，加强法国国立民航大学、北京航空航天大学和浙江省的沟通协作，加快"中法航空大学"建设步伐。同时，进一步增进了解，拓展双方在教育等方面的交流，不断提升合作水平。

（张晓波）

## 亚洲和非洲

**【蒙古国赛音诺门寺住持大和尚访问浙江】** 1月6日至13日，蒙古国赛音诺门寺住持大和尚纳尔贵赛布彦一行11人访问浙江。纳尔贵赛布彦一行拜会省委统战部、省外办、省民宗委、省侨联等，访问杭州佛学院、中国佛学院普陀山学院、浙江佛学院，参观灵隐寺、径山寺、雷峰塔、净寺、舟山普济寺、宁波雪窦寺，游览西溪湿地、中国茶叶博物馆、中国丝绸博物馆，就佛教文化与浙江展开交流。

**【日本地方创生、内阁府促进女性活跃特命担当大臣访问浙江】** 1月8日至9日，日本地方创生、内阁府促进女性活跃特命担当大臣片山皋月一行16人访问浙江。省妇联主席王文娟会见片山皋月一行。在浙期间，片山皋月一行参观了阿里巴巴集团和吉利控股集团公司。

**【日本贸易振兴机构上海代表处首席代表访问浙江】** 1月10日，日本贸易振兴机构上海代表处首席代表小栗道明访问浙江。省外办主任金永辉会见小栗道明，副巡视员余亦平参加会见。

**【日本静冈县定期协议团访问浙江】** 1月14日至16日，日本静冈县地域外交课参事土村晓文一行4人访问浙江，与省外办就2019年两省县友好交流活动举行工作会谈。

**【韩国全罗南道理事官抵达浙江进修】** 1月中旬，韩国全罗南道理事官朱东植（副省级）抵达杭州，开始在省商务厅进行为期1年的学习交流。1月18日，省外办主任金永辉会见朱东植。

**【沙特阿美亚洲区副总裁访问浙江】** 1月28日，省委常委、常务副省长冯飞会见沙特阿美亚洲区副总裁赛乐一行。省政府副秘书长周日星、省发展改革委主任孟刚、省外办副巡视员余亦平、省发展改革委领导陶国胜、舟山市常务副市长徐张艳等参加会见。此次会见成果大大超出沙特阿美亚洲区方面预期，赛乐一行改变行程，留在杭州继续工作考察。同时，徐张艳复返杭州，与赛乐一行展开工作夜谈，初步明确了双方在2月中下旬中沙高层对话上拟签署的合作协议书内容。29日，赛乐一行在省外办的安排下拜会了浙江能源集团及浙江石油公司，双方就石化下游领域合作交换意见，并初步达成了一系列合作意向，拟定在中沙高层对话上签署意向性合作备忘录。

**【日本驻上海总领事访问浙江】** 2月18日，副省长朱从玖会见日本驻上海新任总领事矶俣秋男。朱从玖说，随着长江三角洲区域一体化上升为国家战略，以及浙江省大湾区大花园大通道大都市区建设、浙江自贸试验区建设的推进，新兴产业有着很大的发展空间。他表示浙江省将进一步改善外商投资软环境，愿意与日本开展深度合作，包括在动漫等文化领域的交流。矶俣秋男对浙江省给予日本侨民和企业的支持和关照表示感谢。他说，日本愿意与浙江省携手在人工智能、大数据、互联网创新等领域开展合作，共享未来。同时，2019年也是中日青少年交流促进年，日本也愿意与浙江省在青少年、文化等领域开展合作。省政府副秘书长高屹、省外办副巡视员余亦平参加会见。

**【印度尼西亚驻上海总领事访问浙江】** 2月20日，印度尼西亚驻上海总领事宁乔恩访问浙江，拜会省外办主任金永辉并辞行。副巡视员余亦平参加会见。

**【印度外长访问浙江】** 2月26日至27日，印度外长斯瓦拉杰访问浙江乌镇，出席中俄印外长会晤。27日，国务委员兼外长王毅在乌镇会见斯瓦拉杰。王毅说，2018年习近平主席和莫迪总理在武汉成功举行非正式会晤，引领中印关系进入成熟稳定发展新阶段。新的一年里，双方要落实好领导人重要共识，规划好2020年两国建交70周年纪念活动，推动中印关系行稳致远。中方对当前南亚局势的紧张表示关注，希望印巴双方保持克制，通过对话，查明事件真相。斯瓦拉杰表示，双方应共同努力，维护边境地区的和平安宁，推动印中关系稳定向前发展。印方将本着负责任和克制的态度处理有关问题。

**【韩国赛尔群公司董事长访问浙江】** 2月27日，省委副书记、省长袁家军会见韩国赛尔群公司董事长徐廷珍一行。袁家军说，近年来，浙江省通过优化产业结构、激发创新活力、开展示范试点、深化体制机制改革，加快推进生物医药产业转型升级和创新发展。经过多年培育和发展，生物医药产业发展态势良好。希望双方加强合作，共同助力健康中国建设。省委常委、杭州市委书记周江勇，杭州市委副书记、市长徐立毅，省政府秘书长陈新，省政府副秘书长、研究室主任应雄，省商务厅厅长盛秋平，杭州市副市长陈卫强，省外办副主任彭波等参加会见。

**【浙江·静冈文化艺术交流——柳泽纪子版画作品展】** 2月28日在浙江美术馆开展，共展出艺术家80余件作品。日本静冈县立美术馆副馆长瀧昌光一行访问浙江，出席开幕式。

**【韩国忠清南道国际通商课长访问浙江】** 3月3日至4日，韩国忠清南道国际通商课课长郑殷泽一行4人访问浙江，与省外办就4月下旬忠清南道女性企业家访问团来访事宜进行工作会谈。省外办副巡视员余亦平会见宴请郑殷泽一行。

**【韩国全罗南道国际协力局中国协力处处长访问浙江】** 3月6日至7日，韩国全罗南道国际协力局中国协力处处长金永哲一行2人访问浙江，与省外办亚非处商讨2019年两省道交流项目。

**【摩洛哥独立党代表团访问浙江】** 3月7日至8日，摩洛哥独立党总书记尼扎尔·巴拉卡率代表团一行6人访问浙江。8日，省委常委、秘书长陈金彪会见代表团一行，省外办主任金永辉、副主任顾建新，省发展改革委副主任焦旭祥，省商务厅副厅长房立群等参加会见。

**【南非国际关系与合作部前驻外大使访问浙江】** 3月8日，南非国际关系与合作部前驻外大使格特·约翰斯·格罗布勒访问浙江，与省外办亚非处商讨推进浙江与南非合作事宜。省外办副巡视员余亦平会见宴请格特·约翰斯·格罗布勒。

**【日本福井县上海事务所所长访问浙江】** 3月19日，日本福井县上海事务所所长永田晓史、前副所长木田浩久和新任副所长藤田智一行3人访问浙江，礼节性拜会省外办，就2019年度浙江与福井交流活动举行工作会谈。

**【韩国全罗南道光阳湾圈经济自由区招商局新产业处处长访问浙江】** 3月19日至22日，韩国全罗南道光阳湾圈经济自由区招商局新产业处处长姜景文一行4人访问浙江。姜景文一行分别拜会了省商务厅、省国际投资促进中心、省交通投资集团、宁波市商务局、宁波石化经济技术开发区管理委员会、温州市商务局等部门，探讨招商事宜。

**【卡塔尔HBK控股集团公司董事会主席访问浙江】** 3月26日至4月10日，卡塔尔HBK控股集团公司董事会主席艾哈迈德访问浙江，考察浙江省经济社会发展情况，探讨集团与浙江在基础建设、投资贸易等方面合作前景。29日，副省长朱从玖会见艾哈迈德，省政府副秘书长高屹参加会见。在浙期间，艾哈迈德还考察了灵隐寺、河坊街和胡庆余堂。

**【日本栃木县梦想少年歌舞剧团访问浙江】** 3月31日至4月2日，日本栃木县梦想少年歌舞剧团会长稻见惠子率歌舞剧团代表团一行16人访问浙江。代表团一行参观了浙江音乐学院和杭州长江实验小学，并在长江实验小学表演了《珍惜身体》、百老汇经典音乐剧《美女与野兽》片段、栃木县传统民谣等节目。

**【日本软银集团董事长访问浙江】** 4月17日，省委副书记、省长袁家军会见日本软银集团董事长孙正义。袁家军说，在数字经济发展的有力带动下，新时代的浙江，发展机遇多、空间大、前景好，浙江将继续秉持开放创新、包容互惠的合作理念，进一步加强与各有关方面的交流合作，共同分享未来的发展机遇。孙正义表示，愿不断推进与浙江在数字经济、金融、教育等领域的务实合作，实现互利共赢。省政府秘书长陈新，省政府副秘书长、研究室主任应雄，省外办主任金永辉，省教育厅厅长陈根芳，省商务厅厅长盛秋平等参加会见。

**【中阿改革发展论坛参会嘉宾访问浙江】** 4月17日至19日，吉布提前总理迪莱塔、苏丹前总统助理贾兹等中国—阿拉伯国家改革发展论坛参会嘉宾访问浙江。省外办副巡视员余亦平会见嘉宾一行。在浙期间，嘉宾一行还考察了海康威视和巨石集团，参观了中国丝绸博物馆。

**【韩国女性企业家协会忠南世宗分会代表团访问浙江】** 4月21日至22日，韩国忠清南道议会议员金明淑率韩国女性企业家协会忠南世宗分会代表团一行26人访问浙江。22日，省外办副巡视员余亦平会见金明淑一行。在浙期间，金明淑一行与浙江省妇联兼职副主席、浙江省女企业家协会执行会长、万事利集团董事长屠红燕等女性企业家座谈。在双方交流中，屠红燕简要介绍了万事利集团旗下丝绸产业在技术创新、国际合作、文化挖掘等方面的发展情况，并表示韩国有很多的百年企业，希望双方企业界可以建立更加紧密的交流学习机制，共同成长。代表团成员、忠清南道议会议员梁锦奉对万事利在弘扬中国传统丝绸文化的担当和责任表示感动，她同时还表示，万事利的创新发展经验给了他们很多启发，希望未来中韩企业能有更多的合作机会。

**【韩国全罗南道交流公务员抵达浙江】** 4月22日，2019年度韩国全罗南道交流公务员罗恩昔抵达浙江，在浙江大学和浙江省国际投资促进中心开展为期1年的交流学习。

**【日本静冈县交流公务员抵达浙江】** 4月24日，2019年度日本静冈县交流公务员矢崎雅人抵达浙江，在浙江大学、浙江省医疗卫生国际合作发展中心、浙江省科技交流和人才服务中心开展为期1年的交流学习。

**【埃塞俄比亚总理访问浙江】** 4月25日，省委书记、省人大常委会主任车俊在杭州会见埃塞俄比亚总理阿比·艾哈迈德·阿里一行。车俊说，埃塞俄比亚是中国在非洲大陆共建"一带一路"的重要合作伙伴。4月24日，习近平主席与总理阁下举行会谈，达成了重要共识，必将有力推动两国关系迈上新台阶。浙江作为对外开放大省，将认真贯彻这些重要共识，进一步加强与贵国的交流，在共建"一带一路"的大框架下深挖合作潜力，不断加强经贸、能源、交通、农业、旅游等领域的务实合作，努力给两地人民带来更多实实在在的福祉。阿比总理说，埃塞与中国联系非常紧密，合作非常广泛。长期以来，中方给予埃塞巨大的支持，对此深表感谢。当前，埃塞正在致力推动经济开放发展，需要更多投资者前来投资兴业，这给广大企业提供了非常好的机遇。埃塞欢迎更多的浙江企业带着资金、技术、管理经验前来投资发展，我们将积极改善营商环境，为其创业提供更多便利。在杭期间，阿比总理一行访问了阿里巴巴集团，观看了"最忆是杭州"演出。省委常委、秘书长陈金彪，副省长朱从玖，省政协副主席、民革省委会主委吴晶，省委办公厅副主任王文滋，省科技厅厅长高鹰忠，省外办主任金永辉、副巡视员余亦平，省商务厅副厅长韩杰，中国驻埃塞俄比亚大使谈践参加会见。

**【非洲高官代表团访问浙江】** 5月10日，吉布提贸易部部长哈桑·哈默德，津巴布韦副总统特使、驻华大使，坦桑尼亚驻华大使，埃塞俄比亚驻华大使等访问浙江，出席万人游非洲启幕仪式。省外办副巡视员余亦平会见非洲高官一行。

**【肯尼亚青年外交官一行访问浙江】** 5月19日至20日，肯尼亚外交部二等参赞杰克逊等肯尼亚青年外交官一行15人访问浙江。此访旨在了解浙江省经济社会发展情况。在浙期间，外交官一行参观了杭州市城市规划展览馆、阿里巴巴集团、海康威视、吉利汽车等。

**【日本爱知县知事访问浙江】** 5月15日至16日，日本爱知县知事大村秀章一行14人访问浙江。15日，省长袁家军在绍兴会见大村秀章一行，指出浙江高度重视发展和日本地方间的交流和合作，爱知县作为日本中部的经济文化中心，浙江省愿意以筹办2022杭州亚运会和2026名古屋亚运会为新契机，共同推动体育事业蓬勃发展，全面加强在汽车制造、数字经济、港口物流、高等教育、文化旅游等领域的务实合作，更好造福两地人民，为中日两国关系发展作出新贡献。大村秀章希望爱知县与浙江省在高新技术产业、体育、学术等领域开展交流。省政府秘书长陈新，省政府副秘书长、研究室主任应雄，绍兴市委书记马卫光，省外办主任金永辉，省文化和旅游厅厅长褚子育，绍兴市委副书记、市长盛阅春，省发展改革委副主任翁建荣参加会见。在浙期间，杭州市市长徐立毅和浙江大学副校长何莲珍分别会见知事一行。

**【落实《南海各方行为宣言》第17次高官会和第25次中国—东盟高官磋商】** 5月18日至19日在杭州举行，外交部部长助理陈晓东与东盟10国外交部及东盟秘书处高官率团出席。此前，落实《宣言》第28次联合工作组会议于5月16日至17日背靠背举行。17日，副省长成岳冲在花家山庄会见并宴请各代表团高官。成岳冲表示，浙江正按照习近平主席关于中国与东盟国家打造更为紧密的命运共同体、共同建设"21世纪海上丝绸之路"

的倡议，努力打造“一带一路”枢纽，我们愿意与东盟及东盟各国团结合作，开拓进取，共同开辟更加美好的未来。省政府副秘书长高屹，省外办主任金永辉、副巡视员余亦平等陪同参加活动。

**【日本静冈县教委社会教育课客人访问浙江】** 5月23日，日本静冈县教委社会教育课青少年指导班班长野田孝幸一行3人访问浙江，与省外办就8月静冈县青年团访问浙江事宜进行工作会谈。

**【斯里兰卡驻上海总领事访问浙江】** 5月24日，斯里兰卡驻上海总领事拉克士塔·若特纳亚克在即将离任回国之际访问浙江。省外办副巡视员余亦平会见宴请拉克士塔·若特纳亚克。

**【尼日尔共和国总统访问浙江】** 5月26日，省委副书记、省长袁家军在杭州会见尼日尔共和国总统穆罕默杜·伊素福一行。袁家军说，近年来，在两国元首关心推动下，中尼政治互信深化，合作成果丰硕。浙江将坚决贯彻落实两国元首达成的重要共识和中非合作论坛北京峰会成果，深入贯彻实施“一带一路”倡议，充分发挥民营经济、对外开放、改革创新等优势，进一步深化与尼日尔的交流合作，积极鼓励和推动企业到尼日尔投资兴业，扩大在产业、经贸、能源、教育、医疗、文化、基础设施、农村电商等领域的务实合作，为巩固和发展中尼、中非友谊作出新贡献。穆罕默杜·伊素福高度评价浙江改革开放发展成就，表示愿在“一带一路”框架下，进一步拓展与浙江的合作领域，促进互利共赢，推动共同发展。在杭期间，总统一行访问了阿里巴巴集团，观看了“最忆是杭州”演出。副省长朱从玖，省政府副秘书长、研究室主任应雄，省发展改革委主任孟刚，省文化和旅游厅巡视员傅玮，省外办副主任彭波、副巡视员余亦平，省商务厅副厅长韩杰，中国驻尼日尔大使张立军参加会见。

**【缅甸外交官代表团访问浙江】** 6月4日至5日，缅甸外交部政治司副司长埃哥哥率缅甸外交官代表团一行15人访问浙江。代表团一行参观了杭州国际博览中心G20峰会体验馆和阿里巴巴集团。

**【日本栃木县香港事务所所长访问浙江】** 6月4日至6日，日本栃木县香港事务所所长毛塚隆弘访问浙江，分别拜会省外办、省文化和旅游厅，就2018年12月浙江省接待栃木县知事福田富一表示感谢。省外办副巡视员余亦平会见毛塚隆弘。毛塚隆弘还访问了浙江万达旅游集团，宣介栃木县旅游资源。

**【尼日利亚驻上海总领事访问浙江】** 6月6日，尼日利亚驻上海总领事安德森·马杜比克一行2人访问浙江，礼节性拜访省外办。省外办副巡视员余亦平会见安德森·马杜比克。

**【韩国京畿道经济科学振兴院上海代表处首席代表访问浙江】** 6月11日，韩国京畿道经济科学振兴院上海代表处首席代表金起吕访问浙江，拜会省外办，介绍7月底即将在上海举行的第5届韩国优秀商品展相关情况。省外办副巡视员余亦平会见金起吕。

**【日本大阪府驻上海事务所所长访问浙江】** 6月14日，日本大阪府驻上海事务所所长长野真由子访问浙江，分别拜会省外办和省商务厅。省外办副巡视员余亦平会见长野真由子。

**【浙江省代表团访问越南、柬埔寨和泰国】** 6月16日至25日，省政协副主席张泽熙率浙江省代表团访问越南、柬埔寨和泰国。在越南，代表团在河内和胡志明市分别会见了越南祖国阵线中央委员会副主席兼秘书长候·阿令及越南祖国阵线胡志明市委员会副主席阮成忠；分别召开了浙商浙企代表座谈会，听取了浙商代表在越经商创业的情况汇报。代表团还专程前往龙江工业园，举办园区企业座谈会。

在柬埔寨，代表团走访了柬埔寨浙江总商会驻西哈努克港办事处，听取了办事处代表对西港经济社会发展情况介绍；同时还走访了浙江卡森集团在当地设立的西哈努克港浙江国际经济特区。在金边，代表团会见了柬埔寨旅游部部长通·孔；召开了在柬浙商代表座谈会；走访了温州职业技术学院与柬埔寨职业技术教育培训司、柬埔寨高职院校、亚龙集团合作办学的柬埔寨亚龙丝路学院。

在泰国，代表团赴位于曼谷的正泰太阳能工厂车间现场调研了企业运营情况，并召开了在泰浙商浙企座谈会。在罗勇府，代表团出席了浙江省"一带一路"丝路学院（泰国罗勇）成立仪式并考察了华立企业在当地设立的泰中罗勇工业园及园区内企业。

**【第四次发展中国家议员研讨班代表团访问浙江】** 6月17日至19日，第四次发展中国家议员研讨班代表团访问浙江。18日，省人大常委会副主任李卫宁在杭州与研讨班代表团举行座谈。他表示，希望各方开展更加务实的立法机构间交流，为实现共同繁荣、构建人类命运共同体营造良好法治和政策环境。座谈会上，省人大和省农业农村厅相关负责人介绍了浙江省人大立法在实现可持续发展中的作用，以及浙江乡村振兴基本情况。

**【蒙古国恩赫利玛结核病防治基金会代表团访问浙江】** 7月3日至5日，蒙古国恩赫利玛结核病防治基金会主席恩赫利玛率蒙古国恩赫利玛结核病防治基金会代表团一行10人访问浙江，参观浙江省疾控中心、结核病防治定点医院、桐乡市疾控中心等，考察了解学校结核病防治、健康教育相关情况。省外办副巡视员余亦平会见代表团一行。

**【第21届浙江省·全罗南道学术研讨会】** 7月9日在杭州举行，主题为"新农村建设"。浙江大学生态规划与景观设计研究所所长、教授严力蛟，浙江大学环境污染防治研究所所长、教授吴伟祥，省农办原副主任余振波，韩国顺天大学农业经济系教授宋京焕，全罗南道农业技术院农村支援处处长郑灿秀，全罗南道农业技术院园艺研究所农业研究官金希坤等6人分别做主题演讲。全罗南道农畜产食品局绿色农业课课长洪锡奉一行7人参加。

**【越共高级干部考察团访问浙江】** 7月14日至18日，以越南共产党中央候补委员、越南太平省委常务副书记吴东海为团长的第三批越共高级干部考察团一行18人访问浙江。15日，省委常委、组织部部长黄建发会见宴请代表团一行，省纪委副书记罗悦明、省委编办主任吴伟斌、省委组织部部务会议成员程来节、省外办副主任顾建新、省委党校副校长黄华章等参加。访浙期间，考察团还与省委党校就浙江省全面从严治党的经验做法进行座谈，并考察了杭州下城区王马社区党建、嘉兴海宁盐官镇桃园村基层党建和天通控股企业党建情况。

**【黎巴嫩未来阵线干部考察团访问浙江】** 7月19日至24日，黎巴嫩未来阵线政治局委员塔里克·哈吉里率考察团一行11人访问浙江。嘉兴市委副书记、政法委书记孙贤龙，义乌市副市长李俊福，省外办副主任姚国文分别会见宴请考察团一行。考察团到浙江红船干部学院参观考察并交流座谈。考察团还参观考察了吉利集团、浙江大华技术股份有限公司、阿里巴巴集团、梦想小镇、义新欧班列、义乌小商品市场、义乌城市规划馆、义乌青岩刘村、嘉兴市96345社区服务救助中心、嘉兴南湖革命纪念馆。

**【浙歌民族乐团赴韩国光州演出】** 7月26日，应光州文化财团邀请，浙江歌舞剧院民族乐团赴韩国光州参加2019郑律成国际音乐节，将具有江南特色和浙江气派的节目带到韩国，促进中韩两国文化交流。光州广域市文化经济副市长李炳勋，中国驻光州总领事孙显宇，驻韩中国文化中心副院长云峰、副主任李少鹏等出席观看了演出。

**【台州路桥中学学生访问韩国全罗南道】** 8月5日至11日，在韩国全罗南道政府邀请下，省外办选派台州路桥中学3位教师和25名学生赴全罗南道参加2019浙江省·全罗南道青少年暑期交流活动。路桥中学学生分别与全罗南道学生结对，体验了全罗南道的家庭生活、风土人情，参观了农业博物馆、陶瓷博物馆，并在绫州乡校体验韩国传统文化，了解了全罗南道深厚的文化底蕴，与结对家庭结下了深厚的友谊。

**【浙江省与韩国全罗南道青少年围棋友谊赛】** 8月13日在台州举行，24位全罗南道青少年围棋高手与台州市青少年围棋爱好者进行了交流。韩国全罗南道体育产业课主务官金大植率领的青少年围棋团一行32人还参观了天台俞斌围棋工作室和国清寺，游览了杭州西湖。

**【第4届浙江省·静冈县友好交流乒乓球大赛】** 8月27日在浙江树人大学举行。26日，副省长朱从玖在杭州会见日本静冈县副知事吉林章仁及代表团主要成员。朱从玖说，浙静结好走过了37年的历程，双方友好关系稳步推进，友好交流硕果累累。浙静已经筑起全方位、多领域、官民并举的合作体系，为推动两省县经济社会发展起到重要作用。浙江省愿意积极落实两国领导人达成的重要共识，希望双方继续共同努力，进一步促进中日两国民间交流，不断深化合作，推进浙静两省县友好关系发展。吉林章仁说，浙静友好交流乒乓球大赛已经分别在两省县成功举行了3届，希望此次乒乓球大赛能够进一步巩固和发展两省县传统友好合作关系。省政府副秘书长高屹，省外办主任金永辉、副主任陈江风，省教育厅副厅长丁天乐，省体育局副局长吕林，省乒乓球协会会长吕毅强，拱墅区副区长王书评，浙江树人大学党委书记章清参加会见宴请。来自浙江的48名乒乓球运动员和静冈县24名运动员进行了比赛，比赛分高中、初中、小学三个组别，项目分为男子单打和女子单打。最终浙江省运动员在所有组别夺冠。陈江风、吕林、省友协专职副会长陈艳勤、吕毅强、王书评、章清、吉林章仁和静冈县日中友好协议会理事长栗原绩等出席开幕式，吕林和吉林章仁为大赛举行了开球仪式。省外办副巡视员余亦平、王书评、章清出席闭幕式和颁奖仪式。在浙期间，代表团主要成员还访问了省贸促会，会长陈宗尧会见；参观了杭州电竞数娱小镇、浙江盘石信息技术股份有限公司、浙江执御信息技术有限公司，游览了良渚遗址公园、良渚博物院和湘湖等。

**【日本自民党女性国会议员代表团访问浙江】** 8月26日至29日，日本自民党首席副干事长、前防卫大臣稻田朋美率日本自民党女性国会议员代表团一行8人访问浙江。28日，省人大常委会副主任梁黎明会见宴请代表团一行。访浙期间，代表团受邀参加了阿里巴巴集团“全球女性创业者大会”。

**【2019年度日本进修生来浙江进修】** 9月1日，2019年度日本静冈县交流员后藤由香、胜间田好久、高部智惠美，福井县进修生粟田真由、盐谷勇人，栃木县进修生桥本和加子、工藤瑠璃抵达杭州，在浙江大学玉泉校区开始为期半年的交流、进修。

**【柬埔寨暹粒省副省长访问浙江】** 9月3日至6日，柬埔寨暹粒省副省长莱·萨姆瑞斯一行4人访问浙江。4日，省人大常委会副主任李卫宁在杭州会见莱·萨姆瑞斯一行。李卫宁表示，浙江省与暹粒省于2015年签署《浙江省与暹粒省关于建立友好交流关系意向书》，之后两省在高层互访，旅游、文化等领域开展务实高效的交流合作，取得了丰硕成果。希望通过此次访问，进一步加强双方在经贸、文化和旅游等多领域的交流，共同推进两省经济繁荣。莱·萨姆瑞斯希望进一步加强两省之间在经贸领域的交流，欢迎浙江企业来暹粒省投资。省人大常委会外事工作委员会主任郭剑彪，省外办副主任陈江风参加会见。在浙期间，莱·萨姆瑞斯参加在杭州举行的“杭州国际友城市长论坛”“一带一路”地方合作委员会理事会会议等活动。

**【日本关西经济联合会会长访问浙江】** 9月4日至5日，日本关西经济联合会会长、住友电气工业株式会社社长松本正义一行6人访问浙江。4日，副省长朱从玖在杭州会见松本正义一行。朱从玖指出，关西地区是日本西部重要的经济中心，是日本的制造业重镇，科技实力和产业基础雄厚，相信未来浙江与关西地区以及日本各地的合作前景十分广阔。关西经济联合会是日本重要的经济团体，希望今后能加强与浙江省工商联的合作交流，让更多日本企业走进浙江投资，进一步推动双方合作共赢，实现共同发展。松本正义表示，浙江与关西地区的经济发展有很多相似之处。关西经济联合会愿与浙江各经济团体、企业之间建立友好关系，加强交流，为推动浙江省与日本关西地区的经贸合作做出新的贡献。省政府副秘书长高屹，省工商联主席、省商会会长、富通集团有限公司董事长王建沂，省委统战部副部长、省工商联党组书记陈浩等参加会见。

**【土耳其政党干部考察团访问浙江】** 9月4日至6日，土耳其共和人民党议员余克赛尔·曼苏尔·科伦奇一行9人访问浙江。代表团考察了杭州下城区王马社区基层党建，参观了中国丝绸博物馆、杭州市城市规划展览馆、阿里巴巴集团和梦想小镇。

**【新加坡南洋理工大学校长访问杭州】** 9月4日至8日，新加坡南洋理工大学校长苏布拉·苏雷什教授一行访问杭州，出席在杭州举行的新加坡南洋理工大学校友论坛。6日，副省长成岳冲会见苏布拉·苏雷什一行。他说，浙江省与新加坡南洋理工大学长期保持紧密友好的战略合作关系，目前，在浙江的校友人数超过1500人。希望通过此次访问，进一步增进了解，不断提升合作水平。

**【马来西亚执政联盟议员考察团访问浙江】** 9月5日至9日，马来西亚国会下议院副议长倪可敏率马来西亚执政联盟议员考察团一行17人访问浙江。6日，省人大常委会副主任李卫宁会见考察团一行，省外办副主任姚国文、省人大常委会外事工作委员会副主任何新国、省发改委副主任谢晓波、省商务厅副厅长房立群等参加会见。

**【文莱公主访问浙江】** 9月8日至10日，文莱公主玛斯娜一行13人访问浙江。9日，省人大常委会副主任李卫宁会见玛斯娜公主一行，希望双方通过此次访问，继续践行两国领导人共识，积极加强在能源、人文、旅游等多领域的交流，共同推进经济社会繁荣进步。玛斯娜表示，文莱愿意与浙江省进一步开展在能源、农业、旅游和技能培训等领域的交流，愿意为中国市场提供更多的文莱商品。省人大常委会外事工作委员会副主任何新国，省外办副巡视员余亦平，省贸促会副巡视员吴莉芬参加会见。在浙期间，玛斯娜公主一行还访问了浙江恒逸集团有限公司和万事利集团，参观中国茶叶博物馆和杭州南宋官窑博物馆，游览西湖，观看“最忆是杭州”演出。

**【印度尼西亚北苏门答腊省投资局代表团访问浙江】** 9月18日至20日，印度尼西亚北苏门答腊省投资局局长阿列夫一行6人访问浙江，拜会省发展改革委，参观中国（杭州）跨境电子商务综合实验区、宁波舟山港等。省外办副巡视员余亦平会见阿列夫一行。

**【韩国驻华大使馆地方协力官（参赞）访问浙江】** 9月25日，韩国驻华大使馆地方协力官（参赞）朴炳垠访问浙江，旨在了解浙江与韩国地方政府的友好交流情况等，探讨与韩国地方政府交流合作方案。省外办副主任陈江风会见朴炳垠。

**【越南隆安省人民委员会主席访问浙江】** 9月25日至27日，越南隆安省人民委员会主席陈文芹一行20人访问浙江。25日，省人大常委会副主任李卫宁会见陈文芹一行。省人大常委会民族宗教华侨外事委员会副主任委员朱绍平，省外办副主任陈江风和省贸促会副巡视员吴莉芬参加会见。陈文芹还考察了华孚时尚股份有限公司等企业。

**【日本籍诺贝尔奖获得者访问浙江】** 10月18日，省委副书记、省长袁家军会见日本籍诺贝尔生理学或医学奖获得者本庶佑一行。袁家军说，近年来，浙江积极抢抓新一轮科技革命和产业变革机遇，深入推进数字经济“一号工程”，大力发展人工智能、生物医药、先进制造等高新产业，加快建设“互联网+”和生命健康两大科创高地。生命健康产业高质量发展，核心在人才，关键在人才。希望与本庶佑教授加强在基础研究、科技合作、技术转化等方面的交流合作，推动生命健康科技创新发展。省政府秘书长陈新，省外办主任金永辉，省委组织部副部长温暖，省科技厅厅长高鹰忠，绍兴市委副书记、市长盛阅春，省外专局局长厉勇，绍兴市柯桥区委副书记、区长赵如浪等参加会见。

**【第三期和第四期蒙古人民党干部培训班】** 10月21日至29日和11

月11日至19日在浙江成功结课。省委党校对每批考察团的教学均安排专题解读、现场教学及参观活动，既有习近平新时代中国特色社会主义思想、全面从严治党、“一带一路”的意义与展望的宏观解读，也有中国共产党的组织体系与制度建设、党员的宗旨意识与道德体系建设、浙江发展和浙江精神的生动阐释。除课堂教学外，党校安排考察团分别赴杭州市余杭区、嘉兴市和义乌市，参观梦想小镇、中共一大旧址嘉兴南湖、浙江红船干部学院、嘉兴科技城和义乌国际商贸城；协调浙江医院为考察团团员进行体检。嘉兴市、余杭区、义乌市等党政领导分别会见宴请考察团成员。浙江为蒙古人民党培训99名干部的预期目标圆满完成。

**【印度尼西亚西努沙登加拉省省长访问浙江】** 10月23日至26日，印度尼西亚西努沙登加拉省省长祖尔基弗里一行12人访问浙江，旨在了解浙江省经济社会发展现状，探讨双方在高等院校、环保、城建、垃圾处理等领域的交流合作事宜。24日，副省长朱从玖在杭州会见祖尔基弗里一行，希望双方以此次访问为契机，进一步践行两国领导人共识，加强在各领域，特别是智慧城市、数字经济、旅游开发领域的合作，共同推进双方经济社会繁荣进步。省政府副秘书长高屹、省教育厅副厅长于永明、省自然资源厅党组成员闵建平、省外办二级巡视员余亦平参加会见。在浙期间，祖尔基弗里一行访问浙江工商大学和杭州师范大学，并分别与两校师生开展交流；参观杭州未来科技城梦想小镇、光大环保能源(杭州)有限公司、杭州城市阳台、杭州市城市规划展览馆等；与浙江巨马游艺机有限公司负责人举行了座谈。

**【乌兹别克斯坦议会多党联合考察团访问浙江】** 11月6日至11日，乌兹别克斯坦立法院科学、教育、文化和体育委员会副主席舒赫拉特·巴法耶夫率乌兹别克斯坦议会多党联合考察团一行10人访问浙江。7日，省人大常委会副主任李卫宁会见考察团一行，省人大常委会外事工作委员会主任郭剑彪、省外办副主任姚国文、省发展改革委领导陶国胜等参加。

**【老挝高级干部研修班访问浙江】** 11月12日至17日，以老挝公安部党委副书记、副部长贡通·蓬维吉为团长的第四期老挝高级干部研修班一行25人访问浙江。13日，省委副书记、宁波市委书记郑栅洁会见研修班一行。14日，研修班赴省委党校听取了关于“中国共产党新发展理念及浙江省贯彻落实情况”的讲座并开展讨论。在浙期间，研修班一行还考察了宁波经济技术开发区、杭州上城区上羊市街社区党建工作等。

**【日本静冈县经济交流代表团访问浙江】** 11月11日，日本静冈县日中友好协议会理事长栗原绩、静冈县副知事吉林章仁率领的静冈县经济交流代表团一行访问浙江。副省长朱从玖在杭州会见栗原绩和吉林章仁。他说，浙江与静冈自建立友好省县关系以来，在经贸、文化、旅游、教育、健康、环保等领域交流频繁、成果丰硕。希望双方共同努力，不断深化合作，推进两省县友好关系进一步发展。在浙期间，代表团出席了浙江省·静冈县经济交流促进机构第28次全体会议、浙静经济交流研讨会等。

**【韩国地方高级公务员代表团访问浙江】** 11月12日至13日，全罗南道副知事朴炳昊率韩国地方高级公务员代表团一行10人访问浙江，旨在探讨进一步加深浙江省与全罗南道友好交流事宜，进一步促进中韩两国地方及民间交流。13日，副省长朱从玖在杭州会见朴炳昊一行。

**【韩国驻上海总领事馆首席领事访问浙江】** 11月28日，韩国驻上海总领事馆首席领事千成焕访问浙江，拜会省外办，商讨2020年韩国驻上海总领事馆与浙江交流计划。省外办副主任陈江风会见千成焕。

**【文莱媒体代表团访问浙江】** 11月28日至12月1日，文莱网络媒体“商业文莱”总编辑阿伦等文莱媒体代表团一行10人访问浙江。代表团一行访问浙江日报报业集团，集团总编办副主任陈敏玮等与代表团一行进行了座谈。代表团一行还参观了杭州国际博览中心、浙江恒逸集团等。

（徐庆云）

# 港澳事务

【概述】 2019年，省港澳办认真做好港澳代表团来访接待工作，宣介全省经济社会发展情况和改革开放成果，搭建浙港澳教育交流平台，做好优秀澳门学子考察团交流访问的安排，推动构建浙港澳全方位交往新格局。全年接待、协调安排涉港澳来访团组21批367人次，其中省部级2批83人次；组织或协助7批团组赴港澳等地访问；联合相关部门出台港澳居民子女参加中考优待、"浙里办"APP实名认证、企业注册登记等多项面向在浙港澳居民的便利化服务措施。

【内地高校优秀澳门学生参访浙江】 1月21日至26日，由就读于北京大学、清华大学、中国人民大学等内地高校30名澳门学生组成的第30届内地高校优秀澳门学生访问团访问杭州和嘉兴。此次活动由国务院港澳办、澳门中联办、澳门新青协共同组织。通过访问，代表团对中国共产党的奋斗历程和浙江省改革开放发展、经济社会发展情况有了更为直观深刻的了解。

【参加第40期地方外事（港澳）办官员赴港澳考察团出访】 2月17日至23日，省港澳办副主任陈江风随国务院港澳办组织的第40期地方外事（港澳）办官员考察团访问香港和澳门，考察港澳特区的政府机构设置及运作情况，增进了解，寻求合作。

【省政协代表团访问澳门】 2月20日至22日，省政协副主席马光明一行6人访问澳门，走访澳门政协委员联络处，商谈澳门省政协委员创建"委员会客厅"事宜。

【举办"2019浙江—香港现代服务业高端人才招聘会"】 3月19日至26日，由浙江省人民政府、浙江省人社厅主办的"2019浙江—香港现代服务业高端人才招聘会"在香港会议展览中心举行。浙江省副省长王文序出席开幕式并致辞，国贸集团、物产中大集团、省交投集团、吉利控股集团、海康威视等81家企业，以及浙江大学、西湖大学、之江实验室等26所高校、科研院所等机构单位参加。本次活动共推出1600余个职位、100个实习岗位和16个人才合作项目。其中，岗位招聘以经营管理型、营销管理型和研发型为主。招聘会吸引了香港大学、香港中文大学、香港科技大学等高校毕业生及社会人才4800余人入场，其中浙籍人才占42%，硕士研究生以上学历人才占72%。互联网、金融、媒体和教育行业最受求职者欢迎。会后有960人与用人单位达成初步意向。

【香港中级公务员访问团访问浙江】 4月7日至13日，香港中级公务员访问团一行33人访问杭州和宁波。访问团参观考察了支付宝、宁波舟山港、吉利汽车工厂、雅戈尔集团等企业，加深了对浙江省数字经济、农村电商发展情况的了解。

【澳门社会服务工作者访问浙江】 4月8日至13日，澳门中联办组织澳门社会服务工作者一行20人访问杭州、嘉兴和宁波。访问团与省残联、省康复医疗中心开展了交流，考察了海康威视、雅戈尔、宁波方太等企业。

【中山大学行政学系澳门同学会访问浙江】 4月19日至22日，中山大学行政学系澳门同学会一行16人访问浙江，参观考察了海康威视公司。

【香港立法会主席一行访问浙江】 4月23日至24日，香港立法会主席梁君彦一行74人访问浙江。省委书记、省人大常委会主任车俊会见访问团。车俊表示,希望浙港两地进一步加强政府、人大、立法会之间的高层往来,推动两地在经贸、科技、金融、教育等更广领域、更高层次的交流与合作。访问团参观了阿里巴巴集团、杭州高新技术产业开发区、杭州市民中心等,加深了对浙江省科技创新、智慧城市建设及经济社会发展情况的了解。

**【澳门特区政府高级公务员研修班代表团访问浙江】** 5月21日至24日,由澳门劳工事务局局长黄志雄任团长的澳门特区政府高级公务员研修班代表团访问浙江。代表团在杭州、嘉兴参观考察了乌镇互联网大会会址、阿里巴巴集团、杭州市交警城市大脑实践基地和杭州气象局中控数据平台。

**【在浙香港籍大学生在浙江广电集团实习】** 7月15日至8月15日,来自宁波诺丁汉大学、浙江理工大学等高校的5名香港籍大学生在浙江广电集团开展了为期一个月的"浙港澳同心·青春起航"实习,并参与了浙江卫视的《中国好声音》节目。该实习项目旨在让港澳青年学生亲身感受浙江媒体发展活力,增加对祖国和民族的认同感,为今后的职业规划提供一定的思路。

**【香港特区政府驻上海经贸办事处首席入境事务主任访问浙江】** 7月17日,香港特区政府驻上海经贸办事处新任首席入境事务主任翁荣桢一行3人访问浙江,拜会省港澳办、省公安厅等部门,就出入境事务进行了交流。

**【参加澳门"苏浙沪同乡会庆国庆活动"】** 9月16日至19日,省港澳办副主任姚国文访问澳门,参加苏浙沪同乡会庆国庆70周年暨同乡会成立23周年大会活动,拜访全国政协港澳台侨委副主任贺定一女士等浙籍乡贤,走访商会企业。

**【澳门国际银行杭州分行】** 9月26日正式开业揭牌。该行是澳门国际银行自2017年设立广州分行后,在内地开设的第二家分行级机构,是浙江省第一家澳门银行。杭州市政府副秘书长冯伟、厦门国际银行总裁章德春主持揭牌仪式,澳门中联办经济部副部长朱宏、省港澳办副主任姚国文出席仪式。

**【"看·见香港摄影展"在浙江开幕】** 10月15日至28日,由香港特区政府驻浙江联络处主办的"看·见香港摄影展"在杭州举行。40张摄影作品包括"城市魅力""自然美景""常民生活"等主题,旨在展现香港的城市及自然景观、社会生活面貌和人文精神,用影像诉说香港故事。香港特区政府驻上海经贸办事处主任邓仲敏、省港澳办副主任姚国文出席开幕式。

**【澳门社会文化司司长参加乌镇互联网大会】** 10月19日至21日,澳门社会文化司司长谭俊荣一行13人参加乌镇第6届世界互联网大会,就智慧城市项目与参展企业进行交流。

**【香港特区政府驻各地经贸办事处负责人代表团访问浙江】** 11月25日至26日,香港特区政府驻各地经贸办事处负责人代表团一行16人访问浙江。省政府副秘书长高屹会见代表团,省发改委副主任徐幸、省商务厅副厅长房立群和省港澳办二级巡视员葛志宇参加。其间,代表团参加了浙江经济社会发展及长三角区域一体化推进情况座谈会,参观考察了阿里巴巴集团、海康威视公司和杭州市民中心。

**【澳门妇联青年协会代表团访问浙江】** 12月20日至23日,澳门妇联青年协会代表团一行20人访问浙江,参观考察浙江省政务服务网络平台"浙里办"APP的开发运营及运作情况,并调研网易公司。

(杜薇)

# 民 间 交 流

**【概况】** 2019年，浙江省人民对外友好协会(简称省友协)充分发挥民间外交的优势作用，不断拓展民间外交的朋友圈，打造品牌活动，为服务中央总体外交和全省中心工作做出新的成绩。全年接待来自美国、加拿大、韩国、英国、荷兰、俄罗斯、日本和朝鲜等国家的民间友好团组47批491人次；组派出访团组5批71人次，分别前往日本、塞内加尔、澳大利亚和新西兰等国家开展友好交流活动；举(协)办了杭州国际马拉松比赛、第十四届国际武术比赛、海外名校学子走进金华古村落、“走进欧洲”——浙江省高中生英语及欧洲文化知识大赛、中俄青年同走70年友谊路活动、“纪念中美建交40周年”植树仪式、“为友谊行走”暨纪念新中国成立70周年——贝茨勋爵夫妇徒步中国活动等多场民间交流活动，在推动青少年交流和促进民心相通方面做了大量工作。

**【北海道日中经济友好协会会长访问浙江】** 3月3日至6日，日本北海道日中经济友好协会会长中田博幸(前札幌市副市长)访问浙江。4日，中田博幸作为客座研究员，在浙江工商大学东方语言文化学院作了以中日文化异同为主题的讲座。5日，中田博幸赴义乌考察了义乌国际商贸城，并就邀请北海道企业参展“义乌进口商品博览会”等事宜与义乌市外办等有关部门进行了会谈。

**【日本静冈县少年足球队访问浙江】** 3月27日至31日，日本静冈县足球协会第四类委员会会长饭塚孝夫率静冈县少年足球队一行28人访问浙江。28日至29日，“浙江省·静冈县少年足球友谊赛”分别在浙江绿城足球俱乐部和西湖区西溪实验学校举行。通过本次交流比赛，中日两国的小选手们切磋了球技，增进了了解，加深了友谊。

**【省友协工作组访问日本】** 5月16日至20日，省友协专职副会长陈艳勤率浙江省友协工作组一行4人访问日本。工作组拜访了静冈县知事川胜平太、副知事吉林章仁，访问了山梨县日中友协、山梨县政府国际交流课、甲府市政府，和静冈县政府地域外交局、静冈县日中友好协会、静冈县日中友好协议会、日中共创中心、日中交流中心、静冈县私立学校协会、静冈富士山空港、日本天溪会等机构进行了工作会谈，就交流事宜进行了探讨。

**【美国费城交响乐团纪念中美建交四十周年音乐会】** 5月24日在杭州大剧院举行。在雅尼克的指挥下，费城交响乐团演奏了贝多芬F大调第六交响曲(田园)和西贝柳斯D大调第二交响曲。其间，乐团管理层及艺术家还访问了浙江音乐学院，举行了交流演出。成立于1900年的费城交响乐团是美国五大交响乐团之一，是世界级交响乐团。1973年，费城交响乐团进行了历史性访华，被誉为中美文化交流的“破冰之旅”。省友协专职副会长陈艳勤会见费城交响乐团总裁兼首席执行官马思艺及亚洲协会名誉会长、乐团高级顾问卜励德大使等5人。

**【“中俄青年同走70年友谊路”活动走进浙江】** 7月2日，省委常委、组织部部长黄建发举行招待会，欢迎参加“中俄青年同走70年友谊路”活动的中俄青年。省各界青年，包括青年企业家、文艺工作者、奥运冠军等参加招待会，双方青年进行了深入交流。省友协常务副会长金永辉参加活动。代表团还参观访问了阿里巴巴集团和梦想小镇，了解了浙江浓厚的创业创新氛围以及浙江与俄罗斯在跨境电子商务方面的积极合作成果。为全面落实习近平主席2018年9月参加符拉迪沃斯托克第四届东方论坛期间在中俄地方领导人对话会上有关未来中俄地方合作的重要指示精神，为纪念中俄建交70周年，中国人民对外友好协会举办了以“友谊正芳华”为主题的“中俄青年同走70年友谊路”活动。中俄两国共100名各界青年代表参加活动，其中俄罗斯青年朋友70名，象征中俄友好70年。浙江省友协邀请了7名在浙俄罗斯青年参团。活动在北京市、吉林长春市、浙江省杭州市三地举行，对促进中俄两国民心相通，特别是青年一代的相互了解、建立友谊意义深远。

**【第十四届浙江国际传统武术比赛开幕】** 7月13日至14日，由浙江省友协、浙江省体育局、绍兴市人民政府主办的“鲁迅故里杯”第十四届浙江国际传统武术比赛在绍兴市奥林匹克中心举行。美国、巴西、法国、西班牙、日本和中国香港等20多支代表队、超过4000名武术爱好者同场竞技。省友协专职副会长陈艳勤出席开幕式。浙江国际传统武术比赛自2003年首届赛事以来，参赛的国家和地区达30多个，总人次超过7万人，是浙江省重点培育的品牌体育赛事。

**【浙江大学生赴塞内加尔参加志愿服务】** 7月14日至9月16日，全国对外友协与塞内加尔市长协会和盖迪亚瓦市政府联合主办“助力郊区”公益项目。省友协协调组织浙江广厦建设职业技术学院、浙江同济科技职业学院、浙江科技学院等3所院校的3名老师和12名相关专业青年学生组成志愿者队伍赴塞内加尔参加志愿服务活动。中塞双方志愿者通力合作完成校舍修缮任务并进行交流互动，加深了中塞青年友谊。

**【“纪念中美建交40周年”植树仪式】** 8月1日在杭州植物园举行，美国加利福尼亚州政要代表团一行参加植树仪式。1972年，时任美国总统尼克松历史性访华，带来北美红杉树苗赠送给中国，这棵树苗栽种在杭州植物园。尼克松曾于1982年和1993年先后两次来到杭州看望这棵红杉树。2013年尼克松诞辰100周年之际，尼克松的外孙克里斯托弗·尼克松·考克斯率美国尼克松基金会代表团42人访问杭州，在北美红杉旁种植了两棵南方红豆杉。美国加州政要代表团此行参观了红杉树，也在红杉树旁栽种了一棵南方红豆杉树。团长、美国联邦众议员马克·高野表示，今年恰逢中美建交40周年，作为美国经济最发达的州，加州愿以此为契机深化中美地方政府合作，寻找务实合作机遇，延续中美友谊。全国友协美大部主任张和强、省友协专职副会长陈艳勤及杭州市有关部门负责人参加了植树仪式。当日，省政协副主席张泽熙会见代表团一行。

**【出席福井县日中友好协会重建40周年纪念活动】** 8月11日至14日，省友协专职副会长陈艳勤一行2人访问日本福井县，出席福井县日中友好协会重建40周年纪念活动。福井县日中友好协会会长酒井哲夫、福井县原知事栗田幸雄、福井县副知事中村保博出席活动并发言，福井县政府、议会、地方友协，政商、体育、文化界等各界代表百余友好人士参加。中国驻名古屋总领事刘晓军应邀出席活动。省委常委、秘书长、省友协会长陈金彪特向纪念活动发去贺信。陈艳勤代读贺信并以《重视交流、迎接中日友好新时代》为题作了讲演。纪念活动还对浙江省人民对外友好协会原常务副会长阮忠训等8人进行了表彰。访问期间，陈艳勤接受了福井新闻社采访，就进一步推动青少年交流，增加中日民间交流渠道等发表了意见。代表团还访问了芦原市。

**【“海外名校学子走进金华山”代表团访问杭州】** 8月12日，由省友协与金华市人民政府共同主办的第八季“海外名校学子走进金华山”活动在金华启动。德国、意大利、南非、印度、波兰、哥伦比亚和克罗地亚等13个国家的38名海外名校学子参加活动。20日，作为活动的一部分，学子一行访问了杭州。省友协专职副会长陈艳勤向海外学子介绍了浙江经济社会发展情况。代表团还参观考察了良渚文化博物馆和阿里巴巴集团。

**【"为友谊行走"徒步活动在浙江举行】** 8月15日，省政协主席葛慧君在杭州会见了英国上议院国会议员、女王枢密院顾问官麦克·贝茨勋爵夫妇一行。省政协副主席吴晶、省友协常务副会长金永辉参加会见。8月19日至9月19日，贝茨勋爵夫妇在浙江开展"为友谊行走"徒步浙江活动。

**【省友好代表团访问澳大利亚和新西兰】** 9月15日至22日，省友协专职副会长陈艳勤率浙江省友好代表团一行3人访问澳大利亚和新西兰。代表团参加了中国驻珀斯总领事馆和西澳州州督府为庆祝中华人民共和国成立70周年举办的系列庆祝活动并代表浙江省致辞；并与一同参加活动的西澳州首席大法官、副州督昆兰，州长麦高文，州库怀亚特，州旅游及多元文化部部长帕帕利亚，州亚洲事务部部长廷利，前州长巴奈特等西澳州与澳联邦政要、前政要和各界人士以及在西澳州的华侨华人等进行了广泛交流。访问期间，代表团还专程拜会了廷利、班布里市市长布伦南、澳大利亚中国友好协会会长罗宾斯和太平洋中国友好协会秘书长、澳中友协西澳分会会长等相关友好人士，同时还与澳大利亚浙江侨团联合会、西澳浙江商会、西澳中华会馆等华人华侨社团进行了互动。在新西兰，重点开拓了省友协与新西兰的民间交流渠道，并访问了陶波市，拜会了副市长哈维等。

**【日本静冈县教育交流代表团访问浙江】** 9月15日至18日，以日本静冈县岛田学园理事长吉永清贵为团长、静冈县前议长渥美泰一为顾问的静冈县教育交流代表团一行16人访问浙江。代表团分别参观杭州绿城育华学校、杭州市第十三中学，并和省、市教育部门进行座谈交流，就进一步推进浙静两省县教育合作和青少年交流进行探讨。

**【日本石卷市友好代表团访问浙江】** 9月26日至30日，以日本石卷市市长龟山紘为团长的石卷市友好代表团一行20人访问浙江。省友协专职副会长陈艳勤会见代表团一行。27日至29日，代表团访问温州，参加两市结好35周年庆祝活动。

**【日本福井县日中友协友好交流团访问浙江】** 10月20日至23日，日本福井县日中友好协会会长酒井哲夫率福井县日中友协友好交流团一行22人访问浙江。21日，浙江省原副省长王永明会见并宴请酒井哲夫一行。省友协常务副会长金永辉、省友协专职副会长陈艳勤参加活动。其间，代表团分别参观浙江省教育厅教研室附属小学和杭州市四季青中学，和中小学生进行交流联欢；还与省妇联就教育及妇女儿童权益保护等课题进行了座谈交流。

**【2019杭州马拉松】** 11月3日在杭州开跑。马拉松由中国田径协会、浙江省体育局和杭州市人民政府主办，浙江省友协、省广电集团等单位承办。来自58个国家和地区36000名爱好者及运动员参加了马拉松、半马拉松、小马拉松及情侣跑、家庭跑。巴林选手马里乌斯·金姆泰以2小时10分05秒破赛会纪录的成绩夺冠。杭州马拉松被国际田联授予国际田联金标赛事，成为中国田协金牌、国际田联金标、国际马拉松及路跑协会成员赛事的"双金+"赛事。

**【走进欧洲——浙江省台州市高中生英语及欧洲文化知识大赛】** 11月3日在台州市举行决赛及颁奖仪式。大赛历经两个多月，经过台州市各县(市、区)的初赛，选出100名选手参加决赛。最终，75名中学生分获一、二、三等奖，省友协专职副会长陈艳勤为20名一等奖获得者颁奖。一等奖获得者将作为浙江省青少年友好使者赴德国进行为期两周的友好交流访问。

**【日本静冈县三岛市友好代表团访问浙江】** 11月8日至12日，以日本静冈县三岛市市长丰冈武士为团长的三岛市友好代表团一行6人访问浙江，参加丽水市举行的"丽水市首届国际友城大会"活动。12日，省友协专职副会长陈艳勤会见代表团一行。

**【朝鲜经济干部考察团访问浙江】** 11月10日至12日，由朝鲜拥护和平全国民族委员会主席团成员吴领日为团长的朝鲜经济干部考察团一行15人访问浙江。11日，省委常委、组织部部长黄建发在杭州会见代表团一行。黄建发表示，浙江愿发挥自身优势，开展与朝鲜在教育、卫生、青年等领域的交流与合作，特别是拓展与朝鲜地方之间的互利合作，共同促进两国社会主义建设事业不断向前发展，造福双方人民。省友协常务副会长金永辉出席活动。其间，代表团访问了吉利集团、娃哈哈集团，参观了杭州上城区上羊市街社区和萧山区航民村等地，考察了浙江民营经济发展、基层社区党建、新农村建设等情况。

**【浙江省大学生代表团访问日本】** 11月23日至30日，由全国友协组织的“日中植树造林国际联合事业”2019年中国大学生友好交流代表团共300人赴日本交流访问，浙江省大学生代表团一行50人随团参访。29日在东京举行的第2届中日大学生500人交流大会上，双方大学生代表以《发现魅力、倾情传递》为主题进行了照片展示及演讲，相互宣传对方国家的魅力，并发表友谊誓言。在日期间，代表团还参加了防灾讲座和培训，参观防灾设施，参加植树造林活动，并与日本大学生座谈、联欢。

**【第八届浙江省日剧PLAY大赛】** 11月24日在浙江工商大学落幕。浙江大学、浙江工商大学、浙江工业大学、浙江财经大学、浙江外国语学院、杭州师范大学等省内20所高校的21支队伍参与比赛。浙江工商大学B组摘得特等奖，浙江工商大学A组和嘉兴学院参赛团队获得一等奖。

**【英国爱丁堡议员一行访问浙江】** 12月9日至12日，英国爱丁堡议员加文·巴瑞及欧亚交流协会会长郭惠杰等访问浙江，与省友协商谈交流事宜，并拜会了教育部门，落实有关合作项目工作安排。

**【日本大阪日中协会代表团访问浙江】** 12月11日，以日本大阪日中协会会长木下博夫为团长的友好交流代表团一行22人访问浙江。省友协专职副会长陈艳勤会见代表团一行，并就扩大交流合作交换了意见。代表团还访问了浙江省交投集团等。

**【“千校结好”成果展示活动】** 12月25日在杭州举行。省友协专职副会长陈艳勤出席活动并致辞，有关部门和学校交流分享了“千校结好”特色学校经验。2010年底，省外办联合省教育厅共同启动浙江省“千校结好”行动计划，推进省内中小学与国(境)外学校建立友好关系，开展教育交流合作。今年是项目实施第10个年头，全省中小学与国(境)外学校建立了2900多对姊妹学校关系，姊妹学校之间开展了师生互访、夏冬令营、网络课堂、教学研讨、合作文体活动等交流活动，推进了浙江省中小学国际交流与合作和教育国际化。

（梁永红）

**表1　2019年浙江省友协接待的部分团组一览表**

| 到访时间 | 团组名称 | 人数 | 主要活动 |
|---|---|---|---|
| 2月25日 | 日本静冈县日中友好协会事务局长细美和彦 | 1 | 拜会省友协，商谈双方有关交流事项。 |
| 3月1日—15日 | 加拿大魁北克省教育代表团 | 6 | 与省友协商谈2019年交流事宜，拜会浙江工商大学法语联盟，与浙江外国语学院、天台中学和天台外国语学校进行交流。 |
| 3月8日—11日 | 荷兰布雷达市第一副市长艾旦克·伯兹等 | 5 | 与省友协进行工作会谈，并拜会杭州市旅游局和浙江大学。 |
| 3月15日—17日 | 日本第35届全日本中文演讲比赛优胜者 | 3 | 访问浙江乌镇等地。 |
| 3月20日—23日 | 日本天溪会事务局长川村真山 | 2 | 拜会省友协，并赴绍兴、嵊州等地访问，赠送友好交流纪念册《信可乐也》。 |

续表

| 到访时间 | 团组名称 | 人数 | 主要活动 |
|---|---|---|---|
| 3月21日—22日 | 日本福冈市原市长、原日本国会议员山崎广太郎 | 2 | 访问浙江，推进友好交流。 |
| 4月10日—11日 | 美国费城交响乐团高级顾问王一迅 | 1 | 与省友协、省文旅厅就5月份费城交响乐团在杭举行纪念中美建交40周年音乐会等事宜进行工作会谈。 |
| 4月22日—24日 | 日本全国市长会代表团 | 5 | 访问浙江，推进友好交流。 |
| 4月25日—27日 | 韩国韩中学术文化交流协会济州分会代表团 | 18 | 拜会省友协。 |
| 4月27日—5月1日 | 日本栃木县武术太极拳联盟交流团 | 15 | 学习中国武术、太极拳，与杭州师范大学师生交流。 |
| 4月27日 | 美国特拉华州民主党联邦参议员克里斯托弗·孔斯 | 9 | 访问阿里巴巴集团。 |
| 5月24日—25日 | 日本北海道日中经济友好协会会长 | 1 | 拜会省友协，并赴义乌参观义乌进口博览会。 |
| 5月29日 | 日本福井县日中友好协会理事郡和义 | 1 | 拜会省友协，商谈相关交流事项。 |
| 6月11日—12日 | 美国美华协会秘书长 | 2 | 拜会省友协，就7月底美国加州政要代表团访浙事宜进行商谈；考察杭州市植物园美国红杉园等。 |
| 6月14日—15日 | 日本北海道日中友协代表团 | 15 | 拜会省友协，商谈交流事宜。 |
| 7月15日—16日 | 日本日中民间工艺家友好促进会 | 4 | 拜会省友协，商谈交流事宜。 |
| 7月24日 | 日本藤田观光集团代表团 | 2 | 拜会省友协，推介日本旅游、文化交流项目。 |
| 8月6日 | 日本静冈县日中友好协会常务理事细美和彦一 | 2 | 拜会省友协，商谈交流事宜。 |
| 8月26日 | 日本福井县国际观光室室长汤川直 | 3 | 拜会省友协，商谈推进浙福观光交流事项。 |
| 9月6日 | 福井市国际室室长高比良博则 | 3 | 拜会省友协，商谈交流事宜。 |
| 9月9日 | 日本福井县日中友好协会理事郡和义 | 1 | 为10月份酒井哲夫会长率团来访作筹备工作。 |
| 9月17日—19日 | 日本民主音乐协会代表团 | 9 | 与小百花越剧团、省歌舞剧院进行交流，拜会省友协。 |
| 10月14日 | 日本福井县日中友好协会代表团 | 10 | 拜会省友协，商谈交流事宜。 |
| 10月15日 | 日本福井大学医学部教授津谷喜一郎 | 3 | 拜会省友协，商谈交流事宜。 |
| 10月17日—18日 | 日本静冈县浜北日中友好协会代表团 | 16 | 访问桐乡等，商谈交流事宜。 |
| 11月12日—14日 | 国际货币基金组织秘书长林建海 | 4 | 考察杭州市。 |
| 11月13日 | 美国江浙工商总会总干事黄晟 | 1 | 与省友协商谈交流事宜。 |
| 12月10日 | 日本旅行北海道札幌支店长一行 | 4 | 拜会省友协，就扩大交流合作交换意见。 |
| 12月17日 | 日本福井县永平寺代表团 | 8 | 拜会省友协 |

# 部门外事

# Foreign Affairs in Provinical Departments and Bureaus

# 省人大常委会

**【概况】** 2019年，省人大常委会认真贯彻落实中央和省委关于外事工作的决策部署，以服务国家总体外交、服务浙江省改革开放和中心工作为目标，出台了《关于加强省人大外事工作的实施意见》，强调在"走出去"和"请进来"的外事交流中，努力打造人大与外国地方议会交往平台，通过人大对外交往的窗口作用，宣传人民代表大会制度，增加国际社会对中国发展道路、政治制度的理解和认同，为经济社会各领域的合作牵线搭桥。全年出访8批27人次，接待国（境）外来访团组14批210余人次。

**【美国国会众议院"美中工作小组"代表团访问浙江】** 3月20日，省委书记、省人大常委会主任车俊会见美国国会众议院"美中工作小组"代表团一行12人。双方就浙江经济社会发展和中美关系等问题交换意见。车俊简要介绍了浙江省的经济社会发展情况，表示中美关系是当今世界最重要的双边关系之一，浙江省与美国地方的交流合作基础扎实、前景看好，我们愿意利用中美建交40周年的契机，认真落实两国元首达成的重要共识，继续推动与美国地方的经贸合作、人文交流。"美中工作小组"共同主席里克·拉森表示，合作是中美两国最好的选择，应该采取措施推动中美关系发展。省人大常委会党组书记、副主任梁黎明，省人大常委会秘书长李火林，省人大常委会民族宗教华侨外事委员会主任委员郭剑彪参加会见。

**【随省商务厅代表团访问多米尼加和厄瓜多尔】** 3月21日至29日，省人大教育科技文化卫生委员会副主任委员李云林随省商务厅代表团赴多米尼加参加浙江国际贸易展览会；拜访多米尼加出口、投资贸易中心，建立双方合作关系；拜访中国驻多米尼加大使馆；拜访多米尼加全国私营企业委员会，探讨如何有效帮助企业开拓中美洲市场；赴多米尼加圣伊西德罗自由贸易区调研，加强浙江省舟山自贸区与圣伊西德罗自由贸易区合作交流。赴厄瓜多尔进行经贸合作对接，探讨举办浙江省自办展可能性；拜访皮钦查省政府；拜访中国驻厄瓜多尔大使馆；与当地浙江企业代表座谈，宣传《浙江省华侨权益保护条例》。

**【萨尔瓦多第一副议长访问浙江】** 4月18日，省人大常委会党组书记、副主任梁黎明会见萨尔瓦多第一副议长何塞·塞拉芬·奥兰特斯一行8人。梁黎明简要介绍了浙江省人文历史和经济社会发展情况以及浙江省人大基本情况。奥兰特斯表示希望发展与中国的友好关系，学习中国的经济发展与社会治理的经验。省人大常委会秘书长李火林、省人大常委会外事工作委员会副主任何新国参加会见。

**【香港特别行政区立法会主席访问浙江】** 4月23日，省委书记、省人大常委会主任车俊会见香港立法会主席梁君彦一行。车俊表示对香港开放有力推动了浙江改革发展，浙江改革发展也为香港拓展了空间，希望双方进一步健全合作机制、放大合作优势、加强人文交流，深化湾区建设、港航物流、贸易投资、金融服务和教育、文化、科技、卫生等领域的务实合作，携手开创浙港交流合作新局面。梁君彦表示浙江改革发展的许多做法值得香港借鉴，希望双方密切联系、深化合作，共赢发展。省人大常委会党组书记、副主任梁黎明，省人大常委会秘书长李火林参加会见。

**【萨尔瓦多议会外委会秘书长访问浙江】** 4月27日，省人大常委会党组副书记、副主任李卫宁会见以议会外委会秘书长洛佩兹为团长的萨尔瓦多议员团一行7人。李卫宁简要介绍了浙江省经济社会发展情况和全国人民代表大会制度，表示浙江省人大非常愿意加强和萨尔瓦多议会间的交往，希望以此为契机增进两国人民间的友谊和各方面的交流。洛佩兹介绍了萨尔瓦多的议会构成及国家概况，希望通过此访加强与中国的联系，得到更多来自中国的援助。省人大常委会外事工作委员会副主任何新国参加会见。

**【浙江人大代表团访问德国和罗马尼亚】** 5月12日至19日，应德国石荷州议会和罗马尼亚克鲁日议会邀请，由省人大社会建设委员会主任委员钱建民为团长的代表团一行6人访问德国和罗马尼亚。代表团拜会石荷州议会、克鲁日议会，探讨如何推动人大与两国地方议会建立友好交流机制，并围绕省人大常委会将制定的《浙江省职工基本养老保险条例》进行座谈。拜访两国当地养老院，了解社会保障制度和养老体制。走访德国欧蒙公司总部，了解企业情况和其在浙投资情况，宣传《中华人民共和国外商投资法》。走访浙籍华侨在罗马尼亚的企业，宣传《浙江省华侨权益保护条例》，了解浙江省企业在当地碰到的实际困难和问题，为企业走出去提供支持。

**【浙江人大代表团访问英国和意大利】** 6月2日至9日，应英国苏格兰议会和意大利拉齐奥大区议会邀请，以省人大常委会秘书长李火林为团长的浙江人大代表团一行6人访问英国和意大利。代表团拜会苏格兰议会，探讨进一步建立人大与其议会交流机制，并就科技创新为主题，与议员进行交流。走访爱丁堡大学。拜会意大利拉齐奥大区议会，就推动双方在经贸、文化、教育、科技方面的合作进行交流，特别是学习意大利扶持中小企业发展的经验和做法。访问期间，还与两国华人华侨进行座谈，就《浙江省华侨权益保护条例》听取意见。

**【第四次发展中国家议员研讨班访问浙江】** 6月18日，省人大常委会党组书记、副主任梁黎明会见由冈比亚、加纳、津巴布韦、莱索托、塞拉利昂、特立尼达和多巴哥、斐济、汤加等国议员和议会高级官员组成第四次发展中国家议员研讨班代表团一行35人。省人大常委会党组副书记、副主任李卫宁在省人民大会堂主持座谈会，与第四次发展中国家议员研讨班代表团就共同关心的话题进行座谈。一同出席会议的还有省人大法制委员会主任委员丁祖年、民宗侨外委主任委员郭剑彪、农业与农村委员会主任委员章文彪、民宗侨外委副主任委员朱绍平、省人大常委会外事工作委员会副主任何新国、省农业农村厅巡视员张火法、省外办副主任顾建新、省商务厅总经济师朱军。李卫宁介绍了浙江省经济社会发展新情况、人民代表大会制度和省人大及其常委会相关情况。发展中国家议员介绍了各自国家的发展情况，并就中国特色社会主义制度、人民代表大会制度、“最多跑一次”改革、环境保护、绿色经济、中小企业发展等热点话题进行提问。李卫宁和省人大有关专门委员会负责人，省农业农村厅、商务厅与会人员针对各领域问题分别作了回答。通过三小时的座谈，各国议员对中国特色社会主义制度的优越性充分认同，对人民代表大会制度加深了理解，对中国政府治理能力高度赞赏，均表示要将中国先进的制度、理念和做法带回本国，并希望加强与浙江省在经贸、教育、旅游、文化、农业、科技等各领域的合作交流。

**【日本自民党女性国会议员代表团访问浙江】** 8月28日，省人大常委会党组书记、副主任梁黎明会见以日本自民党首席副干事长、前防卫大臣稻田朋美为团长的日本自民党女性国会议员代表团一行8人。梁黎明介绍了浙江省社会经济发展情况及习近平新时代中国特色社会主义思想在浙江的实践。双方均表示要进一步加强交流，推动浙江省与日本友好省州在经贸、旅游等领域的合作。省人大常委会秘书长李火林、省人大民族宗教华侨外事委员会主任委员郭剑彪、省人大常委会外事工作委员会副主任何新国参加会见。

**【柬埔寨暹粒省副省长访问浙江】** 9月4日，省人大常委会党组副书记、副主任李卫宁会见柬埔寨暹粒省副省长莱·萨姆瑞斯一行4人。李卫宁简要介绍了浙江省经济社会发展近况。双方均希望进一步加强在经贸、文化和旅游等多领域的交流，共同推进两省经济繁荣。省人大民族宗教华侨外事委员会主任委员郭剑彪参加会见。

**【浙江代表团出访墨西哥、巴西和荷兰】** 9月5日至14日，省人大常委会党组书记、副主任梁黎明率浙江代表团一行6人出访墨西哥、巴西和荷兰。

在墨西哥，梁黎明拜会了新莱昂州议会议长胡安·卡洛斯·鲁伊斯，会见了新莱昂州议会有关议员和经济发展厅、外资投资办公室等政府官员并进行座谈交流，代表浙江省人大与新莱昂州议会签署了《中国浙江省人民代表大会常务委员会与墨西哥新莱昂州议会友好合作谅解备忘录》，积极推动浙江与新莱昂州在共同感兴趣领域建立更加密切的联系交流，促进双边贸易互利共赢。访问了蒙特雷科技大学，听取蒙特雷科技大学中国创新中心情况介绍，现场连线杭州电子科技大学合作实验室进行相关科研设备远程操作演示，参观了机器人实验室。与我省华立集团、大华集团、卧龙集团、海天集团和海康威视公司等浙江企业驻墨西哥公司负责人进行座谈，了解浙江省企业在墨西哥发展情况以及遇到的困难和问题。实地考察了华立集团、富通集团与墨西哥桑托斯家族联合投资在蒙特雷建设的华富山工业园。

在巴西，梁黎明会见了里约州议会副议长提亚·胡、议员古滕伯格·雷伊斯以及州政府官员，参观了议会大厅，实地了解议会召开形式、流程、内容等，介绍了浙江省省情以及浙江省人大如何在党的领导下开展人民代表大会工作情况。双方均表达了愿意加强友好往来、建立友好关系的愿望。在里约州卡希亚斯公爵市，梁黎明与市长华盛顿·赖斯等政府官员举行了会谈，就宁波市与该市结好后充分发挥友城平台作用、进一步拓展双边经贸合作、加强文化教育和旅游产业对接交流合作以及未来发展方向进行了探讨。

在荷兰，梁黎明拜会了友好省弗里福兰省议会主席、省长傅比克，与省议会和省地区发展署多名官员进行了交流。梁黎明还与中国驻荷兰大使馆公使衔参赞陈日彪、荷兰农业部国际事务部副部长伊芙琳共同出席了中荷科技农业国际合作说明会以及项目签约仪式并致辞。调研了浙江省在坎贝拉市设立的海外产业创新综合服务体——嘉善国际创新中心(欧洲)，与鹿特丹发展促进署及坎贝拉市商务局相关负责人会谈，了解当地政府部门在推动中心发挥浙荷经贸合作平台作用方面的政策措施等。实地考察了弗里福兰省约尔克市伊索拉鱼类加工公司和韦斯特兰市克雷斯微型蔬菜公司。

**【马来西亚执政联盟议员考察团访问浙江】** 9月6日，省人大常委会党组副书记、副主任李卫宁会见马来西亚下议院副议长、民主行动党副秘书长为团长的马来西亚执政联盟议员考察团一行12人。李卫宁简要介绍了浙江省经济社会发展和省人大及其常委会的基本情况。双方均希望抓住“一带一路”发展机遇，加强全面战略合作。省人大常委会外事工作委员会副主任何新国参加会见。

**【文莱公主访问浙江】** 9月9日，省人大常委会党组副书记、副主任李卫宁会见文莱公主玛斯娜一行13人。双方达成共识，将致力于加强在能源、人文、旅游等多领域的交流，共同推进经济社会繁荣进步。省人大常委会外事工作委员会副主任何新国参加会见。

**【匈牙利国会常务副主席访问浙江】** 9月11日，省人大常委会党组副书记、副主任李卫宁会见匈牙利国会常务副主席玛特劳伊一行4人。李卫宁简要介绍了浙江省经济社会发展情况和省人大及其常委会的基本情况。双方表示愿在“一带一路”和中国中东欧合作的框架下，继续深化与匈牙利在经贸、人文、地方等领域的合作，实现互利共赢、共同发展。省人大民族宗教华侨外事委员会主任委员郭剑彪参加会见。

**【随省工商联代表团出访澳大利亚和新西兰】** 9月19日至26日，省人大常委会办公厅派员随省工商联代表团出访澳大利亚和新西兰。在澳大利亚，代表团与西澳州政府就业旅游和科学创新等政府部门开展经贸交流，考察研究澳大利亚科技园等项目。在新西兰，代表团拜访国会议员、国际展望联合会顾问委员会主席，商讨“一带一路”项目合作等事宜，参加由国际展望联合会安排的经贸项目对接洽谈会，考察乳业、农业等有关投资项目。

**【越南隆安省人民委员会主席访问浙江】** 9月25日，省人大常委会党组副书记、副主任李卫宁会见越南隆安省人民委员会主席陈文芹一行20人。双方就2020年越南与中国建交70周年之际，两省建立友好关系等事项进行了会谈。省人大民族宗教华侨外事委员会副主任委员朱绍平参加会见。

**【浙江人大代表团出访日本和澳大利亚】** 10月16日至23日，应日本静冈县议会、澳大利亚西澳州议会邀请，省人大监察和司法委员会副主任戴震华率浙江人大代表团一行6人出访日本和澳大利亚。在静冈县，代表团与议长铃木利幸及部分议员会见座谈，详细了解静冈县议会运作方式，分享浙江“三个地”政治优势、“两山”理论。考察富士山环境节能中心、富士山世界遗产中心、应急管理中心、110指挥中心等地。在西澳州，与下议院议长彼得·沃森及部分议员进行座谈，就经贸合作、环境保护、文化旅游及如何发挥立法、监督作用进行深入探讨。观摩下议院开会情况。考察西澳大学及孔子学院。

**【浙江代表团出访老挝、柬埔寨和文莱】** 10月27日至11月5日，省人大常委会党组副书记、副主任李卫宁率浙江代表团访问老挝、柬埔寨和文莱。

在老挝，李卫宁拜会了琅勃拉邦省副省长翁沙湾·帖帕占、老挝与中国合作委员会副主席肯通·西苏翁等。李卫宁介绍了浙江省经济社会发展近况和“三个地”的优势，希望此访进一步推动浙江在省域层面对接落实两国元首达成的重要共识，以务实举措推动中老传统友谊转化为更多实实在在的项目和成果。琅勃拉邦省副省长翁沙湾·帖帕占表示希望两省有关部门密切联系，加强双方在旅游、经贸、投资等领域的务实交流合作。老挝与中国合作委员会副主席肯通·西苏翁表示，老挝北部高速公路、铁路、电力、矿产等重大战略项目持续推进，希望包括浙江省在内的中国各地继续加大对老挝在交通、电力等基础设施方面的投资，愿意推动老挝地方省份与浙江省建立友好交流关系。

在柬埔寨，李卫宁会见了柬埔寨参议院人权和信访委员会副主席坎·穆斯、立法和正义委员会副主席艾·罕，甘丹省副省长陈美良，暹粒省常务副省长波比涩等。甘丹省副省长陈美良表示希望与浙江省建立友好关系，并为浙江企业投资提供便利。在暹粒省会见常务副省长波比涩时，双方均愿意进一步加强双方在文化和旅游等多领域的交流，共同推进两省经济繁荣。

在文莱，李卫宁拜会了文莱财政与经济部副部长马纳夫。李卫宁希望此次来访进一步推动浙江省在省域层面对接落实两国元首达成的重要共识，促进“一带一路”倡议同“2035宏愿”战略对接。浙江恒逸集团在文莱投资设有大摩拉岛石油化工建设项目，希望文莱方面继续给予恒逸文莱公司大力支持，顺利有序推进二期项目早日落地投产。文莱财政与经济部副部长马纳夫表示浙江恒逸集团投资文莱，支持文莱政府提出的“2035宏愿”发展战略，为保证文莱能源安全、持续推进经济多元化等做出了贡献，期待该项目能带动大摩拉岛及周边地区餐饮、住宿、交通、医疗等产业的发展。代表团还实地上岛考察了该项目。

**【捷克众议院主席访问浙江】** 11月6日，省委书记、省人大常委会主任车俊会见了捷克众议院主席冯德拉切克一行19人。车俊表示希望浙捷双方保持“走亲戚”式高层交往，深化政治互信；抓住“一带一路”建设机遇，深化经贸往来；加强资源有效对接，深化创新合作；密切人文交流，深化传统友谊，推动双方交流合作向更高水平迈进。冯德拉切克也表示愿同中方开展各领域的务实合作，希望捷浙双方联系更紧密、交流更广泛、合作更深入，携手共赢发展。省人大常委会副主任李学忠，省人大民族宗教华侨外事委员会主任委员郭剑彪参加会见。

**【巴西众议院宪法司法和公民委员代表团访问浙江】** 11月6日，省人大常委会副主任赵光君会见以众议院议员阿莱士·马嫩特为团长的巴西众议院宪法司法和公民委员代表团一行5人。赵光君简要介绍了浙江经济社会发展情况和浙江省人大及常委会的基本情况，希望省人大与巴西议会开展积极交流，以促进双方在各领域的务实合作。马嫩特议员表示，通过此次交流，更好地了解中国立法、司法和行政的关系，希望通过司法合作，挖掘更多领域的合作项目，吸引更多浙江企业到巴西投资，并为两国投资企业提供更好的法治保障。省人大监察和司法委员会主任委员马以、省人大常委会外事工作委员会副主任何新国参加会见。

**【乌兹别克斯坦议会多党联合考察团访问浙江】** 11月7日，省人大常委会党组副书记、副主任李卫宁会见以最高会议立法院（议会下院）科学、教育、文化和体育委员会副主席巴法耶夫为团长的乌兹别克斯坦议会多党联合考察团一行10人。李卫宁简要介绍了浙江省经济社会发展情况和省人大及其常委会的基本情况。巴法耶夫表示希望学习中国改革开放的先进经验。双方均希望通过此次访问进一步建立健全对话协商机制，推动双方高层往来、经贸合作、人文交流等举措常态化发展。省人大民族宗教华侨外事委员会主任委员郭剑彪参加会见。

**【参加第四届中美省州立法机关合作论坛】** 11月12日至13日，第四届中美省州立法机关合作论坛在河北石家庄举行。省人大常委会副主任赵光君参加。论坛以“共同的愿景·共同的责任”为主题，与会代表围绕“挑战与责任”“环境与治理”“转型与升级”“教育与未来”等四大议题展开深入讨论。赵光君作了“地方立法的挑战与责任”的专题报告，并与美国爱达荷州议会相关负责人进行了一对一会见。赵光君表示浙江省人大将加快开展实体经济、互联网、大数据、人工智能等领域以及涉及“一带一路”、市场准入、贸易外资等方面的立法，积极营造更加公平开放的经济发展环境，同时进一步深化中美两国地方立法机关间的沟通联系，加强交流互访，拓展各领域务实合作。

**【赴印度参加学术会议】** 12月11日至16日，应印度亚太消化疾病周会议大会秘书长邀请，省人大常委会副主任、浙江大学医学院教授姒健敏赴印度加尔各答参加亚太消化疾病周会议。

（张梦晗）

# 省高级人民法院

**【概况】** 2019年，省高级人民法院组织全省法院系统出访团组5批28人次。本院人员参加双跨团组出访4批5人次，分别赴美国、英国、韩国、巴西、阿根廷、德国等国家或地区进行专题交流、培训。全年接待来自韩国、美国、德国、塞尔维亚、中国香港、联合国等国家和地区、国际组织来访法官、学者11批104人次。承办世界互联网法治论坛，来自24个国家和地区的93名外宾参加，其中首席大法官（副总理级）7名、大法官（副部级）20名。

**【举办上合组织成员国法官研修班】** 4月13日至27日，最高人民法院在“中国—上海合作组织国际司法交流合作培训基地”举办上合组织成员国法官研修班，20日至27日的研修活动在省高级人民法院进行。本次研修班是基地成立以来首个面向成员国法官的研修班，来自哈萨克斯坦、吉尔吉斯斯坦、巴基斯坦、乌兹别克斯坦等4个国家的20余名法官参加了本次研修班学习，其中包括巴基斯坦最高法院大法官马希尔·阿拉姆等。在浙期间，研修班学员先后访问了省高级人民法院、杭州互联网法院、温州市中级人民法院、平阳县人民法院等，并在温州举行结业仪式。

**【德国黑森州法官代表团访问省高级人民法院】** 5月5日至7日，德国黑森州法官代表团一行10人访问浙江。期间，分别就“法官遴选及职业发展”和“代表人诉讼”赴省高级人民法院和杭州市中级人民法院与法官进行交流，并旁听了杭州市淳安区人民法院一起刑事案件庭审。

**【省高级人民法院代表团访问韩国和美国】** 5月19日至26日，省高级人民法院党组副书记、常务副院长朱深远率省高级人民法院代表团一行6人赴韩国和美国访问，以“在线矛盾纠纷多元化解机制”为主题进行司法专题交流。代表团先后访问了韩国大法院信息技术中心、韩国互联网振兴院、首尔中央地方法院、美国马里兰州联邦地区法院、美国联邦司法部、泰和泰华盛顿律师事务所、弗吉尼亚州最高法院、纽约东区联邦地区法院、纽约州最高法院民事庭等。

**【联合国助理秘书长访问浙江】** 6月1日，联合国助理秘书长、联合国环境署代理执行主任乔伊斯·姆苏亚一行10人到访安吉县人民法院。姆苏亚主任一行参观了安吉县人民法院“一站式”诉讼服务中心窗口，详细了解安吉县人民法院环境资源类案件以及涉及化学品污染的案件受理情况和程序启动条件等。省高级人民法院副院长朱新力陪同。

**【澳门科技大学法学院学生代表团访问杭州】** 6月6日，澳门科技大学法学院学生代表团一行18人访问杭州互联网法院，并围绕“电子商务领域的消费者权益保护和互联网法院网上庭审机制”为主题，进行学习和调研。

**【俄罗斯联邦最高法院代表团访问省高级人民法院】** 6月10日至14日，俄罗斯联邦最高法院司法总局副局长尤利·奥尔加诺夫一行7人访问省高级人民法院，并就“法官的任命和遴选、法官（及家属）的福利保障及法院信息化”等议题深入交流。期间，代表团赴杭州互联网法院、杭州市中级人民法院和嘉兴市中级人民法院调研。

**【随团赴德国进行专题培训】** 6月10日至23日，应德国国际合作机构邀请，省高级人民法院审判员张碧青随最高人民法院代表团赴德国参加“德国司法制度与国际司法协助”专题培训。

**【省高级人民法院代表团访问波兰和俄罗斯】** 6月27日至7月3日，省高级人民法院副巡视员、审判委员会委员陈光多率省高级人法院代表团一行6人访问波兰和俄罗斯，以“刑事案件中出庭证人的保护”为主题，进行司法专题交流活动。代表团先后访问了波兰最高行政法院、波兰格但斯克大学法律系、俄罗斯莫斯科市梅香斯基地区法院、特维尔斯克地区法院、俄罗斯圣彼得堡市法院、圣彼得堡市维堡区法院、涅夫斯基地区法院、维博格斯地区法院等。

**【参加“国际访问者领导项目”】** 7月5日至28日，省高级人民法院审判员陈为、刘建中赴美国参加了主题为“美国知识产权执法与保护”的国际访问者领导项目。

**【香港特别行政区 eBRAM 中心代表团访问浙江】** 7月25日，香港特别行政区 eBRAM 中心行政总裁林浚率团一行5人，访问杭州互联网法院。代表团详细了解杭州互联网法院的信息化建设情况，观摩互联网知识产权纠纷案件在线庭审录像。

**【泰国最高行政法院代表团访问浙江】** 8月7日至8日，泰国最高行政法院人事行政部门主席瓦伦福特率泰国最高行政法院代表团一行28人访问省高级人民法院和杭州互联网法院，并就“法院机构管理经验、互联网法院工作机制”进行座谈交流。

**【随省委组织部代表团赴日本参加培训】** 9月8日至28日，省高级人民法院副院长朱新力随省委组织部代表团赴日本，参加“长三角一体化发展”为主题的专题研究班。

**【美国专利商标局驻北京官员访问浙江】** 10月22日，美国专利商标局驻北京大使馆知识产权官员魏邓肯一行2人到杭州互联网法院就审判工作取得的成果、经验及典型案例分析，进行深入交流。

**【塞尔维亚检察代表团访问浙江】** 10月24日，塞尔维亚总检察长扎戈尔卡·多裸瓦茨率代表团一行4人访问杭州互联网法院。省人民检察院检察长贾宇、常务副检察长刘树枝陪同。

**【墨西哥城高等法院代表团访问浙江】** 11月18日，墨西哥城高等法院代表团一行6人访问杭州市中级人民法院，就“诉讼服务中心、执行指挥中心及安防监控设施建设情况”进行座谈交流。

**【随团赴法国进行“司法体制综合配套改革”专题研修】** 11月18日至12月8日，省高级人民法院机关党委专职副书记南君禹随中国法学会代表团赴法国，就“司法体制综合配套改革”进行专题研修。

**【随团赴俄罗斯和罗马尼亚进行专题交流】** 11月21日至28日，省高级人民法院审判员吕柏超随宁波海事法院代表团赴俄罗斯和罗马尼亚访问，以“海陆联运争议非诉解决模式研究”为主题，进行司法专题交流。

**【省高级人民法院代表团访问阿根廷和巴西】** 12月3日至11日，省高级人民法院副巡视员赵年国率省高级人民法院代表团一行5人赴阿根廷和巴西访问，就“法官考核与履职保障机制问题研究”为主题进行专题交流。期间，代表团访问阿根廷布宜诺斯艾利斯市法院、阿根廷海岸市政府投资与发展合作处、阿根廷罗马里萨莫拉地区联邦犯罪与矫正法院、布宜诺斯艾利斯大学法学院、巴西圣保罗州法院、圣保罗市政府、里约热内卢市政府、里约热内卢州法院、里约热内卢联邦大学法学院等机构，与当地法官、政府官员、专家学者进行了深入交流。

**【承办世界互联网法治论坛】** 12月4日至5日，最高人民法院在乌镇举办“世界互联网法治论坛”，这是省高级人民法院历史上承办的最大涉外活动。有25个国家和地区的首席大法官、大法官、代表委员、专家学者以及国内互联网行业代表共200人参会，其中外宾93人，包括7名首席大法官(副总理级)、大法官(副部级)20名。最高人民法院院长周强、省委书记车俊出席开幕式并致辞。参会期间，各国代表团先后到访杭州互联网法院、桐乡市人民法院乌镇人民法庭。最高人民法院在乌镇向中外媒体发布《中国法院的互联网司法白皮书》，在杭州互联网法院举行了两场"宪法e路行"主题公众开放日活动。经与会各方代表认真磋商，论坛通过了《世界互联网法治论坛乌镇宣言》。

**【省高级人民法院代表团访问南非和德国】** 12月5日至13日，省高级人民法院一级高级法官郑菊红率省高级人民法院代表团一行6人访问南非和德国，就"国际商事仲裁及国际商事仲裁司法审查制度"进行专题交流。代表团访问古德伍德地方法院、毕谢普莱维斯法院、法兰克福大学、法兰克福高等法院、慕尼黑大学、豪埃森律师有限公司等。

**【省高级人民法院代表团访问英国和葡萄牙】** 12月9日至16日，省高级人民法院副院长朱新力率省高级人民法院代表团一行5人访问英国和葡萄牙，就"行政争议多元化解机制"进行专题交流。代表团访问了利兹大学法学院、英格兰及威尔士高等法院、葡萄牙最高法院、葡萄牙最高行政法院、葡萄牙司法部、葡萄牙国际仲裁协会等，并旁听了案件庭审。

(徐亦男)

# 省人民检察院

**【概况】** 2019年，省人民检察院组织全省检察系统出访团组1批6人次。省人民检察院参加双跨团组出访6批7人次，分别赴德国、泰国、巴西、澳大利亚、瑞典、荷兰、西班牙等国家与地区进行专题交流、培训。协助杭州市、嘉兴市人民检察院向最高人民检察院报批出国交流人员2批2人次。全年，省人民检察院接待其他国家检察官来访2批15人次，其中莫桑比克检察官1批11人次，塞尔维亚检察官1批4人次。

**【随最高人民检察院代表团访问瑞典、荷兰和西班牙】** 5月20日至29日，省人民检察院副检察长黄生林随最高人民检察院代表团访问瑞典、荷兰和西班牙，以“知识产权刑事执法”为主题进行考察交流。代表团与瑞典国家检察署高级检察官、荷兰海关总署和荷兰财政情报调查局高级官员进行座谈。代表团访问了位于西班牙阿里坎特的欧盟知识产权局，并与西班牙检察官进行友好交流。代表团参加由欧盟知识产权局在海牙组织的中国—欧盟知识产权检察官最佳实践小组研讨会，来自欧盟的10余个国家的检察官及欧盟司法合作组织、欧盟刑警组织的高级官员、学者参加会议。

**【莫桑比克检察官代表团访问省人民检察院】** 7月10日至13日，莫桑比克尼亚萨省检察官弗朗西斯科·阿尔巴诺率代表团一行访问省人民检察院，党组书记、检察长贾宇会见，副检察长黄生林主持工作会谈。在介绍浙江省情和省人民检察院基本情况后，双方以“打击网络犯罪”为主题进行深入交流。在浙期间，代表团到省公安厅网安支队和阿里巴巴集团进行访问，并参观了乌镇世界互联网大会会场及最高人民检察院乌镇论坛分会场。

**【随中国法学会代表团访问德国】** 8月10日至8月31日，省人民检察院派员随中国法学会代表团访问德国，就“法律群团参与矛盾纠纷多元化解机制”制度进行专题研修培训。

**【塞尔维亚检察官代表团访问省检察院】** 10月23日至24日，塞尔维亚共和国检察长扎戈尔卡·多洛瓦茨（副总理级）率代表团一行访问浙江。省人民检察院党组书记、检察长贾宇会见客人并介绍了浙江省情和省人民检察院基本情况，双方就检察机关建设、检察业务等进行了友好交流，并希望加强合作。党组副书记、常务副检察长刘树枝参加座谈。期间，代表团访问了杭州市人民检察院和杭州互联网法院。

**【随最高人民检察院代表团访问巴西】** 11月3日至17日，省人民检察院派员随最高人民检察院代表团一行访问巴西，就“公益保护的公权介入与公众参与”课题进行业务培训和交流。

**【随最高人民检察院代表团访问德国】** 11月24日至12月8日，省人民检察院派员随最高人民检察院代表团一行访问德国，就“打击金融犯罪国际经验”课题进行业务培训和交流。

**【随最高人民检察院代表团访问泰国】** 12月1日至7日，省人民检察院派员随最高人民检察院代表团赴泰国，参加美国司法部在曼谷组织的“环境犯罪起诉”（第6届）培训班。有来自中国、印度尼西亚、柬埔寨、菲律宾、东帝汶、马来西亚、越南等国家和地区的共38人参加。

**【浙江检察官代表团访问奥地利和捷克】** 12月4日至11日，省人民检察院党组成员、副检察长胡东林率浙江检察官代表团一行6人访问奥地利和捷克。代表团与奥地利维也纳检察院、萨尔茨堡检察院、林茨检察院，以及捷克布杰约维采检察院、皮尔森州检察院开展工作交流，探讨检察权运行机制和检察改革、检察官队伍建设等。代表团访问奥地利维也纳市政府、捷克赫卢博卡市政府，了解当地华商民营企业经营情况。代表团还与奥地利中华工商联合会主席金剑平等当地华人华侨代表进行了座谈，就浙商权益保护、纠纷处理、人权保护和法律服务，进行了调研。

（王余波）

# 省经信厅

**【概况】** 2019年，省经信厅组织因公出国（境）团组14批21人次。承办第六届世界互联网大会相关活动，牵头举办大小活动49场次，"互联网之光"博览会参展企业与观展人数创新高，"工业互联网的创新与突破"浙江分论坛引发全球关注，"直通乌镇"全球互联网大赛搭建起全新的互联网技术项目交流平台。参加第二届进口博览会并共同主办第三届浙江—德国（欧洲）数字经济和高新技术产业高峰对接会；联合举办首届浙江省工业和信息化全球精准合作论坛、长三角跨境投资服务与精准合作峰会、第七届中国义乌国际智能装备博览会、第十届中国国际石油化工大会、第五届浙江省国际健康产业博览会、2019世界数字经济大会、国际工业与能源物联网创新发展大会、2019国际区块链大会、2019中国设计智造大奖赛、第23届宁波国际服装节、第二届世界青瓷大会等。参与主办第五届世界浙商大会及专场活动，联合举办数字经济成果展、发布企业综合服务平台。组织企业参展2019中国国际智能产业博览会（重庆）、参加首届中国—中东欧国家博览会暨国际消费品博览会、第21届浙洽会等相关交流活动。会同浙江省贸促会组织浙江企业赴日本静冈县举办产业对接活动。组织2批浙江省汽车制造业骨干企业高管人员赴日本学习先进经营管理理念、工艺技术，促进企业提升智能制造、自主创新和精细化管理水平。以"日本在推动制造业高质量发展方面的经验和举措"为主题，派员赴日本开展产业转型升级中长期调研；组团赴日本开展健康医疗、机械制造产业对接调研。全年接待香港贸发局、大韩贸易投资振兴公社、加拿大浙江总商会、德国数字集团、埃森哲集团风险投资公司、新加坡数字经济发展局及墨腾创投、越南工贸部地方工商管理局、日本静冈县代表团。参加浙江省·静冈县经济交流研讨。

**【中日初创企业创新合作对接会】** 3月4日至6日，日本初创企业及相关机构代表杉田定大等一行40人访问浙江。5日，省静冈福井事务局在杭州梦想小镇互联网村组织召开中日初创企业创新合作对接会，省经信厅数字经济处负责人参会并作浙江数字经济情况介绍。

**【第二届"智涌钱塘"2019人工智能云生态大会】** 3月29日至30日在杭州举行。大会主题为"数据智理 AI赋能"，旨在以人工智能产业发展为契机，打造杭州乃至浙江人工智能产业宣传平台、技术创新展示平台、产业合作交流等平台功能，推动制造端为主体的人工智能创新研究。国内外人工智能领域权威专家、科研院校权威专家、物联网生态圈企业、资深从业者、创新创业者、媒体等5000人参会。主会以外，还设置了"智能制造协同发展"行业论坛、国际人工智能项目路演等对接活动。大会现场还搭建了6000平方米的数字展厅，重点展示物信融合数据平台、AI开放平台、各行业智能应用及最新产品。省经信厅总工程师厉敏出席大会并致词。

**【韩国企业访问省经信厅】** 4月2日，大韩贸易投资振兴公社杭州代表处崔诚真科长一行访问省经信厅，共商中韩机器人采购洽谈会合作事宜。省经信厅合作处接洽。

**【组团赴香港开展互联网产业交流】** 4月13日至16日，为推进"直通乌镇"全球互联网大赛及互联网大会招展工作，加强浙江省与香港在数字经济领域的合作，省经信厅组团赴香港开展互联网产业交流，重点落实直通乌镇全球互联网大赛香港站活动，遴选香港优质项目到浙江省参赛和落地；走访香港贸易发展局、香港科技园等有关单位，建立长效合作机制，促成“乌镇峰会”联盟与香港三家协会现场签订战略合作协议；参加“香港国际资讯科技博览会”和“香港春季电子展”等展会，借助香港平台推介，推动浙江产业、企业走出去，吸引全球参展商参加互联网大会交流合作。

**【德国数字集团总经理访问省经信厅】** 4月26日，德国数字集团总经理奥拉夫和中国项目部经理王梅博士及德国石荷州经济技术促进中心杭州办事处一行4人访问省经信厅。双方重点在加强数字经济领域的企业合作、共同举办数字经济主题活动等方面进行了探讨交流。

**【全省工业和信息化科技全球精准合作大会】** 5月9日在省人民大会堂召开，副省长高兴夫出席大会并讲话。省经信厅、省科技厅、嘉兴市、杭州医药港、宁波软件园，中芯国际、中德科教园，均胜集团、卧龙控股集团，浙江大学、西湖大学、阿里达摩院等12个单位做了典型交流，18个省级部门、11个市和20个工业强县（市、区）政府的分管领导、11个市经信局、科技局以及部分产业园、高新区、科研院所及重点企业的主要负责人共300多人参加了会议。会议现场还举行了项目签约，涉及集成电路、高端装备等领域的重点项目15个，总投资约320亿元。浙江大学、西湖大学、阿里达摩院等7家单位，围绕数字经济、生命健康等重点领域，签订了关键技术攻关任务书。

**【香港贸发局代表访问省经信厅】** 5月22日，香港贸发局华东、华中首席代表钟永喜一行4人访问省经信厅。双方就数字经济、智慧城市、5G产业等领域开展浙港合作进行了探讨。

**【派遣赴日本中长期调研员】** 5月24日至6月12日，省经信厅派员赴日本开展产业转型升级中长期调研。期间走访了静冈县经济产业部4个政府部门，日本生产型本部、静冈县经济研究所、静冈县工业技术研究所、静冈药谷等5家研究机构，日本科学技术联盟、静冈县产业振兴财团、滨松商工会议所等5家中介组织，中远热处理技研株式会社、泽根弹簧株式会社等5家企业，回国后形成《日本制造业高质量发展的经验与启示》调研报告。

**【2019国际智能制造投资合作大会】** 6月9日在宁波举行，本次大会旨在以“一带一路”建设为统领，充分利用国际国内两种资源，凝聚新时代走出去和引进来发展的合力，大力推动高端装备产业数字化、网络化、智能化转型，加快推进高质量外资集聚地建设，推动经济高质量发展。活动邀请了西门子、鲍尔集团、通用电气、霍尼韦尔、三菱电机等世界500强、跨国龙头企业和各国商务机构以及商协会的100多名代表，与浙江省50多家智造领域的龙头企业代表交流洽谈。

**【马来西亚和新加坡客人访问省经信厅】** 6月28日，马来西亚数字经济发展局增长生态系统开发负责人，新加坡创新投资服务机构墨腾创投吴若龄、CFO铃木祥子等一行4人访问省经信厅。双方交流了数字经济及数字产业发展方面的概况和经验。

**【2019“一带一路”衢州数字经济发展论坛】** 6月28日在衢州召开，主题为“以数字经济助推高质量发展”。300多位来自国内外的知名专家学者、商业精英共话数字经济发展新机遇。活动上，长三角智慧城区合作发展服务联盟授予衢州市智慧长三角应用示范基地和智慧长三角产业示范基地，并现场揭牌。衢州市和阿里巴巴集团共同发布第三轮深度合作智慧成果——《未来社区数字化操作系统白皮书》。阿里巴巴、安恒科技、华为、智网科技、上海交大人工智能研究院、东南数字经济发展研究院等国内知名数字经济企业、研究院的一批业界大咖、专家学者还围绕人工智能、大数据、信息安全等主题发表主旨演讲。省经信厅总工程师厉敏出席论坛并致辞。

**【德国埃森哲集团客人访问省经信厅】** 8月15日，副厅长吴君青会见德国埃森哲集团全球风险投资公司总经理麦克尔瑞丁、中国事务负责人王梅博士及德国石荷州经济技术促进中心杭州办事处一行7人。双方重点在加强数字经济领域的企业合作、推进企业数字化转型、共同举办数字经济主题活动等方面进行了交流。

**【组织浙江制造企业赴日本培训】** 8月18日至30日，省经信厅组织16家汽车及零部件行业企业赴日本开展智能制造培训，通过理论学习、经验分享、现场走访、展馆参观、个体交流和内部分享，深入了解日本汽车行业发展情况，学习了丰田、爱信精机、欧姆龙、东芝等日本优秀代表企业的创新发展模式，有助于提高国内企业家行业视野和管理水平，对促进浙江省汽车产业发展提供经验借鉴。

**【组织优秀企业参展2019中国国际智能产业博览会（重庆）】** 8月26日至29日，省经信厅遴选组织15家数字经济优秀企业参展2019中国国际智能产业博览会（重庆）浙江馆。博览会主要展示人工智能、大数据应用、云计算、5G、区块链等前沿技术，呈现智能制造为主体的产业升级解决方案和典型案例，促进数字经济与实体经济深度融合。国务院副总理刘鹤巡馆，参会嘉宾包括国际组织负责人、国外知名学者和60多位世界500强企业高管，近60个国家和地区的代表参会。我省15家企业组成的"浙江馆"集中展示了芯片、传感器、存储技术、智慧医疗、智慧体育、数字金融、3D云打印、物流机器人、物联网等多个领域的智能化产品。阿里巴巴、海康威视、大华科技等企业单独设展，共同向世界展示了浙江数字经济产业的魅力。

**【第五届浙江省国际健康产业博览会】** 8月29日到31日在杭州国际博览中心举行。本届"健博会"主题为"让科技'健'证未来"，内容分为未来健康、母婴健康、养老康复三大板块，共计有270个展位，近百家参展商，展示面积近万平方米。博览会积极融入"长三角一体化"和"未来社区"元素，邀请公立及民营医疗机构、省内外龙头企业等进行集中展示。期间举办了首届长三角健康产业高质量发展大会暨2019西湖论健·浙江国际健康产业高峰论坛、智能康复技术新进展与临床应用论坛、"健康产业与未来"论坛与项目推介会、健康养老创新发展大会等系列活动。

**【世界数字经济大会暨第九届中国智慧城市与智能经济博览会】** 9月6日至8日在宁波召开。副省长高兴夫，宁波市市长裘东耀，省经信厅厅长徐旭、总工程师厉敏等出席会议。大会以"数字驱动，智能发展"为主题，聚焦数字经济和新型智慧城市两大领域，举办大会论坛、展览展示、产业对接、项目签约、创新创业大赛等主题活动，包括高端研讨引领数字创新数字经济大会主论坛和14场专题分论坛，聚焦人工智能、5G、工业互联网、大数据、物联网、智慧城市等当前数字经济领域最前沿、最具前瞻性的话题开展深度研讨，共同探寻数字经济发展最优方案和路径。智博会展览展示总面积近3万平米，共设数字经济馆、智能制造馆、智慧应用馆、新一代信息技术馆、智能产品馆，全方位呈现新时代数字经济领域全球领先的尖端技术、创新产品、发展成果和先进经验。中科院、中国广电、中国电信、中国移动、中国联通、航天科工、中国电子信息产业集团、华为、浪潮、腾讯、百度、中兴、用友等超400家数字经济企业和机构集中参展，其中全球500强、中国500强、互联网百强企业、央企上市公司总数达到120余家。大会同时举行2019中国科技创业计划大赛暨天使中国科技创新大赛、2019百度（宁波）云智基地创新创业大赛总决赛两项数字经济创业大赛活动。有超过70家境外企业参展。欧美国际合作项目对接会、中欧智慧交通企业对接会、5G产业对接会、院士对接会等系列专题对接会同期举办，为境内外企业搭建精准高效的合作对接平台，促进一批合作项目落地。

**【国际工业与能源物联网创新发展大会】** 9月10日至13日在温州举办。大会聚焦国际前沿物联网技术与工业能源深度融合，突出与

“一带一路”沿线国家的技术合作与交流，以“智慧能源 物联世界”为主题，“1场大会+1场展览+5个分论坛+2项配套活动”为主要内容，旨在为广大民营企业探索一条深度参与国际科技产能合作、促进民营经济健康发展的新路径。会议邀请近100位国内外院士和知名专家开展主旨演讲、论坛对话，围绕5G+工业物联网助推制造业高质量发展、制造业数字化转型、泛在电力物联网，开展“头脑风暴”。同时邀请国际工业能源管理机构负责人，以及“一带一路”沿线国家以及金砖国家工业及能源相关部门领导、国际企业代表，共同探讨国内、国际产能合作的未来和发展之路。

**【第十届中国国际石油化工大会】** 9月18日至20日在杭州召开，以“扩大对外开放聚焦高质发展”为主题。原全国人大常委会副委员长顾秀莲、浙江省副省长高兴夫出席活动并致辞。国际组织及国内外近2000名代表参加了会议，来自沙特基础工业公司、LG化学、赢创工业集团、科思创、亨斯迈、陶氏公司、霍尼韦尔UOP、巴斯夫、科莱恩、杜邦、朗盛、海密梯克、卡博特等石化跨国巨头和中国石化、中国中化、中国化工、延长石油等国内企业及园区高层均参加了会议。作为中国石油和化工行业中具有高规格、大规模和深层影响力的年度盛会，被誉为全球五大石化国际会议之一。

**【2019中国设计智造大奖总决赛】** 9月20日在杭州落下帷幕。来自中国的“盲人视觉辅助眼镜Ⅱ”和英国的“Hero Arm”两件作品荣获最高奖——金奖。浙江省副省长高兴夫参加颁奖典礼并为金奖获得者乔尔·吉布德和刘董颁奖。省经信厅党组书记徐旭、副厅长岳阳出席。本届大奖已经成为我国工业设计领域国际化程度最高的奖项，共收到来自全球36个国家和地区设计作品7280件，其中仅智造奖就多达6261件，浙江省参赛作品1528件。

**【第六届世界互联网大会】** 10月20日至22日在桐乡乌镇举办，省经信厅组织49场次活动，签约落地项目金额755亿元。五大主题活动实现形式与内容双突破。以“互联网之光”为主题的博览会，参展企业与观展人数创下历史新高，共有601家企业参展，其中境外企业107家，总参观人数超过10.3万人次。博览会还举行了117场新产品新技术发布活动、10场产业合作专题对接会，举办数字经济人才对接会、资本相亲会，多层面、多角度促进项目、人才、资本合作对接。“工业互联网的创新与突破”论坛，引发全球关注，中、美、法、俄、日等12个国家和地区的政府部门、科研机构和企业代表等共1500余人参加。论坛深入探讨数字经济发展趋势，研究产业数字化转型路径，向世界深刻展示工业互联网蕴含的发展潜力与创新活力。以“直通乌镇”为主题的全球互联网大赛，搭建起全新的互联网技术项目交流平台。共有来自13个国家和地区的400余个项目直接参加初赛，10个项目最终获奖。来自北京的清锋时代3D打印项目摘得桂冠。总决赛项目总估值超过150亿元，推动一批项目签约落地。以世界互联网领先科技成果发布为主题，本届大会组委会成立世界互联网领先科技成果推荐委员会，从来自中国、美国、英国、德国、瑞典、俄罗斯等国家申报的数百项互联网科研成果中，最终评选出年度15项领先科技成果，并获得由大会组委会颁发的纪念奖杯及纪念证书。数字经济产业合作大会上，现场有14个重大项目签约，共签约资金达525亿元，涵盖集成电路、物联网、人工智能、云计算等领域。

**【越南工贸部代表团访问省经信厅】** 10月22日，越南工贸部地方工商管理局副局长杜氏名针率越南工贸部代表团一行10人访问省经信厅，副厅长岳阳会见。双方就中小企业发展情况及促进中小企业发展政策等方面进行了交流。

**【第23届宁波国际服装节】** 10月24日至27日在宁波举办。期间举办的产业论坛、新品发布、专题研讨会、商贸对接、走秀等活动超过50场，12个国家和地区的285个品牌绚丽登场。来自全球40多个国家和地区，全国20多个省(区、市)1万多名境内外专业客商和50

余个重要贸易团组到会洽谈、采购,5万余名普通观众到现场参观。

**【组织制造企业赴日本开展自主创新培训】** 11月3日至16日,省经信厅组织省内制造企业赴日本自主创新培训。企业高管来自14家省内汽车及零部件行业相关制造企业,大家通过理论学习与实地参访相结合,授课研讨与座谈交流相结合,对标丰田、夏普、铃木、京瓷、雅马哈等优秀日本制造企业,从多个视角总结检视自身汽车行业发展现状中的进步与不足,通过学习丰田生产模式、精细化管理和卓越品质管理、技术创新体系建设等内容,取得实效。

**【承办中德数字经济对接论坛】** 11月6日,省经信厅联合省商务厅、省科技厅在上海共同承办第三届"浙江—德国(欧洲)数字经济和高新技术产业高峰对接会"。以"数字重塑产业和贸易创新"为主题,邀请了97家欧洲(德国)数字经济和高新技术领域的国际知名企业共191位高管、336家浙江企业457名高管参加,涉及人工智能、智慧医疗、大数据、工业4.0、环保、金融科技、高端设备制造、新媒体、数字经济战略规划咨询等多个行业领域。

**【进口药品耗材、医疗器械采购意向签约仪式】** 11月7日在上海举行。省经信厅副厅长杜华红致辞并介绍了浙江省生物医药产业发展情况,特邀全球一流企业赴浙江省投资兴业。钱塘新区生物医药产业园区做了投资推介。省药械采购中心代表公立医疗机构分别与辉瑞、拜耳、阿斯利康等12家进口药品供应商和强生、美敦力等7家进口医用耗材供应商签订了采购意向书,合计意向成交额78亿元人民币,较去年增加近10亿元,增幅14.7%。

**【浙江省·静冈县经济交流研讨会】** 11月11日在杭州召开,省政府副秘书长高屹、静冈县日中友好协议会理事长栗原绩出席会议并致辞。浙江、静冈有关部门及企业代表分别围绕健康医疗、机械制造、养老产业发展现状及合作前景做交流发言。来自浙江与日本静冈的企业代表60余人参加会议。省经信厅副厅长杜华红参会。

**【第五届世界浙商大会】** 11月13日在杭州开幕,省委书记车俊、省长袁家军等省领导出席开幕式,来自全球各地浙商2800多名代表参加会议。省经信厅积极组织并支持本届浙商大会的筹备工作。由省经信厅会同杭州市共同主办的数字经济成果展,展示了全省实施数字经济"一号工程"的发展成果和规划愿景。开幕仪式上,省经信厅开发的企业综合服务平台举行了开通仪式,省经信厅推荐的13家"雄鹰行动"培育企业获得全省高质量领军企业奖。

**【浙江省数字经济成果展】** 11月13日至14日在杭州举办。13日,省委书记车俊、省长袁家军等省领导参观展览,省经信厅厅长徐旭陪同观展并介绍浙江省数字经济发展主要情况。数字经济成果展围绕深化推进数字经济"一号工程",以数字产业化、产业数字化为主线,组织近50家企业重点展示数字政府(城市大脑)、云计算、区块链、人工智能、集成电路、5G智慧应用、工业互联网、高端装备等产业生态和建设成果。

**【2019国际区块链大会】** 11月16日至17日在德清举办。工信部总工程师张峰、浙江省副省长高兴夫参加会议,省经信厅厅长徐旭出席会议并见证签约。本届大会以"链万物赋新能,促应用共发展"为主题,由主论坛、专题论坛、高端研讨会、实地调研等活动组成,政府领导、区块链领域院士级专家、高校与科研机构专家、国内外企业领军人物等齐聚德清,交流思想理论经验,分享应用实践案例,为推动区块链技术和产业创新发展建言献策。省经信厅副厅长吴君青与中国电子学会、湖州市政府和德清县政府四方签署了共建"区块链小镇"战略合作协议。

**【第七届中国义乌国际智能装备博览会】** 11月21日至23日在义乌举行。本届装博会以"智能、绿色、创新"为主题,展出规模近5万平方米,设数字经济与工厂智能化、包装印刷及塑料工业、针织缝制设备及技术、智能仓储物流等四大展区，吸引京东集团、海尔集团、思爱普等世界500强企业5家；永创智能、杰克缝纫、金鹰塑料等上市公司30家；德国杜克普、日本川上、意大利罗纳地等境外企业45家，达成意向成交额28.9亿元。省经信厅副厅长马锦跃参加开幕式。来自10余个省（区、市）以及美国、德国、日本、新加坡、意大利等国家和地区的近500家企业参展，3万余名专业采购商参会。

**【首届省工业和信息化全球精准合作论坛】** 11月25日在杭州举办。省经信厅党组书记、厅长徐旭出席论坛并致辞，副厅长杜华红主持主论坛。论坛瞄准世界产业发展高地和技术创新高地，加强与德国、日本、以色列等国家的对接，促进在智能制造、新材料、新能源汽车等领域的双向合作与对接。全省经信、商务、投促等部门、工业园区、特色小镇、部分央企外企、省内行业龙头企业、金融机构、行业协会以及德国、日本、以色列优秀企业的代表近350余人参会。

**【长三角跨境投资服务与精准合作峰会】** 12月3日在杭州召开。峰会由省商务厅、省经信厅主办，上海市商务委、江苏省商务厅和安徽省商务厅协办。峰会邀请中国出口信用保险公司、浙江大学、浙江省工信院、青山钢铁集团、海亮集团等单位专家，就长三角合作、企业“一带一路”走出去实践、大企业国际并购、产业国际精准合作等作演讲和分享。

**【赴日本开展健康医疗、机械制造产业对接调研】** 12月9日至13日，省经信厅副厅长杜华红一行赴日本静冈县等地开展产业对接调研，拜访了静冈县、滨松市政府经济产业部门以及商工会议所等。走访静冈县机械制造、汽车配件、医药等行业代表性园区和企业，了解静冈产业发展情况以及与浙江省相关产业对接的合作意向，商议产业交流计划。

（李菁、姜晓慧）

# 省教育厅

【概况】 2019年，省教育厅接待国(境)外来访团组32批570人次。完成因公出国(境)团组报批63批608人次。全年在浙江省高校就读的外国留学生达到4.13万人，其中学历生22715人，留学生总数和学历生数分别比上年增长8.7%和13.8%，外国留学生占浙江省普通高校全日制在校生总数的3.54%。出台《浙江省教育厅办公室关于进一步加强高校外国留学生毒品预防管理工作的通知》。

全年新设立本科及以上层次中外合作办学机构1个(浙江越秀外国语学院东部理工数据科学与传播学院)、项目5个，专科层次中外合作办学项目5个。完成22个专科及普通高中层次中外合作办学项目的延期变更审批。组织7个本科以上层次中外合作办学机构和项目参加教育部2019年中外合作办学质量评估。新审批设立1所外籍人员子女学校——浙江宁波乔治亚外籍人员子女学校。全省外籍人员子女学校达10所。下发了《浙江省教育厅办公室关于进一步规范涉外办学工作的通知》。

积极服务“一带一路”倡议。5月，联合省商务厅召开“一带一路”校企对接会，40所高校与56家企业与会。会上，省教育厅、省商务厅共同签订了《合作共建“‘一带一路’丝路学院”谅解备忘录》，鼓励企业与高校携手，在“一带一路”沿线国家建设“丝路学院”，实施人才培养、技能培训、国别研究、政策咨询、文化交流等项目。目前，浙江省共16所高校在16个国家建立了20个“丝路学院”(境外办学机构)。

2019年，受理国家公派出国留学各类项目958人申请，共录取694人。与国家留学基金委合作，从2019年开始，在地方合作项目中增设2个创新子项目——“服务浙江省‘一流学科’建设工程项目”以及“服务浙江省‘高水平创新团队建设’项目”，2019年共选派24人出国研修。继续实施中小学校长教师海外研修项目，2019年共选派24批528名中小学教师、校长出国研修、培训，其中69人以国家公派留学形式赴新加坡研修3个月。会同省财政厅、省外办、省科技厅出台《关于进一步加强中小学教师因公出国(境)学习交流的通知》，努力服务教师队伍建设。选派40名高职院校教学管理人员赴德国德累斯顿工业大学研修3个月。继续选派全省高校思政教师研修团19人前往德国进行为期2周的研修。新增新加坡南洋理工大学国立教育学院、英国爱丁堡大学穆雷教育与体育学院等2个中小学教师海外研修基地，全省中小学教师海外研修基地达4个。全年资助1994名高校优秀学生公派出国交流学习。

不断推进深层次国际交流。举办“安吉游戏国际研讨会”。80名外国专家、50名港澳等地区的专家和170名全国各地的学前教育专家参会。实施安吉游戏国际推广计划，在海外新建14个“安吉游戏课程实践园”，扩大浙江教育的国际影响力。组织召开浙江—美国商科教育对接会、浙江—西班牙高等教育研讨会、浙江—新泽西STEM创新教育论坛、浙江—西澳高等职业教育研讨会等活动。实施“浙江—印州中小学STEM课程平移项目”。在捷克布拉格金融管理大学孔子学院设立了“浙江—捷克人文交流中心”。

加强孔子学院建设与管理。6月，专门派工作指导组前往加纳，指导浙江工业大学加纳大学孔子学院建设与管理工作。9月，浙江外国语学院与安提瓜和巴布达继续教育学院、浙江师范大学和浙江中医药大学与南非西开普大学孔子学院正式揭牌。2019年，全省孔子学院及独立孔子课堂总数达到28所。浙江师范大学再次获评孔子学院先进中方合作机构，成为全国唯一连续5次被评为孔子学院先进中方合作机构的高校。浙江大学承办的西澳大学孔子学院、浙江工商大学承办的比利时西弗兰德大学孔子学院、浙江农林大学承办的塞尔维亚诺维萨德大学孔子学院被评为“全球先进孔子学院”。

**【调研浙江省“一带一路”留学生培养工作】** 4月10日，省政协副主席吴晶率调研组到小和山高教园，了解浙江省“一带一路”留学生培养工作。在浙江科技学院，调研组参观了学校中德馆，与留学生代表进行了交流。在浙江工业大学，调研组召开了座谈会，浙江工业大学、浙江科技学院、浙江外国语学院负责人分别汇报了相关工作。吴晶充分肯定“一带一路”留学生教育成绩，建议各校重视提质增效，加强校社联动，精准对接留学生需求，建立长效机制，做到“以文化人”，进一步提高留学生教育质量，更好地服务“一带一路”。

**【签订共建中法航空大学协议】** 4月16日，北京航空航天大学与浙江省人民政府、杭州市人民政府合作签约仪式在北京航空航天大学举行。浙江省委副书记、省长袁家军，副省长高兴夫，杭州市委副书记、市长徐立毅，省政府秘书长陈新出席。浙江省教育厅厅长陈根芳、杭州市副市长陈国妹与北航常务副校长房建成分别代表各方共同签署了《杭州市人民政府浙江省教育厅北京航空航天大学共建中法航空大学合作框架协议》(暂定名)，计划在杭州举办非独立法人的中外合作办学机构——中法航空大学。

**【蒙特雷科技大学校董会一行访问浙江】** 5月16日，省委常委、组织部部长黄建发会见蒙特雷科技大学校董会一行，省教育厅党委副书记干武东参加会见。会见结束后，举行了墨西哥中国中心(墨西哥蒙特雷科技大学中国创新中心)启动仪式。杭州电子科技大学与蒙特雷科技大学签订了合作共建工程研究中心协议。活动期间，干武东会见了蒙特雷科技大学校长萨尔瓦多·阿尔瓦一行，建议双方深化合作，共建合作办学机构、研究中心、创业孵化器，同时邀请蒙特雷科技大学学生参加今年浙江主办的“互联网+”中国大学生创新创业大赛。

**【启动“AI+机器人”未来英才培育计划】** 5月25日在杭州启动。副省长成岳冲出席启动仪式。省教育厅副厅长于永明，软银集团相关负责人安东幸治、坂田大出席活动并致辞。于永明要求各试点学校要认真实施好“‘AI+机器人’未来英才培育计划”，主动接受软银集团的指导，探索开发开设机器人课程，加强教师和技术人员培训，多形式开展机器人编程比赛等活动，为浙江省培养高层次创新型AI人才奠定基础。据了解，Pepper机器人可综合考虑周围环境作出反应，被称为“全球首台具有人类感情的机器人”，目前已在全球广泛应用于教育、餐饮、电信、健康等多个领域，在日本教育领域取得28000余次授课、学生满意度达90%的亮眼成绩。9月20日前，2000台机器人顺利走进浙江省269所各级各类学校。

**【“平安留学”行前培训会】** 5月28日在杭州举办。会议由浙江工商大学承办，内容涵盖了国家留学政策、留学人员管理与服务、安全教育、领事保护、涉外礼仪、心理健康、主要留学目的地国情、教育体制等，旨在通过专业化的培训，提升出国留学人员的安全防范意识、国家安全意识、自救能力等，确保平安留学。各有关高校即将派出的公派留学教师和学生，准备申请公派留学的教师和学生、负责公派出国留学的工作人员等近600人参加培训。

**【浙江—新泽西STEM教育创新论坛】** 6月1日在温州举行。论坛由浙江省教育国际交流协会、美国肯恩大学主办。美国新泽西州教育代表团，浙江设区市教育局代表、有关专家、学校代表等300余人出席。省教育厅副厅长于永明出席论坛并致辞。浙江和新泽西两省州代表共同探讨了如何围绕STEM教育，加强中小学技术与工程教育，培育科技特色学校，探索科技高中建设等话题。22所浙江—新泽西

STEM 姐妹学校举行了签约仪式。

**【浙江省外国留学生创新创业大赛】** 6 月 2 日在杭州下城跨贸小镇举行，旨在以赛促学，以赛促教、以赛促创，培养创新创业外国留学生的生力军，鼓励优秀外国留学生在杭州创业，为各类创业项目积累经验。来自 80 多个国家 25 所高校的 160 余个项目参赛，最终 10 个项目分别获特等奖和一、二、三等奖。省教育厅副厅长于永明出席活动并为获奖团队颁奖。

**【第五届来华留学工作研讨会暨高校国情教育成果交流会】** 6 月 12 日在杭州举行。会议重点探讨提升来华留学教育质量，通过特色载体开展外国留学生国情教育，努力扩大“知华、友华、亲华”朋友圈。中国教育国际交流协会秘书长赵灵山、教育部国际司留学处处长安延、省教育厅副厅长于永明出席会议并致辞。其他各省教育厅、有关高校代表 300 余人参加会议。

**【马来西亚沙巴州教育厅厅长访问省教育厅】** 6 月 17 日，省教育厅副厅长丁天乐会见马来西亚沙巴州教育厅厅长蜜施特玲·拉丁一行，介绍了浙江教育情况。丁天乐表示，浙江愿意通过委派教师、帮助编写和优化教材、共享网络资源等方式，帮助沙巴的华文教师提升水平，深化双方华文教育合作，建议开展姐妹学校项目合作，进一步深化友谊、互相学习、共同进步。蜜施特玲·拉丁对浙江教育成就表示赞叹，并表达参与浙江“千校结好”项目的意愿。希望双方能够在教师培训、学生交流等方面加强合作，通过双方密切配合助力教育提升。

**【外籍专家送教到天台】** 6 月 21 日至 22 日，省教育厅组织来自浙江工业大学、杭州电子科技大学、浙江科技学院、浙江外国语学院的 4 名外籍教师前往天台县开展送教活动。外籍专家为天台县石梁学校 4 个班的近 100 名学生上了口语示范课，并与在校师生进行了交流。省教育国际交流协会向石梁学校捐赠了教学、办公用品。这是省教育厅第 6 次组织到石梁学校开展帮扶活动。

**【浙江—美国印第安纳州中小学课程平移项目系列活动】** 7 月 6 日至 18 日在浙江举办。本次系列活动由省教育厅与美国印第安纳州教育厅主办，来自美国印第安纳州的 30 名教师、专家到杭州市上城区、拱墅区、西湖区 3 所项目学校，为学生开展为期 2 周的免费 STEM 课程平移教学。活动期间，省教育厅还举办了 STEM 主题研修班，浙江省 STEM 种子学校、培育学校，STEM 教育试点区推荐的近 300 名教师赴 3 所项目学校参加研修。这是浙江省第三年实施该项目，在原有实践的基础上，专门增加了“翻转教学”环节，由中方教师主导、上课，中美双方教师进行教研讨论，互学互鉴。活动成效明显，双方教师均反映受益匪浅。省教育厅副厅长于永明出席相关活动。

**【公布《2018 浙江省高等教育国际化发展年度报告》】** 7 月 30 日，省教育厅公布《2018 年浙江省高等教育国际化发展年度报告》。《报告》共调查了浙江省 104 所高校 2018 年国际化发展情况。在此基础上，通过对各学校学生国际化、师资队伍和管理队伍国际化、课程与教学国际化、国际合作等情况分析，按照《浙江省高等教育国际化发展规划（2010—2020 年）》的 12 项国际化指标为依据，对 104 所高校的国际化水平按硕、博授权高校，其他本科院校，高职高专院校，独立学院等 4 个类别进行了排序。

**【浙江教育代表团访问沙特阿拉伯和土耳其】** 9 月 1 日至 8 日，省教育厅党委书记、厅长陈根芳率浙江教育代表团访问沙特阿拉伯和土耳其。

在沙特，代表团出席了沙特与浙江省政府共同举办的“浙江·沙特合作交流会”。代表团与沙特教育部、沙特国际战略伙伴中心进行了会谈，双方商定，将在两国教育部 2017 年签订合作谅解备忘录的基础上开展务实合作。访沙期间，代表团与沙特国王大学、诺拉公主大学两校负责人进行了会谈，达成了一系列合作意向。浙江省将向沙特选派汉语教师，同时鼓励浙江与沙特高校开展双向留学、合作研究等项目。

在土耳其，代表团访问了伊尔迪兹科技大学、卡迪尔·哈斯大学。中国计量大学、浙江工商大学、浙江外国语学院分别与伊尔迪兹科技大学签订了合作谅解备忘录。卡迪尔·哈斯大学与浙江工商大学就深入推进合作进行了商谈。

**【日本静冈县教育代表团访问省教育厅】** 9月16日，浙江省教育国际交流协会会长蒋胜祥会见日本静冈县教育代表团，介绍了浙江省情和教育情况，回顾了浙江静冈结好37年来双方在教育领域的合作，并提出了未来的合作设想。代表团团长、学校法人岛田学园理事长吉永清贵表示未来双方应进一步致力于两省县之间青少年的交流。会上，静冈县日中教育交流协会与浙江省教育交流协会签订两省县教育交流协议书。

**【菲律宾高等教育代表团访问省教育厅】** 10月18日，省教育厅副厅长于永明会见菲律宾高等教育代表团一行。于永明简要介绍浙江教育和高等教育情况，并提出两地高校开展国际合作建议。菲律宾高等教育委员会主任贝格雷特·阿米莉亚对此表示积极赞同，并介绍菲律宾高等教育发展情况和特点，确认开展国际合作是提升高等教育水平的重要渠道。杭州职业技术学院、浙江建设职业技术学院、杭州万向职业技术学院、台州科技职业技术学院分别与菲律宾八打雁州立大学、唐·博斯科大学签订了合作谅解备忘录。

**【香港、澳门教育界人士分批访问浙江省】** 2019年，香港幼稚园专业协会考察团、香港灵粮堂幼教协会团、澳门中华基金会团、澳门镜湖护理学院访问团、香港新界青年联合会访问团、澳门圣若瑟大学团、香港教育学院团、香港中文大学团、香港屯门校长代表团等团组近400人次分别访问浙江省，参观相关学校，跟受访教师、学生进行了广泛交流。

**【汉语桥—美国校长团访问浙江】** 10月23日至26日，应国家汉办邀请，26名来自美国各地的中小学校长访问浙江省。美国校长们听取了浙江省基础教育情况介绍，先后访问了杭州大关中学教育集团、杭州市拱墅区教育研究院附属学校、杭州第十四中学，并与7所中小学进行了座谈交流。座谈会上，美国学校与我省学校签订了11对姐妹学校合作意向书。省教育厅副厅长于永明出席有关活动。

**【举办浙江（瑞典）国际教育展】** 11月27日至29日，由省教育厅主办的浙江（瑞典）国际教育展在瑞典斯德哥尔摩举行。浙江省组织17所高校参展。省教育厅党委书记、厅长陈根芳，中国驻瑞典使馆教育参赞曹叠峰，瑞典教育展会主席桑德拉女士等出席开幕式并分别致辞。这是继格鲁吉亚、捷克和西班牙之后，浙江省第四年在“一带一路”国家举办国际教育展。展会期间，杭州电子科技大学、浙江工商大学、中国计量大学、浙江中医药大学、浙江农林大学等多所高校与美国、瑞典、丹麦、匈牙利等其他国家参展教育机构达成合作意向。逾260名瑞典学生与浙江省高校达成留学意向并现场签订预录取协议，主要涉及医药、国际贸易、机械制造、计算机信息、汉语言文学等专业。

**【“领保进校园”安全宣传活动】** 11月29日在杭州启动。根据外交部、教育部统一部署，省教育厅与省外办联合在杭州外国语学校举办2019“领保进校园”安全宣传活动。本次活动以“祖国在身后，领保伴我行”为主题，通过多种形式宣传出境安全事项和领事保护有关信息，引导中小学生提升境外风险预防意识和自我保护能力。省外办副主任彭波，省教育厅副厅长、一级巡视员韩平出席活动开幕式并致辞。

**【法国国立民航大学校长访问浙江】** 12月13日，副省长朱从玖会见法国国立民航大学校长奥利维耶·尚苏一行。朱从玖在介绍浙江民航产业发展情况后指出，法国国立民航大学和北京航空航天大学在浙江设立独立法人的中法航空大学，契合浙江的产业发展需求，对培养高质量的民航人才具有重要意义，浙江省、杭州市、余杭区三级政府将积极支持中法航空大学的筹建工作。尚苏校长认为，浙江是创新大省，充满发展活力，与浙江省合作是完美的选择。双方一致表示将继续通力合作，把中法航空大学办好。省教育厅副厅长丁天乐、国际处负责人参加会见。

**【全国中美青年创客交流中心建设研讨会】** 12月20日在温州大学召开。会议对2019年中美青年创客大赛进行了回顾与表彰，同时围绕依托创客中心促进中美双创交流进行了深入探讨。北京大学、复旦大学等20多所高校及谷歌、微软、戴尔等知名美国企业代表参加。教育部国际合作与交流司副司长徐永吉出席会议并致辞。教育部国际司在全国有关高校和企业共设立了29个中美青年创客交流中心，浙江省杭州师范大学、温州大学在列。

**【全省“千校结好”项目成果展示活动】** 12月25日在杭州举办。省外办党组成员、省友协专职副会长陈艳勤，省教育厅副厅长于永明出席活动并致辞。各设区市教育局分管领导、150所“千校结好”特色学校代表参加会议。自2010年10月起，由省外办、省教育厅共同启动实施的“千校结好”项目，到2019年底已结成姐妹学校关系2900多对，开展了师生互访、冬夏令营、住家活动、网络课堂、学术研讨、合作文体活动等交流活动。

**【中法航空大学奠基仪式】** 12月28日在余杭举行。省委常委、杭州市委书记周江勇，北京航空航天大学校长徐惠彬出席活动并讲话。副省长成岳冲，北京航空航天大学党委书记曹淑敏，杭州市委副书记张仲灿，省教育厅党委书记、厅长陈根芳，副厅长于永明、陈峰等出席。该大学项目由北京航空航天大学与法国国立民航大学合作共建，按照“高水平、国际化、新机制”的办学理念，打造一所具有民用航空特色的世界一流大学。

**【斯里兰卡驻上海总领事访问省教育厅】** 12月31日，省教育厅副厅长于永明会见斯里兰卡驻上海总领事马诺瑞·马莉卡瑞琪一行。于永明简要介绍了浙江教育情况以及与斯里兰卡现有的合作情况，并指出斯里兰卡是“一带一路”重要节点国家，今后将进一步深化浙江省与斯里兰卡的教育合作。马诺瑞·马莉卡瑞琪表示赞同，她表示斯里兰卡今年发生的恐怖事件令人遗憾，但目前局势稳定，国家安全，希望和浙江的学校继续推进交流活动。双方5所中小学校长作交流发言。

（陈　璐）

# 省科技厅

**【概况】** 2019年,省科技厅组织赴国(境)外进行业务考察、学习、展览团组23批287人次。组织实施国际科技合作项目55项(省级33项、国家级22项),新建设培育各类国际科技合作载体50家,对接全球创新资源,提升浙江省产业创新竞争力。全年接待国(境)外专家学者、友好人士、驻华使(领)馆和政府官员26批200余人次。举办科技论坛、研讨会、项目对接会、展览会20余场。全年引进各类国(境)外专家6万人次,择优组织选派123个团组共计2534名科技人才、技能人才和企业经营管理人才出国(境)培训。

**【南非院士专家代表团访问省科技厅】** 1月18日,省外国专家局局长厉勇会见南非院士专家代表团一行,代表团成员主要来自南非科学与工业研究理事会、南非皇家科学院、南非西北大学等机构。近几年,浙江充分利用驻外引才引智工作站,积极开展与南非的人才科技合作,下一步,双方将继续深化科技人才领域的交流与合作,以创建"浙江南非科技成果转化中心"和在南非设立海外孵化等多种方式,推动南非人才技术与浙江省产业的紧密结合,实现双方互利共赢。

**【四位外国专家参加国务院新春座谈会】** 1月25日,国务院总理李克强在北京邀请部分外国专家举行新春座谈会,在浙江省工作的白俄罗斯国家科学院和工程院院士阿布拉梅科、美国绿色化学专家克里希纳穆蒂、马来西亚水处理专家邹光耀、比利时动物饲料科学专家休恩等4位外国专家应邀参加座谈,参会人数位列全国各省区市第一。参会的4位外国专家均为省政府"西湖友谊奖"获奖专家,在科技创新、产品开发、人才培养、科学管理等领域取得了出色成绩,为推动浙江经济社会发展、促进中外交流合作作出了重要贡献。

**【新西兰驻上海总领事访问省科技厅】** 3月12日,新西兰驻上海总领事罗安竺访问省科技厅,省外国专家局局长厉勇会见代表团一行。浙江与新西兰科技合作基础较好,在联合研发、合作办学以及成果转化等方面均已有合作,2017年奥克兰大学中国创新研究院落户杭州,至今已成功举办两届中新国际技术创新高峰论坛,得到了科技部的高度重视。

**【第32届浙江国际科研、医疗仪器设备技术交流展览会】** 3月21日至24日在杭州举行。本届医展会共有来自美国、德国、日本、英国、法国、意大利、荷兰、瑞典、韩国等20多个国家和地区的540多家企业参展,展出面积约36000平方米,展位数800余个,创32年来医展会规模之最。展会期间,还举办了"国产医疗器械创新发展论坛""浙江日报三端融合直播间""创新医疗科技项目推介会"等活动,其中项目推介会共有来自国内外的11家优秀企业进行了12场展示,有1000余人次现场观看。通过项目推介会的形式,为创新企业提供了展示新产品、介绍新技术、推广新理念的良好平台。

**【奥地利代表团访问省科技厅】** 5月21日,省科技厅厅长高鹰忠会见奥地利驻华全权公使(科技)及大使馆科技处主任张超一行。高鹰忠向代表团一行介绍了浙江省概况及省委省政府以超常规力度推进创新强省建设,打造"互联网+"数字经济和生命健康两大高地的进展情况。高鹰忠表示,浙奥科技合作源远流长,双方在政府层面制定了一系列政策鼓励两地企业、科研机构等就共同关注的技术领域展开交流合作，未来双方还有很大的合作空间，省科技厅将继续大力支持双方的科技合作。

**【长三角国际智能制造精准对接活动暨第40届MATADOR智能制造与设计国际会议】** 7月8日在杭州举行。会议由省科技厅联合长三角区域创新体系建设联席会议办公室、英国曼彻斯特大学共同主办。省政协副主席蔡秀军、省科技厅厅长高鹰忠、安徽省科技厅副厅长罗平等出席会议。大会以“智能制造”为主题，聚集了国际制造领域的专家学者，共同探讨智能制造与自动化、制造工艺与装备、系统设计与集成、工业工程等关键技术，多位领域内专家及阿里巴巴等知名企业代表就“激光加工与增材制造”“智能制造及其发展趋势”“工业机器人关键技术”“工业4.0及无人车间”等智能制造前沿领域问题进行了讨论，并对其中所涉及的若干关键技术及其解决方案进行了精准对接。

**【省对外科技交流中心与美国凯特琳大学签署战略合作协议】** 8月26日，省对外科技交流中心与美国凯特琳大学在杭州签署战略合作协议，省科技厅副厅长曹新安、凯特琳大学校长罗伯特·麦克马翰、常务副校长詹姆斯·张等出席。省对外科技交流中心与美国凯特琳大学双方将进一步加强在专业人才和技术项目培训、人才引进、联合开展科研创新项目、共建联合实验室等方面的合作，结合浙江省优质的汽车制造和移动物联产业基础以及丰富的应用场景，构建涵盖全省汽车产业资源的国际交流对接网络，使凯特琳大学的技术能够在浙江得到很好的转化应用。

**【浙江科技代表团出访卢旺达、南非和英国】** 9月6日至16日，厅长高鹰忠率浙江科技代表团前往卢旺达、南非和英国开展科技合作对接。在卢旺达，牵头举办了“浙江—卢旺达科技合作发展及能力建设成果展”，省长袁家军参观成果展，并为浙江—卢旺达竹业研发科技合作示范基地揭牌。在南非，代表团会同南非科学与工业研究理事会、南非科学院分别在比勒陀利亚和开普敦举办了“浙江—南非科技、产业与资本对接会”，袁家军考察了CSIR 3D打印实验室及小型科技成果展，并见证了浙江—南非科技与产业项目签约。在英国，高鹰忠率代表团先后与英国中部引擎机构、华威大学WMG弹射中心及剑桥大学创新转移中心等单位开展了深入交流对接。

**【参加中瑞(典)科技合作联委会第五次会议】** 9月24日至25日，中瑞(典)科技合作联委会第五次会议在北京举行。科技部副部长李萌、瑞典教育研究部国务秘书玛琳·乌斯特伯格出席会议，省科技厅作为中瑞(典)科技合作地方优秀典型参会，省科技厅副厅长曹新安在会上介绍了浙江省与瑞典联合开展的技术研发、产业间创新合作、共建创新载体等的进展成效与工作经验，并表示将继续加强和完善浙江与瑞典双方政府间的科技合作。

**【第四届中国—中东欧国家创新合作大会】** 10月8日至9日在塞尔维亚首都贝尔格莱德举行。塞尔维亚总理布尔纳比奇到会并致辞，科技部部长王志刚、塞尔维亚创新与技术发展部部长奈纳德·波波维奇出席大会，中国驻塞尔维亚大使陈波以及波黑、罗马尼亚、捷克、希腊等中东欧国家有关领导和代表约800人参加会议。大会期间，曹新安代表省科技厅与塞尔维亚创新部签署了创新合作备忘录，正式建立起政府间双边科技合作关系，双方将在信息和通信技术、人工智能和机器人技术、生物技术和制药等重点领域开展深入合作。曹新安代表中方在闭幕发言时表示，未来将会在本届大会所取得的成果基础上，在开放、包容、均衡、普惠的区域合作框架下，持续发挥本次大会在推动对话交流、聚焦合作领域、凝聚合作共识等方面的积极作用。

**【巴西巴拉那州基金会代表团访问省科技厅】** 10月22日，省科技厅厅长高鹰忠会见巴西巴拉那州南洋杉基金会主席哈米洛·瓦拉夫切科一行。高鹰忠表示，浙江省和巴拉那州从1986年建立友好省州以来，双方高层多次互访，在经济、科技、社会等各个领域都有非常成功的合作，未来将积极推动双方建立完善制度化合作机制，进一步拓展在生物技术和生命科学、数字经济以及人工智能三大领域的合作，包括人员交流互访、科研机构合作联系，以及相关企业的合作交流。省自然科学基金委员会和巴拉那州南洋杉基金会签署了合作协议，双方表示将会继续在相关重点领域开展研究、教学、技术开发、生产、技术科学信息和产业创新等方面的合作。

**【中国（浙江）全球科技精准合作交流会】** 11月9日，2019中国（浙江）全球科技精准合作交流会暨"一带一路"国际科学组织联盟青年科学家研讨会在杭州召开。本次大会由中科院与省人民政府共同主办，省科学技术厅、省外办、"一带一路"国际科学组织联盟、中科院曼谷创新合作中心、杭州钱塘新区管委会共同承办。省长袁家军、中科院院长白春礼、"一带一路"国际科学组织联盟秘书处代表扎布塔·辛瓦利教授出席开幕式并致辞，副省长高兴夫主持大会。诺贝尔化学奖得主巴瑞·夏普利斯、图灵奖获得者惠特菲尔德·迪菲等来自30多个国家和地区的专家学者、青年科学家代表、国际科技组织负责人约500人出席。袁家军指出，近年来，浙江以数字经济"一号工程"为主抓手，聚焦打造"互联网+"和生命健康两大科创高地，精准实施科技新政和人才新政，构建有利于创新创业的最佳营商环境和一流城市生态，浙江将积极参与全球科技精准合作交流，依托国际大科学计划、大科学工程、国际合作重大基础研究计划，深化与全球伙伴的全方位对接合作，共建"一带一路"科技创新共同体。开幕式上，《"一带一路"新兴技术创新与孵化战略合作》《共建中意心血管联合医学实验室》等41个国际合作项目进行了现场签约。

**【第十一届"海外学子浙江行"活动开启】** 12月17日，第十一届"海外学子浙江行活动暨不忘初心再启航"仪式在嘉兴举行。浙江省副省长高兴夫、清华大学副校长尤政等出席。本次"浙江行"统揽人才更加多元，除了筛选100余名海外高层次创业人才参加外，还吸引了以色列、德国、澳大利亚等海外高校、科研院所等50余名顶尖创新类人才到会。"海外学子浙江行"活动已成为长三角区域举办时间最早、持续时间最久、交流最活跃、影响最广泛的招才引智活动之一。活动累计邀请超过1300个海外高层次项目团队来浙江考察对接，并促成800余名海外学子落户浙江，其中入选国家、省市各地人才计划400余人，落户项目总投资额超过50亿元，带动社会有效投资超200亿元。

（涂　蔷）

# 省公安厅

**【概况】** 2019年,省公安厅接待国(境)外来访团组17批230余人次,派遣出国(境)访问、考察和培训人员29批43人次,实现出访计划内人次"零增长"。省公安厅全年共承办由公安部、商务部、外交部等来浙江主办的各类涉外执法培训班项目20期,共培训来自35个国家(地区),542名执法官员。

**【澳门司法警察局代表团访问省公安厅】** 2月18日,澳门司法警察局副局长陈坚雄率代表团一行8人访问省公安厅。省公安厅党委委员、副厅长金捷会见并就加强双方警务合作座谈交流。公安部经侦局副局长尤小文和省公安厅国际合作处、港澳台办、经侦总队等部门主要负责人参加相关活动。

**【中意要人警卫交流合作研修班】** 2月21日至3月2日在浙江警察学院举办。学员除在校研修外,还赴杭州市区、大华股份、杭州市公安局景区分局等地参观考察,并在杭州G20峰会馆开展现场教学。

**【新加坡内政部代表团访问浙江】** 4月4日,新加坡内政部代表团访问浙江,赴云栖小镇、西兴派出所等地访问考察。

**【国际执法联络员项目学员代表团来浙江考察】** 4月11日至12日,第13届国际执法联络员项目学员代表团来浙江考察。在杭期间,代表团考察了河坊街"四联三防"工作、上城区公民警校以及杭州市公安局巡特警支队。省公安厅国际合作处相关负责人陪同。

**【随公安部团组赴莫桑比克进行援助技术考察】** 4月12日至18日,省公安厅党委委员、副厅长金捷等随公安部第一研究所团组赴莫桑比克进行援助技术考察。期间,代表团拜访中国驻莫桑比克大使及商务参赞,了解在莫华人华侨及中资企业情况,洽谈为莫援建警务指挥中心事宜。拜访了莫方内政部,会见其警察司令部副总司令、国合局长、通信局长,洽谈对莫援助、警务合作及教育培训等相关事宜。代表团还考察了莫桑比克警民合作中心,进一步了解在莫华人华侨情况,并就如何加强合作,保护在莫华人华侨利益进行深入交流。

**【新加坡警察部队代表团访问浙江】** 4月13日至16日,新加坡警察部队警察副总监陈财喜一行6人访问浙江。代表团一行先后参观了岳庙派出所、高荣生警务室,双方围绕派出所智慧警务应用、安防体验宣传、"最多跑一次"改革等工作进行了交流和探讨。杭州市公安局党委委员、副局长翁金儿,省公安厅国际合作处、市公安局相关单位负责人陪同。

**【越南公安部代表团访问浙江】** 4月28日至29日,以越共中央委员、公安部副部长阮文成上将为团长的越南公安部代表团一行9人访问浙江,实地参观宁波市公安局刑侦支队反诈骗中心和巡(特)警支队。宁波市委常委、公安局长黎伟挺会见代表团成员,宁波市公安局党委副书记、常务副局长罗利达陪同参观访问。

**【中俄两国执法安全部门专题会谈】** 5月22日,公安部防范和处理邪教犯罪工作局与俄罗斯联邦安全总局反邪教代表团在浙江杭州进行了第六次专题会谈。省公安厅党委委员、副厅长沈亚平参加会谈,省公安厅反邪教处负责人参加活动。

**【越南公安部追逃代表团访问省公安厅】** 6月5日，省公安厅党委委员、副厅长金捷在省公安厅会见越南公安部追逃代表团一行10人，并就加强双方境外追逃工作开展座谈交流。公安部驻越南警务参赞及省公安厅国际合作处、经侦总队、刑侦总队、禁毒总队相关负责人参加会谈。代表团还参观了金华市公安局等单位。

**【韩国首尔警察厅代表团访问省公安厅】** 6月11日至12日，韩国首尔地方警察厅代表团一行8人访问省公安厅。省公安厅领导、厅宣传处、国际合作处、警保部负责人参加有关活动。代表团参观了阿里巴巴西溪园区，省公安厅国际合作处负责人陪同。

**【澳门司法警察局代表团访问省公安厅】** 6月24日至27日，澳门司法警察局代表团一行7人访问省公安厅。25日，代表团在公安部驻澳警联部和省公安厅刑侦总队负责人的陪同下，到仙居县公安局就两起在澳门抢劫案件进行回访座谈。26日，省公安厅党委委员、副厅长聂展云会见代表团，省公安厅港澳台办、刑侦总队负责人参加有关活动。

**【省公安代表团访问德国和英国】** 6月27日至7月7日，省公安厅党委副书记、常务副厅长毛善恩率省公安厅代表团访问德国和英国，开展警务交流。

在德国，代表团一行实地考察德国城市市区交通组织、高速公路基础设施、不限速高速运行情况；与德国巴登符腾堡州道路交通技术管理局进行警务交流，了解交通流量控制和交通安全管理技术措施；与慕尼黑华人华商座谈交流，开展“三服务”活动；了解华商在外工作生活情况及遇到的困难和问题，在车驾管、出入境服务等方面研究便利举措，并向在外华商宣传介绍浙江经济社会发展情况，鼓励华商回乡投资创业。

在英国，代表团访问伦敦警校，了解警校运行管理情况和在职警官培训情况；与伦敦大都会警察局交通管理处进行警务交流，了解伦敦城区整体交通安全管理、道路交通事故防控、交通指挥控制中心、商业车辆管理、大型活动道路交通安全管理、危险驾驶行为防控及交警警用装备等方面的情况；拜访中国驻英国大使馆，了解在英浙籍侨民整体情况、领事保护和中英警务合作情况；实地考察伦敦市区城市道路及周边高速公路运行管理情况和重点场所部位安全保卫情况。

**【泰国第九警区代表团访问省公安厅】** 7月2日，省公安厅党委委员、副厅长金捷会见泰国第九警区代表团一行20人。省公安厅经侦总队、国合处负责人参加会见。

**【香港保安局局长访问省公安厅】** 8月14日，副省长、省公安厅厅长王双全会见原全国人大代表、香港保安局局长李少光一行4人，省公安厅国保总队相关负责人参加会见。

**【缅甸警方代表团访问省公安厅】** 8月27日，省公安厅党委委员、副厅长聂展云会见缅甸警方代表团一行6人。代表团是来参加2019年中缅双边反拐年度会议的。公安部刑侦局副局长龚志勇、部刑侦局打拐办相关领导参加会见。

**【省公安代表团访问土耳其和斯里兰卡】** 10月4日至11日，省公安厅党委委员、副厅长金伯中率省公安代表团赴土耳其、斯里兰卡开展警务交流。代表团一行分别拜会土耳其警察总局、伊斯坦布尔警察局和斯里兰卡警察总局，双方就开展执法合作、警务培训、打击跨国犯罪、反恐突发事件处置和保护我海外企业安全等领域进行了充分交流。代表团还与所在地浙江企业和华人华侨代表举行座谈，了解海外工作生活情况，听取他们对当地警方的需求，并反馈给当地警方，以便更好地维护华人华侨的合法权益。

**【比利时西弗兰德省代表团访问省公安厅】** 10月10日，以省长卡尔·德卡卢维为团长的比利时西弗兰德省代表团一行28人在省外办副主任顾建新、省公安厅国际合作处负责人的陪同下到浙江警察学院交流访问，双方就加强警务培训和学术研究等方面的交流合作进行了友好会谈。代表团还观看了校仪仗队分列式表演、队列操表演和警乐团行进表演。

**【西班牙高级警长访问省公安厅】** 10月19日，省公安厅党委委员、副厅长金捷会见西班牙泰加罗尼亚自治区高级警长曼雷萨一行，省公安厅国际合作处、出入境管理局负责人参加相关活动。

**【越南庆和省公安厅代表团访问省公安厅】** 10月28日，越南庆和省公安厅副厅长武文勇率越南庆和省公安代表团一行6人访问省公安厅。省公安厅党委委员、副厅长金捷会见代表团一行，并就继续加强两厅友好合作开展座谈交流。省公安厅国际合作处、国保总队、刑侦总队、出入境管理局负责人参加会谈。在浙期间，代表团还赴杭州、舟山等地参观访问。

**【省公安代表团访问智利和阿根廷】** 12月10日至18日，省公安厅党委委员、副厅长王建率省公安代表团访问智利和阿根廷。

在智利，代表团一行赴智利国家宪兵学院进行访问，参观智利国家宪兵博物馆及校园环境设施，了解学院组织架构、培养模式、课程设置、训练模块、师资配备等情况，并商谈交流合作事宜。代表团到访智利华人商会组织，调研智利暴乱期间华侨华人商铺遭打砸抢受损情况。

在阿根廷，代表团一行与阿根廷圣菲省公共安全学院院长盖布里尔·里格斯塔就教师互派、学生交换、学分互认等合作内容进行商谈，并签署两校合作交流协议。在阿期间，代表团还分别在布宜诺斯艾利斯、罗莎里奥两地回访曾在浙江培训的阿根廷警官，并赴两家浙江安防企业在阿分公司，调研当地警企协作情况，赴华人商会组织调研海外利益保护情况。

（赵菁）

# 省司法厅

**【概况】** 2019年,省司法厅(含省监狱管理局、省戒毒管理局)组织出访团组3批9人次,参加双跨团组出访1批1人次,下属浙江警官职业学院组织科教人员国际学术交流8批53人次。出访国家为:克罗地亚、塞尔维亚、西班牙、葡萄牙、匈牙利、土耳其、德国、法国、美国、加拿大、印尼、日本、韩国、泰国等。

**【省司法厅代表团访问克罗地亚和塞尔维亚】** 6月23日至30日,省司法厅党委书记、厅长马柏伟率省司法厅代表团一行6人访问克罗地亚和塞尔维亚,进行境外法治需求调研。代表团访问当地政府、律师协会、律师事务所,考察中国驻外机构、中资企业、华侨商会以及海外公民的法律服务需求,听取对中国涉外法律服务的意见和建议,积极引导律师事务所"走出去",提升浙江省律师事务所涉外法律服务竞争力,加快涉外法律服务业的发展。

**【省司法厅代表团访问西班牙和葡萄牙】** 7月7日至14日,省司法厅党委委员、副厅级干部朱晓晔率省司法厅代表团一行6人访问西班牙和葡萄牙,进行境外法治需求调研。代表团走访两国的全国性和地区性的律师协会、规模较大的律师事务所,了解两国律师执业的总体情况和所参观律师事务所的管理和执业情况,对中国律师事务所设立境外分所的有关方式和程序进行调研,并就后续两地开展法律服务合作进行交流探讨。

**【出席东南亚国家刑事法律援助质量保障培训会议】** 11月5日至9日,省司法厅法律援助工作处派员出席在印度尼西亚首都雅加达举行的东南亚国家刑事法律援助质量保障培训会议。会议旨在落实2018年5月司法部与联合国毒罪办签署的《关于在预防犯罪和刑事司法领域开展战略合作的行动计划》,就如何提高刑事法律援助服务质量开展培训。培训会议设置中国法律援助实践专场。中方参会人员就《浙江省法律援助服务质量保障工作实践和探索》《浙江省加强法律援助信息化建设提升服务质量效率》两项议题传播浙江经验,传递中国声音。

**【省司法厅代表团访问匈牙利和土耳其】** 12月4日至11日,省司法厅党委委员、副厅长率永利率省司法厅代表团一行6人访问匈牙利和土耳其。代表团访问了匈牙利巴拉顿博格拉尔市政府和土耳其伊斯坦布尔马勒泰佩区区政府,分别与博格拉尔市副市长麦考·彼得、马勒泰佩区区政府市长助理候赛因·希斯曼等官员进行了座谈,交流各自在行政执法规范化建设等方面的经验做法,就各国监狱、戒毒管理体制和教育矫治工作社会化机制交换看法。

**【浙江警官职业学院致力推动高质量国际学术交流】** 7月9日至20日,浙江警官职业学院组织师生赴意大利参加第五十二届国际速联大会比赛,取得较好成绩;8月11日至25日,组织师生赴韩国映像大学学习警察教育培训管理制度、方法以及计算机信息处理和图像制作等专业领域知识;10月13日至20日,副院长严浩仁率团赴韩国签署浙江警官职业学院和韩国映像大学合作备忘录,跟进学生短期访问、学分互认、学历提升合作以及互派教师进行访学等具体事宜。赴日本访问日中协会和东京警视厅警察大学;10月20日至27日,孙培梁教授团组就其主持的"公共安全风险防控与应急技术装备"研发计划和"犯情动态演化和再犯风险预警研判技术研究"专项课题赴美国和加拿大进行学术交流;11月27日至12月8日,饶伟参加中国残联组织的中国轮椅篮球代表队赴泰国执行2019亚太区轮椅篮球锦标赛裁判任务等。

(戎晓梅)

# 省自然资源厅

**【概况】** 2019年，省自然资源厅组织出访团组6批68人次；参加省部级、省委组织部培训团组5批5人次；分别赴美国、俄罗斯、德国、瑞典、英国、芬兰、加拿大、捷克、日本等国家进行自然资源各业务领域的专题交流、培训。协助自然资源部、省政府开展联合国全球地理信息知识与创新中心的筹备工作。

**【联合国专员赴湖州德清为项目办公场所选址】** 5月1日，联合国经社部专员斯科特和马明赴湖州德清进行联合国全球地理信息知识与创新中心办公场所现场考察选址，选定位于德清地信小镇A9幢作为中心办公场所，建筑面积共2000余平方米。在浙江德清设立联合国全球地理信息知识与创新中心，是2018年11月首届联合国世界地理信息大会成果《莫干山宣言》的重要决定。自然资源部代表中国政府与联合国于2019年4月28日签署共建该机构的《合作意向备忘录》。

**【随自然资源部团组赴加拿大培训】** 7月7日至7月20日，省自然资源厅派员随自然资源部团组赴加拿大进行土地资源管理与土地可持续利用培训。内容涉及加拿大自然资源管理与土地规划、土地利用和房地产政策、矿产资源政策等。培训团先后听取了加拿大女王大学教授、加拿大联邦专家、安大略省政府官员及律师等专题授课，走访金斯顿市锡德纳姆地区学习农村土地利用规划案例，并赴多伦多市对土地利用与更新改造项目、万锦日城更新与改造项目等进行参观调研。

**【随省委组织部团组赴英国培训】** 8月25日至9月14日，省自然资源厅派员参加省委组织部培训班赴英国进行建设政府部门共享信息平台、提升智能治理水平学习和交流。期间，培训班先后听取了英国政府前内阁高参史蒂文·温米尔、牛津布鲁克斯大学城市规划学院荣誉退休教授伊恩·本特利等专家学者关于英国政府数字化转型进程和技术创新、英国《政府转型战略(2017—2020)》的实施情况及经验，并参观了英国典型智慧城市应用项目——智慧政务城市综合管理运营平台、卫生服务网络和城市社区卫生服务体系等平台，较为全面地学习和交流了英国政府在推进数字化进程中的很多理念、方法和经验。

**【随自然资源部团组赴日本培训】** 9月8日至9月21日，省自然资源厅派员随自然资源部团组赴日本参加国土空间用途管制培训。团组先后听取上智大学、金泽大学、丰田都市交通研究所等大学教授、研究机构专家关于日本国土交通省及地方政府规划部门职能设置、交通能源水利等重大基础设施用地管制案例、城市交通枢纽用地和地下空间用途管制、日本都市计画法及开发许可制度、政策对流域环境长期变化的事例研究及金泽市城市规划实例等专题授课；赴国土交通省都市计画局参观交流，重点了解都市计画制度及实施情况、当前日本社会情况及都市计画政策发展方向；与金泽市政府都市整备局进行座谈，全面了解金泽城市规划实施、开发许可制度、历史街区保全规划等内容。

**【随省委组织部专题研究班赴瑞士培训】** 9月8日至9月28日，省自然资源厅党组成员闵建平参加省委组织部专题研究班赴瑞士进行绿色美丽经济与大花园建设专题培训和交流。系统学习瑞士生态环境保护与修复、国际旅游目的地建设、生态农业建设及绿色发展创新机制等经验及启示。期间，走访苏黎世高科技废物处理中心、瑞士联邦森林与景观研究院、联邦农业局、瑞士洛桑联邦理工大学、沙夫豪森市政府等部门和机构并进行互动交流，实地调研莱蒙湖区绿色生态示范区–拉沃葡萄园梯田、洛桑 Organic 有机农场。通过对标瑞士花园国家找差距，有助于客观分析我省大花园建设的优劣势，对推进城乡融合发展、统筹城乡绿色发展空间有了全新理解和深刻认识。

**【省自然资源培训团赴瑞典培训】** 9月15日至29日，省自然资源培训团一行17人赴瑞典就智慧城市建设与测绘成果社会化应用进行培训学习与交流。内容涉及瑞典空间数据基础设施建设、可持续发展和智慧城市建设、地理信息共享及社会化应用、三维建模和BIM等新技术应用等。培训团听取了来自斯德哥尔摩省政府、马尔默市政府、瑞典皇家理工学院、瑞典环境研究所、隆德大学和瑞典施维科公司等专家学者的专题授课，走访了斯德哥尔摩城市规划展览厅学习城市规划案例，并赴斯鲁森新城、哈马碧湖城、瑞典皇家海港城等就智慧城市建设、可持续发展生态社区建设等进行参观调研。

**【随自然资源部团组赴德国培训】** 9月15日至28日，省自然资源厅派员随自然资源部团组赴德国进行城市群和区域规划培训。内容涉及德国国土空间规划及实施管理的政策、智慧城市建设、应对气候变化的可持续发展战略等。培训团听取了柏林工业大学、法兰克福应用科技大学、德国城市及区域发展规划咨询公司、柏林城市与景观规划研究院、柏林城市发展中心、法兰克福律师协会等专家学者的专题授课，并走访黑森州环境、气候保护、农业和消费者保护部以及黑森州城市乡村建设协会等机构进行参观交流，实地调研了柏林、海德堡等城市更新改造、被动式新城建设等代表性案例。

**【省自然资源交流团访问捷克和俄罗斯】** 9月18日至25日，省自然资源厅厅长黄志平率省自然资源交流团一行5人赴捷克和俄罗斯进行自然资源资产产权管理工作访问与交流。在捷克克鲁姆洛夫城市发展委员会，团组听取并交流“世界文化和自然双重遗产”小镇在土地利用规划及生态修复整治等措施，交换美丽乡村振兴的相关经验；与卡罗维发利市政府相关部门举行研讨会，听取该市对自然资源产权管理、资产评估核算情况介绍，双方探讨在土地资源信息检索设计、不动产统一登记信息系统建设等经验做法；在布拉格九区土地建设科与空间发展部，就国土空间布局规划编制、土地集约利用及生态修复技术相关案例讨论，双方寻求合作的可能。在俄罗斯，实地调研圣彼得堡城区规划建设及在土地资源利用方面的经验和措施。走访俄中“一带一路”战略发展研究会，举行“乡村振兴战略”研讨会；与圣彼得堡市政府相关部门进行友好会晤，交流自然资源产权管理、资产评估核算及分类确权登记等措施和做法，借鉴其自然资源价值核算方面的经验；走访俄罗斯联邦自然资源和生态局，重点围绕俄罗斯联邦自然资源产权法律体系及自然资源开发利用情况深入探讨。

**【省自然资源交流团访问芬兰和英国】** 10月13日至20日，省自然资源交流团一行6人赴芬兰和英国，进行土地综合整治与生态修复工作访问和交流。代表团走访图尔库市政府、芬兰资源勘测局、米尔顿凯恩斯城市规划中心、爱丁堡大学、英国土地资源注册署、牛津市政厅等单位，双方就土地与矿产资源管理、国土空间规划、土地综合利用与整治、不动产登记与信息化管理、海岸线管理及生态修复等专题进行座谈交流，实地调研米尔顿凯恩斯新城区利用、绿化控制带和生态修复等措施和实施情况，并就管理监督问题进行深入探讨。

**【联合国全球地理信息知识与创新中心建设筹备委员会第一次会议】** 10月19日在浙江杭州召开，联合国副秘书长刘振民、浙江省常务副省长冯飞、自然资源部国际合作司副司长王倩，以及省自然资源厅、湖州市政府、德清县政府有关领导参加，围绕联合国中心在浙江德清落户挂牌目标，明确各方职责、倒排时间、建立定期会商机制。

**【省自然资源培训团赴德国培训】** 10月27日至11月16日，省自然资源培训团一行16人赴德国就国土空间规划和治理进行培训学习与交流。团组在柏林应用科技大学培训期间，重点对德国和柏林的国土空间规划学科设置、法律法规、规划方案、景观设计、交通设计、建筑设计、生态保护等内容进行学习，并赴柏林规划局、泰戈尔森林局、海涅根（赖尼肯多夫）区政府绿地规划办公室等专业机构参观交流；在法兰克福市，接受了法兰克福大学、海德堡规划局、海德堡大学等专家的相关授课，对法兰克福—莱茵—美茵城市圈的国土空间规划情况进行互动交流。

**【省自然资源培训团赴美国培训】** 10月27日至11月16日，省自然资源培训团一行18人赴美国就海岸带综合保护与规划利用进行培训学习与交流。重点围绕海岸带区域资源状况分析、资源利用、统筹保护及空间规划布局，海岸带区域受损生态系统修复、美国海洋环境监测管理体制、海洋生态预警及生态防灾减灾技术等专题内容，听取美国海岸带综合保护政策制定与规划利用技术等方面的专家学者授课，公务走访美国国家海洋和大气管理局、圣地亚哥郡政府、大自然保护协会、海洋保护组织等相关机构和组织，实地调研切萨皮克和俄亥俄运河修复等工程项目。

**【省自然资源交流团访问阿根廷和巴西】** 11月19日至27日，省自然资源厅副厅长沈仁华率海岸带综合管理与技术交流团一行6人，赴阿根廷和巴西开展海岸带综合管理与开发利用等方面的工作访问和交流。在阿根廷，省交流团访问了布宜诺斯艾利斯海岸市政府和海洋生物基金会，就海岸带区域资源利用、统筹保护及空间规划布局、海洋野生生物资源保护等问题开展座谈交流。在巴西，交流团与里约热内卢州立大学海洋学院专家交换分享海洋资源利用和保护、海岸生态保护等方面的成果和经验；赴里约热内卢凯马杜斯市政府，听取有关防灾减灾法律体系建设、自然保护区建设等情况介绍；访问圣保罗大学海洋学院，就海洋野生生物资源保护与管理、海洋灾害预警评估等问题进行广泛深入交流。

（王莉萍）

# 省生态环境厅

**【概况】** 2019年，省生态环境厅组织因公出国（境）团组26批79人次，其中10批31人次赴国（境）外执行技术交流与合作洽谈任务，6批34人次赴国（境）外接受技术培训，4批4人次赴国外参加技术研修任务，6批10人次参加国际会议。

**【省生态环境代表团访问新加坡和新西兰】** 1月18日至26日，副省长彭佳学率省生态环境代表团访问新加坡和新西兰。

在新加坡，代表团参加了新加坡环境和水资源部与联合国环境规划署联合主办的第三届亚太地区环境部长级论坛，彭佳学作题为"浙江省农村环境综合整治政策支持"发言，向联合国参会的各成员国进一步推介了浙江成功实践生态文明建设的经验。与联合国环境署代理执行主任乔伊斯·姆苏亚等和印度代表团会面，分别就联合国环境署和浙江省的双方合作事宜及2018年世界环境日印度主场活动的有关经验等进行交流。与新加坡有关官方机构和中资企业会面，就双方合作与发展进行交流。

在新西兰，代表团拜访了新西兰国会法制委员会主席霍建强，就新西兰海洋生态环境保护法律、法规和制度体系进行交流并探讨如何推动两地环保生态交流与合作。访问怀卡托大区政府，与议员丽萨·汤姆森等就区水资源保护、区生态环境开发、畜牧业废弃物处理等方面进行交流。访问皇后镇，与市长吉姆·博尔特等就美丽小镇建设进行交流。参观了奥克兰污水处理厂，了解污水处理设施运行情况。实地考察了瓦尔特峰高地牧场，了解牧场的畜牧业废弃物处理情况。

**【世界环境日全球主场活动和中国环境与发展国际合作委员会年会】** 6月2日至5日在杭州举办。2019年世界环境日主题聚焦空气污染防治，口号是"蓝天保卫战，我是行动者"。中共中央总书记、国家主席习近平向主场活动致贺信，强调中国高度重视生态环境保护，愿同各方一道，坚持走绿色发展之路，共筑生态文明之基，为建设美丽世界、构建人类命运共同体做出积极贡献。中共中央政治局常委、国务院副总理韩正参加并在国合会和主场活动发表讲话，参观浙江省生态文明成就展。联合国秘书长古特雷斯为环境日主场活动发来贺信，联合国环境署代理执行主任姆苏亚参加国合会和主场活动并出席多场考察活动，联合国前秘书长潘基文出席相关活动。省委书记车俊、省长袁家军、副省长彭佳学等省领导出席有关活动并讲话。国内外政府部门、企业、社会组织和公众代表1100多人，其中外宾200多人，副部级以上贵宾17人参加了此次活动。

**【参加IEC TC106和IEEE/ICES TC34 国际联合会议】** 6月10日至14日，国际电工委员会电磁辐射公众曝露技术委员会（IEC TC106）和电气电子工程师协会国际电磁安全委员会（IEEE/ICES TC34）2019年度联合工作会议在芬兰赫尔辛基市召开。省辐射环境监测站副站长赵顺平受邀参加会议。会议主要内容是射频电磁辐射的人体健康影响、手机等产品的电磁辐射水平测量和评估、移动通信基站的电磁辐射测量和评估等，会议的焦点是5G移动通信应用对上述研究内容和标准带来的变化。来自美国、加拿大、欧盟、澳大利亚、中国、日本、韩国等国家和地区该领域的政府管理部门、研究机构、企业（电信运营商、设备制造商）的代表参加了会议。

**【参加第48届国际噪声控制工程大会与展览】** 6月16日至19日，2019年第48届国际噪声控制工程大会与展览在西班牙马德里市召开，省环科院环境政策与标准研究所高级工程师张继萍参加会议。本次大会主题是"为了更好的环境，推动噪声控制"，覆盖议题17项，技术分会场95个，论文894篇，展览共设置了60多个工程与技术展位，来自60多国共1206人出席了会议，就最新的声学、噪声控制领域的进展，进行交流与信息共享。张继萍高工的《考虑时延的道路交通噪声通过打开窗户传入路边高层建筑室内相干性》和《案例道路交通噪声与汽车尾气环境影响联合仿真》两篇论文在分会场做了交流发言。

**【第二届低碳城市发展国际论坛】** 9月1日至5日在韩国首尔召开，省生态环境厅一行3人参加了论坛。本次论坛以共建低碳宜居繁荣的城市为主题，探讨交流全球城市应对气候变化和绿色低碳循环发展思路和理念。论坛以圆桌发言形式与参会人员进行互动和讨论，主要内容包括大城市的低碳选择、低碳城市清洁能源应用、可持续建筑发展、先进低碳技术应用、绿色金融和气候投融资等。其间，实地考察了韩国首尔麻浦资源回收中心、能源梦想中心、清溪川、宋南污水处理中心和苏多昆垃圾填埋场，全面学习和了解首尔的低碳发展路径及新理念和新技术等，为浙江省今后开展应对气候变化和低碳发展工作提供了思路。

**【省辐射环境代表团访问法国和德国】** 9月2日至9日，省辐射环境监测站有关技术人员一行3人访问法国和德国。

在法国，代表团访问了法国环境监测公司，公司销售与市场副总裁泽格·阿芙拉罗博士向访问团讲解了公司发展及在生产、销售及售后服务等方面取得的新进展，介绍了可用于气态流出物监测的惰性气体监测系统和大流量气溶胶一体化采样器，随后围绕全自动氙监测取样测量系统SPALAX开展技术交流。

在德国，代表团访问了德国艾克特和齐格勒分析仪器公司在布伦瑞克的研发生产基地，参观了与标准物质生产有关的各车间，包括模型试制室、源计算室、源铺装与封装室、源测量与校准室、包装与运输室等生产环节。访问了德国物理技术研究院，就放射性测量技术进行交流。

**【参加"中意气候变化、可持续发展和环境管理能力建设培训"】** 9月15日至29日，根据生态环境部与意大利环境、领土与海洋部签订的相关协议，省生态环境厅派员参加了意大利科莫开展的"中意气候变化、可持续发展和环境管理能力建设培训"。此次培训由欧洲—地中海气候变化中心、米兰理工大学等机构的研究学者们授课，主要围绕气候变化科学基础、全球气候治理进程、能源和气候变化、欧洲和意大利气候适应和缓解战略、碳市场和气候金融、气候变化的影响和风险以及气候变化情景下的城市适应战略等内容进行了深入学习及研讨。培训旨在继续开展2019年的能力建设和技术交流，以促进并加强双方在环境保护及可持续发展领域的合作。

**【省生态环境厅代表团访问美国和古巴】** 9月19日至27日，省生态环境厅总工程师朱留沙率省生态环保系统代表团一行6人访问美国和古巴。

在美国，代表团拜访了美国中小企业管理局。业务咨询主管杰弗瑞·布里茨介绍了美国环境法律体系、环境保护机构的组成、联邦体制下如何开展大气综合污染治理协调机制，探讨政府如何对中小企业进行技术支持以及提高中小企业环保意识的一些具体举措等。拜访了(美国加州)南海岸空气质量管理局，沈怡玲博士、雷内·贝姆德斯博士和沃格博士分别介绍了大气污染现状及船舶废气污染控制措施，大气自动监测及手工监测情况，一种新型快速测定技术——光化学远程传感器法快速测量大气中有机污染物。参观了南海岸环境空气管理局监测实验室，了解了包括颗粒物粒径分析所用的扫描电镜，市售甲醛测定仪或者颗粒物测定仪检定装置，以及不同工业品中挥发性有机物检验方法及流程等。

在古巴，代表团拜访了古巴哈瓦那市政府，就古巴大气环境保护措施和可再生能源发电战略等进行交流。古巴哈瓦那市政府国际关系合作司菲力克斯·梅西亚·路易斯司长等介绍了古巴及哈瓦那政府在环境保护方面的各项法律法规和政策，包括健全环境法律体系，环境政策管理，提高资源能源利用效率以及坚持致力于经济的可持续发展策略等。

**【省生态环境系统代表团赴英国培训】** 10 月 27 日至 11 月 10 日，省生态环境系统代表团一行 19 人赴英国执行欧洲（英国）大气环境质量管理体系和大气污染防治技术培训任务。培训在威尔士的斯旺西大学进行，主要内容为大气质量管理标准体系和机构设置，包括欧盟的大气环境标准体系，英国的地方空气质量管理及污染防控机构组织结构；污染源清单及环保大数据，包括伦敦大气排放清单和环保大数据；工业园区污染治理与转型，包括伯明翰工业区和威尔士航空工业园区；产业能源结构调整，包括产业结构调整，能源结构调整，新能源发展，建筑节能系统及零碳社区设计；机动车管理，包括机动车排放控制，制度体系建设，道路污染信息公开和空气质量管理区。代表团还参观了贝丁顿零碳社区、活力建筑中心等地，实地学习了有关技术方法，建设、运行成果和管理经验等。

**【中日韩环境科学研究院院（所）长会议】** 10 月 28 日至 11 月 1 日在杭州举办。中国环科院院长李海生介绍了近年来中国在应对空气污染和气候变化问题上所做的努力和取得的成效，回顾了中、日、韩三国联合开展东北亚地区大气污染物长距离输送问题的合作历程，并提出了三方在大气污染防治领域进一步开展具体合作的有关建议。省生态环境厅副厅长单锦炎介绍了浙江省在保护生态环境、推进绿色发展方面取得的成绩，以及在加强生态环境领域国际交流合作上所做的贡献。省环科院院长杨斌作为观察员参加主会及平行研讨会。三国代表围绕“三方科技进展汇报”、“潜在合作领域项目建议报告”和“未来合作”等议题向会议作汇报并开展交流。会后三国院/所长签署了《第十六届中日韩环境科学研究院院/所长会议联合公报》。会议期间还举办了以“东北亚地区大气污染及其控制”为主题的平行研讨会，并赴安吉余村、余杭塘栖开展了有关生态文明发展及水生态修复的实地考察。日本国立环境研究所所长渡边知保、韩国国立环境研究院院长张伦硕分别率团出席。三国环科院（所）的近 50 名专家和代表参加会议。

**【省生态环境厅代表团访问西班牙和葡萄牙】** 11 月 3 日至 10 日，省生态环境厅副厅长王以淼率省生态环保系统代表团一行 4 人访问西班牙和葡萄牙。

在西班牙，代表团拜访了西班牙卡斯蒂利亚−莱昂大区经济发展及环境部，部长鲁卡斯等人分别介绍了卡斯蒂利亚−莱昂大区经济发展和环境保护基本情况、环境管理相关法规和程序、自然遗产和森林保护、清洁能源发展情况和管理要求等，双方就相关问题进行了讨论。代表团访问了西班牙盖亚综合环境管理有限公司，就建设项目环境评估、企业环境管理体系建设、废物管理经验及政策、水文环境研究和可持续发展方面展开座谈与交流。

在葡萄牙，代表团拜访了葡萄牙环境局，了解了葡萄牙环境局的组织机构和环境管理内容，法律法规框架的完善过程、内容及实施如何与欧盟法律法规和金融支持相融合，环保法律特征，可再生能源的发展状况，环保许可证制度的实施管理及河流生态综合治理研究开展技术交流等。

**【省生态环境厅代表团访问法国和德国】** 11 月 4 日至 11 日，省生态环境系统代表团访问法国和德国。

在法国，代表团访问了欧洲和地中海植物保护组织，该组织办公室主管罗伯·坦纳介绍了该组织在生物多样性保护、外来植物入侵对水生态环境和生物多样性的破坏性影响评价、农药环境风险评价程序在农药环境风险评价中的应用等方面所开展的工作。代表团介绍了浙江省水生态修复工作，并就双方交流合作进行了探讨。实地考察塞纳河巴黎段水环境保护工作，了解塞纳河水环境保护工作发展历程，生态治理工作的具体举措以及水生态的恢复情况。考察了塞纳河畔的水泥搅拌站，了解其整个全封闭生产装置和露天废水处理设施如何实现废水零排放。

在德国，代表团拜访威尔堡市政厅，市政厅城市环保办公室主任瓦妮莎·巴克介绍了威尔堡市环境保护政策制定及实施情况，历年水质状况、森林资源保护、生态环境保护、城市发展等，双方对城市污水处理工作，包括污水处理厂的建设、运维机制、农村生活污水处理等方面进行了深入交流。代表团实地考察了莱茵河水生态保护工作，了解莱茵河流域综合管理机构——“保护莱茵河国际委员会”的组织运作及协调机制，为减少莱茵河沿岸污染物的排放，改善莱茵河水质，恢复水生态及沿岸生态制定的具体行动计划等。

（邱中云）

# 省交通运输厅

**【概况】** 2019 年，省交通运输厅围绕综合交通、智慧交通、绿色交通、平安交通“四个交通”建设，全面推进交通强省和综合交通“三区”建设，构建安全、便捷、高效、绿色的现代综合交通运输体系，开展多种形式的对外交流与合作。

**【浙江交通技师学院金鹰车队出征美国巴哈大赛】** 5 月 9 日至 21 日，浙江交通技师学院金鹰车队师生一行 13 人赴美国洛杉矶参加美国巴哈大赛。本次大赛是由 SAE 主办的世界级大学生越野车竞赛，浙江交通技师学院作为国内唯一一所职业院校，与哈尔滨工业大学、广西科技大学鹿山学院、北京电子科技学院一起，与来自世界各地 130 余所高校的优秀车队进行角逐。经过赛车制造、静态材料撰写及答辩、赛车动态训练等环节的比拼，浙江交通技师学院金鹰车队取得了世界第 38 名，国内院校第 2 名的好成绩，充分展示了浙江交通技师学院师生风采。

**【与美国伯米吉州立大学续签合作办学协议】** 5 月 29 日，美国伯米吉州立大学副校长乔治·托尼·帕福一行来浙江交通职业技术学院进行友好访问。双方围绕合作办学项目，结合各自专业优势和课程对接等方面进行了讨论，并就《中美合作办学通信技术项目续签协议》进行了深入的磋商。在协商一致的基础上，浙江交通职业技术学与美国伯米吉州立大学签署了《中美合作办学通信技术项目续签协议》。

**【浙江交通职业技术学院代表团赴巴基斯坦进行援外教学】** 8 月 30 日至 9 月 7 日，浙江交通职业技术学院代表团赴巴基斯坦进行援外教学，为巴基斯坦卡拉奇 K-2/K-3 核电站大件码头项目，进行大件码头机械设备管理与维修以及标准化管理制度与安全技术规程培训。并在巴基斯坦的 K-2/K-3 核电站建设项目部，挂牌成立海外鲁班学校。

**【省交通运输代表团访问俄罗斯和瑞典】** 10 月 19 日至 28 日，省交通运输厅党组成员、副厅长级干部孙晓明率访问团一行 6 人，以“交通运输法治和数字化交通运输执法监管”为主题赴俄罗斯和瑞典交流访问。先后到访卡尔玛大区政府、瑞典国家道路和运输研究所（VTI）、瑞典皇家理工学院、俄中“一带一路”战略发展研究会等，深入学习瑞典、俄罗斯交通法治建设、安全管理和数字化监管等先进经验。加强交通专业交流和人才合作，与圣彼得堡国立交通大学、莫斯科公路交通大学相关负责人进行了洽谈，厅属单位浙江交通职业技术学院和俄罗斯圣彼得堡交通大学签署合作备忘录。

**【省交通运输代表团访问俄罗斯和日本】** 10 月 25 日至 11 月 1 日，省交通运输厅党组书记、厅长陈利幸率代表团一行 6 人访问俄罗斯和日本，拜访了俄罗斯滨海边疆区政府、日本静冈县政府和静冈县交通基盘部，就智慧交通、港口航运、投资管理等领域进行深入交流，探讨合作机会和共同发展空间。访问了日本道路交通情报中心、日本智能交通协会、静冈县警察交通管制中心等单位，全面了解日本智慧交通发展沿革、管理体制、先进技术和研究方向。走访东京和阪神两家高速公路公司，了解日本高速公路建设管理体制、交通管制、ETC 使用等情况。实地调研俄罗斯扎鲁比诺港、斯拉夫扬卡港、海参崴商港和日本静冈县的清水港，充分了解各港口的区位条件、水文信息、码头设施、海公铁联运、集疏运体系等情况，并与俄罗斯远东轮船公司、金雕公司，日本邮船公司、大东公司、铃与株式会社等航运企业进行座谈，深入交流双方在港口开发、航运服务等领域的合作空间和模式。

**【省港航管理中心代表团访问捷克和匈牙利】** 11月12日至19日，省港航管理中心代表团一行6人访问捷克和匈牙利，深入交流探讨船舶及船闸标准化建设及管理，内河码头、航道及运输船舶的防污染管理，水路运输节能减排管理，船舶检验中的人工智能应用，船舶检验新技术应用等方面内容，洽谈浙江省沿海港口与布拉格港、布达佩斯自由港等的合作机制及意向。

**【省交通工程中心代表团赴澳大利亚学习培训】** 11月24日至12月7日，省交通工程管理中心代表团一行15人赴澳大利亚皇家墨尔本理工大学参加“交通建设工程大型装配化预制构件质量控制技术”学习培训。期间，代表团走访了动态钢结构公司、新南威尔士州公路货运交通委员会、澳大利亚柏斯莫工程公司、澳大利亚CYP设计及建设企业项目信息中心等政府部门和部分工程设计、建设的企业及施工现场，就大型装配化预制构件技术标准、新机械新材料应用等前沿技术进行了深入的互动交流。

**【省公路与运输管理中心代表团访问匈牙利和英国】** 12月1日至8日，省交通运输厅党组成员、省公路与运输管理中心党委书记、主任胡嘉临率“绿色交通”访问团一行6人赴匈牙利和英国访问。先后拜访匈牙利布达佩斯市十五区政府和英国伯明翰市政府，实地调研匈牙利10号、11号公路和英国M6高速公路、A74号公路及其服务设施，与两国专家及行业管理人员进行了座谈，交流借鉴两国将生态环保理念融入公路交通综合体系建设的先进经验以及在节能减排、污染防治等方面的前沿技术和有效举措，并就公路交通行业的绿色发展进行合作洽谈，探讨在“一带一路”公路基础设施建设中的合作。

**【承办中国—东盟教育交流周子项目】** 12月8日至10日，浙江交通职业技术学院和贵州交通职业技术学院在贵州共同承办“中国—东盟交通职业教育联盟国际学生培养标准研讨会”。来自中国—东盟交通职业教育联盟18所院校代表共37人参会，共商国际学生培养标准。浙江交通职业技术学院党委书记、全国交通行指委副主任委员王怡民、贵州省交通运输厅副厅长韩剑波，印度习科中文学院、老挝百细华侨公学、泰国罗勇达信中学、柬埔寨工业学院代表出席会议并发言。会议讨论了交通职业教育国际学生培养标准的制定，分享了各校国际交流合作的经验。浙江交通职业技术学院与老挝百细华侨公学签订校际合作协议。

**【浙江交通两学院组团访问澳大利亚和新西兰】** 12月8日至15日，浙江交通技师学院和浙江公路技师学院代表团一行6人赴澳大利亚启思蒙政府理工学院和新西兰UP教育学院访问，观摩学习最新汽车技术，交流分享相关专业与课程体系建设成功经验，就推进师生互访事宜进行了洽谈，并与启思蒙学院初步达成教师培训及学生互访的意向。

**【浙江交通职业技术学院代表团赴柬埔寨和泰国进行援外教学】** 12月20日至27日，浙江交通职业技术学院代表团在柬埔寨，为杭州交工集团和浙江交工集团海外员工进行专业技术培训及实操指导。赴柬埔寨工业技术学院给当地师生进行公路工程的授课与培训，并洽谈“鲁班学校”招生、培养、派驻教师，探讨选拔优秀学生赴浙江交通职业技术学院留学事宜。代表团在泰国罗勇府达信中学给当地师生进行公路、铁道、中华传统文化方面的授课与培训，并向他们介绍海外留学生招收政策与学校情况。

（封延之）

# 省农业农村厅

**【概况】** 2019年，省农业农村厅共组派各类出访团组29批80人次，其中参加农业农村部等相关部门“双跨”团组出访3批3人次。全年接待巴巴多斯农业与食品安全部部长、越南驻上海总领事、浙静机构年度友好交流访问团、联合国粮农组织南南合作数字农业建设等多个国际组织与国家的来宾11批118人次。

**【日本长崎县水产部部长访问省农业农村厅】** 1月22日，省农业农村厅副厅长童加朝会见日本长崎县水产部部长坂本清一一行7人。在浙江·长崎渔业交流会上，童加朝介绍浙江近年来为提升渔业管理水平和管理能力所采取的措施，希望两省县能继续加强交流合作，共同推动双方友好关系的发展。双方讨论通过《2019年度两省县渔业交流备忘录》，并由童加朝和坂本清一代表双方签署合作备忘录。

**【第三届中国国际茶叶博览会】** 5月15日至19日在杭州举行。本届茶博会秉承“茶和世界·共享发展”主题，以深入实施乡村振兴战略、助力精准扶贫为主线，以塑强品牌和促进产销对接为重点，全面展示新中国成立70年以来中国茶产业发展成就，进一步深化中国尤其是浙江与世界的交流和合作，组织第三届国际茶咖对话、“西湖论茶”茶业国际高峰论坛、第二届国际茶学院所长会议等活动。共有来自42个国家、国际组织和地区近200位重要外宾参加各类活动。

**【第四届中国—中东欧国家农业部长会议】** 5月17日至18日，第四届中国—中东欧国家农业部长会议暨第14届中国—中东欧国家农业经贸合作论坛在杭州召开。来自中东欧国家17国和观察员国的14位正副部长、5位大使参加会议。会议期间，发布中国—中东欧国家农业部长会议杭州共同宣言，携手加强粮食安全、农业投资与贸易合作，推进数字农业发展。

**【浙江省农业代表团访问俄罗斯和英国】** 5月29日至6月5日，省农业农村厅厅长林健东率浙江省农业代表团一行6人访问俄罗斯和英国。在俄罗斯，代表团先后访问俄罗斯联邦农业部、列宁格勒州自然资源与环境生态委员会、俄罗斯联邦渔业与海洋科学研究院以及下诺夫哥罗德州和伊凡诺夫州驻莫斯科代表，分别交流农业投资政策和法规、农业发展和农民增收、农地污染防治和修复、农业生产和农产品贸易以及农业废弃物处理等领域治理经验，并寻求农业投资与农产品进出口合作机会。在英国，代表团参访英国环境食品和农村事务部西伦敦大学亲环境农业发展研究院、英国伍斯特公司等，交流农业农村发展与环境和谐、推进农业可持续发展、农产品质量管控等方面经验，观摩病死动物无害化处理设施应用，洽谈引进农业废弃物无害化处理设施和技术、设立示范点并建立技术培训和推广基地，以及洽谈推进与浙江省鲟龙科技合作，扩大鱼子酱欧洲市场等事宜。

**【越南驻上海总领事访问省农业农村厅】** 6月3日，省农业农村厅副厅长张火法会见越南驻上海总领事宁成功一行5人。双方就进一步加强农业交流、拓宽合作领域进行深入交谈。张火法希望双方进一步加强浙江与越南的农业交流，推进双方人员往来和技术交流，深化贸易合作。宁成功表示，浙江是越南农产品的重要出口市场，希望双方进一步加强交流沟通，充分发挥越南与浙江农业的互补性，推动农产品的贸易往来。

**【浙江省农业代表团访问西班牙和摩洛哥】** 6月19日至26日，省农业农村厅副巡视员徐建华率浙江省农业代表团一行6人访问西班牙和摩洛哥。代表团先后访问西班牙巴塞罗那市农产品交易市场、农产品加工企业公司、昆卡市政府、托莱多农业联合会。考察摩洛哥茶叶进出口企业、摩洛哥茶叶商会等，分别就葡萄、果品生产加工、当地农业产业政策、农产品质量安全管控等进行座谈交流，与摩洛哥茶叶企业和茶叶商会负责人就中国绿茶出口摩洛哥等进行探讨。

**【浙江省农业代表团访问香港】** 8月13日至16日，省农业农村厅副巡视员吴金良率浙江农业代表团赴香港参加第30届香港美食博览会并出席开幕式，来自20余个国家和地区的1570家参展商参会。浙江展馆面积250余平方米，共有茶叶、农家特色小吃、优质农产品等39家企业近百种产品参展。展会期间，浙江展团开展茶道茶艺表演、农家特色小吃品尝等推介活动，接待专业客商近千人。代表团专访香港食物环境卫生署、香港大公文汇报集团，就相关农产品的贸易、宣传、推广等合作进行洽谈。

**【印度尼西亚农村干部研修班访问浙江】** 9月8日至14日，印度尼西亚农村干部研修班访问浙江，省农业农村厅巡视员张火法会见来访客人并介绍浙江农业农村发展情况。研修班一行先后参观湖州市菱湖镇淡水鱼都、射中村民豪家庭农场，考察智慧渔业、跑道养鱼等有湖州特色的多品种鱼混养模式；参观并了解安吉县美丽乡村建设、村民自治、信息化一站式服务等做法；考察长兴县顾渚村，了解乡村旅游发展的经验；到访德清县欧诗漫生物股份有限公司，了解珍珠生态养殖、加工、产品价值链等实践。

**【全球重要农业文化遗产高级培训班】** 9月17日，第六届联合国粮农组织“南南合作”框架下全球重要农业文化遗产高级培训班在杭州开学，省农业农村厅巡视员张火法在致辞中表示，浙江省的全球重要农业文化遗产工作已取得良好的社会、生态和经济效益，在带动当地农民就业增收、促进农业可持续发展、传承农耕文化等方面发挥积极作用。期望通过培训形式，共同探讨全球重要农业文化遗产保护和传承，不断总结和推广好经验、好做法，创造更多的亮点，把农业文化保护、传承工作推向新阶段。

**【浙江省农业代表团访问日本和韩国】** 10月14日至21日，省农业农村厅巡视员张火法率浙江省农业代表团访问日本和韩国。在日本，代表团出席浙江省·长崎县水产交流座谈会，先后访问长崎水产综合试验站、水产市场和东京有机农业协会，分别就浙江与长崎县渔业发展的现状和面临的挑战，如何进一步深化友好合作、创设双方互派专家和研修生项目以及如何将农业公园打造成有机农业科普区、市民有机农业生产体验区、学生有机农业教育区和农业技术人员培训区等做法和经验进行交流。在韩国，代表团参加韩国全罗南道2019国际农业博览会，走访全罗南道古页农业园区、智慧能源农业展示区和求礼郡（县）余方面（镇）市屋街（村）乡村人居环境发展示范点。与韩方分别就互相组织农业企业和特色农产品参加农业博览会、互派农业专家和技术人员建立合作项目达成共识，并就推进农业一、二、三产业融合、农民增收和乡村人居环境建设进行交流。

**【巴巴多斯农业与食品安全部部长访问浙江】** 11月6日至8日，东加勒比海海岛国家巴巴多斯农业与食品安全部因达尔·韦尔部长一行3人访问浙江，副省长彭佳学会见代表团，省农业农村厅厅长林健东参加会见，巡视员张火法陪同考察。代表团走访嘉兴市乌镇国际互联农业博览园及华腾猪舍里庄园；考察桐乡5G农业和智慧农业发展情况；考察阿里巴巴盒马鲜生项目，并深入了解阿里巴巴生鲜产品线下业态重组新形式；到访富阳区永昌镇微循环（垦造水田）项目基地，实地观摩“降水—田面集水—地下蓄水池蓄水—远程控制灌溉”系统。

**【日本静冈县农业代表团访问浙江】** 11月13日至17日，省农业农村厅副厅长童加朝会见日本静冈县农业代表团一行7人，希望双方在水果栽培、无人机研发应用以及数字农业创新等领域相互学习、相互借鉴，进一步加强农业交流，不断推动双方友好关系持续发展。代表团先后考察杭州、丽水、平湖和瑞安等地草莓及柑橘种植、食用菌机械化生产、智慧农业、无人机开发及在植保领域的应用、草莓栽培技术培训。

**【组织浙江省农产品出口企业赴国(境)外参展】** 2019年，省农业农村厅组织浙江省农产品出口企业参加日本东京、美国波士顿、德国科隆等15个国际性农产品展会及相关推介活动，参展企业430家(次)、设展位550多个，企业参展人员700多人次，现场成交及达成意向订单1亿多美元。

（单红玲）

# 省商务厅

**【概况】** 2019年,省商务厅全年接待国(境)外来访团组110批1008人次,来自40个国家与地区。完成浙江对非经贸合作交流会、浙江省—印第安纳州经贸投资对接会、浙江·捷克一带一路框架下的合作商务论坛、首届中非经贸合作发展论坛绍兴峰会、浙江商务国际企业家咨询会、"一带一路"浙商行系列活动、浙新经贸理事会第十四次会议等活动的组织、保障或参会工作。与美国、德国、意大利、匈牙利、西班牙等国家商务机构签署合作协议。

**【韩国全罗南道理事官到省商务厅交流工作】** 1月17日,受韩国全罗南道政府委派到省商务厅交流工作一年的理事官朱东植(正厅级),在全罗南道国际协力局局长宣景日陪同下,到省商务厅正式报到。省商务厅厅长盛秋平会见韩国客人一行。

**【韩国企业新任馆长访问省商务厅】** 2月14日,省商务厅副厅长王坚、房立群会见大韩贸易投资振兴公社杭州代表处新任馆长李敦起一行3人。双方就进一步加强浙江与韩国经贸合作进行会谈。在省商务厅交流工作的韩国全罗南道理事官朱东植应邀参加会见。

**【"一带一路"基础设施项目合作与拓市圆桌会】** 2月22日在杭州召开。省商务厅厅长盛秋平、英国驻上海总领事吴侨文出席并致辞。省贸促会、杭州市商务局、省交通投资集团、城建建设集团、东南网架、中地海外水务、成龙建设集团、之江市政、华东勘测设计院等浙江省20余家机构和企业,奥雅纳、阿特金斯、史密夫斐尔律师事务所、化险集团等7家英国企业在会上进行了经验交流和需求对接。

**【浙江对非经贸合作交流会】** 3月1日在杭州举行。乌干达驻华大使克里斯普斯·基永加、尼日利亚驻上海总领事安德森·马杜比克、多哥驻华大使馆经济和文化领事梅森·阿玛科,商务部西亚非洲司副司长沈翔,省商务厅厅长盛秋平,省工商联常务副主席徐旭,中国进出口银行浙江省分行副行长许小勇、华立集团董事局主席汪力成出席。浙江省各市商务主管部门、中非民间商会会长单位及会员企业、浙江对非经贸合作重点企业、商协会、智库平台负责人约150余人参会。会上发布《浙江省加快推进对非经贸合作行动计划》(2019—2022年),推出浙非经贸合作重点案例。

**【省商务代表团访问墨西哥和意大利】** 3月3日至10日,省商务厅厅长盛秋平率省商务代表团访问墨西哥和意大利。在墨西哥,代表团分别组织召开浙企投资墨西哥新莱昂州说明会及浙江在墨企业产能合作座谈会,走访北美华富山工业园,参加2019浙江国际贸易(墨西哥)展览会浙江展区开幕式,与巴塞罗那展览中心高层会谈并签署长期战略合作协议,调研我省在墨投资企业。在意大利,代表团与意大利莱昂纳多直升机公司高层和正阳集团商洽合作项目,走访丝路柯桥·米兰馆,与中欧设计师协会共同举办浙江—米兰时尚产业对接会,签署关于加强浙江和米兰两地时尚产业合作的备忘录,与有关商协会和企业代表开展交流。

**【中日初创企业创新合作对接会】** 3月5日在杭州梦想小镇举行。省商务厅副厅长房立群、日中经济协会专务理事杉田定大出席并致辞。省级部门、杭州市、有关企业和商协会代表，日本跨国公司和知名机构，初创企业、风投创投公司、有关研发机构、网络平台等代表参会，总规模达150余人。

**【美中商会执行理事访问省商务厅】** 3月11日，省商务厅总经济师朱军会见美国印第安纳州美中商会执行理事任柯霖一行2人。双方就加强浙江与印第安纳州经贸合作进行交流。

**【美世集团合伙人访问省商务厅】** 3月21日，省商务厅厅长盛秋平、副厅长王坚会见美国美世集团全球战略客户部欧洲区主管合伙人卡梅伦·汉纳一行5人。随后，汉纳一行赴杭州经济技术开发区考察。

**【白俄罗斯明斯克州执委副主席访问省商务厅】** 3月25日，省商务厅厅长盛秋平会见白俄罗斯明斯克州执行委员会副主席尼古拉·罗加修克一行8人。双方就通过电商平台促进经贸合作进行交流。

**【韩国全罗南道—浙江经贸合作洽谈会】** 3月27日在杭州举行。韩国全罗南道理事官朱东植、省商务厅副厅长房立群、省贸促会副会长张青山等出席并致辞。全罗南道国际协力局、水海产品、化妆品行业企业，省内生产和流通领域企业、湖州市商务局、美妆小镇、浙江中韩（衢州）国际产业合作园等代表共60余人参会。

**【挪威诺德兰郡政府经济发展部副部长访问省商务厅】** 5月6日，省商务厅副厅长王坚会见挪威诺德兰郡经济发展部副部长利夫·索伦森一行6人。双方就促进浙江与挪威经贸合作进行交流。

**【德国北威州生物产业联盟代表团访问省商务厅】** 5月10日，省商务厅副厅长王坚会见以德国于利希研究中心外部资金管理主管伊默·维特克为团长的德国北威州生物产业联盟代表团一行7人，双方就深化浙江与德国北威州的经贸合作进行交流。

**【省商务代表团访问捷克、匈牙利和德国】** 5月23日至6月1日，省商务厅厅长盛秋平、副厅长王坚率省商务代表团访问捷克、匈牙利和德国。在捷克，举办浙江（宁波）—捷克经贸科技交流会，调研捷克站帕夫洛夫物流园和创业创新园。在匈牙利，举办浙江（宁波）—匈牙利经贸科技交流会、浙江省—巴兰尼亚州企业家经贸交流会，与巴兰尼亚州政府办公厅签订关于加强经贸投资合作意向书。在德国，组织举办第二届浙江—德国数字经济和高新技术产业高峰论坛和“一带一路”浙商行——浙江在德国投资企业座谈会。此访共促成56个经贸合作项目签约，总合作金额约14.3亿美元。

**【越南驻上海总领事访问省商务厅】** 6月3日，省商务厅厅长盛秋平会见越南驻上海总领事宁成功一行。双方就进一步加强联系沟通、推动浙江与越南的经贸合作进行会谈。

**【乌干达驻华大使访问省商务厅】** 6月13日，省商务厅副厅长房立群会见乌干达驻华大使克里斯帕斯·基永加一行2人。双方就加强浙江与乌干达经贸合作进行交流。

**【德国前国防部长访问省商务厅】** 6月17日，省商务厅厅长盛秋平会见德国前国防部长、社民党前主席鲁道夫·沙尔平一行。双方就加强浙江与德国经贸合作进行会谈。

**【沙特阿拉伯驻华大使馆商务参赞访问省商务厅】** 6月24日，省商务厅副厅长王坚会见沙特阿拉伯驻华大使馆商务参赞穆罕一行2人。双方就推动浙江与沙特阿拉伯经贸合作进行会谈。

**【浙新经贸理事会第十四次会议】** 6月25日在杭州召开，理事会浙方主席、副省长朱从玖，理事会新方主席、新加坡通讯及新闻部兼文化、社区及青年部高级政务部长沈颖出席并致辞，理事会浙方副主席、省商务厅厅长盛秋平主持会议。省政府副秘书长高屹，省商务厅副厅长王坚等出席会议。双方有关政府部门、企业、机构和高校代表共250余人参会。会议听取了理事会五个专题组工作进展报告，围绕可持续城市发展开展了主题交流，共签署15个重点项目，协议金额超110亿元。

**【德国恩纳智能技术公司创始人访问省商务厅】** 7月8日，省商务厅厅长盛秋平、副厅长胡潍康会见德国恩纳智能技术公司创始人劳赫。双方就在浙江—石荷州友好省州关系的框架下加强医疗、数字经济、高端制造等领域合作进行会谈。

**【新加坡企发局中国司副司长访问省商务厅】** 7月30日，省商务厅副厅长王坚会见新加坡企发局中国司副司长郑光裕等一行2人。双方一致认为，应不断完善理事会工作机制，加强专题组沟通和信息互换，跟进并推动重点合作项目进展，不断丰富工作载体。

**【斯里兰卡驻上海总领事访问省商务厅】** 8月14日，省商务厅副厅长王坚会见斯里兰卡驻上海总领事玛诺瑞·玛莉卡瑞琪。双方就加强浙江与斯里兰卡经贸合作交换了意见。

**【美国驻上海总领事馆商务领事访问省商务厅】** 8月28日，省商务厅副厅长王坚会见美国驻上海总领事馆商务领事周雷一行。双方围绕促进浙江与美国双向贸易投资合作进行会谈。

**【省商务代表团访问南非、卢旺达和吉布提】** 9月5日至14日，省商务厅厅长盛秋平率省商务代表团访问南非、卢旺达和吉布提。在南非，举办中国（浙江）—南非（东开普省）经贸交流论坛和浙江品牌南非展贸营销中心开幕仪式，调研浙江在南非投资企业。在卢旺达，举办中国（浙江）—卢旺达数字经济发展合作论坛，调研基加利经济特区和eWTP义乌全球创新中心卢旺达数字贸易枢纽。在吉布提，召开浙企投资吉布提自贸区座谈会，调研吉布提国际自贸区、达之路经济特区及浙江对吉投资企业，拜会吉布提国家投资总局。

**【越中（浙江）贸易发展策划研讨会】** 9月10日在杭州举行。省商务厅副厅长王坚、越南工贸部贸促局副局长尹氏秋水出席并致辞。双方农产品、食品、丝绸、电子、会展等领域40余家企业参会并开展对接。

**【加拿大驻上海代总领事访问省商务厅】** 9月11日，省商务厅副厅长王坚会见加拿大驻上海代总领事贝杰思一行。双方就进一步加强浙江与加拿大经贸合作进行会谈。

**【英国诺丁汉市副市长访问省商务厅】** 9月18日，省商务厅副厅长韩杰会见英国诺丁汉市副市长克里斯·汉宁一行，双方就加强浙江与诺丁汉市及英国中部地区经贸合作进行会谈。

**【美国漂莱特集团首席执行官访问省商务厅】** 9月23日，省商务厅厅长盛秋平会见美国漂莱特集团高层斯蒂芬·布罗迪一行6人。双方就公司经营情况和下一步发展计划开展交流。省商务厅相关人员出席会见。

**【全美浙江总商会会长访问省商务厅】** 9月24日，省商务厅厅长盛秋平会见全美浙江总商会会长林光一行27人。双方就加强浙江与美国的经贸合作，特别是浙江企业赴美投资发展进行交流。

**【浙江省—印第安纳州经贸投资对接会】** 9月27日，省商务厅与印第安纳州商务厅在杭州共同举办浙江省—印第安纳州经贸投资对接会。省长袁家军、印第安纳州州长埃里克·霍尔科姆，浙江和印第安纳州相关政府部门负责人和企业界代表约100人出席。省商务厅厅长盛秋平、副厅长房立群参加活动。盛秋平与印第安纳州商务卿舍林格签署合作备忘录。

**【英国普达通集团首席运营官访问省商务厅】** 10月22日，省商务厅副厅长王坚会见英国普达通集团首席运营官盖伊·威兰斯一行，双方就推动浙江民营企业与集团开展经贸合作进行交流。

**【德国杜伊斯堡市市长访问省商务厅】** 10月30日，省商务厅一级巡视员徐高春会见德国杜伊斯堡市市长索伦·林克一行21人，双方就加强浙江与杜伊斯堡市经贸合作进行交流。

**【浙江和休斯顿商机和投资交流会】** 11 月 1 日在杭州举行。省商务厅副厅长房立群出席并致辞。中美大数据、能源(新能源)、新材料、医疗、教育等领域 50 余家企业参会并开展对接。

**【浙江·捷克 一带一路框架下的合作商务论坛】** 11 月 6 日在杭州举行。论坛由浙江省商务厅、捷克驻华大使馆、捷克驻上海总领事馆、捷克工业联合协会、阿里巴巴集团共同主办。省商务厅副厅长房立群、捷克众议院主席拉德克·冯德拉切克出席并致辞。浙江与捷克政府部门，机构、企业代表共约 100 余人参会。

**【浙江—乌干达贸易投资论坛】** 11 月 15 日在杭州举行。乌干达驻华大使克里斯普斯·基永加、省商务厅厅长盛秋平出席会议并致辞。乌干达出口促进局、华立集团、富通集团、杭州中非桥电子商务、中非民间商会等近 70 家机构和企业代表 130 余人参加。

**【首届中非经贸合作发展论坛绍兴峰会】** 11 月 23 日至 24 日在绍兴召开。省商务厅厅长盛秋平、绍兴市委书记马卫光、绍兴市市长盛阅春等领导出席。非盟驻华代表处常驻代表，尼日利亚、贝宁、南苏丹、冈比亚、摩洛哥、塞内加尔、乌干达、索马里、莱索托、津巴布韦、坦桑尼亚、纳米比亚、肯尼亚、马拉维、博茨瓦纳、南非、埃及、埃塞俄比亚、卢旺达等国家驻华大使、经贸部长、驻上海领事等官员参加。本次会议签约近 8 亿美元，涉及境外经贸合作园区与境内平台合作、商协会合作、对非投资贸易项目等。

**【浙江商务国际企业家咨询会】** 12 月 12 日在上海举办。来自德国、捷克、英国、荷兰、美国、日本、新加坡等国家共 22 家驻上海总领事馆、商协会和高端制造、生命健康、服务业等领域企业的嘉宾受邀参加座谈。省商务厅厅长盛秋平，副厅长张钱江、房立群出席会议，商务厅有关处室和单位、省内部分国家级经济技术开发区负责人共 60 余人参加会议。

**【日本双日株式会社上海总经理访问省商务厅】** 12 月 18 日，省商务厅厅长盛秋平会见日本双日株式会社上海总经理冈村太郎一行，双方就下一步合作计划开展交流。

**【巴西淡水河谷中国区总裁访问省商务厅】** 12 月 19 日，省商务厅总经济师朱军会见巴西淡水河谷中国区总裁艾森乔一行 4 人，双方就加强经贸合作进行探讨和交流。

(董千红)

# 省文化和旅游厅

**【概况】** 2019年，省文化和旅游厅实施对外、对港澳文旅交流合作项目1752起，直接参与交流12823人次，其中引进项目1593起，11159人次；派出项目159起，1664人次。获得驻外使（领）馆、驻外旅游办事处及境外合作机构感谢信6封。

**【2019年度海外“欢乐春节”活动】** 1月至2月，省文化和旅游厅组派12个艺术团组、316名演职人员，分赴智利、波兰、捷克、埃及、美国、新西兰、阿联酋、俄罗斯、意大利等9个国家的23个城市，举办61场“欢乐春节”文化交流活动，以歌舞综艺、地方戏剧、特色非遗、精品展览等形式，向世界传播具有民族特色和时代特征的中国文化，讲好中国故事，传达“四海同春”的美好祝愿，也为庆祝新中国成立70周年营造浓厚氛围。活动得到捷克文化部副部长佩特拉·斯莫莉科娃、埃及旅游部长拉妮娅·玛莎特等国外政要的高度评价，收到驻外使（领）馆和国外合作机构感谢信4封。

**【参加多国文化旅游年活动】** 1月24日至28日，参加“中国—老挝旅游年”活动。1月28日至31日，参加“中国—柬埔寨旅游年”活动。配合文化和旅游部参加“中国—老挝旅游年”和“中国—柬埔寨旅游年”的“千人游”系列活动。3月27日至31日，参加“中国—新西兰旅游年”。3月31日至4月3日，赴萨摩亚参加“中国—太平洋岛国旅游年”等活动，并在四国开展旅游交流推广活动。

**【2019俄罗斯·中国浙江文化旅游年】** 2月27日至3月18日，省文化和旅游厅组派浙江省博物馆赴莫斯科中国文化中心举办“东方生活美学展”。4月16日至29日，组派中国丝绸博物馆赴莫斯科举办“丝·尚：30件服装讲述中国非遗故事”展览。6月6日至17日，组派浙江省文化馆赴莫斯科举办诗画浙江——“南孔圣地”衢州文化旅游品牌推介活动。7月14日至20日，组派浙江旅行商和媒体代表团赴鞑靼斯坦共和国踩线采风。8月23日至27日，“2019文化中国行——海外中国文化中心优秀学员团访华计划”俄罗斯代表团赴浙江实地交流与体验。9月3日至15日，组派浙江省非物质文化遗产保护中心赴莫斯科举办“中国青瓷小镇——浙江特色小镇海外推广展”。11月11日至15日，组派浙江歌舞剧院演出团赴俄罗斯举办《江南乐韵》彩蝶女乐专场演出。11月19日至24日，莫斯科中国文化中心俄方合作伙伴代表团赴浙江考察，并与浙江部分文博机构达成初步合作意向。

**【浙江省“一带一路”文化和旅游交流精品展】** 4月27日至30日首次在第14届中国义乌文化产品交易博览会和第11届中国国际旅游商品博览会亮相。展览以“2018年‘文化浙江’对外和对港澳文化交流成果图片展”作为开篇，遴选具有浙江地域文化特色的优秀交流展览《丝茶瓷——丝绸之路上的跨文化对话》《湖山胜概——西湖主题水印版画展》《楮墨浙韵——浙江印刷文化展》、文旅融合推介展览《古堰画乡——浙江特色小镇海外推广展》《南孔圣地·衢州有礼——衢州城市名片推介展》和以义乌市鸡鸣山社区为代表的“丝路文化驿站”项目，展示浙江文旅交流新貌。此次展览还组织了在浙江工作和学习的外国友好人士在展馆开展志愿服务。

**【中阿、中非人文交流与合作】** 省文化和旅游厅组织开展合作论坛框架下的对阿、对非文化交流合作项目。5月7日至11日，第三届“意会中国”——“一带一路”艺术大师工作坊；8月27日至9月24日，非洲艺术家木雕创作交流；10月8日至24日，第十一届“意会中国——阿拉伯知名陶艺家访华采风创作活动”；10月21日至11月7日，第五期阿拉伯国家文博专家研修班等专项人文交流活动在浙江举办，共有来自16个阿拉伯和非洲国家的49名艺术家和专家学者参与上述活动。通过交流互鉴，进一步加强浙江与阿拉伯和非洲国家在音乐、舞蹈、美术、文博等多领域的相互交流与合作。

**【“万人游非洲”大型文旅交流活动】** 5月10日，浙非文旅交流大会暨“万人游非洲活动”启动仪式在浙江省人民大会堂举行。省政协主席葛慧君与吉布提、坦桑尼亚、津巴布韦非洲三国20余名政府领导和嘉宾参加。省文化和旅游厅与非洲三国国家旅游局举行“浙非文旅交流合作备忘录”签约仪式。5月10日至20日，由普通游客、参与项目规划实施的政府与企业代表和各级媒体记者等组成的首航体验团完成。省文化和旅游厅赴三国举办浙非文旅交流合作大会，计划在5年时间里，向参与此项计划的非洲国家输送1万名浙江游客，旨在推动浙江与非洲国家在人文领域的互惠交流与合作。

**【浙江文旅推介走进捷克和德国】** 5月22日至31日，“美丽中国·诗画浙江”文旅推介会在捷克和德国举行。省文化和旅游厅赴捷克、德国成功举办大型文旅交流活动，在捷克皮尔森州举办“丝·茶·瓷——丝绸之路上的跨文化对话”展览，在德国基尔举办“美丽中国·诗画浙江”浙江省非物质文化遗产展以及相关的文旅推介活动。省委书记、省人大常委会主任车俊，省文化和旅游厅厅长褚子育等出席相关活动。

**【推进与中东欧各国的文化交流与合作】** 5月25日至6月1日，浙江音乐学院青年钢琴教师团赴罗马尼亚布拉索夫特兰西瓦尼亚大学和匈牙利李斯特音乐学院参加钢琴大师课，与两校师生开展专业交流，并在两校举办专场音乐会。5月26日至6月2日，浙江音乐学院国乐团赴匈牙利李斯特音乐学院、佩奇大学以及塞尔维亚贝尔格莱德艺术大学开展院校合作洽谈和学术交流，并在匈牙利和塞尔维亚举办专场演出。10月21日至31日，浙江音乐学院邀请中东欧国家26名艺术家来浙江参加中国—中东欧国家音乐舞蹈季和学术交流活动。11月19日至21日，浙江音乐学院会同其他联盟主席单位在北马其顿举办了第二届中国—中东欧国家音乐学院院长论坛。各参会代表就未来两年内拟开展的合作项目进行了深入探讨。

**【“浙江日”文旅推介在北京举办】** 6月6日至8日，以“绿色生活，诗画浙江”为主题的“浙江日”活动在北京世界园艺博览会期间举办。副省长朱从玖、中国贸促会副会长陈洲出席开幕式并致辞。浙江园区举办了茶艺、竹编、根雕、杭绣、江南丝竹、端午香包等一系列非物质文化遗产项目的展示与展演活动。

**【“浙江文化旅游周”赴保加利亚举办】** 6月，省文化和旅游厅与索非亚中国文化中心合作举办“浙江文化旅游周”系列活动。6月23日至7月6日，组派省博物馆人员赴索非亚举办“东方之美”展，展现江南丰富的物质与非物质文化。6月22日至26日，组派浙江歌舞剧院艺术团赴保加利亚举行专场演出。

**【浙江文旅推介走进美国和加拿大】** 8月13日至20日和12月10日至18日，省文化和旅游厅先后赴美国纽约、波士顿、洛杉矶、旧金山和加拿大多伦多、温哥华举办文旅推介系列活动。期间，举办了“美丽中国·诗画浙江”主题推介会、旅游说明会，并开展“穿越看浙江”“诗画浙江”流动巴士音乐秀以及浙江文化旅游公众活动等，向两国民众展示了“诗画浙江”厚重的历史文化底蕴和蓬勃发展的时代掠影，进一步推动了浙江省与两国在文化旅游领域的交流合作。

**【环球知名摄影师走进“诗画浙江”活动】** 8月17日，由省文化和旅游厅主办，浙江广播电视集团浙江之声承办的环球知名摄影师走进"诗画浙江"活动在良渚博物院举行开镜仪式。8月至11月,来自全球20余个国家的40余位知名摄影师分批走进"诗画浙江",采风拍摄浙江自然风光和人文风情。活动成果以线上图库、旅拍线路和浙江影集等形式进行展示。

**【国际海岛旅游大会】** 8月28日至30日,国际海岛旅游大会在浙江舟山群岛举行,副省长成岳冲,文化和旅游部国际交流与合作局副局长郑浩,省政府副秘书长蔡晓春,省文化和旅游厅厅长褚子育,舟山市委书记、舟山群岛新区党工委书记俞东来等出席开幕式。本届大会共有25个国家与地区代表团近千名嘉宾参加,代表们围绕"新海岛、新场景、新动能"的主题,全面提升大会国际化、市场化、专业化、品牌化水平,旨在使大会成为聚焦海洋海岛旅游开发全产业链上中下游资源的交流与贸易平台,以加速浙江旅游产业转型升级、提质增效,促进更多优秀的海岛文旅产品走向世界。

**【青年汉学家研修计划在杭州举办】** 9月5日至25日,2019青年汉学家研修计划(杭州)项目成功举办。来自17个国家31名青年汉学家在浙江及周边地区开展了为期21天的学习和对城市历史遗产、特色社区和知名企业的深度考察。期间,青年汉学家聆听了由高校教授、政府官员、智库专家主讲的4场高端讲座,在19位导师组成的导师组带领下,举行了5场专题研修讨论会。文化和旅游部国际交流与合作局副局长朱琦参加了研修计划相关活动。

**【浙江文旅推介走进西班牙和葡萄牙】** 9月5日至12日,浙江省文化和旅游厅赴西班牙、葡萄牙举办大型文旅推介活动。9月6日,"美丽中国·诗画浙江"文化和旅游交流推介会在西班牙马德里举行。9月10日,绽放——"美丽中国·诗画浙江"文化旅游展在葡萄牙里斯本举办。推介活动旨在展示浙江的旅游资源和人文内涵,加强浙江与西班牙、葡萄牙在文化和旅游领域的交流合作。省委常委、宣传部长朱国贤、联合国世界旅游组织执行秘书长祝善忠、中国驻葡萄牙大使蔡润等出席了相关活动。

**【浙江文旅推介走进南非和博茨瓦纳】** 9月9日,"彩虹之约"浙江·南非文旅合作推介会及浙江文旅推广展在南非比勒陀利亚举办。省长袁家军,莱索托王国副首相莫莱莱基,南非国家旅游局局长代表哈尼莉·司莱波等嘉宾共同出席了活动。9月10日,浙江—博茨瓦纳旅游业务洽谈会在博茨瓦纳国家旅游局举行。

**【第二届世界旅游联盟·湘湖对话】** 9月19日,第二届"世界旅游联盟·湘湖对话"在杭州开幕,主题为"旅行的增长与产业的变化"。文化和旅游部副部长李金早,世界旅游联盟主席段强,副省长王文序,联合国世界旅游组织执行主任祝善忠出席开幕式。来自相关政府机构、驻华使(领)馆、驻华旅游机构、联盟全球会员、旅游业界、学界、旅游城市等共计600余人参加此次活动。

**【参加2019中国国际旅游交易会】** 11月15日至17日,2019中国国际旅游交易会暨2019中国—太平洋岛国旅游年闭幕式在云南昆明举办。浙江共组织11个地市的107家单位参展,展位69个,面积621平方米,参展人员近400人,参展规模位居全国三甲。展示采取线上和线下同步进行,以"诗画浙江"作为主要创意和展示元素,通过精品线路推介,易拉宝展示,旅游宣传册、明信片、伴手礼发放,扫微信,一机游浙江,以及结合声光电、木偶戏、茶文化等多种形式把浙江的文化和旅游资源进行了全方位立体展示。文化和旅游部部长雒树刚、中国旅游集团总经理杜江等到浙江展区巡视指导。浙江展团获得"最佳组织奖""最佳展台奖""优秀广告奖"三项大奖。旅交会期间,省内多家旅游企业积极与海外买家进行专业洽谈,并与英国、西班牙、俄罗斯、美国、日本、韩国、斯里兰卡、印度尼西亚等多个国家达成合作意向。浙江展团签订组团人数10098人次,意向157655人,签订合同223份,总金额达1958万元,达成意向性协议684份,总金额

8795万元。

**【浙江文旅推介走进日本和马来西亚】** 11月22日至26日,"美丽中国·诗画浙江"文化旅游推介会先后在日本东京、马来西亚吉隆坡举行。省文化和旅游厅副厅长叶菁、中国驻日本大使馆一秘苏涛、东京中国文化中心主任罗玉泉、中国驻东京旅游办事处主任王伟、日本旅行业协会旅行推进部副部长千叶信一、中国驻马来西亚大使馆文化参赞张振、马来西亚旅游促进局国际推广部副主任苏菲安·柴努丁等嘉宾出席活动。期间,浙江文旅代表团还在浙江省友好省县静冈、福井举办了文旅业界交流会,双方就互派艺术院团互访参加对方举办的艺术节庆活动、支持文博机构开展深入交流合作、利用东京奥运会和杭州亚运会契机互送游客等方面工作达成了初步合作意向。推介活动让日本和马来西亚等国家民众进一步了解浙江省丰富的旅游资源与深厚的文化底蕴,深化我省与东南亚重点入境客源国家文旅领域合作,丰富浙江省在"一带一路"倡议中的生动实践。

**【浙江文化机构积极开展对外文化交流】** 5月3日至6日,宁波市象山县文化和旅游广电体育局组派象山渔鼓队赴友城韩国大邱市参加"2019大邱多彩庆典"交流演出。6月9日至14日,以中美建交40周年为契机,"人类非遗·中华经典"——2019龙泉青瓷展在美国福布斯艺术馆举办。7月25日至28日,浙江歌舞剧院有限公司赴韩国光州参加2019韩国郑律成音乐节,11月7日至10日浙江歌舞剧院邀请韩国郑律成庆典管弦乐团来杭进行回访交流演出。8月13日至25日,杭州歌剧舞剧院有限公司原创舞蹈剧《遇见大运河》赴俄罗斯、瑞典巡演。9月18日至22日,宁波市演艺集团有限公司赴日本参加"日本—宁波周"演出。9月20日至10月20日,中国丝绸博物馆在希腊苏夫利丝绸博物馆举办"传统与时尚:中国丝绸服饰艺术展",并于9月23日配合中国驻希腊大使馆庆祝建国70周年纪念活动,举办"传统与时尚:中国传统艺术服装时装秀"。9月22日至25日,浙江艺术职业学院携女子群舞《畲家女儿拍》赴日本静冈参加2020东京奥运会及残奥会前期预热公演活动。9月22日至25日,西泠印社集团赴匈牙利举办"舞动的线条——庆祝中国与匈牙利建交70周年暨西泠印社名家匈牙利特展"。9月22日至30日,国际丝路之绸研究联盟(IASSRT)第四届学术研讨会"丝路之绸:作为历史资料的纺织品"暨第五次理事会在俄罗斯召开。研讨会由IASSRT主办,中国丝绸博物馆和俄罗斯斯塔夫罗波尔考古所承办,共有来自中国、德国、英国、意大利、挪威、匈牙利、瑞典、丹麦、芬兰、爱沙尼亚、俄罗斯、以色列、美国、加拿大、韩国、日本、印度、泰国等18国60多位学者和代表参会,其中38位专家学者在会上作了学术报告。10月4日至20日,杭州艺术团赴加蓬、喀麦隆、塞内加尔、圣多美和普林西比四国举办文艺演出。11月13日至21日,浙江交响乐团赴葡萄牙参加葡萄牙阿尔加维第四届国际钢琴音乐节演出,赴西班牙巴塞罗那市参加"万里共婵娟庆祝中华人民共和国成立70周年——交响音乐会"演出。2019年12月1日至2020年1月9日,浙江曲艺杂技总团有限公司《猴王》剧组赴法国、摩纳哥、德国举办驻点演出。

(张松丽)

# 省卫生健康委员会

**【概况】** 2019年，省卫生健康委员会（以下简称省卫生健康委）全年组织机关、直属单位因公出国（境）团组224批608人次，接待国（境）外来访团组42批271人次。

**【为第26批援马里医疗队举行欢送仪式】** 1月12日，省卫生健康委在机关大楼举行仪式，欢送第26批援马里医疗队蒋益华等24人前往马里执行为期一年半的医疗援外任务。省卫生健康委巡视员马伟杭、派出单位领导等参加欢送仪式。医疗队于马里当地时间1月13日抵达马里首都巴马科，开始与第25批医疗队进行为期一周的交接工作。

**【第32届浙江国际科研、医疗仪器设备技术交流展览会】** 3月21日至24日，第32届浙江国际科研、医疗仪器设备技术交流展览会（以下简称“医展会”）在杭州举办。

医展会展出面积达3.5万平方米，共设展位807个，参展医疗设备涵盖放射、超声、检验、呼吸麻醉、消杀、综合、内窥等7大类，共展出3万多件产品，来自美国、英国、日本等10多个国家和地区，27个进口品牌，545家企业参展。展会共吸引了12000余人注册报名，较上年同比增长近25%。创新医疗科技项目推介会，有来自国内外的11家优秀企业，共进行了12场展示。

**【中美医疗卫生圆桌会——浙江专场】** 4月10日在杭州举行。会议主题是“如何有效提升医疗服务及医疗保障水平的相关思考”。省卫生健康委巡视员马伟杭出席会议并作了题为《浙江卫生健康事业改革发展现状》的主旨演讲。省外办副主任彭波、省医保局副局长龚源昌、省药监局局长徐润龙、美国驻上海总领事谭森及美国医疗卫生产业界的嘉宾参加会议。

**【澳大利亚昆士兰州医疗卫生代表团访问省卫生健康委】** 4月16日，澳大利亚昆士兰州医疗卫生在职培训联盟代表团一行22人访问省卫生健康委，代表团成员包括昆士兰州政府部门的官员和来自当地多家知名高等院校的专家、教授。省卫生健康委合作交流处与相关处室代表、省卫生健康委直属医疗卫生单位相关人员会见代表团。代表团分别从数字医院、整合型医疗、全科医师培养、基础科研及临床转化等方面介绍了昆士兰州的情况。代表团访问浙江大学医学院，并与六家附属医院进行了对接交流。

**【澳门医务界联合总会参访团访问省卫生健康委】** 4月22日，澳门医务界联合总会一行26人访问省卫生健康委，省卫生健康委巡视员马伟杭和多家省级行业协会负责人参加会见交流。参访团访问浙江大学医学院第一附属医院，参观了达芬奇机器人手术演示、传染病诊治国家重点实验室、互联网医院、检验中心。在长庆潮鸣街道社区卫生服务中心，参访团着重参观了全科诊疗区、妇幼健康管理区，深入了解签约服务工作推进情况和诊间信息化流程。

**【美国国会议员助手团访问省卫生健康委】** 4月22日，美亚基金会顾问唐纳德·卡尔森率美国国会议员助手团一行15人访问省卫生健康委。省卫生健康委副主任苏长聪会见代表团并介绍浙江省卫生健康领域发展情况。双方表示，此次交流富有成效，中美双方在卫生健康方面有很多可以相互交流借鉴的内容，希望双方互动交流能够持续进行，共同促进双方的卫生健康事业发展。

**【省卫生健康委中医代表团访问古巴】** 5月8日至13日，省卫生健康委副主任夏时畅率浙江中医药项目推广规划团访问古巴，代表团成员中包括4名中医师。访古期间，代表团举办了第二届"浙江—马坦萨斯省中医周"。浙江省常务副省长冯飞与古巴马坦萨斯省政务委员会副主席露德斯·萨尔门托·迪亚斯女士共同出席开幕式并致辞。浙江针灸推拿专家除开展义诊活动、赠送针灸器具外，还在当地医院进行了学术讲座和示范教学。

**【为第17批援助中非医疗队举行送行仪式】** 5月29日，省卫生健康委为即将奔赴中非共和国执行援外医疗任务的第17批援中非医疗队举行送行仪式，省卫生健康委党委书记、主任张平出席并讲话。第17批援中非医疗队由温州医科大学附属医院和温州市属各家医疗单位共同组建，全队11人，平均年龄39岁，男性7名，女性4名，覆盖中医、眼视光、外科、内科、妇产、麻醉、放射、检验等学科，医务人员均达高级职称以上。担任医疗队队长兼书记的温州医科大学附属眼视光医院宫贤惠代表医疗队发言，全体援外队员在鲜艳的国旗下，庄严宣誓：无论身处和平或身处战争，无论环境险恶或人身威胁，时刻胸怀祖国，乐观向上，克服一切困难，不辱使命。

**【省卫生健康委代表团访问匈牙利】** 6月26日至27日，省卫生健康委党委书记、主任张平率代表团一行访问匈牙利，浙江大学医学院附属第一医院相关负责人随团出访。访问期间，代表团与匈牙利塞姆维斯大学推进联合研究中心建立和医学生联合培养事宜，旨在完善稳定长效的人才培养机制；与匈牙利乌若基医院举行重症肝病早期诊断技术创新研究中心揭牌仪式，加强肝病领域临床技术创新；与匈牙利国家心血管病中心签订合作备忘录，探索心血管疾病领域临床科研合作契机。

**【省卫生健康委医学代表团访问芬兰】** 8月21日，省卫生健康委巡视员马伟杭率医学代表团一行，访问芬兰阿尔托大学，与阿尔托大学卫生健康平台进行交流。双方签署了《中国（浙江）卫生健康科技研发与转化平台与芬兰阿尔托大学卫生健康平台合作备忘录》。

**【第十六届浙江基层医疗装备展览会】** 8月29日至31日在杭州举行，共设展位652个，471家企业参展。现场累计参观人数超30000人次，现场签到人数较上届增长20.6%。与展会同期举行了浙江省医院大会、浙江省社区医师学术年会、浙江省2019年卫生健康科技成果转化对接会、浙报三端融合新闻直播间、创新医疗科技推介会等多场主题学术会议。本届展览会政府采购成交总金额约4亿元人民币。

**【日本静冈县健康福祉部代表团访问省卫生健康委】** 8月30日，省卫生健康委副主任曹启峰会见日本静冈县健康福祉部部长池田和久一行，双方回顾了两省县卫生领域的人才交流状况，希望能把合作拓展到临床科研领域，让交流成果惠及两省县人民，共创健康省县。在浙期间，日本静冈代表团访问浙江省老年活动中心、浙江省肿瘤医院、浙江医院；出席浙江省医院大会并致辞；参观第十六届浙江基层医疗装备展览会。

**【马里两位医生来浙江进修】** 9月16日至12月13日，马里两位医生阿马杜·西迪贝和马马杜·达马来浙江，在浙江大学医学院附属第二医院接受为期三个月的临床进修。两位医生均来自马里医院，专业分别是麻醉和神经外科。此次邀请马里医务人员来浙江进修，是浙江省援外医疗创新项目之一，类似项目已经持续了两年。

**【"构建以人为本的整合型医疗服务体系"国际研讨会】** 9月18日至20日在安吉县召开。国家卫生健康委副主任王贺胜、省政府副秘书长蔡晓春、省卫生健康委党委书记、主任张平等出席会议，世界银行项目团队成员、国家代表、国际研究机构代表等参加会议。

**【省卫生健康委派员赴挪威开展访问交流】** 10月7日至21日，省卫生健康委选派两名公务员赴挪威诺德兰郡开展为期15天的访问交流。期间，两位代表共赴诺德兰郡及其所辖4个市近30个组织或机构进行访问交流，会见70多位诺德兰郡工作人员，交流讨论近50多个主题，并专题介绍了浙江省卫生健康相关工作概况，接受当地媒体记者采访。双方还就2020年诺德兰郡派员回访浙江的相关安排进行了探讨。

**【日本静冈县立医院机构代表团访问省卫生健康委】** 10月15日，省卫生健康委一级巡视员苏长聪会见日本静冈县立医院机构理事长兼院长田中一成及静冈县立综合医院、静冈县立儿童医院代表一行。苏长聪向静冈县代表团重点介绍了国家卫生健康委与省人民政府关于共建国家区域医疗中心和浙江省重点培育10个医学专科等相关情况。在浙期间，代表团访问了浙江大学医学院附属第四医院、浙江大学医学院附属儿童医院、浙江中医药大学附属第一医院、第二医院等。

**【联合国艾滋病规划署专家代表团在浙江考察调研】** 10月17日，联合国艾滋病规划署亚太地区区域办主任伊蒙·墨菲先生一行8人，对浙江省艾滋病防治工作进行现场调研。代表团一行走访杭州市下城区长庆潮鸣街道小天竺社区卫生服务站，了解社区卫生中心服务站HIV检测流程，参观浙江爱心工作组办公现场。代表团访问杭州市西溪医院，听取该院基本情况及开展艾滋病抗病毒治疗工作、母婴阻断工作的情况介绍，并观看医院根据真实故事改编，由医生和护士参演的艾滋病治疗关怀宣传短片。代表团到访省疾病预防控制中心，了解浙江省在艾滋病防治工作中的实践情况。

**【浙江卫生代表团访问纳米比亚】** 10月17日至21日，省卫生健康委党委委员、副主任、一级巡视员包保根率浙江卫生代表团访问纳米比亚，主要任务为配合11月孙春兰副总理出访纳米比亚高访任务，完成向纳米比亚捐赠两辆救护车前期筹备工作。

**【“中国—白俄罗斯中医药中心”揭牌】** 2019年，“中国—白俄罗斯中医药中心”项目被首次列入国家中医药管理局国际合作专项建设项目，该项目由浙江中医药大学附属第三医院具体实施。11月3日，“中国—白俄罗斯中医药中心”在白俄罗斯首都明斯克州地区医院揭牌。中国驻白俄罗斯大使崔启明、国家中医药管理局副局长王志勇出席仪式并为中心揭牌。浙江中医药大学附属第三医院再次选派3名针灸推拿医生赴中医药中心开展为期1月的中医示范诊疗和文化推广工作，通过临床诊疗、学术讲座、科普宣传等形式进一步推广中医药文化。

**【援助中非“光明行”义诊活动在班吉举行】** 11月18日至12月6日由国家卫生健康委、省卫生健康委组织的2019中国援助中非“光明行”专家组在班吉友谊医院实施免费白内障复明手术共计221例。期间，2019中国援助中非“光明行”义诊活动暨医疗物资捐赠仪式在中非首都班吉友谊医院举行。中国政府向中非共和国捐赠了价值242万元人民币的眼科手术设备、检查设备、手术耗材、药品等。专家组在当地开展了眼科义诊、科普讲座、学术交流、设备培训、医护带教等活动。

**【美国企业高管代表团访问省卫生健康委】** 11月19日，美国科恩集团高级顾问、美国中国商会名誉主席蔡瑞德率领企业高管团一行9人访问省卫生健康委，省卫生健康委副主任夏时畅会见代表团并介绍浙江省卫生健康事业发展的状况。美方辉瑞公司杭州工厂、爱德华生命科学公司、美国科恩集团等企业介绍各自业务以及与浙江省已开展的合作情况，代表团明确表达与省卫生健康委在临床试验、临床培训等方面继续合作的意愿。

**【澳门医疗卫生代表团访问省卫生健康委】** 11月28日，澳门医疗卫生代表团一行55人访问浙江。代表团到访浙江大学医学院附属第一医院，省卫生健康委一级巡视员苏长聪参加座谈，双方分别交流医院和澳门的基本卫生概况，参观医院史馆和互联网医院，并就线上诊疗模式、网络安全、患者隐私保护等问题进行讨论和交流。28日，代表团前往浙江大学医学院访问，在听取学院介绍教学和科研概况后，分组参观浙江大学医学院的国家健康疾病人脑组织资源库和浙江大学冷冻电镜中心，了解人脑标本的管理和研究方向以及冷冻电镜的应用情况等。

**【法国格勒诺布尔教学医院代表团访问省卫生健康委】** 12月2日至6日，法国格勒诺布尔教学医院医务委员会主席让-皮埃尔·扎尔斯基率代表团一行7人访问省卫生健康委，法国驻华大使馆卫生、社会事务和劳动参赞白碧安一行2人同期来访。代表团先后参观了浙江省康复医疗中心、浙江大学医学院附属第二医院、浙江大学医学院附属第一医院、浙大医学院神经科学研究所和浙江中医药大学省针灸神经病学研究重点实验室，了解浙江省医疗卫生发展和医学研究进展。双方表达了通过进修交流项目、学术交流等形式，开展中医、神经科学、肾脏科学、肝胆胰外科学和护理等方面的联合研究，进一步加强格勒诺布尔教学医院与浙江省的医学交流。

**【第二次援助布基纳法索“光明行”活动开启】** 12月7日至23日，温州医科大学附属眼视光医院组建10人医疗队，前往布基纳法索开展“光明行”活动。医疗队在该国的8个手术工作日中，共实施了250例白内障手术，超额完成预期手术任务。这是中国与布基纳法索2018年复交以来，中国政府第二次派出医疗工作组赴布基纳法索开展“光明行”活动。

**【中医药海外中心建设杭州研讨会】** 12月20日在浙江中医药大学附属第三医院举行。白俄罗斯明斯克州卫生厅副厅长维什尼亚维斯基·米哈伊、明斯克州地区医院院长亚历山大·林科维奇等一行五人参加研讨，国家中医药管理局、省卫生健康委、省中医药管理局等同志出席会议。会上，罗马尼亚、以色列、白俄罗斯三国中医药海外中心承建单位，分别汇报了中心的建设情况。与会药企代表介绍了中国中药提取物研究进展，并作海外市场前景分析，与会专家就中医药在白俄罗斯立法、中药提取物如何进入白方市场、双方合作的病种领域等问题进行了深入探讨。研讨会举办了中医药“一带一路”学术讲座，明斯克州地区医院院长亚历山大·林科维奇和风湿科主治医师卡蒂亚琳娜·克利亚乌索娃分别带来了题为《麻醉学科在明斯克州地区医院的发展》和《白俄罗斯强直性脊柱炎临床治疗路径》的讲座。浙江中医药大学附属第三医院曾派驻白俄罗斯明斯克地区医院医生李增图向与会人员介绍“中国—白俄罗斯中医药中心”盐浴、水蛭放血等特色技术，分享自己在白俄罗斯的见闻与体会，勉励青年中医师要重基础、多临证、善思辨，促进中西医学交融共进。

**【日本静冈县立综合医院代表团访问省卫生健康委】** 12月27日，日本静冈县立医院机构理事长兼院长田中一成率静冈县立综合医院代表团访问省卫生健康委，省卫生健康委一级巡视员苏长聪与代表团进行交流会谈。苏长聪指出，中日韩三国领导人近期聚焦人口老龄化课题，发布《中日韩积极健康老龄化合作联合宣言》，促进浙江省与静冈县在医疗卫生领域的合作更有意义。田中理事长表示，浙江省与静冈县在中日友好交往中一直占据独特的重要地位，希望与浙江共同努力，把两省县在医疗领域的合作打造成双方友好交流的典范。代表团向省人民医院国合办副主任傅健等8名参与浙江—静冈医学友好交流工作的浙江省医院代表颁发了感谢信，以感谢他们在对静冈交流项目中做出的贡献。代表团还访问了浙江大学医学院附属邵逸夫医院，并参加了浙江省人民医院建院35周年庆典。

**【临床医疗技术国际交流项目】** 2019年，省卫生健康委通过临床专业技术国际交流项目，共组织派遣153名临床医务骨干出国进修，其中赴英国78人、美国38人、德国27人、法国9人、日本1人。该项目通过选派浙江省中青年医学骨干赴国外进修交流，从临床技术、管理理念、科研学术、人文关怀等多方面促进浙江省医疗卫生事业接轨国际，为浙江省打造“医学高峰”培养储备人才。

（麻欢萍）

# 省广电局

**【概况】** 2019年，省广电局围绕省委、省政府中心工作，服务国家外交大局，积极搭建平台、落实政策、完善服务、拉动贸易，全面推进全省广播电视“走出去”，大力推动“一带一路”影视国际交流枢纽建设，对外交流合作取得重大成果。全年组织因公出国(境)团组5批22人次，接待国(境)外团组1批80人次，来自阿拉伯14个国家。

**【浙江广电代表团访问德国和匈牙利】** 9月6日至13日，省广电局组织浙江广电代表团一行4人访问德国和匈牙利。在德国，代表团参加柏林国际广电技术设备展，走访德国工商会、柏林勃兰登堡电视台等，洽谈广播电视内容创作、5G和超高清技术应用、广电人才培养等合作事宜。在匈牙利，代表团拜访凯奇凯梅特动画节组委会、当地主要动漫影视企业，就中国国际动漫节和浙江动漫作品进行海外推广。

**【浙江广电代表团访问俄罗斯和芬兰】** 9月13日至20日，省广电局局长张伟斌率浙江广电代表团一行4人访问俄罗斯和芬兰。在俄罗斯，代表团走访俄罗斯瑞奇集团、俄罗斯动漫协会、俄罗斯前苏联联盟动画厂等机构，就浙江与俄罗斯动画产业合作进行洽谈。在芬兰，代表团与芬兰广播电视台合作举办“美丽浙江电视周”展播活动，集中展播浙江广电集团《良渚》《小镇故事》两部纪录片。代表团还拜访芬兰坦佩雷短片节组委会，洽谈组织浙江省作品参加短片节事宜。

**【省广电局代表团参加荷兰广电展】** 9月13日至18日，省广电局代表团赴荷兰参加广播电视影视设备展览会，代表浙江参加由国务院新闻办、国家广电总局主办的“中国联合展台”主题活动。

**【组团参加法国戛纳秋季电视节】** 10月13日至18日，省广电局组织浙江广电代表团访问法国，参加戛纳秋季电视节。电视节期间，浙江广电代表团设立“浙江联合展台”并组织专场推介会，集中展示浙产影视作品和影视企业风采，内容涵盖电视剧、纪录片、动画、综艺节目等。展会期间，浙江代表团与120多家国际影视企业进行洽谈。

**【第四届中阿广播电视合作论坛】** 10月16日至18日在杭州举行。中共中央总书记、国家主席习近平发来贺信，中共中央政治局委员、中宣部部长黄坤明在大会上宣读习近平的贺信并作主旨讲话。省委书记、省人大常委会主任车俊出席开幕式。中宣部副部长、国家广播电视总局局长聂辰席主持大会。省委副书记、省长袁家军，阿尔及利亚新闻部部长哈桑·拉贝西，阿拉伯国家联盟驻华大使马哈穆德·艾勒艾敏致辞。中国和阿拉伯国家300余名代表参会。其中，阿方代表共80余名（部级官员8名），来自14个阿拉伯国家广播电视政府部门、广播电视和网络视听媒体机构，以及阿拉伯国家联盟、阿拉伯国家广播联盟等国际组织，阿拉伯国家驻华使馆等。围绕“深化合作传播，繁荣内容创作”的主题，代表们就广播电视政策交流、内容创作与视听传播、能力建设与产业发展等3个专题进行研讨交流。会上讨论通过《第四届中国—阿拉伯国家广播电视合作论坛杭州宣言》，中阿双方签署10项合作文件，其中浙江省与阿方签署协议5项，占总数的一半。

**【浙江广电代表团访问巴西和秘鲁】** 12月12日至19日，省广电局代表团一行 4 人访问巴西和秘鲁。在巴西,代表团与圣保罗劳动者电视台合作举办“美丽浙江电视周”展播活动,并走访里约州立电视台、里约州纪录片制片厂等广电机构,洽谈广播电视合作事宜。在秘鲁，代表团走访阿克斯电视台、电视节目拍摄基地,并与当地华人华侨代表座谈,就浙江电视节目进入南美市场进行调研。

(马　盈)

# 省体育局

【概况】 2019年，省体育局共接待来自4个国家和地区的各类访问交流等团组9批62人次。全年派出因公出国(境)团组169批425人次，分别赴37个国家和地区参加体育比赛、训练或交流访问活动。

【IBSF国际雪车联合会世界青年锦标赛中获冠军】 2月3日，在德国举行的2019年IBSF国际雪车联合会世界青年锦标赛中，浙江运动员吴志涛与队友孙楷智、吴清泽、刘蔚获得男子四人车U23级别冠军。这也是中国小将首次获得该项目世青赛金牌。

【第41届射箭亚洲杯比赛中获得金牌】 3月26日至30日，在泰国举行的2019年第41届射箭亚洲杯比赛中，浙江运动员郑怡钗获得女子个人冠军，并与队友一起获得女子团体冠军。

【亚洲举重锦标赛获金牌并破世界纪录】 4月17日至29日，2019年亚洲举重锦标赛在宁波市举行，共有来自中国、日本、韩国、印度、伊朗、朝鲜等29个国家和地区467人参加。浙江运动员石智勇在男子73公斤级A组比赛中包揽3枚金牌，并连破2项世界纪录。

【国际射击联合会世界杯(北京站)比赛获冠军】 4月26日，在北京射击馆举行的2019国际射击联合会世界杯(北京站)比赛中，浙江运动员林俊敏在男子25米手枪速射项目上夺得冠军。

【赛艇世界杯（第一站）比赛获冠军】 5月11日，在保加利亚普罗夫迪夫举行的赛艇世界杯（第一站)比赛中，浙江省赛艇轻量级运动员潘旦旦与搭档吴强（跨省组合)在2000米女子轻量级双人双桨比赛中，以7分23秒的成绩夺冠。

【射击世界杯（德国站）比赛获冠军】 5月26日至30日，在德国慕尼黑举行的2019年射击世界杯(德国站)比赛中，浙江运动员赵中豪在男子50米步枪三种姿势比赛中以资格赛1181环的成绩挺进决赛，最终以461.8环的成绩夺得冠军。

【皮划艇世界杯(第二站)比赛获冠军】 6月2日，在德国杜伊斯堡举行的2019年皮划艇世界杯（第二站)比赛中，中国队以4金2银2铜的成绩收官。其中，浙江省运动员邢松与广东队李强(跨省组合)以1分38秒66的成绩获得男子500米双人划艇冠军。

【在第十八届世界游泳锦标赛中摘金夺银】 7月12日至28日，在韩国光州举行的2019世界游泳锦标赛中，中国代表队获得3金2银2铜，其中，浙江籍运动员包揽所有金、银牌，孙杨获得男子400米自由泳、200米自由泳2枚金牌;徐嘉余获得100米仰泳金牌;叶诗文获得200米混合泳、400米混合泳2枚银牌。

【在2019年世界青年赛艇锦标赛中摘金夺银】 8月11日，在日本东京举行2019年世界青年赛艇锦标赛中，浙江运动员获得1金2银的成绩，其中孙铭霞获得女子八人单桨冠军、林美炫获得四人单桨亚军、闻嘉奕获得双人单桨亚军。

【第25届世界羽毛球锦标赛中获冠军】 8月19日至25日，在瑞士巴塞尔举行的2019年第25届世界羽毛球锦标赛中，郑思维、黄雅琼以2:0的比分战胜泰国组合德差波、沙西丽，为中国队赢得了本届世锦赛上唯一的金牌。

**【世界赛艇锦标赛获冠军】** 8月25日至9月1日，在奥地利举行的2019年世界锦标赛暨2020东京奥运会资格赛中，浙江运动员陈森森与队友曾涛、吕凡普、张志远（跨省组合）以5分53秒63的成绩获得男子轻量级四人双桨项目冠军，为中国赛艇队拿下首金。

**【国际射联世界杯（巴西站）比赛获冠军】** 8月31日，在巴西里约热内卢举行的2019年国际射联世界杯（巴西站）比赛中，浙江运动员余浩楠在男子10米气步枪项目决赛上，以252.8环打破世界纪录的成绩获得世界杯冠军。

**【浙江与捷克共和国签署谅解备忘录】** 9月2日，浙江省体育局与捷克共和国体育联盟在杭州签署谅解备忘录。省体育局党组书记、局长郑瑶主持仪式并致辞。捷克共和国外交部国务秘书 Miloslav STAŠEK、捷克共和国驻上海总领事理查德·卡尔帕奇、捷克体育联盟主席 Miroslav JANSTA 出席签约仪式。双方以在冰雪运动、足球、航空运动进行广泛交流和互动（包括足球与冰球的青训，冬季项目的训练，冰雪运动商业投资等多方面开展合作），并以此促进政府部门、专业机构和体育人才等各层次互访交流为主旨签署谅解备忘录。

**【世界举重锦标赛获冠军并破世界纪录】** 9月16日至21日，在泰国芭提雅举行的2019年世界举重锦标赛中，浙江选手石智勇获得73公斤级抓举、挺举、总成绩3项冠军，并打破由他本人保持的挺举和总成绩2项世界纪录。

**【首届“一带一路”国家间群众体育交流赛】** 10月13日至20日在温州举行。来自俄罗斯、英国、瑞士、以色列等9个“一带一路”沿线国家的国外选手约90人，国内选手约70人参赛。该比赛设游泳、网球、五人制室内足球、沙滩足球等项目，旨在促进温州与“一带一路”沿线国家的群众体育交流与合作。

**【ICF皮划艇马拉松世界锦标赛暨亚洲锦标赛】** 10月13日至20日在绍兴举行。来自54个国家和地区的900多位运动员、教练员和裁判员参赛，这是绍兴市体育史上最高规格的一次国际性赛事。

**【第33届杭州马拉松赛】** 11月3日在杭州举行。本届赛事延续“跑过风景跑过你”的主题，共有约3.6万人参加马拉松、半程马拉松、小马拉松、家庭跑和情侣跑共五个项目的比赛。来自巴林的男子选手林泰和来自肯尼亚的女子选手阿格妮丝·杰鲁托·巴索西奥分别以2小时10分05秒和2小时25分20秒的成绩获得男子组和女子组马拉松全程的冠军。

**【在奥林匹克希望杯比赛中获得金牌】** 11月28日至30日，在捷克利贝雷茨举行的2019年奥林匹克希望杯体操比赛中，浙江运动员陈妍菲在自己国际赛场的首秀中发挥出色，先后拿下了女子团体、全能、跳马、平衡木4枚金牌。

**【世界羽联巡回赛总决赛中获冠军】** 12月15日，在广州举行的2019世界羽联巡回赛总决赛中，浙江运动员陈雨菲以总比分2:1的成绩击败世界第一戴资颖，获得冠军。

**【杭州“天猫杯”国际网球大师赛】** 12月27日至29日在杭州举行。期间，省体育局局长郑瑶会见了瑞士著名网球运动员罗杰·费德勒一行。

（王　周）

# 省林业局

**【概况】** 2019年，省林业局全年组织出访团组3批16人次。

**【省林业代表团访问英国和瑞典】** 4月14日至21日，省林业局副局长级领导陈跃芳率浙江林业代表团一行4人访问英国和瑞典。代表团分别与相关政府组织、林业部门、大学、植物研究所等机构负责人、专家教授，就林业生态建设、近自然经营、森林可持续发展、城市绿化、湿地保护等进行交流与合作洽谈。代表团重点介绍中国义乌国际森林产品博览会和2019北京世界园艺博览会有关情况，并向两国有关部门发出邀请。

**【省林业代表团访问美国和墨西哥】** 9月18日至25日，省林业局副局长陆献峰率浙江林业代表团一行6人访问美国和墨西哥。代表团分别与相关政府组织、林业部门、林业协会、企业、自然保护地等机构与单位负责人、专家，就林业生态建设、自然保护地管理、生物多样性保护、林业产业发展、木材加工等内容开展了深入的探讨与交流，获得可借鉴的启示与经验。

**【"一带一路"林业产业可持续发展部长级研讨班】** 9月20日在杭州举行。国家林业和草原局副局长彭有冬、中国林科院院长刘世荣、省林业局副局长李永胜出席开班仪式，来自印度、巴基斯坦、泰国 、缅甸、乌克兰、南苏丹、北马其顿、古巴、坦桑尼亚等国家的23位高级官员和专家，国家林业和草原局有关司局负责人共计50人参加研讨班。研讨班就中国林业发展战略、中国林业产业发展、中国人工林资源管理的动态和趋势、中国林业"走出去"案例等内容进行了深入交流和讲解。

**【北京世园会上浙江园、浙江展区分别获大奖】** 10月8日，北京世园会举行颁奖典礼。浙江园、浙江展区分别获得"中华展园大奖""中国省区市展区大奖"，最高大奖数量并列全国第一。省林业局局长胡侠作为省(区、市)参展代表在颁奖仪式上发言。

**【国家公园建设与管理国际研讨会】** 10月17日在浙江开化举办。本次研讨会由国家林业和草原局国家公园管理办公室、省林业局主办。国家公园管理办公室副主任唐芳林，省林业局局长胡侠，省林业局副局长、钱江源国家公园管理局党组书记王章明，中国科学院植物研究所研究员、IUCN亚洲区委员会主席马克平等出席开幕式。来自美国、俄罗斯、不丹、坦桑尼亚等国家和世界自然保护联盟、世界自然基金会等国际组织相关专家学者，10 个国家公园体制试点区，浙江省省级以上自然保护区管理机构共计120余人参加会议。与会专家围绕国家公园建设的国内外经验、国家公园发展与管理、跨区保护和社区参与等主题进行了探讨。

**【第12届中国义乌国际森林产品博览会】** 11月1日至4日在义乌举行。本届森博会主题为"合理利用林草资源，共建共享美好生活"。展会设国际标准展位3662个，来自32个国家与地区的1696家企业参展，展览面积8.5万平方米。澳大利亚、德国、日本、美国、法国等64个国家和地区的境外客商到会采购。专业采购团队32个，其中境外采购团队12个，累计到会客商27.56万人次，实现成交额51.67亿元。

**【省林业代表团访问巴西和阿根廷】** 12月5日至13日，省林业局二级巡视员骆文坚率浙江省林业代表团一行6人访问巴西和阿根廷。代表团分别与相关政府组织、林业部门和公司企业、自然保护地管理机构、生态农庄负责人及有关专家，就林业管理、森林资源培育和保护、森林经营、天然林和生物多样性保护、林业产业、种苗培育及城市森林管理等项目，开展了深入的交流。代表团与巴西里约州农业协会达成了参加13届义乌国际森林博览会的合作意向，并分别与两国有关机构商讨林业企业和林产品投资合作事宜。

（梁海超）

# 省总工会

**【概况】** 2019年省总工会接待来自30个国(境)外的工会代表团14批115人次。组织出访国(境)外3批18人次,访问6个国家。派遣1人参加全总代表团,随访1个国家。

**【葡萄牙塞杜瓦尔总工会代表团访问省总工会】** 1月6日至9日,葡萄牙塞杜瓦尔总工会第8次友好访问代表团一行3人访问省总工会。省总工会党组书记、副主席张才方,副主席董建伟、周小兵会见代表团一行,董建伟向外宾介绍了浙江省经济与社会发展情况和工会工作情况,双方进行座谈交流。在浙期间,代表团参观了省职工服务中心、宁波北仑港,并与宁波市总工会、宁波舟山港股份有限公司工会进行交流。

**【新加坡联合会代表团访问省总工会】** 3月5日至8日,省总工会副主席董建伟会见新加坡食品饮料暨同行业工友联合会代表团一行3人,向代表团介绍浙江省经济与社会发展情况,以及浙江省总工会当前工作重点,双方进行座谈交流。在浙期间,代表团参访了阿里未来酒店、杭州玫隆食品有限公司。

**【埃及全国铁路工会代表团访问省总工会】** 3月13日至15日,埃及全国铁路工会代表团一行6人访问浙江。省总工会副主席董建伟、省总工会经审会主任陆佩军会见代表团一行,董建伟向外宾介绍了浙江省经济发展情况、省总工会当前工作重点及开展工会工作等方面的情况和经验,双方进行座谈交流。在浙期间,代表团参观了杭州东站、中国铁路上海局集团有限公司杭州铁路办事处工会,并进行交流。

**【挪威工业和能源工会代表团访问省总工会】** 4月1日至3日,省总工会副主席董建伟会见挪威工业和能源工会代表团一行2人,向代表团介绍浙江省经济情况和工会工作情况,并就完善双方友好交流协议进行了磋商。在浙期间,代表团参观了省能源集团公司并与集团工会进行了交流。

**【俄罗斯伏尔加格勒州工会代表团访问省总工会】** 4月14日至17日,俄罗斯伏尔加格勒州工会主席艮塞·达契亚娜·尼格拉耶夫娜率代表团一行5人访问省总工会。省人大常委会副主任、省总工会主席史济锡,省总工会党组书记、副主席张才方会见代表团。张才方向代表团介绍了浙江省经济与社会发展情况和工会工作情况,双方进行座谈交流。在浙期间,代表团参观考察了海宁中国皮革城、敏惠集团,并与嘉兴市总工会进行交流。

**【韩国庆尚南道本部代表团访问省总工会】** 5月28日至30日,韩国劳动组合总联盟庆尚南道本部代表团一行10人访问省总工会。省总工会党组书记、副主席张才方,省总工会副主席董建伟会见代表团,董建伟向代表团介绍浙江省经济社会发展和工会工作情况,双方进行座谈交流。在浙期间,代表团参观杭州市总工会职工服务中心。

**【省总工会代表团访问葡萄牙和越南】** 10月16日至23日,以省总工会副主席张卫华为团长的浙江省总工会代表团一行6人赴葡萄牙和越南进行了交流访问。访问期间,代表团与塞杜瓦尔总工会、葡萄牙全国教师工会、越南北宁省劳联、岘港市劳联等组织进行了座谈交流,参观了大众汽车在葡萄牙的工厂、鸿海科技集团在越南北宁省的工厂等,并代表浙江省总工会与越南北宁省劳联签订了友好交流协议。

**【省总工会代表团访问挪威和丹麦】** 10月21日至28日，省总工会党组书记、副主席张才方率浙江省总工会代表团一行6人访问挪威和丹麦。代表团与挪威全国总工会、挪威工业和能源工会、丹麦工业职工中央工会等组织进行了座谈交流，参观了埃肯碳素公司、斯托姆伯格制衣公司、GE医药公司、哥本哈根大学、哥本哈根信息技术大学、哈维德夫医院等，并与挪威工业和能源工会续签了友好交流协议。

**【非洲工会领导人代表团访问省总工会】** 11月12日至15日，应中华全国总工会邀请，非洲工会领导人代表团一行27人访问浙江。省人大常委会副主任、省总工会主席史济锡，省总工会党组书记、副主席张才方，省总工会副主席董建伟，省总工会经审会主任陆佩军会见代表团一行。史济锡向代表团介绍浙江省经济与社会发展情况和工会工作情况。在浙期间，代表团参观义乌商贸城、参访杭州海兴电力科技股份有限公司并进行座谈交流。

**【日本福井县联合会代表团访问省总工会】** 12月9日至12日，以林宪治副会长为团长的日本劳动组合总联合会福井县联合会代表团一行5人访问省总工会。省总工会党组书记、副主席张才方，省总工会副主席董建伟，省总工会经审会主任陆佩军会见代表团一行，董建伟向代表团介绍浙江省经济与社会发展情况和工会工作情况，双方并进行座谈交流。在浙期间，代表团参观省职工服务中心，参访嘉兴市总工会及东海橡塑（嘉兴）有限公司并进行座谈交流。

**【省总工会代表团访问古巴和美国】** 12月11日至19日，省总工会副主席周小兵率浙江省总工会代表团一行6人访问古巴和美国。代表团与美国服务雇员国际工会、美国服务雇员国际工会所属纽约分工会SEIU1199、古巴工人中央工会、古巴马坦萨斯省总工会、雅基格兰德市工会等组织进行了座谈交流，参观了美国服务雇员国际工会所属纽约分工会SEIU1199工作本部、古巴马坦萨斯省罗亚尔顿酒店、朗姆酒工厂和水果种植加工厂。

**表2 2019年省总工会接待的其他部分访浙团组情况**

| 序号 | 团组名称 | 人数 | 来访时间 | 访问目的 | 团长 | 接待领导 |
|---|---|---|---|---|---|---|
| 1 | 挪威食品行业工会代表团 | 3 | 5月21日—23日 | 参观访问 | 杨艾基·列克斯登·彼得森 | |
| 2 | 新加坡海员工会联合代表团 | 2 | 6月24日—28日 | 参观访问 | 陈庆辉 | 张卫华 |
| 3 | 埃及公用事业工会代表团 | 6 | 6月29日—30日 | 参观访问 | 希沙姆·艾哈迈德·福阿德·艾哈迈德 | |
| 4 | 韩国蔚山劳总代表团 | 5 | 12月12日—13日 | 参观访问 | 金泰权 | 张才方 |

（胡　楠）

# 团省委

【概况】 2019年，团省委应邀组织10批43人次，出访俄罗斯、捷克、波兰、英国、日本、新加坡、印度等国家和地区进行交流访问。接待来自柬埔寨、日本、新加坡、阿尔巴尼亚、保加利亚、克罗地亚、捷克、希腊、匈牙利、波兰、塞尔维亚等国家和地区的青年代表团10批282人次。

【浙江省青联代表团访问澳门】 3月29日至31日，浙江省青联代表团一行2人访问澳门。代表团在澳门大学参加了澳门“千人计划”对接工作会议，出席了2019年“千人汇”汇员大会暨与特首真情面对面活动。

【柬埔寨青年技术人员培训研学活动】 4月21日至27日在杭州举办。来自柬埔寨的20位青年代表学员完成了有关5G技术应用及建设情况、云计算和大数据背景下的智慧城市建设、大互联和网络信息安全建设发展、企业上云、政府互联网加服务以及数字经济在浙江等内容的研学计划。24日，团省委副书记、省青联副主席王慧琳会见了代表团领队、柬埔寨旅游部司长聂尚谋。

【日本创价学会先遣团访问浙江】 5月17日，日本创价学会男子国际部副部长川边幸一率创价学会访浙先遣团一行3人访问浙江。代表团与团省委、省青联就2019年8月组团访问浙江进行商谈。

【日本静冈县教委先遣团访问浙江】 5月23日，日本静冈县教育委员会社会教育课班长野田孝幸率静冈县访浙先遣团一行3人访问浙江。代表团与团省委、省青联就2019年下半年双方组团互访进行了商谈。

【随省委宣传部代表团访问香港】 6月3日至5日，团省委派员随省委宣传部代表团访问香港。代表团就2019年浙港青年企业家论坛筹备工作与香港《经济日报》、凤凰卫视进行了方案的沟通与细化，拜访了中联办并商讨论坛嘉宾邀约及合作细节。代表团走访集古斋，了解西泠印社项目运作进展情况。

【随中国青年代表团访问俄罗斯】 6月3日至10日，团省委派员随中国青年代表团访问俄罗斯，俄罗斯青年联盟主席接待了代表团。代表团访问俄罗斯经济大学，与青年学生进行互动交流。考察了格林伍德国际贸易中心，参加了青年创业圆桌会议，并与中心党团工作负责人及业务骨干座谈交流。在斯塔夫罗波尔，代表团出席了第三届金砖上合国家“大学生之春”国际艺术节开幕式，俄罗斯总统普京的特别代表致欢迎辞。代表团还参加第一届金砖国家和上合组织教育论坛，围绕青年的战略地位及青年工作的合作交流、未来教育的趋势和前景等主题开展演讲和互动交流，考察俄罗斯青年的创业项目高加索矿泉水疗养区，了解当地青年的创业方向和政策。

【香港未来之星大学生暑期到浙江实习】 6月17日至7月12日，团省委、省青联承接由团中央、全国青联、香港中联办、香港未来之星同学会联合实施的2019香港未来之星大学生暑期内地实习活动，来自香港恒生大学、香港城市大学、香港城市大学、香港公开大学、香港中文大学、香港树仁大学、香港浸会大学、英国曼彻斯特大学等8所高校的25名大学生到浙江实习。浙江省内各行业13家单位为香港大学生提供专业对口的实习岗位。6月17日，团省委、省青联举办香港大学生暑期实习活动欢迎会，团省委副书记、省青联主席王慧琳，香港特区政府驻浙江联络处主任廖凤娴，香港大公文汇传媒集团副总经理、未来之星同学会副主席姜增和等共同出席。

**【新加坡全国青年理事会代表团访问浙江】** 6月25日至26日，新加坡全国青年理事会副主席沈颖率新加坡全国青年理事会代表团一行15人访问浙江。代表团参加浙江-新加坡经贸理事会第十四次全体会议并签署合作谅解备忘录，参观人工智能小镇并与青年代表座谈交流。26日，团省委副书记、省青联主席王慧琳会见代表团，新加坡全国青年理事会行政总裁蔡大伟、新加坡驻上海总领事馆总领事罗德伟出席。

**【第三届"未来之桥"中国—中东欧青年研修交流营】** 7月4日至10日在浙江举行，来自中东欧15+1个国家的各界青年代表78人应邀在宁波、义乌两地进行友好访问。来自各国的青年代表围绕青年创业创新、经贸、教育、体育、科技创新、人文交流等议题发表主旨演讲，考察了宁波汽车制造业、宁波舟山港、天一阁博物馆、中国港口博物馆、义乌国际商贸城、义乌铁路口岸、义乌国际邮件互换局，举行了《浙江省青年联合会和匈牙利匈中友好协会合作谅解备忘录》签约仪式。团中央书记处书记李柯勇、团中央国际联络部部长董霞、团省委书记朱林森、团省委副书记王慧琳出席活动。

**【浙江省青年代表团访问捷克和波兰】** 7月22日至29日，团省委党组成员、组织部部长盛乐率浙江省青年代表团一行6人访问捷克和波兰。

在捷克，代表团拜会捷克中国友好合作协会执行副主席彼得、刘洁磊、李梦，双方就捷克和浙江在经贸、文化、青年间的友好合作进行交流。代表团拜访了中东欧经济研究所副所长亚当·菲莱斯，参观查理大学，拜会捷克青田同乡会，与在捷青年浙商进行座谈交流，考察皮尔森啤酒厂和"一带一路"捷克站物流园—欧洲华捷发展有限公司。

在波兰，代表团拜会了中波交流发展基金会负责人魏琰，就经济、科技、文化等领域的合作进行座谈交流。代表团还访问沃斯集团、海康威视波兰有限责任公司等。

**【日本静冈县青年代表团访问浙江】** 8月7日至12日，日本静冈县日中友好协会理事长栗原绩率静冈县青年代表团一行30人访问浙江。代表团参观考察了萧山空港物流公司、浙江讯飞智能科技有限公司、方回春堂、浙江音乐学院、阿里巴巴集团，并与浙江青年一对一结对开展家访民宿、体验市民生活开展交流。11日，团省委举行了"浙江—静冈青年联欢会"，团省委副书记、省青联主席王慧琳，浙江大学医学院附属第一医院党委书记、省青联副主席顾国煜等出席。

**【日本创价学会青年代表团访问浙江】** 8月27日至30日，以创价学会全国青年部部长竹冈光城为团长的日本创价学会青年代表团一行45人访问浙江。代表团参观了中国茶叶博物馆、全国首批双创示范基地、众创空间—梦想小镇、绍兴文理学院、周恩来纪念馆、鲁迅故里，参加分别以青年创新创业、青年志愿服务、池田大作的青年思想、政党青年组织基层建设为主题的座谈交流，与杭州、绍兴等地青年代表开展交流研讨活动。29日，团省委党组成员、组织部部长盛乐会见代表团。

**【浙江省青联代表团访问香港】** 9月2日至4日，浙江卫视新闻中心主持人、省青联副主席席文率浙江省青联代表团一行2人访问香港。代表团看望在港浙江省青联委员，并出席庆祝中华人民共和国成立七十周年暨香港青年联会第二十七届会庆及会董会就职典礼。中央驻港机构、特区政府、政商各界嘉宾、全国及各省市青联代表及港澳台青年团体领袖参加活动，共同见证香港青年联会主席杨全盛等会董会成员就职。代表团还参加了中联办举行的早餐会，中央驻港联络办公室副主任陈冬、全国青联秘书长刘爱平出席。

**【率中国青年代表团赴英国培训】** 9月8日至21日，受团中央派遣，以浙江团省委书记朱林森为团长的中国青年代表团一行15人，赴英国参加第二期中国青年创新和领导力培训。在英期间，代表团在科技创新、产业转型、青年工作等方面进行了专题学习，并在牛津大学圣约翰学院进行授课培训交流。在伦敦拜会各界人士和机构，听取多位教授讲英国的历史、经济、政治等，并拜访中国银行伦敦分行、复星国际、英中贸易协会、英国中国商会等中资企业和协会，了解中英经贸关系和中资企业在英发展情况。

**【随调研考察团赴澳门考察】** 10月21日至22日，省团校副校长、省青年研究会副会长兼秘书长随“2019年粤港澳大湾区青年工作和青年政策”专题调研考察团赴澳门考察。代表团考察了澳门中华新青年协会、澳门教育暨青年局、澳门城市大学人文社会科学学院。

**【浙江青年友好代表团访问日本】** 10月25日至11月8日，团省委副书记、省青联主席王慧琳率浙江青年友好代表团一行22人访问日本。静冈县副知事吉林章仁、静冈县议会议员田野一、静冈县教育委员会教育长木苗直秀和静冈县日中友好协会会长栗原绩会见代表团，并举办有日方青年代表参加的晚宴欢迎代表团一行。代表团在静冈参观考察了茶之都博物馆、私立常叶大学和现代农业企业AIOPARK、舞洲垃圾焚烧发电厂、大阪科学技术馆、东京国立博物馆等。代表团与静冈县青年举行中日青年意见交流座谈会，还与日本青年一对一结对，体验民宿进行交流。代表团还访问了东京、京都和大阪。

**【浙江青年友好代表团访问新加坡】** 11月4日至8日，浙江大学控制科学与工程学院教授，团省委副书记(兼职)、省青年联合会副主席陈积明率浙江省青年代表团一行6人访问新加坡。

代表团拜访了新加坡全国青年理事会，副理事长陈义与代表团进行了座谈交流，考察了非政府青年发展组织斯凯普有限公司、新媒体企业“慈母舰”、凯德集团旗下青年时尚购物中心“福南”和青年公寓酒店LYF、人工智能公司“联手”、新加坡国立大学、社区培训学校“大胆工作室”、新加坡科学园。代表团还出席了新加坡全国青年理事会举办的欢迎晚宴，新加坡全国青年理事会行政总裁蔡大卫、副理事长陈义出席。

**【日本内阁府青年代表团访问浙江】** 11月6日至9日，日本内阁府国立公文书馆公文书管理分析官、前内阁官房统括审议官兼冲绳地域振兴局局长槌谷裕司率内阁府青年代表团一行29人访问浙江。代表团参观考察了滴水公益、杭州艺福堂茶叶有限公司、网易集团、杭州城市规划馆、吉利集团、京杭大运河博物馆、手工艺活态馆。代表团还访问了浙江工业大学，与大学生们围绕青年就业、创业，无现金社会进行了座谈交流。8日，团省委举行了中日青年联欢晚会，团省委副书记、省青联主席王慧琳出席。

**【随中国青年代表团访问印度】** 11月20日至27日，团省委派员参加团中央组织的中国青年代表团访问印度。代表团到访了德里、阿格拉和加尔各答等地，与印度外贸学院、古鲁大学、管理学院、酒店管理学院等高校，非政府青年组织Pravah、甘加拉姆爵士医院等青年组织及其他领域青年代表围绕教育科研、志愿服务、创新创业和务实合作等进行了交流对话。代表团出席了印度青体部的欢迎晚宴和与印度西孟邦消费者事务部潘德部长的会见，中国驻加尔各答总领事馆总领事查立友出席。

**【澳门青年公务员协会代表团访问浙江】** 12月21日至25日，澳门青年公务员协会代表团一行30人访问浙江。代表团参观访问了阿里巴巴集团、云栖小镇、吉利集团、G20杭州国际博览中心。24日，代表团与浙江省青联委员进行了座谈交流、团省委副书记、省青联主席王慧琳出席并宴请了代表团。

（景丽敏）

# 省妇联

【概况】 2019年，省妇联组织4批8人次，分别赴英国、西班牙、葡萄牙、瑞士、沙特等国进行学术交流、访问、培训、参加国际会议等。接待来自日本、德国、韩国等国家妇女代表团4批78人次。承办4期外事研修班，来自40个发展中国家的151名女官员参加研修。

【日本妇女代表团访问省妇联】 1月8日至9日，日本内阁府促进女性活跃特命担当大臣片山皋月率代表团一行20人访问浙江。省妇联主席王文娟、副主席林丹军接待代表团一行。代表团参观智慧餐厅五芳斋文三店、梦想小镇、阿里巴巴九号馆展区、亲橙里盒马，并与阿里巴巴集团总部有关负责人座谈。

【组织省女企业家参加座谈会】 4月22日，省妇联组织34位女企业家参加省外办举行的韩国女性企业家协会忠南世宗分会代表团在杭友好交流座谈会。省妇联兼职副主席、省女企业家协会执行会长屠红燕参加座谈。

【承办多期发展中国家女官员能力建设研修班】 4月24日至28日，省妇女干部学校承办中华女子学院援外学历学位教育项目2017、2018级学员浙江现场教学活动，来自阿尔及利亚、南苏丹等24国共51名女官员参加；10月18日至23日，承办商务部援外项目“2019年埃塞俄比亚女性领导力建设研修班”和“汤加妇女经济能力建设研修班”浙江现场教学活动，两国共43名女官员参加；11月12日至17日，承办商务部援外项目“2019年发展中国家女官员参与社会管理能力建设研修班”浙江现场教学活动，来自埃及、加纳、毛里求斯等13国共30名女官员参加；11月21日至25日，承办中联部援外项目“2019年国外政党女干部培训班”浙江现场教学活动，来自瓦努阿图、格林纳达、蒙古国等13国共27名女官员参加。

【派员赴英国牛津大学进行学术交流】 6月1日至10日，省妇女干部学校校长陈步云赴英国牛津大学进行学术交流。其间，开展“道德教育与学生支持的分析与质量控制”项目研究，参加2019年中英大学校长圆桌会议、首届中英大学生支持与辅导服务研讨会。

【省妇女发展交流团访问西班牙和葡萄牙】 6月16日至23日，省妇联主席王文娟率省妇女就业创业发展交流团一行5人赴西班牙和葡萄牙访问，开展妇女就业创业发展工作交流。

在西班牙，交流团与西班牙依瓜尔达妇女会进行座谈并签订合作备忘录。交流团与中国驻巴赛罗纳总领事林楠会谈，双方就加强女侨胞联络、支持女侨胞发展、保障妇女权益等话题进行交流。交流团还走访加泰罗尼亚华人华侨社团联合总会、西班牙华人华侨联合会等当地华人华侨社团，并与西班牙华人华侨妇女联合会联合举办“旅西妇女助力‘一带一路’交流会。”

在葡萄牙，交流团与葡萄牙女性民主运动协会座谈交流并签署合作备忘录，并参加葡萄牙中华妇女联合总会八周年庆典活动。

【随省委组织部团组赴瑞士专题培训】 9月8日至28日，省妇联副主席陆英随省委组织部团组赴瑞士，参加“2019年赴瑞士绿色美丽经济与大花园建设专题研究班”。

【日本福井县女性代表团访问省妇联】 10月21日，日本福井县女性更生保护联盟会长幸道君子率代表团一行23人来浙江访问，与省妇联进行座谈交流。双方就女性、家庭、儿童的权益保护等问题进行深入交流，省妇联副主席陆英出席座谈会。

**【德国妇女代表团访问浙江】** 11月18日至21日，德国汉斯·赛德尔基金会主席、前巴伐利亚州联邦事务部长乌苏拉·曼勒率德国妇女代表团一行9人访问浙江。11月20日，省委常委、组织部长黄建发会见代表团。全国妇联副主席、书记处书记夏杰，全国妇联联络部部长牟虹，省妇联主席王文娟、副主席林丹军陪同会见。双方还举办“数字时代妇女就业创业”研讨会。代表团一行参观阿里巴巴集团、梦想小镇、信息港小镇、G20峰会主会场杭州国际博览中心，考察伊智汇未来科技城女创客服务中心、数字企业科大讯飞、妇女儿童项目e港丽人等，并就妇女就业创业课题进行交流。

**【随中国妇女代表团赴沙特阿拉伯出席论坛】** 12月17日至21日，省妇联主席王文娟随同全国妇联副主席、书记处书记张晓兰率领的中国妇女代表团一行6人赴沙特阿拉伯首都利雅得出席第三届中国—阿拉伯国家妇女论坛。来自中国和沙特、约旦、阿联酋、巴林、苏丹、索马里、巴勒斯坦、科摩罗、科威特、利比亚、埃及、也门12个阿拉伯国家及阿盟的政商学各界代表约200人出席。论坛围绕“妇女与创新-可持续性未来”主题进行交流研讨，王文娟主席作“妇女与投资”主旨发言。

（高华璐）

# 省 科 协

**【概况】** 2019年，省科协围绕省委省政府与中国科协“共同打造大型国际科技交流品牌”的战略合作要求，积极响应国家共建“一带一路”倡议，全面推进各项外事工作，相继举办2019世界青年科学家峰会、中英智慧城市研讨会、中巴国际科普交流等重大国际科技交流活动。全年组织出访团组6批36人，赴欧洲合作单位及“一带一路”沿线国家进行科技合作交流，派遣6人赴德国医学进修；接待国（境）外来访团组7批133人，接收国外进修生6批16人来杭实习；开展7个国际科普示范项目，受众1495人次，利用国际科普资源为基层社区和学校服务，获得良好社会反响与科普效果。

围绕国家海外人才离岸创新创业基地建设积极开展中国科协海外智力为国服务行动计划，全省建成3家国家海外人才离岸创新创业基地、8家中国科协海智计划浙江工作基地和4家中国科协海智计划示范项目，推进海创联浙江中心、未来技术研究院落地项目在余杭、嘉兴等地对接，积极构建长三角一体化战略下的长三角海创走廊。

全省各地市科协积极开展国际民间科技交流工作。杭州市连续第14年举办海外英才杭州项目对接会，在乌克兰基辅新设海外联络站1家，与中法青年企业家协会、加拿大蒙特利尔中国学者联合会签订人才互访和科技交流合作协议，推动海外人才离岸创新创业基地建设；宁波市举办“海智宁波之旅”活动4期，组织北美中国企业宁波行和清华-伯克利深圳研究院青年专家宁波行活动；温州市与世界青年地球科学家联盟、北欧创新中心、国际青年冶金协会等国际科技组织建立合作，建设世界青年科学家人才地图；嘉兴新建柏林中心海外孵化器，举办“海归学子创新创业座谈会”、葡语国家青创企业嘉兴行等活动。

**【中巴科普联线及科学传播研讨交流活动】** 3月，省科协主办了“科学+”特别活动“中巴科普连线——达芬奇手术”，利用网络技术，将科普活动现场、省人民医院手术室与巴基斯坦拉合尔大学实时视频连线，直播省人民医院张大宏副院长主刀的机器人辅助手术，并全程配以同声传译，实现了主刀医生、现场专家、国内观众与巴基斯坦医学人员的互动交流。活动通过网易进行网上直播，在线观看人数达30万，实现了跨国医学科普交流，获得了全球网友的关注与好评。

5月21日至24日，中国—巴基斯坦科学传播研讨交流活动在杭州举办。中、巴双方就科学普及规范、科学传播创新、科技文化融合等核心内容开展了深入而广泛的交流。活动致力于构建中国—巴基斯坦科学普及协作机制、助推“中巴经济走廊”建设，促进了中国与巴基斯坦两国友好互助情谊和产、学、研的紧密结合。

**【比利时西弗兰德省医学合作团访问浙江】** 3月24日至29日，比利时西弗兰德省政府国际部部长安娜率医学合作团访问浙江，团组成员包括西弗兰德省政府两位官员以及放射、放疗和骨科领域的四位主任。合作团为浙江省内医院作专题讲座、开展病例讨论，并对各医院选派的医生进行面试，遴选前往比利时进修的人员。在浙期间，合作团还参观了浙医二院、省肿瘤医院、萧山人民第一医院、宁波第一人民医院和宁波第二人民医院。

**【加拿大驻上海总领事馆领事访问省科技馆】** 5月15日，加拿大驻上海总领事馆领事、文化产业商务专员马克一行3人来到浙江省科技馆参观访问，就中加科技文化合作进行座谈交流。浙江省科技馆相关负责人详细介绍了省科技馆的情况，希望马克的此次来访作为双方合作的良好开端，进一步加强中加两国在青少年科技教育、人才交流等方面的往来。马克对省科技馆常设展厅留下了很好的印象，并表示2017年两国交流团互访时已经就科技馆博物馆行业进行了深入沟通，未来期待通过科技馆这个重要的科普窗口增强双方的科技文化交流与合作。

**【中英智慧城市研讨会】** 7月16日至17日在杭州市举行。中国工程院原常务副院长潘云鹤，中国工程院院士钟山、周立伟、陈鲸、吴志强，英国皇家工程院外事秘书大卫·汤姆林森院士、基思·豪威尔斯院士等30余位中英技术专家齐聚杭州，聚焦大规模城市地区的发展，共探智慧城市建设理论和技术应用，共促中外智慧城市建设水平。来自国内外的院士专家、科研人员、政府部门代表及相关企业家等200余人参加会议。

**【2019世界青年科学家（温州）峰会】** 10月26日至27日在浙江温州举行，国家主席习近平向峰会致贺信。全国政协副主席、中国科协主席万钢，中国科协怀进鹏、束为等3位领导，袁家军、黄建发、陈伟俊、高兴夫等4位省领导，4位诺贝尔奖获得者、1位图灵奖获得者、109位海内外院士、来自102个国家、地区和国际组织的800名中外代表参加大会。峰会包括1个开幕式、12项核心子活动、22项延伸活动，专门设立中欧专场活动，由丹麦担任主宾国，外方嘉宾覆盖欧洲16个国家。

峰会促成了一批高端合作和成果落地。共签订高能级创新平台10个、科技创新项目78个、战略合作协议17个；设立世界青年科学家创业园，发布总规模20亿元、一期规模2亿元的世界青年科学家科创基金，包含16个拟投资引进的高层次人才项目；组织发布5个“青年π”圆桌会的多方共识，形成《全球青年科技领袖圆桌会议共识》。分别与丹麦、大学创业世界杯全球组委会、世界青年地球科学家联盟签署了《合作意向书》《合作备忘录》《合作谅解备忘录》等，推进双方深度战略合作，引进了大学创业世界杯2020全球总决赛。

**【开展一带一路国际科技交流】** 为响应国家共建“一带一路”倡议，组织“一带一路”交流团组访问沿线国家，推进相关科技组织与浙江的交流合作。

11月，应乌克兰国家科学院、捷克生命科学大学邀请，省科协组团前往两国访问。围绕浙江省经济社会转型发展的中心任务和创新驱动发展的实际需求，加强与海外有影响力的科技社团和学术机构的联系，主动谋划第二届世界青年科学家峰会海外项目对接，引进海外院士等高端智力，开拓与乌克兰、捷克两国相关的学术机构及研究所的交流合作。

12月，应菲律宾科技基金组织和泰国朱拉蓬皇家学院的邀请，省科协组团访问两国相关单位。就技术合作、科技馆展品设计与交流、高级人才引进等工作进行了广泛深入的交流。推动浙江省通过交流进行技术输出和支持，加快科普服务业辐射“一带一路”国家，通过加强与相关国家科技馆的交流，以联合巡展、展品复制等形式，提高各方科普教育效果。

**【2019国际医学交流合作项目】** 省科协接待国外医学生物学代表团5批88人来杭交流，接待医学进修生6批16人在杭州参加实习；组织4场针对专业人员的医学学术报告会以及2场面对大众的医学科普报告会；协办“中德肾脏病学科学论坛”；先后派遣6名医生赴外攻读博士学位或参加临床医学观摩进修；组织全省三甲医院的骨科、神经外科、影像科、外科等专业10名医生组成2个合作洽谈组团前往德国、比利时访问，并参加比利时放射学术会议。有力推动与欧洲医学合作单位的深入交流与学科共建工作。

（唐一斐）

# 省文联

**【概况】** 2019年，省文联参团出访3批3人次，分别前往加拿大、以色列、约旦、土耳其和日本，执行电视艺术交流、中国曲艺展演和长三角一体化发展专题研究任务。邀请和接待外宾来访3批次。

**【第二届影像西湖艺术现场】** 1月25日在中国美院开幕。美国摄影艺术家秋麦，作为“碧水·丘壑”风景摄影展单元参展艺术家之一受邀参加。本次摄影展围绕“行走·观察”这个主题进行创作、碰撞、突破，为浙江摄影界广大会员和影友，提供了更高、更广的学习平台以及展示机会。

**【丽水巴比松国际研讨会】** 8月21日在丽水举行。意大利卢尼加纳大区市长联合会主席兼奥拉市市长罗伯特·瓦兰蒂尼，前法国经济和财政部新闻和媒体关系办公室主任、法国国家旅游局前秘书长让·路易·巴兰朵，意大利卡拉拉国立美术学院院长马萨里·卢西亚诺，亚洲美术家协会主席、马来西亚森洲艺术协会会长杨六南等国外友人和艺术家，以及中国文联副主席、中国美术学院院长许江，省文联党组书记、副主席陈瑶，中国美协理事、水彩艺委会主任陈坚等国内领导和嘉宾参加主旨论坛。研讨会围绕“你好，巴比松”主题，寻求多元融合的全新模式，以研讨会、论坛为主体，以更加国际化的视野、更加全局性的视角聚焦丽水巴比松。让丽水巴比松与法国巴比松等世界各国的艺术流派进行一场跨越时空与地域的交流，展现了中国特色社会主义文化自信与艺术魅力。

**【TOP20·2019中国当代摄影新锐展】** 10月29日在浙江美术馆开幕。英国策展人凯伦·史密斯受邀出席专家见面会。“TOP20中国当代摄影新锐展”是反映中国摄影风向与思潮的重要平台，也是发现和推出新人新作，提携和推广年轻摄影师的学术品牌。本次活动通过有效的展陈与图录，以及媒体的深度呈现、研讨与传播，呈现出中国当下摄影群体更富活力的面貌，显示出中国摄影更加多元的发展格局。

（俞臻娜）

# 省残联

【概况】 2019 年,省残联接待澳门服务工作者参访团组 1 批 20 人次;直属浙江康复医疗中心接待来自美国、德国、捷克、法国、白俄罗斯的医学访问团组 6 批 25 人次;香港致康基金会参访团组 1 批 4 人次;直属浙江特殊教育职业学院接待日本访问团组 2 批 6 人次。应邀组派浙江省残疾人工作交流团组 2 批 12 人次赴捷克、匈牙利、法国、瑞士交流。派遣浙江特殊教育职业学院教师 1 批 12 人次赴美国培训学习,残疾人康复工作者 1 批 6 人次赴澳门参加康复国际 2019 年亚太区会议,浙江康复医疗中心工作人员 1 人赴英国参加人工耳蜗相关听力学专业培训,优秀残疾人运动员、教练员等 22 批 111 人次随中国残联代表团参加国际残疾人体育赛事。

【浙江省残疾人运动员获国际赛事佳绩】 3 月 11 日至 19 日,在荷兰举行的国际残疾人场地自行车世锦赛上,运动员李樟煜获 C1 级个人计时赛和 C1 级团体竞速赛第一名,C1 级个人追逐赛第二名。

3 月 23 日至 4 月 8 日,在土耳其、阿联酋举行的世界羽联残疾人羽毛球公开赛上,林乃利获 SS6 级双打第二名和第三名。

5 月 31 日至 6 月 11 日,在荷兰举行的残疾人射箭世锦赛上,周佳敏获女子公开级复合弓团体和复合弓混合团体第一名,张天鑫获 W1 级男子复合弓团体第二名和 W1 级男子复合弓混合团体第一名,李记获 W1 级男子复合弓个人第二名和 W1 级男子复合弓团体第二名。

6 月 7 日至 17 日,在泰国举行的坐式排球亚锦赛上,徐增兵、周灿明等 6 名运动员代表中国队参加比赛,获男子组第二名。

6 月 28 日至 7 月 11 日,在美国举行的 IBSA 盲人门球和盲人柔道国际资格赛上,王沙沙、蔡长贵等 10 名运动员代表中国队参加比赛,获女子组第一名,男子组第三名。

7 月 9 日至 22 日,在哈萨克斯坦举行的世界残奥举重锦标赛上,谭玉娇获女子 67 公斤级第一名。

9 月 5 日至 17 日,在英国举行的世界残奥游泳锦标赛上,华栋栋获 S11 级 50 米自由泳第三名,100 米自由泳第一名和 400 米自由泳第三名。蒋裕燕获 S6 级 50 米自由泳和 100 米仰泳第三名,S6 级 100 米自由泳破亚洲纪录,400 米自由泳和 50 米蝶泳破世界纪录。王李超 S5 级 50 米仰泳、50 米蝶泳和男女混合 20 分 4×50 米混合泳接力破世界纪录,男女混合 20 分 4×50 米自由泳接力取得第一名。姚攒参加男女混合 20 分 4×50 米混合泳接力破世界纪录,王杰获 S9 级男子 34 分 4×100 米混合泳接力第三名。

10 月 18 日至 27 日,在泰国举行的残疾人射箭亚锦赛上,周佳敏获女子公开级个人第二名和复合弓团体第一名,张天鑫获 W1 级男子复合弓个人第一名,李记获 W1 级男子复合弓个人第三名。

11 月 11 日至 18 日,在日本举行的世界羽联残疾人羽毛球公开赛上,林乃利获 SS6 级双打第二名。

12 月 3 日至 11 日,在日本举行的 IBSA 盲人门球亚太区锦标赛上,王沙沙、蔡长贵等 10 名运动员代表中国队参加比赛,获女子组第二名,男子组第一名。

【日本静冈县教委代表团访问浙江特殊教育职业学院】 5 月 23 日,日本静冈县教育委员会事务局社会教育课青少年指导班班长野田孝幸、教育主查铃木贵绘、主任漆畑雅人一行 3 人访问浙江特殊教育职业学院。代表团参观专业实训室、图书馆、无障碍电影基地、学生作品展等，观看学生艺术团表演。学院党委书记陈平、院长许保生和相关部门负责人与代表团就特殊教育的合作进行探讨和交流。省政府办公厅静冈福井事务局副局长金国庆、浙江省教育国际交流协会专职副秘书长吕松等陪同考察。

**【康复国际2019年亚太区会议】** 6月25日至29日在澳门举行。省残联兼职副理事长陈作兵率省残联康复工作者一行6人出席大会。澳门特别行政区政府社会文化司司长谭俊荣博士和康复国际主席、中国残联主席张海迪分别作主题演讲。会议以“同心协力、构建融合、人人平等、共享发展”为主题，30多个国家和地区共1000多名政府官员、企业和机构负责人、专家学者等出席会议。与会国际康复专家就老龄化与康复、不同社会背景下的康复进行专题讨论并发言。会后，与会代表参观康复大会辅助器具展览会。

**【浙江省残疾人权益保障工作交流团访问捷克和匈牙利】** 7月7日至14日，浙江省残疾人权益保障工作交流团团长吴一农等一行6人访问捷克和匈牙利，学习考察两国残疾人康复、教育等工作。访问期间，工作交流团拜访了捷克“蓝钥匙”残疾人康复中心、捷克截瘫患者协会、匈牙利布达佩斯残疾人协会和匈牙利残疾人研究中心，与外方各机构负责人就残疾人权益保障工作进行相互交流，并代表浙江省残联与匈牙利布达佩斯残疾人协会签订合作备忘录。

**【残疾人高等职业教育教学方法培训团】** 8月18日至31日，浙江特殊教育职业学院12名骨干教师赴美国培训学习，围绕“残疾人高等职业教育教学方法”开展课堂教学、讲座培训、实地参观等活动。培训期间，团组成员参观考察长滩大学职业发展中心、特殊教育支持中心及高等教育咨询中心等机构，在理论学习的基础上，进一步以实际观感和操作夯实新的职业教育知识、形成新的残疾人培养理念。

**【徒步中国行】** 8月19日，“为友谊行走—2019”，英国人麦克·贝茨勋爵夫妇徒步中国行在杭州启动。本次徒步行走经绍兴、金华、丽水，于9月18日抵达温州，总里程500余公里，募集善款全部用于支持浙江省残疾人事业发展。徒步中国行动结束暨捐赠仪式9月18日在温州举行，省残联理事长蔡国春、省残疾人福利基金会理事长陈玉国、省政协港澳台侨和外事委专职副主任郭东、温州市副市长娄绍光等出席捐赠仪式。麦克·贝茨勋爵现任英国上议院议员、英国女王枢密院顾问官，2009年，贝茨勋爵曾发起“为和平徒步”“为奥林匹克休战徒步”等活动。

**【浙江省残疾人工作交流团访问法国和瑞士】** 11月3日至10日，省残联理事长蔡国春率浙江省残疾人工作交流团一行6人访问法国和瑞士。交流团走访全法自闭症协会集团、法国劳动促扶助中心下属机构、法国自闭症患者国家服务政策办公室，瑞士阳光城基金会和克莱恩·蒙塔纳市政府联盟，参观法国科洛姆巴格斯中心、瑞士阳光城残疾人手工工作坊等残疾人庇护机构，法国加兰德培训中心等残疾人技能培训机构，了解法国、瑞士残疾人保障机制和社会扶助法律、政策和工作机制，两国残疾人服务机构公共产品和公共服务供给情况等。并与法国国家高等社会保障学院，就推进双方在残疾人社会保障领域开展学术研讨培训、工作互访交流等议题交换意见，达成初步合作意向，为深化残疾人工作交流合作奠定良好基础。

**【白俄罗斯医疗卫生代表团访问浙江康复医疗中心】** 12月18日，白俄罗斯明斯克地区医疗保健理事会副主任米哈伊尔·维什尼亚维斯基、明斯克地区医院院长亚历山大·林克维奇等一行5人访问浙江康复医疗中心。代表团重点参观中医诊疗康复科室开展的中医体质辨识、针灸、推拿、拔罐等中医传统疗法，听取“未病先防、既病防变、防治结合”中医康复理念介绍，并就中西医结合康复工作进行探讨交流。浙江康复医疗中心执行院长高宏、顾问陈健尔教授及有关负责人接待来访。

（朱秀芳）

# 省贸促会

**【概况】** 2019年，省贸促会共组织工商界人士团组出访国（境）外41批，489人次，接待国际经济组织、境外商协会、驻华使（领）馆等来访团组332批，2625人次；促成中外合作投资项目62个，合同金额约28.1亿元；与境外对口机构新建立合作关系55家，全省共有友好合作机构443家；新设海外联络处23家，海外联络机构80家。

**【印度尼西亚商务代表团访问省贸促会】** 1月4日，省贸促会副会长张青山会见印度尼西亚印中商务理事会常务副理事长许再山一行，听取了代表团就宝光保税物流中心的项目规划和筹备工作进展情况介绍，双方表示将进一步推进企业间的经贸交流。

**【召开驻海外浙商代表座谈会】** 1月29日，省贸促会召开驻外联络处首席代表暨海外浙商座谈会，省贸促会会长陈宗尧会见部分驻外联络处及海外浙商代表，鼓励代表积极参与“一带一路”建设，在双边经贸往来中继续发挥桥梁纽带作用，为全省对外开放作出更大贡献。

**【韩国全罗南道政府中国代表处访问省贸促会】** 2月13日，省贸促会副会长张青山会见韩国全罗南道政府中国代表处部长倪剑，并相互介绍了全罗南道政府组织经贸合作洽谈团访问浙江省，省贸促会组团赴韩国忠清北道及全罗南道开展贸易活动的计划和筹备工作情况。

**【韩国贸易馆馆长访问省贸促会】** 2月14日，省贸促会会长陈宗尧会见大韩贸易投资振兴公社杭州（浙江）韩国贸易馆新任馆长李敦起、次长尹起燮一行，并表示省贸促会将充分发挥好平台作用，与杭州（浙江）韩国贸易馆互相配合，建立常态化的沟通和工作机制，进一步密切合作关系，共同推动浙江与韩国之间的经贸合作和经济发展。

**【新宜中国（美）总裁访问省贸促会】** 2月25日，省贸促会会长陈宗尧会见了来访的新宜中国（美）总裁易继伟一行，表示省贸促会将会积极协调相关部门，充分发挥贸促系统合力，努力推进项目合作。易继伟介绍了新宜中国整体产业布局，希望在省贸促会支持下，推动投资项目尽快落地。

**【静冈县日中友好代表团访问省贸促会】** 2月26日，省贸促会副会长张青山会见了以常务理事平野一惠为团长的静冈县日中友好协议会代表团。张青山表示，省贸促会与静冈县有关商协会，将进一步建立和深化合作关系，推动双边经贸合作和友好关系发展。双方还就省贸促会赴日本静冈举办经贸交流活动的具体合作内容进行了详细探讨。

**【白俄罗斯明斯克州代表团访问省贸促会】** 3月25日，省贸促会会长陈宗尧会见白俄罗斯明斯克州执行委员会副主席尼古拉·罗加休克一行，并代表中国国际商会浙江商会与白俄罗斯工商会明斯克分会签订友好合作协议。双方就加强人员互访，通过展览、商务洽谈、培训等多种方式，扩大双向投资贸易，共同促进双边友好关系发展，进行了卓有成效的会谈。

**【全罗南道—浙江省经贸合作洽谈会】** 3月27日在杭州举行。10家全罗南道化妆品和食品企业与50余家浙江企业进行了面对面洽谈。省商贸业联合会、省食品添加剂和配料协会、杭州市化妆品协会等商协会分别组织企业参加对接活动。

**【欧洲文成华侨华人代表团访问省贸促会】** 3月31日，省贸促会会长陈宗尧会见了以蒋忠南会长为团长的欧洲文成华侨华人联合总会代表团一行，表示省贸促会要加强与欧洲文成华侨华人联合总会的合作，加强信息互通、工作互动、成果共享，共同推动浙江省与欧洲的贸易投资往来。

**【浙江省—下奥地利州商务论坛】** 4月25日在杭州举行。奥地利总理塞巴斯蒂安·库尔茨、浙江省副省长朱从玖、下奥地利州州长约翰娜·米克尔–莱特纳、下奥地利州商会副主席克里斯蒂安·莫泽、省贸促会会长陈宗尧出席论坛并致辞。省能源集团、浙商银行、浙江工业大学等以及省内各地的70家单位127位代表参会，与奥地利42家企业就机械、运输、建筑、医疗、金融、贸易、教育合作等领域开展对接洽谈、研讨交流，双方共达成合作意向13个。

**【英国驻上海总领事访问省贸促会】** 4月29日，省贸促会会长陈宗尧会见了英国驻上海总领事吴侨文，表示省贸促会将积极为浙江与英国工商界开展贸易投资合作创造条件、搭建平台，尽快推动与英中贸易协会建立常态化的合作机制，共同为英国企业在浙江拓展业务，为浙江企业“走出去”开展交流合作提供精准服务。

**【中国浙江名品(匈牙利)展览会】** 5月2日在匈牙利布达佩斯开幕。匈牙利巴兰尼亚州州长茂道劳史·佐尔丹，省贸促会会长陈宗尧，中国驻匈牙利大使馆商务参赞刘波，匈牙利工商会匈中分会会长纳特什·托马斯，匈牙利企业家与雇主协会会长首席顾问彼得·劳伦茨出席开幕式并剪彩。展览会共有86家浙江企业参展、设立120个标准展位，展出面积3000平方米，涉及机械电子、五金建材、纺织服装、日用消费品、文化创意等产品。

**【中国浙江—塞尔维亚经贸对接洽谈会】** 5月7日在塞尔维亚首都贝尔格莱德举行。省贸促会会长陈宗尧、中国驻塞尔维亚大使馆商务参赞汤晓东、塞尔维亚经济部国务秘书德拉甘·斯戴万诺维奇、塞尔维亚工商会首席顾问米莱蒂齐出席并致辞，来自机械设备、电子电气、五金建材、综合及服务贸易等行业的58家浙江企业，与近60家塞尔维亚企业进行了面对面洽谈，在产品贸易、行业合作等领域达成了一批合作意向，取得了务实的经贸成果。

**【英中贸易协会主席访问省贸促会】** 5月16日，省贸促会会长陈宗尧会见了英中贸易协会新当选主席古沛勤爵士一行。双方回顾了浙江省贸促会和英中贸协多年来的友好往来，及浙江与英国贸易投资往来情况，希望未来进一步加强合作、互利共赢、共谋发展，还就建立常态化合作机制、增进务实合作进行了讨论，并就签订合作备忘录达成了一致意见。

**【索马里邦特兰州总统访问省贸促会】** 6月5日，省贸促会副会长张青山会见索马里邦特兰州总统赛义德·阿卜杜拉希·穆罕默德一行。邦特兰州土地广阔、自然资源丰富，石油、金属、非金属矿产、渔业、太阳能、风能等资源充足，具有巨大的开发空间和价值，当地人民十分渴望发展经济，邀请省贸促会组织浙江企业实地考察，实现互利共赢。

**【北京世园会“浙江日”活动】** 6月6日，副省长朱从玖、国际展览局主席克里斯滕森、国际园艺生产者协会秘书长布莱尔克里夫、北京世园会政府副总代表、国际商会世界商会联合会副主席参加“浙江日”开幕式并致辞。“浙江日”期间，省贸促会会长陈宗尧、副会长张善坤还分别会见了静冈县知事川胜平太、静冈县农林水产担当部部长志村信明一行。

**【经贸合作浙江(台州)行暨省贸促会“走进地市”系列活动】** 6月11日至14日在台州举行。台州市委书记陈奕君出席经贸交流会并致辞，来自5大洲24个国家的45位外宾、全省贸促机构负责人及180余位台州企业家代表参加系列活动。

**【第十一届世界商会大会】** 6月12日在巴西里约热内卢召开，省贸促会会长陈宗尧率领浙江省贸促会代表团参加。来自全球约100个国家和地区的1200余名商协会、企业代表出席本届大会。会议期间，省代表团随中国代表团拜会了WCF主席哈马德·布阿明，双方就加强合作，共同开展贸易投资促进活动、竞标2025年世界商会大会等进行了交流。在巴西期间，代表团还与巴西、乌拉圭两国贸易促进机构及当地浙商开展座谈交流。

**【中国浙江—韩国光州和全罗南道经贸交流会】** 6月13日在韩国光州举行。来自浙江汽车零配件、高端装备、机械制造类企业以及衢州、平湖经济开发区的代表，与韩国光州和全罗南道的企业代表80余人参加了经贸交流会，双方达成合作项目10个，成交总金额2600万美元。浙江诚远重机有限公司与韩国公司现场签署了采购起重设备的合作备忘录。

**【中国浙江—韩国忠清北道经贸交流会】** 6月13日在韩国忠清北道清州市举行。浙江省企业代表与25家来自忠清北道的企业进行了一对一的洽谈。会后，代表团一行还应邀参观了忠清北道经济自由区。

**【中国浙江—日本东京经贸交流会】** 6月17日在日本东京都举行。省贸促会副会长张青山、中国驻日本大使馆经商处参赞景春海、日本贸易振兴机构干部中井邦尚在大会开幕式上致辞。来自浙江与日本东京的企业代表100余人参加会议并进行了洽谈。杭州佳菱机械制造有限公司和日本宇部三菱塑料技术株式会社现场签署了合作备忘录，合作成功后，将实现每年6亿元人民币的销售金额。

**【中国浙江—日本静冈经贸交流会】** 6月18日在日本静冈县举行。静冈县副知事吉林章仁、省贸促会副会长张青山出席大会开幕式并致辞。来自浙江与日本静冈的企业代表90余人参加分组讨论和对接洽谈。 浙江友成塑料模具有限公司（外商独资企业）和萧山经济技术开发区现场签署总投资8000万美元的创新研发大楼合作备忘录。

**【浙江—新加坡经贸理事会第十四次会议】** 6月25日在杭州召开。省贸促会会长陈宗尧出席。会上，陈宗尧与新加坡大华银行杭州分行行长叶艳共同签署了关于加强投资促进的合作备忘录，以进一步帮助浙江企业在新加坡和东盟其他国家开展贸易投资合作。

**【省领导会见省贸促会驻外首席代表】** 7月30日，副省长高兴夫会见省贸促会驻加拿大联络处首席代表、北美台州总商会会长王典奇一行，对北美台州总商会积极响应浙商回归号召，为家乡发展所做贡献表示赞赏，对商会整合境内外资源，积极筹建中—加产业园区表示支持，对省贸促会近年来积极搭建国际交流平台，发挥海外联络处职能作用等方面所做工作表示充分肯定。

**【斯里兰卡驻上海总领事访问省贸促会】** 8月14日，省贸促会会长陈宗尧会见斯里兰卡驻上海总领事马诺瑞·玛莉卡瑞琪女士一行。陈宗尧表示，浙江与斯里兰卡有着良好的交流史，省贸促会和斯里兰卡驻上海总领事馆要建立稳定的对话渠道和交流机制，实现信息互换，为浙斯企业合作牵线搭桥。座谈中双方还就未来合作进行了深入的探讨。

**【日本静冈县代表团访问省贸促会】** 8月26日，省贸促会会长陈宗尧会见日本静冈县副知事、静冈县国际经济振兴会会长吉林章仁一行。双方在两地相关经贸活动，建立日常合作机制，共同打造两省县间经贸务实合作窗口，促进两地关系发展等方面进行了深入的座谈交流。吉林章仁对省贸促会与静冈县国际经济振兴会建立合作机制表示认可，并表示将尽快推动这项工作落地。

**【英国诺丁汉代表团访问省贸促会】** 9月19日，省贸促会会长陈宗尧会见英国诺丁汉市经济发展副市长克里斯·亨宁一行，希望借此次副市长来访机遇，成为双方合作的新起点，开展更加务实的合作。克里斯·亨宁表示，非常愿意为浙商与英国开展贸易投资合作提供服务和支持。

**【埃塞俄比亚驻上海总领事访问省贸促会】** 10月10日，副会长张青山会见了来访的埃塞俄比亚驻上海总领事魏澜一行。魏澜希望能继续巩固发展与省贸促会的友好关系，学习借鉴浙江省经济发展的经验，深化浙江省与埃塞俄比亚的经贸合作。埃方总领事馆将为浙江企业赴埃塞开展贸易投资提供力所能及的帮助和支持。

**【中国浙江时尚创意精品（泰国）展览会】** 10月18日在泰国曼谷开幕。泰国商务部副部长萨森萨马拉帕博士、省贸促会副会长林炜、二级巡视员吴莉芬等出席开幕式并为展览剪彩。省贸促会组织42家浙江企业参展，设立57个展位，涉及文化创意、户外用品、眼镜、家居、家纺等产业。展会期间，林炜与萨森萨马拉帕副部长还就进一步深化双方合作进行了交流。

**【浙江经贸代表团访问马来西亚】** 10月20日至23日，省贸促会副会长林炜率浙江经贸代表团访问马来西亚。分别拜会马来西亚—中国商务理事会、吉隆坡暨雪兰莪中华总商会和马来西亚—中国总商会，充分交流双方社会、经济和人文基本情况，交换经贸信息，互鉴开展贸易促进工作的方式载体、商会运行实务，探讨双方合作目标和内容。

**【在浙韩资企业营商环境座谈交流会】** 11月7日在杭州召开。省贸促会会长陈宗尧、大韩贸易投资振兴公社杭州（浙江）贸易馆馆长李敦起出席会议。三星、晓星、LG、乐天、韩泰等知名在浙韩资企业，以及来自杭州、义乌、湖州、绍兴等地的韩企围绕工作许可、劳动用工、出口退税、进口便利化等问题，畅谈各自在浙江经营和发展的心得体会，并对当前浙江营商环境提出了意见和建议。

**【省贸促会（省国际商会）海外联络处工作会议】** 11月10日在杭州召开。23家海外联络处代表参加了会议。会长陈宗尧表示，海外联络处是具有贸促特色、推动国际经贸交流合作的重要窗口，联络处要切实履行工作职责，展现良好的对外形象，依托省贸促会、省国际商会的平台和资源，积极参与浙江新一轮对外开放和外向型经济发展，充分发挥桥梁纽带作用，广泛开展贸易投资促进工作。

**【与日本静冈县国际经济振兴会签署友好合作备忘录】** 11月11日，在浙江省副省长朱从玖、省政府副秘书长高屹，静冈县日中友好协议会理事长栗原绩的见证下，省贸促会与静冈县国际经济振兴会签署了友好合作备忘录。本次友好合作备忘录的签署，将开启两会合作的新篇章，进一步加强双方机构的信息交流、人员互访和项目合作，进一步推动双方企业开展双向贸易投资活动，进一步提升两省县的经贸交流合作水平。

**【浙江企业走进西班牙和意大利举办经贸交流系列活动】** 11月25日至29日，省贸促会分别在西班牙巴塞罗那，意大利米兰、罗马成功举办浙江企业走进西班牙、意大利经贸交流系列活动。活动内容涉及经贸交流会暨商务论坛、经贸洽谈会、贸易投资务实说明会、参观考察等，42家浙江企业全程参加，旨在积极促进三地企业交流合作，深挖潜力，优势互补，促进共同发展。

**【全美浙江总商会拜访省贸促会】** 12月13日，省贸促会会长陈宗尧在杭州会见全美浙江总商会会长林光一行，双方均表示在经贸乃至科技领域有很大的合作潜力与空间，可签订战略合作协议，通过信息互通、组织经贸代表团互访等方式，共同服务浙江省与美国的交流合作。

**【伊朗驻上海总领事拜访省贸促会】** 12月24日，副会长张青山会见伊朗驻上海总领事拉马赞·帕尔瓦兹一行。双方就通过信息共享、举办对接会、展览会等途径扩大双方合作，继续促进浙江省与伊朗在能源、科技等方面的经贸合作进行了深入探讨。

（张　涛）

# 省工商联

**【概况】** 2019年,省工商联(又称浙江省商会)组织出访团组3批31人次(其中,公务人员8人次,企业家23人次),前往摩洛哥、西班牙、澳大利亚、新西兰、葡萄牙、匈牙利等国家和地区考察、洽谈交流,接待来自67个国家和地区的工商界人士30批695人次。

**【香港特区政府驻内地两机构访问省工商联】** 2月20日,省工商联副主席张必来会见香港特区政府驻上海经贸办事处副主任杨翠萍、香港特区政府驻浙江联络处主任廖凤娴一行。双方商定4月在杭州共同举办"香港国际融资平台助力浙江企业加快'走出去'座谈会"。

**【浙江对非经贸合作交流会】** 3月1日在杭州举办。省工商联党组书记、常务副主席徐旭应邀出席并致辞。会上,省商务厅与省工商联共同签署《浙江省商务厅 浙江省工商业联合会关于共同推进浙江省民营企业参与"一带一路"建设的合作备忘录》。

**【2019中国企业走出去风险发布会】** 3月21日至22日在北京举行。由全国工商联和中国产业海外发展协会支持,江泰国际合作联盟和江泰全球救援联盟主办。省工商联组织浙江民营企业家代表参加会议。

**【"香港国际融资平台助力浙江企业加快'走出去'座谈会"】** 4月2日在杭州举行。香港投资推广署、香港交易及结算所、渣打银行(中国)有限公司等政府官员和金融机构负责人介绍香港证券资本市场发展情况及服务内地企业举措,通过案例分析协助浙江企业了解如何借助香港金融服务,在香港进行项目参与及寻找合作伙伴,与"一带一路"沿线国家和地区企业建立协作。省工商联副主席张必来出席座谈会并致辞。省工商联组织杭州、绍兴等地20位民营企业代表参加座谈会并与主讲嘉宾交流。

**【德国品牌设计委员会与浙江企业交流会】** 4月16日在杭州举行。由德国品牌设计委员会、省工商业联合会和德庐品牌设计(杭州)有限公司联合主办。省工商联副主席张必来出席会议并致辞。

**【"一带一路"企业家大会】** 4月25日在北京举行。由中国贸促会、全国工商联、国务院国资委共同主办,紧扣第二届"一带一路"国际合作高峰论坛"共建'一带一路'、开创美好未来"的主题,为各国工商界搭建沟通交流、对接合作、项目签约、深化合作的平台。来自80多个国家和地区的政府部门、商协会、企业及有关国际组织850余名代表参加会议。省工商联组织富通集团有限公司、盘石信息技术有限公司、万丰奥特控股集团有限公司、浙江吉利控股集团有限公司和浙江正泰新能源开发有限公司等企业参加会议。浙江正泰新能源开发有限公司项目在大会上签约。

**【民营企业参与"一带一路"建设专题座谈会】** 4月28日在杭州举办。省发改委、省商务厅、省外办、省统计局、国家外汇管理局浙江省分局等部门及中国银行浙江省分行、中国进出口银行浙江省分行、浙江丝路基金等机构分别介绍支持企业参与"一带一路"建设的政策措施和主要做法、面临的问题及工作建议。富通集团、吉利集团、华立集团及省汽摩配商会等企业和商会介绍参与"一带一路"建设情况、主要问题,并对如何更好地支持民营企业参与"一带一路"建设提意见建议。省工商联副主席张必来出席会议并致辞。

**【浙江省境外经贸合作区建设座谈会】** 5月14日在杭州举办。前江投资管理有限责任公司、杭州海外创新中心有限公司、温州市金盛贸易有限公司、浙江省贡河农业开发有限公司、浙江恒逸集团有限公司及康吉国际投资有限公司等浙江省级及以上境外经贸合作区运营企业代表介绍园区建设情况、困难和问题、对政府出台扶持政策建议、对工商联和商会组织提供支持服务的建议。省工商联副巡视员黄强出席会议并致辞。

**【浙江—西班牙阿拉贡产业合作对接会】** 5月22日在杭州召开。西班牙阿拉贡自治区海外投资局向浙江企业介绍阿拉贡大区的优惠政策与投资环境。省工商联组织杭州大希地电子商务有限公司、杭州高圣贸易有限公司、苏州食的天下食品有限公司、杭州优然贸易有限公司等十余家企业参加会议，助推浙江省民营企业"走出去"。

**【参加卢森堡国庆招待会】** 6月21日，应卢森堡驻上海总领事馆邀请，省工商联国际合作部干部赴上海，参加卢森堡驻上海总领事馆举办的卢森堡国庆招待会。

**【韩国(财)京畿道商务代表团访问省工商联】** 6月24日，省工商联副主席张必来会见韩国(财)京畿道经济科学振兴院上海代表处首席代表金起吕一行，双方就合作举办韩国优秀商品展等事宜进行商谈。

**【浙江—新加坡经贸理事会第十四次会议】** 6月25日在杭州召开。理事会浙方主席、浙江省人民政府副省长朱从玖，理事会新方主席、新加坡通讯及新闻部兼文化、社区及青年部高级政务部长沈颖出席并致辞。会议听取理事会五个专题组工作进展报告，举行了项目签约和可持续城市发展主题交流等活动。省工商联副主席张必来参加会议。

**【2019中非民营经济合作论坛】** 6月28日在长沙举办。本次论坛以"助力中非制造业合作"为主题。论坛期间，来自中非民营企业和非洲政府部门的10位嘉宾围绕中非制造业合作进行了互动交流，现场还签约11个合作项目。省工商联组织浙江中南集团钢构有限公司等5家浙江民营企业家代表参加会议。省工商联党组成员、副主席林建良出席会议并顺访湖南省浙江商会。

**【省工商联代表团访问摩洛哥和西班牙】** 7月1日至9日，省委统战部副部长、省工商联党组书记徐旭率省工商联代表团访问摩洛哥和西班牙。

在摩洛哥，代表团实地考察了丹吉尔自贸区、丹吉尔科技城以及位于盖尼特拉、丹吉尔的工业用地，积极探索以华立集团为龙头建设北非(摩洛哥)产业园区的目标、路径和方法。拜访了摩洛哥投资与发展促进署，并就为浙江民营企业投资摩洛哥提供政策服务和安全保障达成合作意向。代表团与摩洛哥企业家联合会共同举办了经贸对接会，并签订合作协议。拜访摩洛哥外贸银行，与阿古米行长进行深入交流，并就为浙江民营企业投资摩洛哥提供金融服务达成合作意向。

在西班牙，代表团与西班牙马德里商会阿森西奥主席开展座谈交流，并签订合作协议。走访义乌西班牙交流基金会和义新欧班列运营方天盟公司，实地调研"义新欧"班列建设和运营情况。

**【拜访葡萄牙驻上海总领事馆】** 7月23日，省工商联国际合作部派员赴上海拜访葡萄牙驻上海总领事馆，与总领事馆商务官员马思耀商谈支持省工商联经贸代表团访问葡萄牙相关事宜。

**【"2019外国驻上海总领事馆官员走进浙江"活动】** 7月23日至26日在杭州和嘉兴两地举行。活动期间，省工商联组织富通集团、万丰奥特控股集团、浙江盘石信息技术有限公司、华立集团、久立集团等10余家民营企业代表与乌兹别克斯坦、厄瓜多尔、埃塞俄比亚、斯里兰卡等14个国家的驻上海总领事馆官员进行了深入交流。7月25日，副省长朱从玖会见代表团一行，省工商联副主席张必来参加会见。在外国驻上海总领事馆官员与浙江企业家代表座谈会上，张必来重点介绍浙江民营经济发展情况、民营企业“走出去”发展现状、特点和趋势，并就浙商企业在境外投资和发展过程中遇到的具有代表性的困难和问题与各国总领事馆官员进行了沟通与交流。有关民营企业代表参加会议，并就有关具体问题进行了交流和探讨。

**【西澳州—浙江省投资贸易论坛】** 7月31日在杭州举行。论坛聚焦浙江企业在西澳州的投资机遇，西澳州财政、金融、能源、原住民事务部部长本威特、西澳州相关机构代表介绍了西澳州经济概况、投资贸易环境、投资政策解读及有关项目信息。副省长朱从玖出席会议并致辞。省工商联副主席张必来在会上介绍浙江省民营经济总体情况和近年来民营企业“走出去”发展情况。省工商联组织近百名浙江省民营企业家代表与西澳州规划、土地与遗产部，西澳州就业、旅游与科技创新部，西澳州初级产业与地产发展部，西澳州土地局等政府部门负责人，西澳州工商总会、西澳矿产与能源协会、澳大利亚中国工商业委员会西澳分会、澳大利亚石油生产与勘探协会、澳大利亚采矿及勘探公司协会等商协会代表及科亚能源公司等企业界代表进行了交流洽谈。

**【美国驻上海商务领事访问省工商联】** 8月28日，省工商联副主席张必来会见美国驻上海总领事馆商务领事周雷一行，双方就共同推动浙江与美国两地工商界发展健康良好的经贸关系等事宜进行商谈。

**【日本关西经济联合会代表团访问浙江】** 9月4日至5日，日本关西经济联合会会长、住友电气工业株式会社取缔役会长松本正义率代表团一行访问浙江。副省长朱从玖在杭州会见代表团一行。省政府副秘书长高屹，省工商联主席、省商会会长、富通集团有限公司董事长王建沂，省委统战部副部长、省工商联党组书记陈浩等参加会见。

**【省工商联代表团访问澳大利亚和新西兰】** 9月19日至9月26日，省工商联副主席张必来率团赴澳大利亚和新西兰，开展经贸交流活动。

在新西兰，代表团与新西兰国际展望联合会共同举办经贸合作沙龙，双方就加强投资和经贸等领域合作进行了深入交流。国际展望联合会全球主席团主席、新西兰国家党主席彼得·古德费洛先生和国际展望联合会顾问委员会主席、新西兰国会议员、国会政府治理委员会主席杨健博士会见代表团一行。双方签署友好合作协议，为进一步深入合作奠定了良好的基础。

在澳大利亚，代表团一行先后拜访了中国驻珀斯总领事馆、西澳州政府和商会，积极拓展渠道，发挥民间外交优势，促进与当地政府部门和工商界的合作。与西澳州政府就业旅游和科学创新部副总干事珍妮佛·马修斯女士，国际参与部总经理迪奥纳·唐司、副总经理维罗妮卡·尼瓦特冯斯等就双方务实合作进行座谈交流。访澳期间，随团部分企业与澳方就农产品贸易、产业链配套和房地产开发等领域项目合作达成初步意向。代表团一行还与省工商联友好商会西澳中华总商会共同举办经贸对接会，考察宁波有关企业在澳投资项目。

**【省工商联代表团访问葡萄牙和匈牙利】** 9月19日至26日，省工商联副主席赵小敏率团赴葡萄牙和匈牙利开展经贸交流活动。

在葡萄牙，代表团拜访了葡萄牙经贸投资促进局，与副主席安东尼奥·希尔瓦等进行了座谈，双方就促进浙葡两地企业在林业、农业、进出口贸易、装备制造等领域合作开展交流。代表团与葡萄牙华人联合总会、葡萄牙中华总商会、里斯本华人工商会等侨领、浙商代表举办了在葡浙商交流座谈会，省工商联与葡萄牙华人联合总会签订友好合作协议。

在匈牙利，代表团拜访了匈牙利国家贸易署，中国事务推广主任乔西等代表进行了座谈交流。经省工商联牵线，匈牙利工商会匈中分会与台州市工商联签订了友好合作协议。代表团还与匈牙利华侨华人经济商贸联谊会，匈牙利华侨华人妇女联合总会，匈牙利温州商会、丽水商会、青田商会、瑞安同乡会等当地侨领和浙商代表共同举办了在匈浙商交流座谈会，实地调研在匈浙江商会相关情况,并围绕新时代如何转型发展,进行广泛交流和深入探讨。

**【"首届中国—东盟民营企业家峰会"】** 9月21日在广西南宁举行。主题为"世界新格局 中国—东盟民营企业合作新机遇"。浙江省工商联组织华立集团股份有限公司、富通集团股份有限公司等浙江民营企业家代表参加会议。省工商联党组成员、副主席林建良出席会议。

**【对外投资合作业务和风险防范培训班】** 10月15日至18日,全国工商联与国家商务部在北京共同举办"对外投资合作业务和风险防范"培训班,围绕对外投资合作政策、境外企业合规经营和安全风险防范等内容为民营企业开展培训。浙江省工商联组织有关浙江民营企业家代表参加培训。

**【浙江—加拿大产业对接交流会】** 11月5日在杭州召开。由省工商联与加拿大浙江总商会共同举办。期间,双方就促进浙加贸易,加强浙江与加拿大企业在地产、科技、肉类、水产、汽配等产业项目的合作进行交流。省工商联邀请省工商企业合作交流协会、省汽配行业商会、省农业区域合作促进会等商会代表及企业家代表参加对接交流会。省工商联副主席张必来出席会议并致辞。

**【第二届中国国际进口博览会】** 11月5日至10日在上海举行。开放合作的盛会,吸引181个国家、地区和国际组织,3800多家企业共襄盛举,累计意向成交711.3亿美元。省工商联组织236名浙江民营企业代表参加。

**【浙江省·静冈县经济交流促进机构第28次全体会议】** 11月11日在杭州举行。副省长朱从玖会见以日本静冈县日中友好协议会理事长栗原绩、静冈县副知事吉林章仁率领的静冈县经济交流代表团一行,并出席会议。朱从玖表示,浙江与静冈自建立友好省县关系以来,在经贸、文化、旅游、教育、健康、环保等领域交流频繁、成果丰硕。希望双方共同努力,不断深化合作,推进两省县友好关系进一步发展。省工商联副主席张必来出席会议。

**【第五届世界浙商大会】** 11月13日至14日在杭州举行。大会以"聚力高质量、共筑中国梦"为主题,聚焦"一带一路"、"大湾区、大花园、大通道、大都市区"建设,围绕"长三角一体化"、数字经济、自贸区、科创大走廊等重大发展战略,邀请世界500强企业代表,央企及省属国有企业代表,全球67个国家和地区、全国31个省(市、自治区)知名浙商,友商、华商、外商代表,海内外高层次人才代表,海归创业人员、知名高校企业家校友、新生代浙商、新浙商代表,外国领馆官员代表、重要国际组织负责人,"一带一路"沿线国家经贸机构和重要商会代表,著名专家学者、有关社会团体及服务实体经济的科研机构等研究机构代表等,共2800多人参加本次大会开幕式。

**【"引导服务民营企业参与'一带一路'建设推进会暨国际合作工作会议"】** 11月19日在北京召开。全国政协副主席、全国工商联主席高云龙出席会议并讲话。浙江省委统战部副部长、省工商联党组书记陈浩,省工商联副主席张必来参加会议。

**【加拿大创新型中小企业协会访问省工商联】** 11月22日,省工商联副主席张必来接待加拿大创新型中小企业协会荣誉主席莫伟力博士一行,双方就促进相互交流与合作进行了座谈交流。

**【中国—苏里南工商界午餐会】** 11月29日在杭州举行。省长袁家军和苏里南总统德西·鲍特瑟分别致辞。苏里南财政部长霍夫德拉德、苏里南贸工和旅游部长曾锦荣分别作苏里南投资环境与贸易环境介绍。省工商联组织盘石集团董事长兼CEO田宁等浙江民营企业代表参加活动,加强两地经贸对接。

**【香港中华出入口商会代表团访问省工商联】** 12月11日至13日,香港中华出入口商会代表团一行访问浙江,考察了富通集团银湖光纤通信智能制造工厂、杭州高新区

“智慧 e 谷”、海康威视数字技术股份有限公司。13 日，省工商联主席、富通集团董事局主席王建沂，省委统战部副部长、省工商联党组书记陈浩与香港中华出入口商会代表团进行了座谈交流，就促进浙港贸易、加强浙江与香港企业交流合作、深化商会合作等事宜进行探讨。

**【2019 外交官与民营企业家交流活动】** 12 月 16 日在苏州举行。本次活动以“一带一路新机遇 创新发展长三角”为主题，由江苏省工商联、长三角商会组织联席会议和上海市工商联主办。上海市外办、江苏省外办、浙江省工商联、安徽省工商联协办。葡萄牙、委内瑞拉等 9 个国家驻上海总领事出席活动，是长三角地区民营企业与驻上海使(领)馆深入交流的国际平台。浙江省工商联组织海亮集团、浙江鼎立实业有限公司、浙江朗佑控股有限公司、浙江联润进出口有限公司、杭州大希地科技股份有限公司等浙江民营企业代表参加会议。

**【浙江省民营企业对外投资贸易风险防范培训班】** 12 月 27 日在杭州举办，主题是积极助推民营企业“走出去”发展，参与“一带一路”建设。省工商联副主席张必来出席开幕式并致辞，省商务厅、国家外汇管理局浙江省分局、中国出口信用保险公司浙江分公司、北京大成(杭州)律师事务所、北美华富山工业园开发有限公司等单位负责人做专题分享。有关市县工商联机关干部、商(协)会代表以及从事对外投资和贸易的民营企业代表近百人参加。

(蒋　怡)

# 省农科院

**【概况】** 2019年，省农科院派遣科技人员119人次出国参加项目合作研究、国际学术会议及进修学习。接待国外专家学者来访50批99人次。与美国阿肯色大学联合共建“动物微生物组学实验室”，与澳大利亚纽卡斯尔大学共建“中澳农作物改良研究中心”。承办“中德农业科技工作组第24次会议”，以及由国际原子能机构组织的“关于运用DD-SIMCA等基于微软表格的化学计量学插件工具开展多变量数据分析”地区国际培训班。与泰国国家遗传工程与生物技术中心、乌克兰国家农科院遗传基因育种研究所、乌克兰国家农科院兽医研究所、越南农业科学院、菲律宾德拉萨大学等单位签署合作备忘录。

**【与俄罗斯科学院共建联合研究中心】** 1月1日，省农科院与俄罗斯科学院食品科学研究所共建的“营养健康食品绿色制造联合研究中心”正式运行。中心旨在促进中俄两国在食品加工领域研究开发及新技术成果产业化等方面的合作，围绕营养健康食品开发、绿色制造技术创新、国际学术与人才培养、科技成果推广应用等方面开展工作。

**【中德农业科技工作组第24次会议】** 2月27日至28日在杭州召开。农业农村部科技教育司副司长李波，德国食品及农业部副司长斯塔尔柏率团出席会议。省农科院党委书记汤勇陪同中德双方到会嘉宾参观院史馆、成果陈列室和研究所实验室。省农科院副院长戚行江等陪同代表团赴安吉鲁家村，参观考察新农村建设。

**【国际原子能机构地区培训班】** 4月15日至19日在杭州举行。本次培训班共有来自19个国家的25名学员参加培训班，学习“关于运用DD-SIMCA等基于微软表格的化学计量学插件工具开展多变量数据分析”领域的相关技术。省农科院副院长戚行江、国家原子能机构处长萧黎黎到会并致辞，俄罗斯授课专家发言。结业仪式上，省农科院院长劳红武为学员颁发了结业证书。此次培训旨在将化学计量学方法用于高值标识产品的产地溯源模型构建与验证，同时也加强省农科院与日本、韩国、泰国和斯里兰卡等国专家的交流，助推溯源学科建设和对外影响，密切与“一带一路”沿线国家的合作与交流。

**【“橄榄油感官高级品鉴师”培训班】** 8月26日至30日在杭州举行，由省农科院和西班牙加泰罗尼亚农业与食品科技研究所联合主办。培训班依托省农科院与国际合作单位共建的“国际橄榄油品质研究中心”和“木本油料品质营养国际联合实验室”，吸引了国内多家橄榄油企业及科研院所的35名学员参加。省农科院副院长杨华出席开班仪式并致辞。

培训严格按照国际油橄榄理事会的相关要求进行，在理论培训的基础上，开展由浅入深的针对性感官分析实操训练，通过嗅觉、味觉识别及加强训练共品评橄榄油样品60余种，共有23名学员获得了国际认可的橄榄油高级品鉴师培训证书。

**【与泰国国家遗传工程与生物技术中心签署合作备忘录】** 10月9日，泰国国家遗传工程与生物技术中心执行主任颂汶博士一行访问省农科院，并签署双方机构间合作备忘录。省农科院院长劳红武会见颂汶一行后指出，此次双方签署机构间合作备忘录，是对2018年省农科院赴泰国访问成果的落实，希望双方的合作不断走向深化，促进学科发展，助力省科院建设一流院所、打造新时代农业科研高地的步伐。颂汶表示，泰国国家遗传工程与生物技术中心和省农科院有着良好的合作基础，希望以本次签署机构间合作备忘录为契机，与农科院在更广泛的领域开展富有成效的合作。省农科院与泰国国家遗传工程与生物技术中心的合作始于2014年。

**【缅甸毛淡棉大学代表团访问省农科院】** 10月23日至25日，缅甸毛淡棉大学副校长敏盛率代表团一行5人访问省农科院。副院长戚行江在与敏盛一行的会见中指出，代表团此次来访标志着省农科院与缅甸毛淡棉大学合作的开始，双方应本着互惠互利、合作共赢的原则，在水产资源交流、人才培养、国际合作项目联合申报等方面开展全方位的合作。敏盛介绍了大学概况及相关院系发展现状、与中国科研单位合作情况。敏盛一行与省农科院相关科研人员进行了交流，在水产养殖技术及资源利用，博士后招生，青年教师培训等合作方面达成了一致意见。访问期间，代表团一行参观了湖州市菱湖罗氏沼虾繁育场和通威海壹虾苗嘉兴标粗场。

**【省农科院代表团访问乌克兰】** 11月4日，省农科院副院长吴敬华率代表团访问乌克兰。代表团分别与乌克兰国家农业科学院遗传基因育种研究所、兽医研究所签署合作备忘录，商定在动物育种等领域开展科技合作。

**【美国阿肯色大学代表团访问省农科院】** 11月4日，美国阿肯色大学动物科学系主任迈克尔·卢普教授率代表团一行4人访问省农科院，参加"浙江省农业科学院—美国阿肯色大学联合共建动物微生物组学实验室"授牌仪式。省农科院副院长杨华会见迈克尔·卢普一行，并就实验室运行等相关议题进行探讨。双方均表示，将进一步深化合作举措，促进科研协同创新，开拓科研思路，增进合作友谊。

**【新西兰驻华大使馆官员访问省农科院】** 11月22日，新西兰驻华大使馆科技参赞蒋骏华访问省农科院，并看望省农科院特聘研究员、新西兰地质学与核科学研究所国家同位素中心科学家卡妮·罗杰斯博士。省农科院院长劳红武在会见中表示，感谢新西兰科技部门对省农科院与新西兰合作的大力支持，并介绍与新西兰科研单位和专家合作的基本情况，希望进一步加深省农科院与新西兰在农业科技领域的合作。蒋骏华赞扬双方合作取得的成果，希望依托新西兰—中国食品保护协作网，进一步推动省农科院与新西兰科研单位在园艺、畜牧和食品安全等领域的项目与人才合作，服务"一带一路"倡议下的双方贸易和文化交流。

**【省农科院代表团访问越南】** 11月27日，省农科院副院长戚行江率代表团访问越南农业科学院。期间，代表团与该院签署合作备忘录。双方就围绕全球气候变化情况下耐盐水稻品种选育、盐碱稻田改良和肥料使用技术等内容开展进一步的合作与交流。

**【澳大利亚大学教授访问省农科院】** 12月17日，澳大利亚纽卡斯尔大学教授阮勇凌访问省农科院，并与省农科院副院长戚行江签署协议，共建"浙江省农业科学院—澳大利亚纽卡斯尔大学中澳农作物改良研究中心"。戚行江向阮勇凌颁发客座研究员荣誉证书。

（陈晓雯）

# 亚太小水电中心

**【概况】** 2019年,亚太小水电中心承办了13期援外培训(研修或研讨)班,来自42个国家的376位学员参加培训(研修或研讨)。接待外宾5批28人次,分别来自巴基斯坦、菲律宾、塞尔维亚和越南,开展技术交流并探讨项目合作。派遣出国(境)团组9批36人次,分赴老挝、越南、泰国、奥地利、塞尔维亚、赞比亚、卢旺达、意大利、瑞典、挪威等国执行国际合作、海外培训、参加国际会议等。与巴基斯坦、菲律宾、印度尼西亚、塞尔维亚等国开展小水电及可再生能源技术合作。

**【亚洲国家水资源综合管理高级别官员研修班】** 3月14日至27日在杭州举行,来自柬埔寨、印度尼西亚、老挝、马来西亚、蒙古国、菲律宾、斯里兰卡、泰国、越南等9个亚洲国家的31名高级官员参加研修。

**【越南水电与可再生能源研究所代表团访问亚太小水电中心】** 3月19日,越南水电与可再生能源研究所副所长杜玉安一行2人访问亚太小水电中心。双方就执行澜湄合作专项基金项目"'澜湄'国家水电站与大坝安全管理技术共享和能力建设"开展交流。

**【澜湄国家小水电技术培训班】** 5月6日至30日在杭州举行,来自柬埔寨、老挝、缅甸、泰国、越南等5个湄公河国家的31名学员参加培训。

**【小水电绿色生态修复与优化改造国际研讨会】** 5月7日至8日在丽水举办,来自欧洲、亚洲、非洲的13个国家的52名小水电专家和嘉宾来华参加研讨会。中国、瑞典、奥地利、意大利等国专家在会上做了专题报告,并与老挝、泰国、巴基斯坦、尼泊尔等"一带一路"国家参会代表分享了中欧小水电合作内容、模式与成果。

**【派员参加第26次东盟可再生能源网会议】** 5月23日至24日,亚太小水电中心派员组成代表团赴越南参加了第26次东盟可再生能源网会议。代表团介绍了正在执行的中国—东盟海上合作基金项目"东盟国家海岛可再生能源评估与产能合作示范",展示了中心在东南亚开展的可再生能源合作成果及下一步工作计划,并与东盟能源中心就进一步推动东盟海上合作基金项目进行了会谈。

**【澜湄水资源合作联合工作组2019年第一次特别会议】** 6月4日至5日在云南昆明召开。亚太小水电中心主任徐锦才作为中方代表团成员出席会议。澜湄六国代表经过务实高效的交流沟通,制定和签署了一系列有关水资源的合作方案和文件。

**【澜湄国家水电站及大坝建设与安全管理培训班】** 6月13日至26日在杭州举行,来自柬埔寨、老挝、缅甸、泰国、越南等5个湄公河国家的33名政府官员和技术专家参加培训。

**【巴基斯坦可再生能源技术署署长访问亚太小水电中心】** 6月15日至19日,巴基斯坦可再生能源技术署署长拉让·巴克博士一行访问亚太小水电中心,并参观考察了中心可再生能源技术设备开发和实验基地。双方讨论了"中巴小水电及农村电气化关键技术联合研发中心"项目执行情况,总结了阶段性成果并续签了合作谅解备忘录。

**【塞尔维亚贝尔格莱德大学代表团访问亚太小水电中心】** 7月1日至4日,塞尔维亚贝尔格莱德大学一行5人访问亚太小水电中心，并参观考察了中心可再生能源技术设备研发和实验基地。双方就“低水头的径流式水电开发技术联合研究”项目执行情况进行了深入交流，对项目前期成果作了总结，就下一步实施方案达成了一致意见。

**【菲律宾公司总裁访问亚太小水电中心】** 7月9日至11日，菲律宾普罗克林能源咨询与开发公司总裁一行3人访问亚太小水电中心。双方共同探讨了光伏提水灌溉合作项目方案，交流了“东盟国家海岛可再生能源评估与产能合作示范”当前进展情况和下一步合作计划。

**【召开巴基斯坦青年骨干培训总结会】** 7月18日，国家重点研发计划“中巴小水电及农村电气化关键技术联合研发中心”第一期青年骨干培训总结会在亚太小水电中心召开。4名巴基斯坦青年骨干完成了为期半年的在华研究性学习，在总结会上展示了培训成果。与会人员就中巴未来水利青年骨干培养模式和内容进行了探讨。

**【“一带一路”国家水资源管理及生态小水电开发研修班】** 7月18日至8月7日在杭州举行，来自老挝、斯里兰卡、加纳、南非和委内瑞拉等亚非拉国家的17名官员参加研修。

**【出席水利部水利外事工作座谈会】** 7月22日，亚太小水电中心主任徐锦才出席了水利部国际合作与科技司在武汉召开的水利外事工作座谈会。各参会代表梳理了2019年度本单位外事工作情况，并就水利外事如何贯彻习近平外交思想、服务水利改革发展总基调、服务国家外交大局对接“一带一路”开拓了工作思路。

**【非洲法语国家小水电及农村电气化研修班】** 8月7日至27日在杭州举行，来自科摩罗、刚果（布）、科特迪瓦、吉布提、马里、几内亚、赤道几内亚、摩洛哥等8个非洲法语国家的18名官员参加研修。

**【拉美及加勒比海地区水资源开发利用及水环境治理研修班】** 8月7日至27日在杭州举行，来自巴拿马、萨尔瓦多和委内瑞拉等国家的16名官员参加研修。

**【发展中国家小水电与农村社区可持续发展官员研修班】** 9月5日至25日在杭州举行，来自埃及、莱索托、埃塞俄比亚、塞拉利昂、尼日利亚、墨西哥、多米尼加、尼泊尔等8个国家的19名官员参加研修。

**【“一带一路”联合实验室建设工作研讨会】** 9月6日在北京召开。亚太小水电中心主任徐锦才出席研讨会。会议交流了“联合实验室建设、规划与发展的总体思路和安排”“联合实验室建设运行的目标、任务和机制的考虑”以及“联合实验室服务‘一带一路’建设的考虑”等议题。徐锦才汇报了中国—巴基斯坦小型水电技术“一带一路”联合实验室建设情况。

**【“一带一路”国家基于清洁能源的电气化模式研修班】** 9月6日至26日在杭州举行，来自博茨瓦纳、埃及、埃塞俄比亚、朝鲜、老挝和津巴布韦等6个“一带一路”国家的15名官员参加研修。

**【“一带一路”国家水资源管理及开发规划部级研讨班】** 10月18日至24日在杭州举行，来自佛得角、刚果（金）、埃及、埃塞俄比亚、格林纳达、黎巴嫩、乌兹别克斯坦、赞比亚等8个“一带一路”国家的17名高级别官员和技术专家参加研讨。

**【纳米比亚水资源开发利用研修班】** 10月23日至11月12日在杭州举行，来自纳米比亚农业、水利和林业部及纳米比亚水务公司的21名政府官员及技术专家参加研修。

**【乌兹别克斯坦水资源管理及中小水电站开发研修班】** 10月25日至11月13日在杭州举行，来自乌兹别克斯坦水利能源公司的23名管理人员和技术专家参加研修。

**【访问奥地利和塞尔维亚】** 10月27日至11月3日，亚太小水电中心主任徐锦才率代表团一行4人访问了奥地利自然资源与生命科学大学、塞尔维亚贝尔格莱德大学。开展了中欧水资源交流平台“水车”项目交流，并推进执行亚太小水电中心与贝尔格莱德大学共同承担的“中塞低水头的径流式水电开发技术联合研究”。

**【赞比亚水电站运行管理技术海外培训班】** 11月9日至12月8日在赞比亚下凯富峡项目运营村举行。赞比亚能源部常务秘书特雷弗·卡翁达、中国驻赞比亚大使馆经济商务参赞处代表张玮出席开班仪式并致辞。赞比亚国家电力公司、下凯富峡电力开发公司、中水赞比亚下凯富峡项目部、中国水电培训学校等单位的90名技术人员参加培训。

**【卢旺达小水电技术海外培训班】** 11月15日至12月5日在卢旺达首都基加利举行。中国驻卢旺达大使馆经济商务参赞王嘉欣出席结业典礼并致辞。卢旺达能源集团、非洲能源与可持续发展中心、卢旺达大学科技学院、基加利综合理工区域中心、卢旺达比温巴技术与艺术大学、卢旺达山茶公司、宏布卡有限公司、伊科特能源公司、LED方案公司、第一能源公司、加德克能源有限公司等单位的45名技术人员参加培训。

**【澜湄国家大坝安全管理研讨会】** 12月2日至5日在泰国曼谷举办，澜湄六国水利水电大坝安全领域60余位代表出席。中国驻泰国大使馆政治处主任盖堂出席研讨会开幕式并致辞。亚太小水电中心主任徐锦才在会上做专题报告，分享中国水电开发情况以及水电安全现状与管理经验，并组织澜湄水电站与大坝安全管理合作专题研讨。

**【越南开发委主席访问亚太小水电中心】** 12月26日至30日，越南大坝与水资源开发委员会主席黄文胜率代表团一行11人访问亚太小水电中心，仔细考察了浙江省水电站安全生产情况。代表团一行访问了浙江水电设备制造厂家，双方就可再生能源开发、水电站安全运行管理、绿色水电发展、光伏提水灌溉等议题开展深入交流并达成合作意向。

（马传佳）

# 国际小水电中心

**【概况】** 2019年，国际小水电中心，积极践行新时代治水方针，深入贯彻落实水利改革发展总基调，进一步深化国际小水电交流合作，高质量推动国内外小水电绿色可持续发展，为实现联合国2030年可持续发展议程目标作出了重要贡献。

**【小水电国际标准编制工作取得重要进展】** 在中国水利部、中国国家标准化管理委员会以及联合国工业发展组织的支持下，小水电国际标准编制工作取得了重要进展。2月，在东京举行的ISO技术管理委员会会议上投票通过制定《小水电技术导则：小水电通用技术术语和设计技术导则》国际研讨会协议提案。4月，水利部、国家标准委和联合国工发组织在北京共同签署关于协同推进小水电国际标准的合作谅解备忘录。6月，国际研讨会协议专家研讨会在杭州召开，经多国专家广泛讨论，修订完成小水电术语及选点规划两个分册，并上报ISO。11月，国际小水电联合会与联合国工发组织在阿联酋首都阿布扎比共同发布了《小水电技术导则》全文，包括综合、设计、设备、施工、管理五大类26个分册。12月，国际标准化组织正式发布《小水电技术导则》术语(IWA 33-1)和选点规划(IWA 33-2)两个分册。

**【“小水电国际标准编制”列入高峰论坛成果清单】** 制定有利于全球小水电发展并与大多数发展中国家经济社会发展和需求相适应的相关技术标准，对促进世界小水电的健康绿色发展具有重大意义，国际小水电中心承担的“小水电国际标准编制”正是在“一带一路”倡议下，为世界小水电发展作出的中国贡献。该项工作作为“一带一路”倡议下国际合作的重要成果，列入第二届“一带一路”国际合作高峰论坛成果清单第34项。高峰论坛期间，中国水利部部长鄂竟平、中国国家标准化管理委员会主任田世宏与联合国工业发展组织总干事李勇在北京共同签署了关于协同推进小水电国际标准的合作谅解备忘录，国际小水电中心主任刘德有参加了签署仪式。

**【《世界小水电发展报告2019》正式发布】** 《世界小水电发展报告》是国际小水电中心与联合国工业发展组织共同组织编制与发布的全球小水电行业的权威报告，每3年更新一次，已发布2013版及2016版。最新《世界小水电发展报告2019》于11月在阿联酋首都阿布扎比召开的联合国工业发展组织第18届大会上正式发布，其中包含166份国别报告、20份区域报告以及18份案例研究报告。

**【小水电成片开发项目圆满完成】** 国际小水电中心与联合国工业发展组织在包容和可持续工业发展框架下合作开展的“发展中国家成片开发小水电”项目已于2019年底圆满完成。在该项目框架下，为埃塞俄比亚、尼日利亚、吉尔吉斯斯坦、缅甸和秘鲁等5国提供了小水电技术援助，支持小水电在上述国家的成片开发。国际小水电中心结合中国“一带一路”倡议，积极为中国小水电企业和投资商提供国际合作平台，创造走出去的良好机遇。

**【合作设立“中—尼小水电技术联合研究中心”】** 4月22日和6月2日，浙江省科技厅“一带一路”国际科技合作专项项目——中国（浙江）—尼泊尔联合共建小水电技术研究中心项目启动会暨中国（浙江）—尼泊尔小水电技术联合研究中心揭牌仪式分别在中国杭州、尼泊尔加德满都举行。该项目在研究平台建设、磨蚀防护联合研究、人员交流培训和小水电标准国际化等方面开展合作，着力将小水电技术联合研究中心打造成中国（浙江）—尼泊尔科技经济合作的典范。尼泊尔教育科技部部长出席在加德满都举办的活动并做主旨讲话，中尼双方与会领导共同为联合研究中心揭牌。来自中国驻尼泊尔大使馆、尼泊尔政府部门、科研机构、高校、水电企业及中尼项目合作单位等150余名代表参加了揭牌仪式，其中35名尼泊尔水电管理人员和技术人员参加了为期3天的小水电技术培训班。尼泊尔国家电视台对本次活动进行了报道。

**【联合国驻华协调员访问国际小水电中心】** 6月4日，联合国驻华协调员罗世礼先生访问国际小水电中心。罗世礼对中心在推动小水电领域国际合作等方面作出的贡献表示赞许，对小水电技术国际交流、小水电扶贫金融创新模式、绿色水电研究与创建等工作十分关注，希望中心在中国政府和联合国机构支持下，继续促进全球小水电的可持续发展。

**【两个研修班学员到访国际小水电中心】** 6月6日，商务部2019年布基纳法索“中国政府优惠贷款业务研修班”及“中国援助项目管理研修班”学员莅临国际小水电中心参观交流。学员们参观了国际小水电中心发展成就展，听取了中心在非洲开展的小水电合作项目实例，以及中国小水电开发技术及经验在项目中的应用等。国际小水电中心创新基地、国际小水电联合会核心会员单位及小水电设备企业代表分别介绍了各自水利水电板块的技术优势和国际业务活动，并与学员们进行了充分交流。此次研修班的到访交流有助于进一步扩大中国小水电国际影响力，促进国际小水电中心未来在西非开展小水电国际合作，为中国企业“走出去”开拓更多的渠道。

**【南南合作国际研讨会在西安召开】** 9月17日，在全球南南发展中心项目支持下，由国际小水电中心主办的水电开发与生态文明建设南南合作国际研讨会在西安举行。来自亚洲、非洲及拉丁美洲9个国家20位外方代表，以及来自国际小水电中心基地、会员企业、高校、金融机构、地方小水电协会的中方代表参加。研讨会围绕“一带一路”南南合作、水电开发与生态环境建设、“一带一路”国家小水电开发、中国水电企业助力发展中国家小水电开发等四个专题开展研讨，并邀请科研高校、金融保险机构、国际组织、小水电行业协会的代表从不同视角对水电国际合作、水电生态开发和项目风险管理等问题进行解读和经验分享。尼泊尔、尼日利亚及墨西哥能源部门的官员分享了当地国家小水电开发情况、能源政策及合作需求，国内优秀水电企业代表就企业助力发展中国家进行小水电开发进行了交流发言。

（褚　瑾）

# 高校外事

Foreign Affairs in Higher Education Institutions

# 浙江大学

**【概况】** 2019年，浙江大学教职工因公出国、赴港澳进行学术交流、访问考察、培训进修等共5414人次。本科生共有5667人次参加海外交流，交流率达到87.8%，赴世界排名前50大学交流人数总计占比56.5%；研究生海外学习交流人数4372人次，博士研究生对外交流率达111.38%。学校接待国外高校、科研机构、政府部门、使（领）馆和国际组织等访问团组72批528人次，包括伦敦大学学院、巴黎综合理工学院、荷语鲁汶大学、根特大学、洛杉矶加州大学等高校校长，以及日本爱知县知事、华盛顿州商务厅厅长等。

学校执行国家"高端外专引进计划"37项，"111引智基地"7项，学校常规项目177项，省级引智项目3项；信息与控制基地评估良好，获批进入111计划2.0。求是讲座教授1人获颁2019年中国政府友谊奖。举办国际会议120项，其中人文社科类56项，自然科学类64项。

**【荣获泰晤士高等教育亚洲大奖】** 5月，"浙江大学全球开放发展战略"荣获首届"泰晤士亚洲大奖"的"年度国际战略奖"。泰晤士高等教育大奖被称为"高等教育界的奥斯卡"，已在英国举办14年。2019年首次设置亚洲大奖，浙江大学成为唯一获奖的中国高校。

**【浙江大学代表团访问国际组织和荷兰】** 9月10日至15日，校长吴朝晖率团访问位于瑞士的世界经济论坛总部、国际电信联盟、联合国训练研究所，位于荷兰的瓦赫宁根大学。代表团分别与国际电信联盟、联合国训练研究所签署合作谅解备忘录，浙江大学成为世界经济论坛全球大学校长论坛新成员。

**【浙江大学—巴黎顶尖高校数学研讨会】** 9月25日在浙江大学举行。浙江大学与法国合作院校的专家学者及国际合作与交流处代表共同参加，会上宣布启动中法数学拔尖班。自2020年起，学校将联合巴黎综合理工学院、巴黎高等矿业学院、巴黎-萨克雷大学等一批法国顶尖高校，携手培养具有创新精神、全球视野和多语言及跨文化交流能力的未来数学家，加快基础学科拔尖人才培养。

**【"面向未来社会的科学"报告会】** 11月12日在浙江大学举行。该报告会是发展中国家科学院2019年度理事会系列活动之一，12个国家的13位院士参加报告会。发展中国家科学院主席穆罕默德·哈桑，中国科学技术协会常务副主席、书记处第一书记怀进鹏院士，浙江大学校长吴朝晖院士，发展中国家科学院行政官罗曼·穆伦齐，阿里云创始人王坚分别作主旨报告。发展中国家科学院司库、浙江大学原校长杨卫院士主持会议。

**【港澳工作】** 2019年，浙江大学接待来自港澳地区的参访团组共21批520人次，其中香港15批286人次，澳门6批234人次。校长吴朝晖等先后率团访问香港，推进与港澳地区高校及其他各界的联系与互动。

2019年，浙江大学执行了浙江大学—香港中文大学统计学系科研交流项目、用于生物检测的稀土掺杂核壳结构纳米颗粒和"旅游、文学、翻译"暑期课程等17个"2019年港澳与内地大中小学师生交流计划大学生项目"，先后邀请383名香港师生来校，通过专题讲座、医学实习、科学研究、考察访问、分享总结等形式，促进内地与港澳青年在专业学科、创新创业、国情文化、校园生活、社会服务等方面的交流。 （刘郑一）

# 中国美术学院

**【概况】** 2019年，中国美术学院教职工公派出国（境）访问共42批145人次。出国访学教师三个月以上人数占专任教师总数48.79%，所占比例比2018年增长14.6%。聘请外国文教专家46人，占专任教师总数11.1%。赴国（境）外交换学习学生64人，其中获得国家留学基金委项目优本项目1人、艺术类人才项目3人。全校接待国（境）外人员近1500人次，比2018年增长67%。全校涉外讲座116个，比2018年增长65.7%。学校继续开展“双十重点培育”项目，共开设了28门国际化课程，81个国际工作坊，比2018年增长22.7%；全年举办大型国际学术会议及展览29个。德国柏林工作室开始投入使用，新开启了罗德岛设计艺术学院和英国皇家艺术学院两所名校的暑期海外课堂项目。

**【学院教师获美国TSD建筑与综合艺术荣誉学会金质奖章】** 美国当地时间3月30日，在匹兹堡卡内基梅隆大学举行的第107届美国全国建筑学院联盟会议上，经美国全国建筑学院联盟提名，中国美术学院教师、建筑师王澍和陆文宇获Tau Sigma Delta建筑与综合艺术荣誉学会2019年度金质奖章，并被授予美国全国建筑学院联盟荣誉会员。王澍在大会上做了主旨演讲，题为《指向真实的社会现实的建筑教育实验》。

**【德国驻华大使访问中国美术学院】** 4月2日，德国驻华大使葛策等一行6人访问中国美术学院。院长许江、副院长高世名会见葛策并进行会谈。葛策一行还参观了学院“国立艺术院”碑、蔡元培雕像、校史馆、中德学院、创意工作坊创客平台、艺术创作国际工作坊和国际品牌传播教室，并与建筑遗产保护专业的师生进行了交流。

**【动画作品《八音盒》获多个国际奖项】** 5月3日，中国美术学院教授、独立动画导演常虹编导和创作完成的动画短片《八音盒》参加加拿大蒙特利尔国际历史电影节，之后在世界各地巡展。至9月，《八音盒》共获9个奖项及提名，入选法国戛纳电影节短片角展映单元、联合国儿童基金会意大利Le Guarimba国际电影节、美国纽约动画之夜国际电影节、加拿大LE MUP国际短片电影节、第三届法国国际青少年主题短片电影节、伊朗AI短片电影节、澳大利亚彩带国际电影节、美国儿童第一国际电影节等38项电影节。

**【巴基斯坦教授作犍陀罗艺术系列讲座】** 5月15日至18日，巴基斯坦白沙瓦伊斯兰学院犍陀罗研究中心主任纳西姆·汗教授访问中国美术学院，担任犍陀罗艺术系列讲座主讲。讲座由中国美术学院艺术人文学院、视觉中国协同创新中心主办。讲座分为3场，题目分别是：犍陀罗与中国的联系——考古学与图像学的证据；在考古背景下的佛教艺术研究——以布特卡拉三号遗址为例；印度河上游的岩画艺术。

**【“青春·观·世界”2019年首届之江国际青年艺术周】** 5月24日在西湖区艺创小镇开幕。艺术周以中国美术学院“毕业创作展示周”为基础，以“青春·观·世界”为核心意念，探索时代青年的“世界观”和“青春观”，聚焦未来、聚焦青年。省委常委、杭州市委书记周江勇，省政府副秘书长蔡晓春等为艺术周启幕；省委宣传部副部长葛学斌，杭州市委常委、宣传部部长戚哮虎，中国文联副主席、省文联主席、中国美术学院院长许江在开幕式上讲话。省文联党组书记陈瑶，杭州市副市长陈国妹，杭州市委宣传部副部长、市文联主席应雪林，西湖区委书记章根明，西湖区委副书记、区长高国飞，西湖区人大常委会主任施迎利，西湖区政协主席叶伟平，浙江音乐学院党委书记胡建新，中国美术学院党政领导胡钟华、王赞、孙旭东、刘正、姜玉峰、杭间、高世名，越剧表演艺术家茅威涛，作家、编剧程蔚东，漫画艺术家蔡志忠，克罗地亚萨格勒布大学美术学院院长暨克罗地亚美术家协会主席汤米斯拉夫·巴塔克出席主题展演。中国美术学院设计艺术学院2019届服装设计专业学生进行毕业作品展演，在200米的超长T台上展示该专业44位毕业生的120多套原创服装作品。5月25日至6月10日，首届青艺周以艺术展览、艺术演出、电影专场等形式，在象山艺术公社及中国美术学院各校区、浙江音乐学院和全市各重要场馆集中展示3000名艺术家的文化思考、创作成果。

**【“东方葵”个展在俄罗斯国家博物馆开幕】** 圣彼得堡当地时间6月6日，“东方葵——许江个展”在俄罗斯国家博物馆正式开幕。“东方葵——许江个展”由中国美术学院、俄罗斯国家博物馆、上海艺术博览会及上海民生现代美术馆共同主办。中国美术学院院长许江出席开幕式并作题为《东方葵的精神图像》的讲话。俄罗斯国家博物馆馆长古瑟夫，“俄罗斯音乐沙皇”、指挥家瓦列里·格吉耶夫，圣彼得堡文化委员会主席苏寒果，俄罗斯国家博物馆执行馆长叶夫根尼亚·皮特洛娃，上海民生现代美术馆馆长甘智漪等国内外嘉宾参加开幕式。“东方葵——许江个展”集中展示了许江16年来以“葵”为题的艺术创作，展出作品近百件，展览时间至7月8日。

**【举办日本平面设计二巨匠作品特展】** 6月19日至12月19日，特展“日本平面设计二巨匠：田中一光与福田繁雄”在中国美术学院展出。展览分为“田中一光：传统与未来的超链接”及“福田繁雄：超越平面的阴谋家”两个大板块。“田中一光：传统与未来的超链接”板块从中国国际设计博物馆收藏的田中一光创作的海报代表作中选出120件和9本田中一光设计、出版著作，以及部分借展的文献作品。“福田繁雄：超越平面的阴谋家”板块从台湾东方设计大学“福田繁雄设计艺术馆”收藏的福田繁雄作品中选出120件海报作品，以及繁雄创作的文献、产品设计100件左右。

**【创新设计学院“YOUNG to young”国际联合教学工作坊结课展】** 6月29日在中国美术学院开幕。副院长高世名，院长助理、创新设计学院院长吴小华，以及创新设计学院小学期全体中外方教师出席开幕式。首届“YOUNG to young”国际联合设计工作坊于6月3日正式启动。本次结课展涵盖30位中外年轻导师和创新设计学院全体2018级学生共同参与完成的15个国际联合设计教学工作坊的整体面貌，即15组中外教与学生以“玩吧”（“Playshop”）为主题开展的集体创作与设计实验。开幕式结束后，与会人员一同参观了各课程工作坊展览。

**【《中国》中俄双语版新书在莫斯科书展发布】** 当地时间9月4日，庆祝中华人民共和国成立70周年作品大型史诗画册《中国》中俄双语版新书发布会暨“在这里，看见中国”主题图片展在莫斯科国际书展中国展区举行。展览围绕画册《中国》一书的30余幅精彩图片进行重点展出。画册《中国》由中国美术学院与山东出版集团共同推出。

**【“设计下乡：为社会公益设计”主题展览亮相伦敦设计节】** 9月19日至23日，中国美术学院文创设计团队首次受邀参加2019伦敦设计周，并举办“设计下乡：为社会公益设计”——“设计精准扶贫”“设计与乡村”主题展览。展览内容主要分为三大板块，分别对应小凉山的彝族村镇、黔东南地区的苗家聚落和浙江象山临海的岛屿渔村。设计师、艺术家承载着设计的乡土责任，选取“三山”为地方实验和设计教学的现场，探索设计介入乡村的多种可能和创新实践。

**【第四届中国设计智造大奖】** 9月

20日在中国美术学院举行。副省长高兴夫、杭州市副市长柯吉欣、中国美术学院院长许江分别致辞。中国美术学院副院长杭间,世界设计组织候任主席斯里尼·斯里尼瓦桑先生共同揭晓“金奖”。来自中国的“盲人视觉辅助眼镜Ⅱ”和英国的“Hero Arm”两件作品荣获最高奖——金奖。高兴夫为金奖获得者乔尔·吉布德和刘董颁奖。中国工业设计协会战略咨询委员会主任朱焘,省委、省政府有关部门领导,西湖区委、区政府有关领导,中国美术学院党政领导班子成员等出席颁奖典礼。2019中国设计智造大奖,共收到来自全球设计作品7280件,其中智造奖6261件。经过实物评审,共有217件作品获得奖项,并在此基础上评选出金、银、铜奖。

**【2019中国设计智造大奖“设计义乌”专项奖颁奖典礼】** 9月21日在义乌举行。“设计义乌”专项奖于2018年设立,由省政府指导,义乌市人民政府与中国美术学院战略合作,借助中国设计智造大奖的国际平台,吸聚全球创新智慧。省经信厅副厅长岳阳,金华市委常委、义乌市委书记林毅,中国美术学院副院长杭间分别致辞。中国设计智造大奖组委会秘书长王昀发表主题演讲。中国的“石间沙漏”和日本的“GALA”两件作品获得一等奖,中国美术学院党委书记钱晓芳,省经信厅副厅长岳阳为一等奖获得者李明强和佐藤圭太颁发奖杯。义乌市人大常委会、市政府、市政协领导,日本工业设计师协会平川真纪等嘉宾出席颁奖典礼。本届“设计义乌”专项奖共吸纳了来自世界12个国家和地区的1019件作品,参赛地区新增奥地利、日本、以色列、塞尔维亚、泰国等5个国家。迄今为止,“设计义乌”参赛者已覆盖5大洲23个国家和地区。

**【书·非书:2019杭州国际现代书法艺术节】** 10月12日在中国美术学院开幕。院党委书记钱晓芳出席开幕式,院长许江讲话。第十二届全国政协常委、外事委员会主任潘云鹤院士宣布展览开幕。省委宣传部、杭州市政协、杭州市委宣传部等有关领导,省广电集团、省文联、杭州市文联、省慈善总会等有关领导,学院及相关职能部门、二级学院有关领导、教授,中国画与书法艺术学院师生代表和媒体界朋友们出席开幕式。德国、比利时、法国、加拿大、日本、美国和中国香港的艺术史家、汉学家、策展人、教授,北京大学、同济大学有关机构、学院领导,及多位学者、艺术家和执行策展人出席开幕式。本届艺术节以“守正出新”为主题,从书法艺术的核心问题和本体语言出发,促进和展示现代书法的当代实践。展览共展出作品166件。12日、13日还举行三场学术研讨会,集中讨论书法作为方法论、书法的身体尺度和书法的世界语境等议题。国内外学者的发言作为展览画册的下册以中英双语的形式由中国美术学院出版社出版。

**【2019第三届西湖国际纪录片大会】** 10月18日至20日在中国美术学院举行。大会以“我·纪录·事实”为宣言,是集纪录片推优、展播、提案、论坛、工作坊于一体的人文艺术平台。开幕式由西湖国际纪录片大会学术委员会主任、中国美术学院副院长高世名教授主持。本届“D20提名”评优单元评审委员会中方主席、中国影视学者胡智锋代表大会评审团致辞。西湖国际纪录片大会组委会副主任、省广播电视局副局长王国富,国家广播电视总局国际合作司司长马黎分别致辞。北京市广播电视局局长杨烁,广东省广播电视局局长刘小毅,云南省广播电视局副局长渠志荣,陕西省广播电视局副局长单子孝,浙江省广播电视集团副总编胡戎,湖北省广播电视局办公室领导等出席开幕式。中国美术学院院长、西湖国际纪录片大会艺术总监许江,学院党委副书记、西湖国际纪录片大会组委会副主任刘正和学院党委有关部门领导出席开幕式。大会“D20提名”评优单元评审委员会主席汤尼·雷恩(英国)、“IDF创投”提案单元评审委员会成员及决策人,“IDF学院”培育单元导师,学术委员会成员,入围及展播作品的导演、主创,以及论坛嘉宾、学院全体师生出席开幕式。9个国家的众多纪录片作者、学者和投资人参加大会。“D20提名”评优单元共征得来自61个国家及地区的632部纪录片,最终有20部纪录片获评。“IDF创投”提案单元征得纪录片项目

137个，共有16部纪录片项目获评。“IDF学院计划”工作坊单元升级为“IDF学院”培育单元，将培育更多纪录片领域的新生力量。2019 IDF“西湖之夜”主题分享会，邀请了80位嘉宾围绕“我·纪录·事实”主题共商纪录片发展之策。

**【中国美院象山校区获评英国《卫报》评选21世纪最佳建筑】** 10月，英国《卫报》对文化艺术领域进行了“21世纪最佳”的排名，评选出迄今为止全球最佳的25座建筑，中国有两座建筑入围，即北京国家体育场“鸟巢”与中国美术学院象山校区。

**【日本岐阜市市长访问中国美术学院】** 10月22日，日本岐阜市市长柴桥正直一行19人访问中国美术学院并座谈交流。学院副院长杭间会见来宾，中国画与书法艺术学院领导，国际合作与交流处处长参加会见和座谈会。柴桥正直一行参观了中国画与书法艺术学院书法创作授课现场和学生作品展示。

**【第九届ELIA领导人峰会】** 11月20日至22日在中国美术学院举行。27个国家和地区的57所院校及机构的代表、中国9大美术院校国际合作处的代表等近120人参加。会议聚焦“高等艺术教育领域中的跨文化合作之挑战”，主旨发言和讨论围绕“差异是资源”“艺术教育乌托邦与研究院外的乌托邦式实践”和“解读当代中国”3个话题展开。同期活动还有两组共8个跨文化合作案例的展示及讨论环节。中国美术学院与波兰弗罗茨瓦夫美术学院、立陶宛维尔纽斯美术学院、香港演艺学院、美国马里兰艺术学院、荷兰马斯特里特设计艺术学院、都柏林科技大学、拉脱维亚艺术学院、奥斯特大学贝尔法斯特艺术学院共签署了8份正式协议和3份合作意向书。中国美术学院2017年加入欧洲艺术院校联盟（简称ELIA），成为其首个中国会员，并于2018年取得第九届领导人峰会主办权。

**【学院教授参加迪拜时尚周并发布个人作品】** 12月12日，2019“迪拜时尚周”开幕，活动设立了“中国单元”。中国美术学院教授、服装设计师吴海燕应迪拜《拥抱中国》组委会及承办世界模特小姐国际组织机构邀请，参加迪拜时尚周并举行个人作品发布。近年，吴海燕教授带着以中国古老丝绸演绎中国当代文化的《东方丝国》作品应邀走进意大利、吉尔吉斯斯坦、希腊，此次迪拜已是第4站。展示作品共3个系列，分别是《山水云竹》《东方盛世》和《“弧光”聚变》。发布会之后，阿拉伯联合酋长国《拥抱中国》执行委员会成员阿戴尔·亚伯拉罕为吴海燕教授颁发荣誉证书。

（张　蕾）

# 浙江工业大学

**【概况】** 2019年,浙江工业大学派出短期因公出国(境)团组260批397人次,其中出席国际学术会议、研讨会、年会131批181人次,学术交流访问48批78人次,短期合作及研修66批90人次,其他15批48人次。接待国(境)外友好院校代表团、各类学术机构和组织代表来访40批134人次。全年新增海外合作伙伴6家,分别为英国阿斯顿大学、英国牛津大学圣安东尼学院、美国加利福尼亚北州大学、美国肯塔基大学、加拿大渥太华大学和德国凯撒斯劳滕工业大学等。全年主办或承办各类国际(双边)学术会议及研讨会10场,近1500名中外代表参会,其中“2019年第五届中意活性天然产物研讨会”“第40届智能制造与设计国际会议”“2019桥梁结构防震减灾与工程创新国际学术会议”和“第一届功能材料国际学术会议”等国际会议取得较大影响,参会人数均超过150人。全年实施交换学生项目和联合培养项目78项,共有195名学生通过校际合作项目赴海外院校开展学习;累计组织学生赴国(境)外短期交流项目40批733人次;共有46名硕士及博士生研究生赴国(境)外参加学术会议、学科竞赛等活动。2019年获批浙江省“优秀本科生出国交流学习项目”5项,共有7名学生获国家留学基金委和浙江省教育厅资助赴海外高校开展交流学习。实施校级“优秀本科生出国访学项目”,资助并鼓励学生赴世界顶级名校学习交流,全年共推荐18名学生通过该项目赴海外名校访问学习。2019年学校与英国牛津大学玛格丽特学院合作,首次组织新生短期交流团,选派了29名2019级新生于8月至9月赴牛津大学开展为期一个月的交流学习活动,学校全额资助学生的境外各项费用。全年邀请各级海外引智项目专家70余人次来学校进行合作研究。2019年,学校两个“111计划”引智基地——“绿色制药创新引智基地”和“激光绿色制造技术创新引智基地”共引进外国专家32人次;有1项引智项目——“政府间国际科技创新合作重点专项项目”获国家重点研发计划;有7位引智专家受邀参加2019世界青年科学家(温州)峰会,3位引智专家受邀参加长三角国际智能制造精准对接活动。全年获批国家“高端外国专家项目”2项,省级引进境外技术、管理人才项目5项和校级引智项目立项33项。学校美籍专家唐纳德·迈克尔·马克法兰德受邀到北京参加庆祝中华人民共和国成立70周年国庆观礼活动。全年留学生总人次数达2501人,其中学位留学生1585人,留学生生源国超过110个。学位留学生人数排名浙江省高校第4位。2019年,学校3个中外合作办学项目全年共招收新生204人,现有在校生594人,其中本科生550人,研究生44人。与英国利兹贝克特大学合作举办的国际贸易与金融硕士学位教学项目签订了新的项目操作协议和未来5年的合作协议。现有合作共建孔子学院2所,孔子课堂4个。全年顺利完成2所海外孔子学院中方院长的轮换工作,共计选派汉语教师及汉语教师志愿者8名,接待孔子学院来华访问团组6批近90人次,组织2批近20人次的校际访问团和师生艺术交流团赴海外孔子学院开展交流访问活动。全年接受8名加纳大学中文系学生来校学习汉语,其中2名学生获孔子学院奖学金,该项目已成功运行8年,共培养出160余名加纳大学中文专业学生。

**【与英国阿斯顿大学签订合作备忘录】** 1月23日,英国阿斯顿大学国际事务副校长萨斯基亚·汉森一行访问浙江工业大学。副校长虞晓芬会见代表团并会谈，双方就学生项目拓展、教师交换和科研合作等事宜进行商谈。会谈后，虞晓芬与萨斯基亚·汉森签署两校合作备忘录，正式建立校际合作关系。萨斯基亚·汉森一行还参观了学校材料学院并进行深入交流。

**【浙江工业大学师生访演团赴美巡演】** 2月7日至15日，浙江工业大学师生访演团访问美国进行艺术巡演。访演团在瓦尔普莱索大学演出中国传统歌曲、舞蹈、乐器、武术等节目，瓦尔普莱索大学副校长瑞克·阿姆莱茵博士、哈蒙德市副学监、孔子学院中外方院长和瓦尔普莱索市多所中学校长出席活动。瓦尔普莱索大学各院系师生，孔子学院下属开展汉语教学的中小学校师生及当地社区民众等近300人观看演出。访演团还赴当地中小学举办了5场庆祝活动，有2000多名学生和社会各界人士参与。访演团还参加了美国大芝加哥地区华人华侨春节联欢晚会。这是学校第6次派交流团前往瓦尔普莱索大学孔子学院开展新春文艺巡演活动。

**【哈萨克斯坦驻上海总领事访问浙江工业大学】** 3月14日，校党委副书记胡伟会见哈萨克斯坦驻上海总领事克拉把叶夫·佐齐汉一行4人。胡伟介绍了在学校学习的哈萨克斯坦籍留学生情况以及学校为推进与"一带一路"国家合作而专门设立的"一带一路"国际学生奖学金情况。佐齐汉表示，他将协助浙江工业大学在哈萨克斯坦教育部网站发布情况，让学生有更多好学校可以选择。佐齐汉还与哈萨克斯坦留学生会面交流。

**【"创新与未来"国际学术会议】** 3月22日至24日在杭州召开。会议由浙江工业大学及德国洪堡基金会主办。德国、美国、俄国、印度、巴西和中国等国家的100余位专家、学者参加会议，其中多位学者曾获德国洪堡奖学金。开幕式上，洪堡基金会秘书长恩诺·奥夫德海德，浙江工业大学副校长虞晓芬教授，德国洪堡基金会项目主任海蒂·福斯特、项目顾问黛安·费舍尔先后致辞。会议期间，来自不同国家的学者代表作专题报告，多位代表通过分组讨论报告的形式展示了针对"创新与未来"跨学科领域最新的研究成果。

**【德国洪堡基金会秘书长访问浙江工业大学】** 3月23日，德国洪堡基金会秘书长恩诺·奥夫德海德、德国驻上海总领事馆经济和科技领事郎素安一行6人访问浙江工业大学，参加2019年德国洪堡总理奖中国学者协会"创新与未来"国际学术会议。校长李小年会见来宾并会谈。李小年表示，学校非常重视拓展与德国高校的合作，希望奥夫德海德秘书长和郎素安领事的到访能发挥桥梁作用，推进浙江工业大学与德国高水平大学的合作交流。奥夫德海德表示，洪堡基金会非常愿意帮助浙江工业大学与德国高水平大学建立合作关系，推进双方在学生交换、联合培养，以及学者交流等方面的合作。

**【德国洪堡大学法学院教授来浙江工业大学讲学】** 3月23日，德国柏林洪堡大学法学院前院长赖因哈德·辛格应邀来浙江工业大学讲学，作题为"互联网中的被遗忘权"的学术报告，全校100余名学生参加报告会。

**【美国韦恩州立大学代表团访问浙江工业大学】** 4月3日，美国韦恩州立大学国际事务副校长阿哈默德·伊兹丁、工学院院长法尔哈德·夫都乌希等一行5人访问浙江工业大学。校长李小年会见来宾并会谈。李小年希望共同推进研究生的联合培养双学位项目，加强双方教师的科研合作，开展高水平的科研合作项目。阿哈默德·伊兹丁表示，韦恩州立大学非常愿意进一步推进双方在学生交换、联合培养和学者交流等方面的合作。

**【"2019丝路画语艺术展"开幕式】** 4月6日在浙江工业大学加纳大学孔子学院举行。中国驻加纳大使王世廷，加纳第一夫人瑞贝卡·阿库福-阿多，加纳旅游、艺术和文化部副部长兹比利姆·巴瑞·伊迪，加纳驻华大使爱德华·博阿滕，加纳大学校长代表等出席并致辞。出席开幕式的还有加纳社会各界知名人士、著名画家代表、加纳大学孔子学院师生及侨界代表等300余人。此次艺术展共有15位中国艺术家的70余幅中国画与书法作品及9位加纳艺术家的20幅油画作品参展。

**【美国凯斯西储大学副校长访问浙江工业大学】** 4月12日，美国凯斯西储大学全球事务副校长丹尼尔·杜考夫访问浙江工业大学。校长李小年会见来宾，双方就推进两校在人才培养、师生互派和科研合作等领域开展合作进行交流。

**【2019年国际大学生数学建模竞赛创佳绩】** 4月19日，2019年国际大学生数学建模竞赛结果揭晓。浙江工业大学18支队伍参加竞赛，获得一等奖3项、二等奖7项。美国、加拿大、德国、英国、中国等国家或地区的高校、研究单位的25370支队伍参加竞赛。

**【浙江工业大学与奥地利IMC克雷姆斯应用科技大学签署合作备忘录】** 4月25日，在"浙江省—下奥地利州商务论坛"会上，浙江工业大学校长李小年与奥地利IMC克雷姆斯应用科技大学校长乌尔丽克·普罗默签署了两校全面合作协议。论坛期间，李小年与乌尔丽克·普罗默进行了会谈，双方希望通过这次两校合作协议的签署和双方会面进一步促进两校从商学领域合作拓展到更多学科领域、更多方面的合作。

**【浙江工业大学美国瓦尔普莱索大学孔子学院举办第11届大湖区中文演讲比赛】** 当地时间4月28日，浙江工业大学美国瓦尔普莱索大学孔子学院举办第11届大湖区高中生中文演讲比赛。孔子学院中方院长主持比赛开幕式，美方院长致辞，全美中小学中文教师协会理事李娜作题为"中文学习之旅"的主旨演讲。本届比赛设写作、演讲和中华才艺表演等3项赛事。美国印第安纳州和伊利诺伊州20所高中的140余位学生参赛。

**【第十八届"汉语桥"世界大学生中文比赛加纳赛区决赛】** 5月3日在浙江工业大学加纳大学孔子学院举行。中国驻加纳大使馆政务参赞朱憬、加纳驻华前大使戴安、加纳大学孔子学院及海岸角大学孔子学院的中外方院长及加纳大学师生、中华工商总会会长唐宏、中国驻加纳各商会和企业代表以及社会各界人士出席决赛活动。演讲主题为"天下一家"，加纳大学的那森同学获特等奖，并获孔子学院奖学金。

**【第十二届美国中西部"汉语桥"高中生中文演讲比赛】** 5月4日在浙江工业大学美国瓦尔普莱索大学孔子学院举行。美国中西部地区8个州选送的40名高中生参加本次大赛。中国驻芝加哥副总领事刘军和美国瓦尔普莱索大学副校长瑞克·阿姆莱茵为获奖选手颁奖并致辞。活动开幕式由美国瓦尔普莱索大学孔子学院中方院长主持，美方院长致欢迎辞。美国西北大学教授、中文项目主任顾利程担任大赛裁判组委会主席，并在赛前作了题为"中文演讲的艺术"的主旨演讲。美国中田纳西州立大学孔子学院推荐参赛的奥利维亚·布莱克蒙获大赛总冠军。

**【举办首届来华留学生专场招聘会】** 5月12日，由浙江工业大学就业中心主办、国际学院承办的"浙江工业大学来华留学生专场招聘会"在屏峰校区举行。浙江新安化工集团股份有限公司、中控科技集团有限公司、中建四局土木工程有限公司、浙江圣奥集团、浙江方图链科技有限公司、阿里巴巴速卖通三方公司等30余家企业参加本次招聘会，提供实习和就业岗位近100个。此次招聘会为留学生提供了合法合规的实习就业途径，为学校来华留学生提供和企业互相交流的平台，同时也帮助来华留学生群体更加直观了解中国的工作环境，提升来华留学生的就业竞争力和适应力。

**【浙江工业大学加纳大学孔子学院举办特色汉语培训班】** 当地时间5月17日，浙江工业大学加纳大学孔子学院举办的机场海关官员汉语培训课程开班。中国驻加纳大使馆领事部主任陈铭进，加纳海关总署署长艾萨克·克丽丝尔，加纳首都国际机场指挥官莫利·阿瓦兹及加纳大学孔子学院中外方院长出席开班典礼。预计有100多名学员参加为期8周的汉语学习。这是加纳大学孔子学院继移民局官员汉语培训班后与加纳国际机场开展的第二次合作。

**【美国加利福尼亚北州大学副校长访问浙江工业大学】** 5月20日，浙江工业大学校友、美国加利福尼亚北州大学副校长杨芳莘访问浙江工业大学。校长李小年会见来宾，双方就推进两校在人才培养、师生互派和科研合作等领域开展合作进行会谈交流。

**【中英合作国际贸易与金融硕士项目通过英方现场评估】** 5月24日，英国利兹贝克特大学评估专家组对浙江工业大学与英国利兹贝克特大学合作举办的“国际贸易与金融硕士”项目进行现场评估。评估专家组由利兹贝克特大学副校长菲尔·卡迪尤教授、利兹贝克特大学质量管理委员会中心负责人裘德·凯里教授等4位专家组成。校长李小年会见菲尔·卡迪尤一行，双方续签了合作办学备忘录。评估期间，专家组分别召开了学生、教师座谈会，实地考察了中英合作办学项目的相关教学设施，并为项目的教师团队进行师资培训。评估反馈会上，评估专家组宣布“国际贸易与金融硕士”合作办学项目通过现场评估。

**【美国肯塔基大学副校长访问浙江工业大学】** 5月30日，美国肯塔基大学国际事务副校长苏·罗伯茨一行4人访问浙江工业大学。校纪委书记顾玮会见来宾，双方就暑期课程项目、学生联合培养项目的合作模式进行探讨，并就两校签署合作备忘录等事宜达成初步共识。

**【日本足利大学校长访问浙江工业大学】** 5月30日至31日，日本足利大学（原足利工业大学）校长莊司和男一行访问浙江工业大学。校长李小年会见来宾并会谈，双方签署了新的两校合作协议。莊司和男一行参观了学校国际学院和设计艺术学院，看望了在国际学院访学的足利大学学生，观看了设计艺术学院2019届毕业设计作品展。

**【西班牙ESIC商学院校长访问浙江工业大学】** 6月25日，西班牙ESIC商学院校长爱德华多·戈麦斯一行5人访问浙江工业大学。校长李小年会见代表团并会谈。会谈后，学校管理学院与ESIC商学院有关项目负责人举行工作会议，详细商讨下一合作阶段具体事项。

**【美国加利福尼亚州立理工大学代表团访问浙江工业大学】** 6月27日，美国加利福尼亚州立理工大学副校长艾伯特·利迪科特一行访问浙江工业大学。副校长虞晓芬会见代表团并会谈。双方表示，今后能在更多的学院间，就教师、学生开展联合培养、科研合作等方面进行深入接触。

**【加纳大学代表团访问浙江工业大学】** 7月29日至30日，加纳大学副校长弗朗西斯·多杜率加纳大学代表团一行10人访问浙江工业大学。校长李小年会见代表团并会谈，双方表示希望在共同建好孔子学院的同时，加强两校在师生互访、科研合作等更多领域的合作与交流。访问期间，加纳大学代表团一行参观了学校屏峰校区，与国际学院开展中国文化互动交流。

**【越南社会科学翰林院副院长访问浙江工业大学】** 8月12日，越南社会科学翰林院副院长范文德一行7人访问浙江工业大学。校党委书记蔡袁强会见来宾，双方就推进在人才培养、人员互访互派和人文交流等领域开展合作进行交流，并签署联合开办工商管理硕士项目的合作协议。访问期间，范文德一行还参观了学校MBA中心。

**【澳大利亚联邦大学校长访问浙江工业大学】** 9月5日，澳大利亚联邦大学校长海伦·巴特利特一行4人访问浙江工业大学。校长李小年会见代表团并会谈，双方希望以土木工程专业合作办学项目为起点，拓展合作领域，进一步推进双方院系的科研合作、师资互派等，形成全面合作的良好局面。代表团与学校建筑工程学院、国际学院举行了项目研讨会，探讨合作细节。

**【加拿大工程院院士访问浙江工业大学】** 9月9日，加拿大工程院院士、纽芬兰纪念大学工程与应用科学学院教授伦纳德·黎访问浙江工业大学。副校长虞晓芬会见来宾并会谈。

**【美国肯塔基大学副校长访问浙江工业大学】** 9月25日，美国肯塔基大学国际事务副校长苏·罗伯茨、工学院院长鲁道夫·布赫海特等一行4人访问浙江工业大学。副校长虞晓芬会见罗伯茨一行。虞晓芬和罗伯茨签署校际合作备忘录。布赫海特与学校化学工程学院、材料科学与工程学院、建筑工程学院负责人分别介绍各自学院的办学和国际化情况，并就学生联合培养项目等进行详细探讨。

**【举行与瑞典布莱金厄理工大学合作办学项目新生见面会】** 10月20日，浙江工业大学与瑞典布莱金厄理工大学合作办学项目——计算机科学与技术学院软件工程（中外合作）专业2019级新生见面会在浙江工业大学举行。瑞典布莱金厄理工大学合作项目负责人科妮·约翰逊教授、柏国华教授和浙江工业大学相关部门负责人出席见面会。2019级辅导员、班主任以及全体软件工程（中外合作）专业2019级学生参加新生见面会。

**【浙江—俄罗斯金刚石薄膜及其功能器件联合研究中心成立】** 10月25日至27日，浙江—俄罗斯金刚石薄膜及其功能器件联合研究中心成立仪式暨2019金刚石薄膜及其功能器件国际研讨会在杭州举行。浙江省科技厅、学校有关部门负责人出席开幕式。俄罗斯科学院、莫斯科罗蒙诺索夫国立大学、哈尔滨工业大学、吉林大学、北京科技大学和浙江海纳半导体有限公司等知名高校及企业的专家学者，以及浙江工业大学师生60余人参加会议。会上，还举行了浙江工业大学兼职教授、联合研究中心负责人、特聘教授、客座教授和学术骨干的聘书颁发仪式。联合研究中心成立仪式后，专家们就金刚石的制备、合成以及应用等方面进行学术报告交流，分享各自取得的最新成果。

**【美国著名学者来浙江工业大学作前沿讲座】** 11月4日，美国著名文学地理学者罗伯特·塔利访问浙江工业大学，作题为《地理批评与文学空间研究：研究状况报告》的前沿讲座。学校人文学院梅新林教授主持讲座。罗伯特·塔利在讲座中主要阐释“文学绘图”“处所意识”和“地理批评”这3个分别指向文学写作、文学感知和文学阅读的重要概念和研究方法。

**【加拿大工程院院士来浙江工业大学作学术报告】** 11月22日，加拿大工程院院士、西安大略大学徐春保教授访问浙江工业大学，为学校师生作题为“有机废弃物转化制备生物能源与生物基化学品/材料”的学术报告。

**【美国瓦尔普莱索大学孔子学院2019年度理事会】** 12月8日在浙江工业大学召开。副校长虞晓芬、美国瓦尔普莱索大学副校长瑞克·阿姆莱茵、孔子学院美方院长孟剑云等5位理事会成员出席会议。理事会一致认为要保持孔子学院已形成的“文化孔院”特色，继续拓展汉语教学点建设，推动共建孔子学院不断发展，促进中美两国文化交流和发展。

**【泰国国家研究基金研究员、朱拉隆功大学博士来浙江工业大学交流讲学】** 12月10日，泰国国家研究基金研究员、朱拉隆功大学传播艺术学院徐肇鸿博士访问浙江工业大学，与学校人文学院就两院未来可能合作的形式、领域进行磋商和论证，并以《从文物保护到文创产业：泰国文化遗产保护与发展之路》《泰国4.0政策下的文创经济与新时代博物馆的发展状况》为题为学校师生作讲座。

**【浙江工业大学代表团访问比利时和意大利】** 12月10日至17日，浙江工业大学副校长虞晓芬访问比利时和意大利。在比利时西弗兰德省，代表团一行与省长卡尔·德卡卢维和副省长琼·德·白求恩会见并会谈，双方就浙江省与西弗兰德省共建的循环经济研究院相关合作项目，特别是浙江工业大学与西弗兰德省共建的中比水循环经济研究中心的工作进展以及下一步合作开展的重点工作进行交流和研讨。学校代表团还分别访问了根特大学、鲁汶大学在西弗兰德省的校区。在意大利,代表团与罗马第一大学有关部门和学院负责人进行会面交流,双方表示要在学生交流、博士研究生互派访学、教师互访和科研合作等方面开展实质性的合作。

**【2019桥梁结构防震减灾及工程创新国际会议】** 12月20日至22日在杭州举行。中国、美国、英国、加拿大、澳大利亚和日本的大学、科研机构、企事业单位、国内桥梁方面知名学报等学者456人参加会议,分享国内外在桥梁工程抗震减灾领域的最新研究成果。中国工程院院士秦顺全教授莅临会议并作大会报告。浙江工业大学党委书记、大会组织委员会主席、土木学科负责人蔡袁强教授致大会开幕辞,浙江省交通运输厅李志胜总工程师作浙江交通及桥梁现状的报告,杭州市公路管理局局长吕永华致闭幕辞。本次国际会议共有19个大会主题报告、120个分会报告,内容涵盖了大跨桥梁设计、延性抗震、减隔震技术、韧性设计、多灾害作用及结构极端破坏等前沿领域。

**【第一届功能材料国际学术会议】** 12月29日至31日在杭州召开。会议由浙江工业大学和澳大利亚昆士兰大学联合主办。中国、英国、澳大利亚、美国、瑞典、以色列、新加坡等7个国家的130余名国内外学者参加会议，分享了能源材料、环境可持续材料、生物材料以及功能器件等研究领域的最新研究成果,对功能材料的今后发展进行研讨和展望。

(祝　安)

# 宁波大学

**【概况】** 2019年,宁波大学因公出国(境)团组181批303人次,其中校领导出访7批 27人次,参加国际学术会议或进行合作科学研究149批223人次,参加教育交流与短期进修25批53人次。

2019年,学校接待了近百名外宾来访、考察和交流。与法国勃艮第·弗朗什·孔泰大学合作举办的中法临床医学专业双博士项目通过了教育部的初审;与33所外国院校和机构建立合作交流关系,现在已与80多个国家和地区的180余所学校建立合作与交流关系。

学校为学生提供了留学基金委公派项目2个、合作院校交换项目37个、国外高校访学项目11个、国外语言学习项目9个、短期调研实习项目14个。派出交换生769人,全校现有920名学生在海外交流交换学习。

全校16个学院和研究院共主办了25个国际会议,来自美国的伊利诺伊大学、加拿大的英属哥伦比亚大学、瑞士的苏黎世联邦理工大学、新加坡国立管理大学、澳大利亚西澳大学等高水平大学的546名外籍专家前来参会。

现有英国、德国、法国、日本等国长期聘请外籍教师128人,来校讲座、开展学术交流的短期外籍教师和专家658人。学校还获批科技部(国家外专局)高端人才引进计划1项。食品与药学学院教授斯拉瓦获评2019年宁波市政府茶花奖。

**【宁波大学代表团访问美国和加拿大】** 5月3日至10日,副校长乐传永率团访问美国中田纳西州立大学和加拿大圣玛丽大学。在美国,中田纳西州立大学副校长大卫·施密特会见乐传永一行。双方回顾了中美合作开办精算专业以来,在人才培养、科学研究和国际化方面取得的成绩。访问团参加了该校学生毕业典礼,并与两校合作项目留美毕业生交流。在加拿大,圣玛丽大学校长罗伯特·萨默比-默里,副校长麦肯·巴特勒、史蒂文·史密斯、米格尔·莫拉莱斯等先后会见访问团。双方在人才培养、科研合作等方面进行了洽谈,并举行了两校工商管理本科学分互认2+2项目签约仪式。

**【随教育部团组访问罗马尼亚、捷克和希腊】** 5月16日至25日,校党委副书记冯志敏等随教育部团组访问罗马尼亚、捷克和希腊。在罗马尼亚,代表团出席了中国—中东欧国家高校联合会第六次会议和第七届中国—中东欧国家教育政策对话会;访问了蒂米什瓦拉西部大学,与该校的经济与管理学院副院长克劳迪欧、国际处处长玛丽安娜进行了具体项目的对接商讨。在捷克,冯志敏访问了布拉格生命科学大学,与外事副校长迈克尔就人才培养、师生交流、科研合作等进行交流探讨。在希腊,代表团参加了中国—希腊大学校长论坛;访问了雅典国家技术大学,与该校校长扬尼斯·高利亚斯就推动两校合作进行交流探讨,着重与机械工程师学院、造船机械工程师学院进行项目对接;还分别与雅典经济商业大学、希腊爱琴大学等高校进行交流,对开展深入合作达成了意向。

**【宁波大学代表团访问罗马尼亚和乌克兰】** 5月17日至24日,校长沈满洪率团访问罗马尼亚和乌克兰。在罗马尼亚,代表团与布加勒斯特大学校长米尔切亚·杜米特鲁会见并会谈,双方签署了合作协议。在布拉索夫特兰西瓦尼亚大学,沈满洪与该校副校长莉娜就下一步签署合作协议、开展深入合作达成意向。在拜欧拉大学,沈满洪与该校校长尼古拉·伊翁交流了开展合作办学的学科专业与办学模式并形成共识。在乌克兰，代表团与国立科技大学（原基辅理工学院）副校长谢尔希·西多连科会谈交流，双方签署了合作协议；与国家科学院弗兰采维奇材料问题研究所签署了合作协议；与乌克兰国际人文大学原校长扎诺夫斯基·阿纳托利、副校长切斯拉夫会见并会谈。

**【宁波大学代表团访问西班牙和俄罗斯】** 6月30日至7月7日，副校长汪浩瀚率团访问西班牙和俄罗斯。在西班牙，代表团访问了塞维利亚大学，与副校长卡门·巴尔加斯会见并会谈，双方就互派交换生和教师等达成一致意见；与该校经济管理学院就教师进修和学生暑期夏令营等事宜进行了交流。代表团访问了武康大学，该校副校长何塞·路易斯·门多萨、国际处处长马库斯·布鲁诺和法商学院院长冈萨洛·万多塞尔等先后会见代表团。在俄罗斯，代表团访问俄罗斯国立管理大学，副校长亚历山大·特罗伊茨基会见代表团，双方希望在"2+2"本科项目基础上，深化科研合作和研究生联合培养。

**【宁波大学代表团访问毛里求斯和马达加斯加】** 7月23日至30日，宁波大学纪委书记余建森（对外身份为校务委员会副主任）率团访问毛里求斯大学孔子学院和马达加斯加塔马塔夫大学。代表团参加在马达加斯加举行的由国家汉办组织的2019年非洲部分国家（地区）孔子学院联席会议。塔马塔夫大学校长扎菲托蒂·康什杨、塔马塔夫大学孔子学院外方负责人和中方负责人共同出席会议。代表团访问了塔马塔夫大学孔子学院，与扎菲托蒂·康什杨一起见证了宁波大学人文学院与塔马塔夫大学孔子学院签署汉语国际教育海外实习基地合作协议，并为实习基地揭牌；考察了塔马塔夫大学孔子学院办学条件和新教学楼在建工程。

**【宁波大学代表团访问荷兰和冰岛】** 9月23日至30日，宁波大学副校长邵千钧率团访问荷兰和冰岛。在荷兰，邵千钧访问了皇家音乐学院，会见了副校长马丁·布乔尔，观摩了该学院钢琴、声乐、喜剧等专业课程。在冰岛，邵千钧访问了北极光孔子学院，会见了冰岛大学人文学院院长谷瑟姆德·哈弗达纳松教授、北极光孔子学院外方院长马克·本杰明松和中方负责人；两校召开了2019年冰岛北极光孔子学院理事会。

**【宁波大学代表团访问法国和英国】** 10月29日至11月5日，宁波大学党委委员、宣传部部长/教师工作部部长张真柱率团访问法国孔泰大学和英国伦敦大学。在法国孔泰大学，医学院负责人内斯林·亚丹·格兰德曼格会见代表团，双方就合作举办医学双博士学位项目进行交流。在英国伦敦大学，医学院国际项目负责人约翰·乔治会见代表团。（杨美美）

**表3 2019度外国团组访问宁波大学一览表**

| 日期 | 团组名称 | 主宾姓名 | 主要活动 |
|---|---|---|---|
| 3月5日 | 西班牙驻上海总领事馆 | 总领事卡门·丰特斯 | 与宁波大学"中西班"学生进行座谈 |
| 3月5日 | 西班牙巴里阿里群岛大学 | 副校长朱梅·卡罗特·吉纳、教授米格尔·丽娜、国际办公室主任里卡多·萨格雷拉 | 校际交流 |
| 3月6日 | 法国大巴黎工商会 | 发展部副部长阿娜依斯·拉维 | 合作交流 |
| 3月6日 | 法国巴黎 La Fabrique 时尚与工艺学院 | 校长香塔尔·福客 | 校际交流 |
| 3月7日 | 韩国釜山市 | 前副市长郑铉珉等 | 来校任教 |

续表

| 日期 | 团组名称 | 主宾姓名 | 主要活动 |
| --- | --- | --- | --- |
| 3月11日 | 日本岩手大学 | 副校长上村松生、国际交流中心长薮敏裕、岩手县平泉文化中心教授刘海宇、教育学部运营办主任古川洋、教育学部副教授田中成行 | 校际交流 |
| 4月4日 | 西班牙加泰罗尼亚理工大学 | 校长弗朗西斯科·托雷斯·托雷斯、国际事务副校长胡安赫苏斯·佩莱兹·贡萨雷斯、副校长圣迭戈·席维斯特雷·贝格斯、航海学院院长奥古斯丁·马尔丁·马约夫雷、农业学院院长安娜玛丽亚·格瑞斯·莫莱乌、能源技术研究所所长伊格纳斯·卡萨诺瓦·赫尔马切亚 | 校际交流、签订两校合作协议 |
| 4月28日 | 韩国昌信大学 | 校长姜政默、汉语学院院长李吉莲 | 校际交流 |
| 5月8日 | 摩洛哥驻华大使馆 | 大使阿齐兹·梅库阿尔 | 会见宁波大学摩洛哥留学生 |
| 5月10日 | 荷兰皇家音乐学院 | 校长亨德里克·范德梅伦 | 校际交流、签订两校合作协议 |
| 5月28日 | 菲律宾八打雁市 | 旅游部督察员阿蒂·西尔维亚·马拉斯蒂根、信息部副主任卡特琳·埃里卡·布特 | 合作交流 |
| 6月10日 | 罗马尼亚亚历山德鲁伊万库扎大学 | 校长科尼利厄·伊瓦图、国际处处长米海·布莱 | 校际交流、签订两校合作协议、参加宁波市中东欧教育交流活动 |
| 9月23日 | 澳大利亚麦考瑞大学 | 副校长肖恩·布劳利、国际办公室副主任斯蒂芬·范 | 校际交流 |
| 10月9日 | 波兰什切青大学 | 国际处处长乔安娜·米苏卡伊蒂斯 | 校际交流、参加宁波市中东欧教育交流活动 |
| 10月12日 | 罗马尼亚布拉索夫大学 | 校长约翰·阿布鲁丹、外国语学院院长莫娜·阿希尔 | 校际交流、签订两校合作协议、参加宁波市中东欧教育交流活动 |
| 10月14日 | 澳大利亚纽卡斯尔大学 | 新加坡校区校长陈莎莉，项目经理布莱特·萨特克利夫、周威廉 | 合作交流 |
| 10月31日 | 日本东京经济大学 | 副校长岸志津江，教授罗欢镇、泷泽和大 | 校际交流 |
| 12月6日 | 阿拉伯联合酋长国迪拜大学 | 教务长杰弗瑞·卡西诺、孔子学院院长刘燕晖 | 校际交流、实习基地签约 |

表4 2019年宁波大学与外国高校签署合作协议一览表

| 合作院校 | 合作协议题目 |
|---|---|
| 俄罗斯联邦预算高等教育机构国立管理大学 | 宁波大学与俄罗斯联邦预算高等教育机构国立管理大学合作协议 |
| 俄罗斯国立管理大学 | 宁波大学与俄罗斯国立管理大学合作备忘录 |
| 印度尼西亚克里斯蒂安大学 | 宁波大学与印度尼西亚克里斯蒂安大学全英文工商管理本科双文凭项目协议 |
| 罗马尼亚蒂米什瓦拉西部大学 | 罗马尼亚蒂米什瓦拉西部大学与中国宁波大学高等教育与研究合作协议 |
| 罗马尼亚布拉索夫特兰西瓦尼亚大学 | 宁波大学与罗马尼亚布拉索夫特兰西瓦尼亚大学谅解备忘录 |
| 土耳其棉花堡大学 | 梅夫拉那交流计划协议 |
| 日本盛冈大学 | 中国宁波大学与日本盛冈大学学术交流协议书 |
| 意大利罗马大学 | 宁波大学与罗马大学文化科学合作协议 |
| 西班牙加泰罗尼亚理工大学 | 西班牙巴塞罗那加泰罗尼亚理工大学与中国宁波大学硕士双学位项目合作协议 |
| 菲律宾大学 | 菲律宾大学与中国宁波大学合作协议 |
| 日本东京外国语大学 | 宁波大学与东京外国语大学学术交流与合作协议 |
| 加拿大圣玛丽大学 | 中国宁波大学与加拿大圣玛丽大学学分互认协议 |
| 荷兰皇家音乐学院 | 中国宁波大学与荷兰海牙荷兰皇家音乐学院高等教育与研究合作协议 |
| 英国诺丁汉特伦特大学，宁波和丰创意广场投资经营有限公司 | 中英(宁波)创新设计促进中心合作备忘录 |
| 摩洛哥卡迪阿亚德大学 | 宁波大学与摩洛哥卡迪阿亚德大学框架性协议 |
| 罗马尼亚布加勒斯特大学 | 宁波大学与布加勒斯特大学谅解备忘录 |
| 乌克兰国立技术大学 | 乌克兰国立技术大学与中国宁波大学谅解备忘录 |
| 乌克兰国家科学院弗兰采维奇材料问题研究所 | 宁波大学与乌克兰国家科学院弗兰采维奇材料问题研究所谅解备忘录 |
| 罗马尼亚亚历山德鲁伊万库扎大学 | 宁波大学与亚历山德鲁伊万库扎大学谅解备忘录 |
| 韩国岭南大学 | 宁波大学与韩国岭南大学谅解备忘录 |
| 乌克兰国家科学院卡彭科物理机械研究所 | 宁波大学与乌克兰国家科学院卡彭科物理机械研究所谅解备忘录 |
| 捷克共和国酒店管理学院 | 宁波大学与捷克共和国酒店管理学院谅解备忘录 |
| 韩国国立釜庆大学 | 宁波大学与韩国国立釜庆大学合作备忘录 |
| 韩国国立釜庆大学 | 宁波大学与韩国国立釜庆大学学生交换协议 |

续表

| 合作院校 | 合作协议题目 |
| --- | --- |
| 塞尔维亚贝尔格莱德大学 | 宁波大学与贝尔格莱德大学合作协议附件 |
| 澳大利亚堪培拉大学 | 宁波大学与堪培拉大学合作教育协议 |
| 韩国釜山外国语大学 | 宁波大学与釜山外国语大学谅解备忘录 |
| 加州大学圣地亚哥分校斯克里普斯海洋研究所 | 宁波大学与加州大学圣地亚哥分校斯克里普斯海洋研究所合作备忘录修正案 |
| 德国杜塞尔多夫海茵里希–海涅大学 | 宁波大学与杜塞尔多夫海茵里希–海涅大学合作备忘录 |
| 罗马尼亚巴贝什·博尧依大学 | 宁波大学与巴贝什·博尧依大学谅解备忘录 |
| 罗马尼亚巴贝什·博尧依大学 | 宁波大学与巴贝什·博尧依大学师生交流协议 |
| 美国宾夕法尼亚联邦高等教育系统<br>天普大学工学院 | 宁波大学信息科学与工程学院与(美国宾夕法尼亚联邦高等教育系统)天普大学工学院谅解备忘录 |
| 美国威廉玛丽法学院 | 宁波大学法学院与美国威廉玛丽法学院谅解备忘录 |
| 冰岛大学北极光孔子学院 | 宁波大学人文与传媒学院研究生海外实习基地协议 |
| 马达加斯加塔马塔夫大学孔子学院 | 宁波大学人文与传媒学院研究生海外实习基地协议 |

**表 5 2019 年宁波大学主办的国际会议一览表**

| 会议日期 | 会议名称 | 主办学院 | 参加国家、机构 |
| --- | --- | --- | --- |
| 4 月 19 日至 21 日 | 全球修辞学会视听传播学会第四届视听传播国际研讨会 | 人文与传媒学院 | 美国德州大学达拉斯分校、美国中密歇根大学、西交利物浦大学电影电视艺术学院等 |
| 5 月 4 日至 6 日 | 港口城市交通可持续创新国际会议 | 海运学院 | 罗马尼亚 MedGREEN 集群协会、罗马尼亚康斯坦察大都会区、意大利系统集成研究所等 |
| 5 月 10 日至 12 日 | 全球化背景下中国音乐传承、发展及影响研究国际学术研讨会 | 音乐学院 | 日本“中国音乐理事会”、日本大阪音乐学院、冰岛国家交响乐团等 |
| 5 月 17 日至 19 日 | 2019 国际数据科学会议 | 信息科学与工程学院 | 美国迈阿密大学、瑞典皇家工学院、澳大利亚悉尼科技大学等 |
| 7 月 1 日至 3 日 | 第 12 届材料多尺度模拟国际会议 | 物理科学与技术学院 | 美国普林斯顿大学、加州州立大学、纽约城市大学等 |
| 7 月 18 日至 20 日 | “全球动态经济中的金融发展与稳定”国际研讨会 | 商学院 | 澳大利亚悉尼大学、日本早稻田大学、东京大学等 |
| 7 月 19 日至 21 日 | 首届“决策神经科学国际会议” | 商学院 | 意大利罗马第一大学、美国密歇根大学、美国哥伦比亚大学等 |
| 7 月 31 日至 8 月 2 日 | 动物源食品科学与人类健康国际研讨会 | 食品与药学学院 | 美国密歇根州立大学、新加坡国立大学、韩国首尔大学等 |

续表

| 会议时间 | 会议名称 | 主办学院 | 参加国家、机构 |
|---|---|---|---|
| 9月3日至5日 | 全球视野下的浙江与日本文化交流史研究国际学术研讨会 | 人文与传媒学院 | 日本早稻田大学、意大利档案总馆、梵蒂冈图书馆等 |
| 9月15日至17日 | 2019国际临床质谱会议 | 材料科学与化学工程学院 | 美国国立卫生研究院、美国威尔康奈尔医学院、新加坡国立大学等 |
| 9月16日至18日 | 2019水产养殖国际学术会议 | 海洋学院 | 英国斯特林大学、英国罗斯林大学、英国埃克塞特大学等 |
| 10月11日至13日 | 多维视角下的东亚近代史研究国际学术研讨会 | 外国语学院 | 日本立教大学、日本专修大学、韩国光云大学等 |
| 10月17日至19日 | 2019可持续城市排水国际研讨会 | 建筑工程与环境学院 | 加拿大阿尔伯塔大学、加拿大环境署、加拿大卡尔加里市等 |
| 10月26日至28日 | “中国现当代油画的传承与发展”国际学术会议 | 潘天寿艺术设计学院 | 俄罗斯列宾美术学院、保加利亚国家美术学院、美国芝加哥美术学院等 |
| 11月1日至3日 | 2019宁波新能源技术国际研讨会 | 海运学院 | 瑞典研究所、美国加州理工学院等 |
| 11月1日至3日 | 第三届海洋文学与文化国际学术研讨会 | 外国语学院 | 英国爱丁堡大学、伦敦大学、德国科隆大学等 |
| 11月4日至6日 | 2019第六届国际海洋工程会议 | 海运学院 | 挪威科技大学、挪威斯塔万格大学、日本大阪大学等 |
| 11月8日至10日 | 2019东黄海研究智库联盟年会暨“海洋命运共同体与生态文明建设”国际学术会议 | 法学院 | 日本九州大学等 |
| 11月10日至12日 | 第一届动植物健康与农产品质量安全国际学术会议 | 海洋学院 | 美国康奈尔大学、美国马歇尔大学、美国杜克大学等 |
| 11月21日至22日 | 第二届中国与“一带一路”国家旅游高等教育研讨会 | 宁波大学昂热大学联合学院/中欧旅游与文化学院 | 法国昂热大学、希腊地中海大学、瑞士洛桑大学等 |
| 11月22日至24日 | 全球视野下中外文化交流史研究国际学术会议 | 人文与传媒学院 | 日本东京大学、英国利兹大学等 |
| 11月24日至26日 | “中国道路与人类命运共同体”国际学术会议 | 马克思主义学院 | 波兰华沙大学、波兰社会科学院、德国柏林大学等 |
| 11月29日至12月1日 | 第四届“运动与健康”国际学术会议 | 体育学院 | 韩国梨花女子大学、韩国建国大学、澳大利亚昆士兰大学等 |
| 11月29日至12月1日 | 第三届比例边界有限元最新进展研讨会 | 建筑工程与环境学院 | 澳大利亚新南威尔士大学、澳大利亚联邦大学、印度理工学院等 |
| 12月6日至8日 | 2019第三届宁波集装箱供应链国际联合创新研讨会 | 海运学院 | 英国利物浦大学、英国阿伯丁大学、新加坡南洋理工大学等 |

# 浙江师范大学

**【概况】** 2019年，浙江师范大学在学校国际化建设中注重提质增效，在搭建国际合作平台、引进高端外国专家、促进学生国际流动、孔子学院内涵式发展等各方面取得长足进步。

2019年，学校派出各类长短期出访团组231批453人次，学生短期交流团组34批131人次，外籍及持绿卡人员27批27人次。至2019年，学校已与70个国家和地区的246所高校或教育机构建立了合作关系，与包括美国俄亥俄州立大学、荷兰乌特勒支大学、法国巴黎第七大学在内的世界前100名校签署21项校际院际协议。

推动优质教育资源"引进来"，优势特色学科"走出去"。至2019年，已与澳大利亚、新加坡、英国等国家高校举办4个中外合作办学项目，与英国班戈大学、法国巴黎第七大学开展联合培养博士项目，其中学校与美国恩波利亚州立大学合作举办音乐学项目于12月获批。

继续开拓学生赴国(境)外交流学习项目。至2019年，开发了70余个学生出国(境)交流交换项目，学校共有近4000名学生通过学校的交流项目出国(境)交流学习。重点推动学生赴世界前100名校交流学习，至2019年共有400余名同学获奖学金赴世界名校学习。

加大外专外教的引进力度，着力引进高层次拔尖人才和具有良好发展潜力的优秀中青年人才。至2019年，共聘请来自27个国家107位外国文教专家，其中拥有博士或高级职称的外国专家35人。学校作为两次入选"111计划"的全国4所地方高校之一，一批"国家千人计划"专家、国家"外专千人计划"专家等高层次人才相继来校工作。

港澳交流成果显著。学校先后与香港教育大学、香港浸会大学、澳门科技大学建立合作关系。至2019年，共有44名全日制港澳本科生在校学习，专业涵盖工商管理、应用心理学、国际经济与贸易、地理科学等。

2019年，学校录取国际学生1339人，较2018年增长220人。在校国际学生总人数3634人，位列浙江省前茅，较2018年增加400余人，其中在校学历生1739人，较2018年增加242人。

完成援外培训项目的组织实施工作。2019年，共承担商务部短期援外培训项目25期，培训来自亚非拉、欧洲、大洋洲等69个发展中国家的各级各类政府官员、大中小学校长及教师630人次。承担商务部2019年比较教育硕士学历学位项目一期，招收学员24名。2019年学校组织专家完成了460个项目的可行性研究报告，获得商务部培训中心的肯定。

2019年，学校再次获得"孔子学院先进中方合作机构"荣誉，这是学校第6次被评为"孔子学院先进中方合作机构"，是目前全国唯一连续5次获此殊荣的院校。至2019年，学校与喀麦隆、莫桑比克、坦桑尼亚等3国所在大学均已合作设立中文专业。以孔子学院为平台，在区域国别研究等领域与相关孔子学院外方院校开展了深层次的学术交流与合作，成立了中非法律研究中心，召开了非洲教育研究学术会议；与美国天普大学相关学院的合作也以孔子学院为平台持续推进中。2019年，孔子学院非洲研修中心累计承担孔子学院总部、浙江省教育厅等上级部门各类培训、选拔项目17项，先后完成论文集《非洲孔子学院探索与研究》《非洲孔子学院跨文化案例集》《孔子学院院长文集》《非洲孔子学院教师文集》等编辑出版工作。浙江省孔子学院师资选拔培训中心负责全省孔子学院各项业务管理、师资培训、项目宣讲等工作，做好孔子学院志愿者管理改革试点，累计服务师生1500余人。

**【港澳学生参访团访问浙江师范大学】** 1月5日，由香港大学、香港中文大学、香港浸会大学、香港科技大学、香港城市大学、香港理工大学、澳门大学、岭南大学的本科生、硕士生和博士生组成的港澳万人计划"一带一路"战略研习营港澳学生参访团一行150人访问浙江师范大学非洲研究院。教育部长江学者特聘教授、浙江省特级专家、浙江师范大学非洲研究院院长刘鸿武教授为参访团做题为"非洲发展问题与中非合作前景"的专题讲座。

**【浙江师范大学代表团访问美国和日本高校】** 1月20日至28日，校长郑孟状率代表团访问美国和日本。在美国，代表团一行参加天普大学孔子学院第三届理事会，天普大学校长、天普大学孔子学院理事会美方理事长理查德·恩格勒特等理事会全体成员出席会议。在日本，代表团一行访问昭和女子大学，与理事长坂东真理子、校长金子朝子、副校长曾泽史子、国际交流科科长山崎真伸进行会谈。双方肯定了两校框架协议签订的作用和意义，认为要尽快制定合作细则，推进框架协议落实落地。

**【达累斯萨拉姆大学孔子学院院长获评"文明之光·2018中国文化交流年度人物"】** 1月28日，由中国文化交流网、国声智库文化发展中心、"一带一路"文化传播与经济发展课题组、中国商业史学会"一带一路"专业委员会主办的"文明之光·2018中国文化交流年度人物"评选结果正式揭晓。浙江师范大学坦桑尼亚达累斯萨拉姆大学孔子学院中方院长、国际文化与教育学院副教授刘岩荣获"文明之光·2018中国文化交流年度人物"称号。

**【美国俄亥俄州立大学代表团访问浙江师范大学】** 1月31日至2月2日，美国俄亥俄州立大学教育和人类学学院院长唐纳德·波普一行访问浙江师范大学。校长郑孟状会见代表团，他表示，浙江师范大学愿意并支持与包括美国俄亥俄州立大学在内的世界一流大学开展密切合作，希望两校借助教师教育领域的合作办学平台，不断推动各领域合作办学、师生交流、科学研究等深度合作。

**【非洲研究院连续3年入选全球"最佳区域研究中心"】** 1月31日，由美国宾夕法尼亚大学"智库研究项目"（TTCSP）研究编写的《全球智库报告2018》在纽约、华盛顿及北京等全球100多个城市同步发布。在2018年"最佳区域研究中心（大学附属）"榜单中，全球共有32家智库入选，其中浙江师范大学非洲研究院再次入选该榜单，另外入选该榜单的中国大学附属智库为清华大学布鲁金斯—清华中国公共政策研究中心和清华大学卡内基—清华全球政策中心。

**【出席中国非洲研究院成立仪式】** 中国非洲研究院成立大会于4月9日在北京召开，中国以及莫桑比克、南非等20多个非洲国家的350多位专家学者参加成立大会，并围绕"一带一路"倡议与中非经贸合作、中非文明互鉴与人文交流等议题展开探讨。浙江师范大学非洲研究院院长刘鸿武教授出席成立仪式并做大会演讲。

**【第三届全国汉语国际教育专业学位研究生教育指导委员会第二次工作会议】** 4月19日在浙江师范大学举行。中国教育国际交流协会会长、全国汉语国际教育专业学位研究生教育指导委员会（以下简称教指委）第二次工作会议教指委主任委员刘利民，浙江师范大学党委书记蒋国俊，天津师范大学校长、教指委副主任委员钟英华，北京语言大学副校长、教指委副主任委员张旺熹，孔子学院总部师资处处长、教指委副秘书长赵燕清等出席会议。会议由孔子学院总部党委书记、副总干事，教指委副主任委员兼秘书长马箭飞主持。来自北京大学、中国人民大学、北京师范大学等20所高校的全国汉语国际教育专业学位研究生教指委委员出席会议。会议期间，刘利民，马箭飞，蒋国俊共同为浙江师范大学孔子学院发展战略研究院揭牌。

**【索马里国家规划、投资与经济发展部部长访问浙江师范大学】** 4月22日至23日，索马里国家规划、投资与经济发展部部长贾马勒·哈桑访问浙江师范大学，出席由非洲研究院东非区域国别研究中心承办的“一带一路”与东非区域发展路径高端研讨会并做主旨演讲，就“一带一路”倡议与东非地区发展发表看法。会议就东非地区在“一带一路”倡议中的特殊地位以及中国和东非国家在教育合作、人文交流、智库沟通以及经贸往来等方面展开深入研讨。

**【德国汉堡音乐学院院长访问浙江师范大学】** 4月28日，副校长钟依均会见德国汉堡音乐学院院长米歇尔·理查德·彼得曼一行。

**【国内首部非洲学专著出版】** 5月，浙江师范大学非洲研究院院长刘鸿武教授的新著《非洲学发凡——实践与思考六十问》由人民出版社出版。这是国内首部专门研究讨论非洲学基本问题的专著。

**【尼日利亚大学校长访问非洲研究院】** 5月7日，尼日利亚大学校长本杰明教授一行访问浙江师范大学非洲研究院，双方就“‘一带一路’背景下中—尼合作能力建设”进行研讨。会上，非洲研究院院长刘鸿武教授，本杰明教授分别致辞，表达了加强合作、共同交流的共识。

**【非洲法语国家研究中心成立】** 5月15日，“‘一带一路’背景下中国与非洲法语国家战略合作”国际研讨会暨浙江师范大学非洲研究院非洲法语国家研究中心成立仪式在金华举行。

**【浙江师范大学代表团访问罗马尼亚、捷克和希腊】** 5月16日至25日，校长郑孟状一行率浙江师范大学代表团访问罗马尼亚、捷克和希腊。在罗马尼亚，郑孟状一行参加中国—中东欧国家高校联合会第六次会议、第七届中国—中东欧国家教育政策对话会，并参加蒂米什瓦拉西部大学75周年校庆等活动。在希腊，郑孟状一行参加中国—希腊大学校长论坛。此外，郑孟状一行还访问捷克、希腊有关高校，就拓展与中东欧国家高校合作，共同推进人才培养模式改革、教育国际化与学生流动，以及科研合作与科技创新等议题展开讨论。

**【浙江师范大学代表团访问加纳和坦桑尼亚高校】** 5月26日至6月3日，副校长潘慧炬率浙江师范大学代表团访问加纳和坦桑尼亚。代表团一行访问了两国有关高校及加纳大学孔子学院、达累斯萨拉姆大学孔子学院，并出席在坦桑尼亚举行的中非法律研究中心揭牌仪式暨“一带一路”与中非法律合作研讨会。

**【乌克兰驻上海总领事访问浙江师范大学】** 5月28日，副校长张根福会见乌克兰驻上海总领事德米特里·波罗马兰科一行，并介绍了学校与乌克兰相关的合作与研究近况，以及学校在师资交流、人才培养方面的国际交流与合作情况。

**【《泰晤士高等教育》代表团访问浙江师范大学】** 5月30日，《泰晤士高等教育》中国区域董事钱准榆、亚洲市场与合作伙伴关系经理李慧一行访问浙江师范大学，副校长钟依均会见代表团。

**【哈佛大学副教务长访问浙江师范大学】** 5月31日，校长郑孟状会见哈佛大学副教务长包弼德一行，介绍了浙江省教育发展情况与浙江师范大学发展近况，特别是学校在学前教育、汉语言文学、中国史等领域的优势和特色。

**【国际学生创新创业大赛获佳绩】** 6月2日，“创客天下·2019杭州市海外高层次人才创新创业大赛”来华国际学生专场暨浙江省外国国际学生创新创业大赛决赛在杭州跨贸小镇举行。省教育厅副厅长于永明，杭州市委组织部副部长、市委人才办常务副主任陈键等出席活动并为获奖团队颁奖。经项目路演、现场答辩和专家评审等多个环节，浙江师范大学BeroGenge（在线购物平台）获二等奖，Bello Market（北路网）、Happy Codeplay（少儿在线编程）、WUKA（无卡新时代智能手机）等3个项目获优胜奖。

**【出席浙江省推进“一带一路”建设**

大会】 6月8日，浙江省推进“一带一路”建设大会在宁波举行。来自印度尼西亚、立陶宛、卢森堡、土库曼斯坦、斯洛伐克、肯尼亚、约旦、泰国、阿曼、捷克等60个国家140多位外宾、200余名中外企业家代表出席大会。浙江师范大学非洲研究院院长刘鸿武，非洲研究院南非籍高级研究员、南非国际关系与合作部欧美司原代理副总司长格特大使参加大会，并代表非洲研究院做大会嘉宾演讲。

**【中非教育合作研究中心成立】** 6月26日，“全球治理：中非教育与人文交流”研讨会暨浙江师范大学非洲研究院中非教育合作研究中心揭牌仪式、首部《中国—南非人文交流发展报告》发布仪式在浙江师范大学举行，教育部中外人文交流中心、中国扶贫基金会、中国国际广播电台、浙江亚龙智能装备集团等政府机构、媒体、企业，以及尼日利亚、南非和国内20余所高校、科研单位近百人参加此次活动。

**【非洲法律查明研究中心成立】** 6月27日，中非法律人才交流项目第六期研修班（浙江段）在浙江师范大学开班，同时举行“非洲法律查明研究中心”揭牌仪式和“一带一路”与中非法治合作研讨会。浙江师范大学校长郑孟状、中国法学学术交流中心副主任王伟、浙江省法学会常务副会长陆剑锋、南非开普敦大学中国法律和非洲投资研究生导师特博格·勒菲菲、喀麦隆行政与法官师范学院行政部主任马格瑞斯·阿特、浙江师范大学非洲研究院院长刘鸿武、浙江省律师协会副会长崔海燕出席揭牌仪式。

**【出席“亚欧非跨境公共海外仓高峰论坛”】** 6月27日至29日，由中国商务部、湖南省政府主办的第一届中国—非洲经贸博览会在湖南省长沙市举行。浙江师范大学非洲研究院非洲经济研究所所长刘青海博士作为特邀嘉宾出席“亚欧非跨境公共海外仓高峰论坛”并做题为《非洲经济形势与中国企业的机遇》的发言。

**【2019年孔子学院总部赴非汉语教师志愿者培训班】** 7月3日在浙江师范大学开班，校党委书记蒋国俊、孔子学院总部官员李卓出席开班仪式并致辞，蒋国俊为志愿者代表授旗。

**【商务部国际商务官员研修学院研修班访问浙江师范大学】** 7月3日至4日，商务部国际商务官员研修学院2019年刚果（金）商业文化融合（法语）研修班24名学员访问浙江师范大学。学员一行参观了非洲博物馆和校史馆，参加了张笑贞、祝亚雄教授开设的《中非文化差异对比》《义乌市场发展与国际贸易监管模式的演进》两场讲座，还与正在学校援外基地培训的发展中国家大学治理能力提升（英语）研修班学员进行交流。

**【联合主办第三届中非影视合作论坛】** 7月4日至5日，“第三届中非影视合作论坛暨《重走坦赞铁路》非洲首映式”在喀麦隆首都雅温得举行。论坛由浙江师范大学非洲研究院、浙江师范大学文化创意与传播学院、雅温得第二大学孔子学院等机构联合主办。

**【孔子学院总部2019年赴非洲外派汉语教师、本土汉语教师研修班】** 7月12日在浙江师范大学开班。校党委副书记朱坚出席开班仪式并致辞，浙江师范大学非洲研究院院长刘鸿武教授作开班第一讲：《如何当好中非文化交流的使者》。同日，孔子学院总部本土孔子学院教师研修班开班，喀麦隆、南非、加纳、尼日利亚、津巴布韦等近10个国家的本土汉语教师参加研修。

**【给金砖国家项目学员作报告】** 7月15日，受复旦大学邀请，学校非洲研究院南非籍高级研究员格特大使为2019年暑期金砖国家项目学员做题为“中国与南非关系的新发展”的报告。来自巴西、俄罗斯、印度、南非等金砖国家国际学生及中国学生40余名学员参加报告会。

**【南非汉语教学成果展演】** 8月5日，由中国驻南非大使馆、南非各孔子学院主办的“南非汉语教学成果展演”活动在南非行政首都比勒陀利亚举行，中国同南非政府宣布，双方同意将每年9月17日定为“南非中文日”。中国驻南非大使林松添、南非基础教育部部长莫采卡、浙江师范大学非洲研究院南非籍高级研究员格特大使等共同为“南非中文日”揭牌。格特发表演讲。

**【中非文化交流周】** 8月9日在杭州举行，浙江师范大学非洲博物馆珍藏的70余件非洲文化艺术品参加交流周展出活动。交流周由浙江师范大学非洲研究院、中非民间商会杭州办事处、杭州市余杭区文化和广电旅游体育局、致公党余杭区总支部主办。浙江省文化与旅游厅副厅长许澎，杭州市副市长、致公党杭州市主委胡伟，中共余杭区委副书记、区长陈如根，浙江师范大学非洲研究院院长刘鸿武等出席开幕式。

**【承办“中非智库论坛”第八届会议】** 8月26日，“中非智库论坛第八届会议”在北京开幕。本届会议由“中非智库论坛”创建单位浙江师范大学非洲研究院承办，同时得到中国非洲研究院和中国国际问题研究院的协办支持。来自45个非洲国家的驻华使节，51个非洲国家的政府官员、智库学者、媒体代表和中国外交部、国内知名智库机构代表、企业代表及媒体人士近400人参加了此次会议。

**【浙江师范大学艺术团赴南非巡演】** 9月1日至14日，浙江师范大学艺术团受孔子学院总部委托访问南非，在比勒陀利亚、约翰内斯堡、德班、伊丽莎白港、开普敦等主要城市进行演出，演出主题为“和合之韵彩虹之约”。先后观看演出的有南非第一大族群祖鲁族传统领袖祖鲁王、南非夸祖鲁纳塔尔省省长齐卡拉拉、在南非访问的浙江省省长袁家军等，南非相关高校孔子学院、孔子课堂、机构领导层等，以及中国驻南非使(领)馆官员、华人侨领等。

**【浙江师范大学代表团访问南非和阿拉伯联合酋长国】** 9月8日至16日，校长郑孟状率浙江师范大学代表团访问南非纳尔逊·曼德拉大学、西开普大学和阿拉伯联合酋长国迪拜大学、扎耶德大学。

**【出席第二届中南青年创新创业论坛】** 9月10日，第二届中南青年创新创业论坛在南非纳尔逊·曼德拉大学举行。本次论坛由浙江师范大学和南非纳尔逊·曼德拉大学共同主办。论坛主题为“共享数字经济新机遇，激活创新创业新动能”。浙江省省长袁家军，南非东开普省省长玛布雅尼，浙江师范大学校长郑孟状，纳尔逊·曼德拉大学校长姆特瓦出席开幕式并致辞。

**【南非西开普大学中医孔子学院揭牌】** 9月11日，由浙江师范大学、浙江中医药大学与南非西开普大学合作共建的中医孔子学院揭牌仪式在西开普大学举行。浙江省省长袁家军及南非高等教育与培训部国际司司长哈里·杰佩为中医孔子学院揭牌。中国驻开普敦总领事林静、浙江师范大学校长郑孟状、浙江中医药大学校长陈忠、西开普大学代理校长迈克·马吉达先后致辞。

**【参加“中摩非：共同发展纽带”研讨会】** 9月19日，中国驻摩洛哥大使馆与摩知名国际智库新南方政策中心共同举办“中摩非：共同发展纽带”研讨会。中国驻摩洛哥大使李立、新南方政策中心主席艾纳维，以及来自中国、非洲和欧洲的专家学者、企业界人士等近百人出席。浙江师范大学非洲研究院王珩教授受邀参加并做主题发言。

**【印度尼西亚泗水国立大学副校长访问浙江师范大学】** 9月19日，副校长张根福会见印度尼西亚泗水国立大学副校长苏加瓦托一行。

**【贝宁驻华大使访问浙江师范大学】** 9月23日，贝宁驻华大使西蒙·皮埃尔·阿多韦兰德访问浙江师范大学。浙江师范大学非洲研究院院长刘鸿武、副院长徐薇与大使就“一带一路”背景下中国—贝宁战略合作做专题研讨。

**【出席南非哈哈比王国经济发展会议】** 9月26日，南非第二大族群科萨族的核心族群哈哈比王国实权人物欧罗伊索·桑迪勒女王在王国议政厅举行经济发展会议。南非国家人居环境、水源和卫生部副部长帕梅拉·茨维特、东开普省有关部门负责人出席会议。浙江师范大学非洲研究院南非分院主任刘钊轶受邀参加会议并发言。会议聘请刘钊轶就任科萨族哈哈比王国王室顾问，这也是哈哈比王国历史上首次授权王国以外人员就任王室顾问，参与讨论王国未来经济开发和项目引入等促进王国地区经济发展工作。

**【主持尼雷尔纪念日20周年暨中坦建交55周年学术月】** 10月16日，尼雷尔基金会执行主任约瑟夫·布提库等访问浙江师范大学，为尼雷尔纪念日20周年暨中坦建交55周年学术月活动揭幕，并做开幕演讲。国际广播电台首席斯瓦希里语播音员、中国传媒大学客座教授陈莲英参加揭幕和演讲。浙江师范大学非洲研究院院长刘鸿武教授、党总支书记王珩教授、副院长徐薇以及有关师生50余人参加学术分享会。活动由非洲研究院中国非洲人类学研究中心秘书长雷雯主持。

**【尼日利亚卡诺州华人酋长访问浙江师范大学】** 10月22日，尼日利亚卡诺州华人酋长张光宇一行在校长郑孟状陪同下访问学校非洲研究院。非洲研究院院长刘鸿武会见张光宇一行并进行座谈交流。

**【举办首届中国—南苏丹智库论坛】** 10月25日，浙江师范大学非洲研究院与南苏丹智库战略与政策研究中心联合举办的首届中国—南苏丹智库论坛在南苏丹首都朱巴举行。南苏丹总统教育顾问兼战略与政策研究所主席盖伊、总统顾问兼南中友协会长本杰明、代理外长达乌、交通部部长卢克、路桥部部长米约克等南苏丹政要出席论坛。南苏丹有关政府部门官员，中国驻南苏丹大使馆、中国驻挪威大使馆、中国驻印度大使馆等使节，欧盟、非盟等国际组织成员，浙江师范大学、中国国际问题研究院、上海对外经贸大学、上尼罗大学、朱巴大学等中、非大学学者，DPOC、SLPMIO等科研机构人员，《阿尔穆吉夫报》《媒体权威》等媒体人员，共计百余名中、非各界人士参加会议。

**【日本中央大学校长访问浙江师范大学】** 10月27日，校长郑孟状会见日本中央大学校长酒井正三郎一行。

**【意大利意中文化交流研究中心访华团访问浙江师范大学】** 10月28日，校长郑孟状会见意大利意中文化交流研究中心访华团一行。

**【坦桑尼亚达累斯萨拉姆大学校长访问浙江师范大学】** 11月8日，校长郑孟状会见坦桑尼亚达累斯萨拉姆大学校长威廉·阿南基瑟，回顾了浙江师范大学与坦桑尼亚的合作历史。

**【共同主办2019金华中非文化合作交流周暨中非经贸论坛】** 11月11日，金华市人民政府和浙江师范大学共同主办的2019金华中非文化合作交流周暨中非经贸论坛开幕。金华市委书记陈龙、浙江师范大学校长郑孟状、尼日利亚驻上海总领事安德森·马杜比克、安哥拉商务部部长范杜嫩、省商务厅副厅长张曙明、外交部非洲司参赞万鹏出席论坛并致辞。金华市市长尹学群主持开幕式，郑孟状在开幕式上致辞。安哥拉等25个非洲国家以及加拿大的政府官员、驻华使(领)馆官员、商(协)会代表和企业代表，相关非洲研究专家学者，涉非中介服务机构代表，国内相关商(协)会、企业代表800多人参加活动。

**【赞比亚—中国友好协会秘书长访问浙江师范大学】** 11月12日，校长郑孟状会见赞比亚—中国友好协会秘书长姆万萨一行，并介绍了学校发展情况，特别是非洲研究领域的优势和特色，以及学校在师资交流、人才培养方面的国际交流与合作情况。

**【第三届中非世行教育合作论坛】** 11月12日在浙江师范大学举行。非洲17个国家和中国的教育行政部门负责人、大学校长、专家学者以及世界银行的官员130余人参加论坛。论坛聚焦教师教育，共同研讨中非教师教育政策的设计与推行、教师职前培养与职后培训、中非教师教育合作的模式创新以及发动全球力量支持非洲教师教育等议题。

**【出席中外人文交流论坛】** 11月

23日，浙江师范大学非洲研究院院长刘鸿武出席在复旦大学举行的“第三届复旦大学中外人文交流论坛”，并做题为“建构人类共通共享知识体系以助推人类命运共同体建设”的专题报告。

**【首届基础教育国际化与教师国际化素养提升论坛】** 11月30日，首届“一带一路”背景下基础教育国际化与教师国际化素养提升论坛在浙江师范大学举行，学校非洲研究院院长刘鸿武做主旨演讲。

**【尼日利亚和南非驻华使节访问浙江师范大学】** 12月4日，尼日利亚驻华大使巴科里·阿利尤·乌斯曼、南非驻上海总领事馆经济领事里翰祖·马赫勒访问浙江师范大学。学校非洲研究院院长刘鸿武接待乌斯曼一行。金华市外办副主任金烨、非洲商务论坛创办人朱妤女士陪同访问。

**【卢旺达驻华大使访问浙江师范大学】** 12月5日，卢旺达驻华大使詹姆斯·基莫尼奥及商务参赞访问浙江师范大学，与非洲研究院师生座谈。非洲研究院院长刘鸿武主持座谈会。非洲研究院南非籍高级研究员格特，非洲法语国家研究中心执行主任、高级研究员约罗，非洲研究院非洲教育研究所所长牛长松，非洲研究院非洲政治与国际关系研究所副研究员赵俊，非洲研究院东非区域国别研究中心副主任李雪冬，非洲研究院非洲影视研究中心秘书长罗德里格等20余名师生参加座谈会。

**【三所非洲孔子学院理事会召开】** 12月9日，坦桑尼亚达累斯萨拉姆大学孔子学院第七届理事会在浙江师范大学召开，达累斯萨拉姆大学副校长波拿凡吐·鲁蒂姆瓦、孔子学院中方院长刘岩等参加会议。同日，莫桑比克蒙德拉内大学孔子学院第八届理事会在长沙召开，浙江师范大学校长、孔子学院理事会中方主席郑孟状，蒙德拉内大学校长、孔子学院理事会莫方主席奥兰多·基兰博，蒙德拉内大学孔子学院中方院长陈明昆、莫方院长席尔瓦参加会议。12月13日，喀麦隆雅温得第二大学孔子学院第十二届理事会在浙江师范大学召开，雅温得第二大学校长阿道夫·闵库阿·西、副校长莫·楠，孔子学院喀方院长萨罗门·艾赫特、中方院长吴强参加会议。浙江师范大学校长郑孟状，副校长李伟健、钟依均，国际处、汉语国际推广办公室、非洲孔子学院研修中心相关负责人参加会议。

**【获“孔子学院先进中方合作机构”】** 12月9日至10日，2019年国际中文教育大会在长沙召开。浙江师范大学校长郑孟状率团参加会议，代表学校接受教育部副部长田学军颁发的“孔子学院先进中方合作机构”奖状，这是浙江师范大学第6次获奖，是全国唯一连续5次获此殊荣的院校。大会上，浙江师范大学孔子学院合作方喀麦隆雅温得第二大学校长阿道夫·闵库阿·西荣获“全球孔子学院先进个人”，坦桑尼亚达累斯萨拉姆大学孔子学院、喀麦隆雅温得第二大学孔子学院荣获孔子学院总部汉考国际“优秀汉语考试考点”。

**【举行南非科学院院士、欧洲科学院院士聘任仪式】** 12月11日，浙江师范大学举行南非科学院院士、欧洲科学院院士迈克尔·梅多教授聘任仪式暨“中—非典型生态脆弱区”联合研究行动计划专题研讨会。校党委书记蒋国俊出席聘任仪式，并为迈克尔·梅多颁发聘书。

**【非洲大湖地区发展局势与投资机会研判圆桌论坛】** 12月16日在杭州举行。围绕“非洲大湖地区发展局势研判”和“非洲大湖地区与浙江省经贸合作、人文交流”两大主题，中非学者、官员、企业代表进行了深入研讨。联合国秘书长大湖地区问题特使夏煌大使、OSESGGL国际会议执行秘书扎卡里·穆苏里·穆伊、OSESGGL办公室主任安尼费奥克·约翰逊、浙江师范大学副校长钟依均、浙江省社科联一级巡视员邵清等出席会议并致辞。浙江师范大学非洲研究院院长刘鸿武担任论坛主席。

**【“留学中国·爱在浙师”国际学生新年晚会】** 12月26日在浙江师范大学举行。校党委副书记朱坚出席晚会并为获得优秀来华国际学生、优秀来华国际学生干部、优秀学术创新奖等荣誉称号的学生颁奖。

（刘　岩）

# 浙江理工大学

【概况】 2019年，浙江理工大学获批因公出国（境）师生团组178批277人次。其中，考察访问9批41人次，国际学术会议32批47人次，学术交流81批131人次，访问学者51批51人次，参团5批7人次。全年接待国（境）外来校讲学、合作研究、交流访问等团组187批898人次。与国（境）外16个国家和地区的28所院校和机构新签或续签30份交流合作协议或备忘录，其中美国4所、英国2所、加拿大3所、日本2所、韩国1所、新加坡2所、泰国1所、印度尼西亚4所、卢森堡1所、塞浦路斯1所、乌克兰1所、白罗斯1所、智利1所、哈萨克斯坦2所、乌兹别克斯坦1所、加纳1所。新增合作高校和机构17所，与加拿大英属哥伦比亚大学、华盛顿大学、新加坡国立大学等海外名校建立合作关系。与美国北卡罗莱纳州立大学合作举办研究生层次的中外合作办学项目获教育部批准。学校新增学生海外学习项目16个，经校际交流与合作关系出国（境）交流学习的学生860人，比2018年增长17.2%。其中，研究生层次出国交流的规模和结构都有明显改善，总体规模增长了30%，交流期限在一个月以上的人数增长了39%。举办国际和双边会议8次，参加会议的国外专家学者8批149人次。聘用长、短期外国文教专家135人次。

2019年留学生规模创新高，排名保持在省属高校前10位。2019年长短期留学生人数达1402人次，比上年增长11.5%。其中学历留学生662人，占留学生总数的47.2%，比上年增长24.7%。学校首次举办了留学生实习实践及毕业生就业推介会；组织留学生参加浙江省第五届“互联网+”大学生创新创业竞赛，获得留学生组金奖2项，银奖1项，铜奖7项；组织留学生参加“外研社·国才杯”全国英语演讲大赛，2名留学生获全国决赛三等奖；组织留学生参加第十三届“梦行浙江”外国留学生演讲比赛、中华才艺展演等文体活动。

学校在苏里南、毛里求斯的两所孔子学院注册学员达到1500人，参与“我眼中的中国”“孔子学院开放日”等各类文化活动累计人数突破8000人。苏里南大学孔子学院的HSK考点于2019年7月举行首次HSK考试。学校与毛里求斯大学依托孔子学院合作成立的“生物医用材料与组织工程联合研究中心”于2019年8月正式揭牌，是两国高校在科技领域的第一个合作平台。

【新增中外合作办学本科教育项目】 3月21日，教育部下发《教育部关于批准2018年下半年中外合作办学项目的通知》，浙江理工大学与美国纽约州立大学时装技术学院（FIT）合作举办的视觉传达设计（时尚品牌传播）专业本科教育项目获教育部批准。这是学校获批的第3个与美国纽约州立大学时装技术学院合作办学项目。项目招生纳入国家普通高等学校本科教育招生计划，于9月开始招生。

【浙江理工大学代表团访问孟加拉和泰国】 5月25日至6月1日，校党委副书记周文龙率代表团访问孟加拉和泰国。在孟加拉，代表团访问了服装制造商和出口商协会服装技术大学、孟加拉BEXIMCO集团下属纺织服装公司。在泰国，代表团访问了帕纳空皇家理工大学和清迈大学。代表团与两国大学和企业就学生培养培训、教师互派、国际科研合作、“丝绸之路”奖学金、“一带一路”合作等内容进行了交流。

**【第四届里德堡原子分子国际研讨会】** 6月6日至8日在浙江理工大学召开。校党委副书记周文龙及理学院相关负责人出席会议，美国、英国、韩国、日本、印度、德国等国外代表以及国内清华大学、中科院大学、中科院武汉物理与数学研究所等高校和研究所的专家学者共120余人出席会议。与会者在讨论会上作了20多个报告，主要涉及里德堡原子的量子模拟，里德堡原子弹量子计算与量子信息处理，里德堡原子的量子精密测量，量子态制备等领域。

**【第五届来华留学工作研讨会暨高校国情教育成果交流会】** 6月13日在浙江理工大学召开。中国教育国际交流协会秘书长赵灵山、省教育厅副厅长于永明、校长陈文兴、副校长郜正荣等出席会议，来自全国近200多个教育行政部门和高校的360余名代表参加会议。高校国情教育成果交流会同时举行。参会代表还参观了下城区跨贸小镇外国来华留学生创业园。

**【香港高中学生内地交流团访问浙江理工大学】** 6月19日至7月8日，香港教育局组织的“同行万里——香港高中学生内地交流计划系列团”共7所高中408名师生分6批访问浙江理工大学。相关部门介绍了学校的历史和办学特色、港澳学生教育情况、招生政策等内容。清韵戏曲社团负责人介绍了社团活动情况。学校香港学生代表分享了学习、生活的体会。系列团参观了丝绸博物馆、经济管理学院和服装学院等场所。

**【浙江理工大学代表团访问马达加斯加和法国】** 7月25日至8月2日，副校长王剑俊率代表团访问马达加斯加和法国。在马达加斯加，代表团参加2019年非洲部分国家（地区）孔子学院联席会议；访问马达加斯加塔那那利佛大学孔子学院，就汉语推广经验进行分享。在法国，代表团访问法国时尚学院和巴黎国际时装学院，就学生长短期交换、非独立法人中外合作办学机构（杭州国际时尚学院）建设、教师互派与互访、合作研究等事项进行交流。

**【新增中外合作办学硕士研究生教育项目】** 8月13日，教育部下发《教育部关于批准2019年上半年中外合作办学项目》，浙江理工大学与美国北卡罗莱纳州立大学合作举办的服装设计与工程专业硕士研究生教育项目获批。这是学校第一个硕士研究生中外合作办学教育项目，招生纳入全国硕士研究生统一招生计划，将于2021年开始招生。项目三分之一核心课程为美方教师授课。学生可按学校有关规定申请赴美国北卡罗莱纳州立大学学习，完成美方院校学习一年并符合相关条件的学生，可获得学校授予的硕士学位和美国北卡罗莱纳州立大学授予的纺织硕士学位。

**【2019第五届“时尚·科技·人才”国际会议】** 10月24日在浙江理工大学举行。美国、意大利、日本、韩国、坦桑尼亚等国家和地区的学者、时尚行业资深专家、服装企业代表和学校师生参加会议，共同探讨科技对时尚业的影响和改变，共建时尚教育“产教融合”平台，共同探索时尚可持续发展的创新途径和价值。

**【第八届中美诗歌诗学国际学术研讨会暨中美诗歌诗学学会第八届年会】** 11月1日至3日在浙江理工大学召开，中国、美国、英国、韩国、日本、阿尔及利亚、巴基斯坦、孟加拉国等国家的130多名专家参加会议。研讨会共收到国内外诗人和学者的数十篇论文摘要。

**【2019国际丝绸联盟成员大会】** 12月5日在杭州举行，中国、意大利、法国、巴西、日本、泰国、印度、越南、柬埔寨、乌兹别克斯坦、老挝、缅甸等13个国家和地区的150余位政府领导、联盟成员单位代表，国际丝绸联盟下属历史文化、时尚设计、教育科研、技术创新、贸易制造等5个联盟专业委员会委员和丝绸专家出席会议。省商务厅副厅长韩杰，省经信厅副厅长杜华红，国际丝绸联盟名誉主席、中国丝绸协会名誉会长杨永元，中国丝绸协会会长唐琳，中国纺织品进出口商会副会长张新民等领导出席会议。国际丝绸联盟秘书长费建明主持会议。会议进行了联盟组织机

构的换届选举。中国工程院院士、浙江理工大学校长陈文兴，中国丝绸博物馆馆长、学校国际丝绸学院院长赵丰等当选为新一届联盟副主席，学校杂志社副社长李启正当选为秘书长。其间，还举办了“国际丝绸产业发展交流会”。

**【浙江理工大学代表团访问苏里南和智利】** 12月12日至20日，校党委书记吴锋民一行5人访问苏里南和智利高校。在苏里南，代表团会见苏里南大学理事会理事、秘书长詹妮·约翰-克里斯托弗，以及孔子学院理事会苏方成员巴罗斯、拉姆丁、戈达尔，就2020年孔子学院的工作计划进行磋商。在智利，代表团访问智利边境大学，智利参议院议长圭塔纳，马勒科省省长纳扎尔，特木科市教育局局长布阿姆查，边境大学校长艾贝尔、理事会主席阿兰内达等出席交流活动。双方签署了合作备忘录。代表团还访问了瓦尔帕莱索天主教大学，与该校校长埃罗尔特吉会谈并签署了校际合作备忘录。

**【浙江省第十三届“梦行浙江”外国留学生中华才艺展演】** 12月13日在中国计量大学举行。副校长郜正荣出席，国际教育学院相关负责人及70多名留学生代表观看展演。学校来自孟加拉国、塔吉克斯坦、卢旺达等14个国家30名留学生参演服装展演《年代秀》。14日，学校部分留学生代表还参加了“梦行浙江”活动之一的参观世界文化遗产良渚古城遗址。

**【塞浦路斯理工大学校长访问浙江理工大学】** 12月16日，校长陈文兴会见塞浦路斯理工大学校长安德烈亚斯·艾纳义奥特一行并会谈，两校校长共同签署了校际合作框架协议。

（周莉莉）

# 杭州电子科技大学

**【概况】** 2019年,杭州电子科技大学派出因公出国(境)团组350批463人次,团组数列省属高校第一,其中学术出访人数占比达80%。接待国(境)外高校和组织机构代表来访496人次,同比增长10%。拓展与"一带一路"沿线国家的国际交流与合作,与罗马尼亚、马来西亚、墨西哥、塞浦路斯、奥地利等国家高校新签协议30项，国际合作伙伴扩大至35个国家，共计115个。新增科研国际合作平台9个,总数达到64个。其中,与墨西哥蒙特雷科技大学成立"中墨联合远程实验中心建设平台"，与美国佐治亚理工大学成立 "医疗电子联合实验室",与爱尔兰科克大学成立"电子信息工程联合实验室"，与加拿大蒙特利尔大学成立"国际计量与评价研究中心"。学校首个获教育部批准成立的中外合作办学机构——杭电圣光机联合学院首届招收硕士研究生79人、本科生191人。学校在杭电圣光机联合学院的4个专业中嵌入阿里云课程体系，打造"新工科+国际化"创新人才培养新模式。新建"杭电蒙特雷科技大学丝路联合校区"和"杭电北得克萨斯大学联合理工学院"2个境外办学机构,境外办学机构数位列全省第一。全年主办或承办各类国际学术会议和论坛16次。2019年，现有聘任国(境)外高层次兼职教师163人，聘请外国文教专家168人,分别比上年增长11.6%和3.8%,外国专家占专任教师比例为10%。现有派出学生赴国(境)外交流交换2290人,占在校生比11.5%。获批4项"浙江省优秀本科生出国交流项目",26名学生获国家留学基金委和省教育厅资助赴海外高校交流学习。在校各类留学生1693人,其中学历留学生1095人,分别位列全省第8和第7。现有开设全外语和双语课程525门。学校国际化布局初见成效,在浙江省教育厅公布的《2018浙江省高等教育发展年度报告》中,杭州电子科技大学国际化总体水平位列全省硕博授权高校第二。

**【第19届IEEE 高可靠系统工程国际学术会议】** 1月3日至5日在杭州电子科技大学举行，中国、美国、日本、法国、德国、芬兰、新加坡等13个国家近百位代表参加。会议主要议题为高可靠系统与大数据。

**【2位教师入选2018年中国高被引学者榜单】** 1月17日，爱思唯尔发布2018年中国高被引学者榜单,杭州电子科技大学自动化学院林志赟、姜偕富榜上有名。林志赟系学校人工智能研究院院长和学科带头人,浙江省151人才工程第一层次培养人才,主要研究领域为群体智能、协调控制、分布式优化等;姜偕富为学校特聘教授,至今已发表学术论文70余篇。

**【俄罗斯圣光机大学校长访问杭州电子科技大学】** 1月24日，俄罗斯圣彼得堡国立信息技术、机械与光学研究型大学(简称俄罗斯圣光机大学)校长瓦西里耶夫、副校长卡兹洛娃一行4人访问杭州电子科技大学。校党委书记王兴杰会见来宾。王兴杰表示,两校在一年的时间里齐心协力,成功申报中外合作办学机构,希望双方能够继续深入交流,共同推进两校的国际化战略。瓦西里耶夫表示,很高兴看到杭电圣光机联合学院的筹备工作有条不紊进行,希望未来能与杭州电子科技大学继续开展深度合作。代表团一行还参观了学校国际学生公寓、文体设施及联合学院教学楼。

**【日本山梨大学研学项目在杭州电**

**子科技大学开班】** 3月10日，日本山梨大学校长助理、国际部部长、国际交流中心主任茅晓阳率学生代表团一行16人来杭州电子科技大学开展研学项目。11日，研学项目开班，副校长郑宁参加仪式并讲话。两校研学项目已持续多年，成为沟通中日两国的桥梁和纽带。

**【杭州电子科技大学代表团访问白俄罗斯和俄罗斯高校】** 3月13日至20日，副校长徐江荣率学校代表团访问白俄罗斯和俄罗斯。在白俄罗斯国立信息与无线电电子大学，代表团出席了“中白丝路硕博学院”揭牌仪式，双方将进一步推动师生交流、科研合作以及在其他人文领域的合作。在俄罗斯圣光机大学，双方就杭电圣光机联合学院招生、财务、教师派出等相关细节问题以及提高专业教师英语水平和英语教学改革等事宜进行交流，并就下半年中俄物理信息系统联合开放实验室启动和运行达成共识；在莫斯科国立大学，双方就联合开展合作办学项目申报进行交流，就合作办学项目的专业、学制和合作方式等达成初步共识。

**【哈萨克斯坦驻上海总领事访问杭州电子科技大学】** 3月14日，副校长郑宁会见哈萨克斯坦驻上海总领事克拉把叶夫·佐齐汉一行。佐齐汉与哈萨克斯坦在读留学生代表座谈交流，并参观留学生公寓。

**【第二届认知神经与智能应用前沿论坛】** 3月20日至22日在杭州举行。美国、德国、瑞典、西班牙、日本、韩国、泰国以及中国内地和香港的60余位学者参加论坛。美国科学院院士白瑞·理查蒙德和日本北海道大学神经动力学教授津田一郎分任大会研讨会主席和学术委员会主席，多名国外专家和杭州电子科技大学计算机学院孔万增教授、张建海副教授任大会组委会副主席。论坛围绕“多学科融合的认知神经科学最新研究成果和未来展望”展开，白瑞·理查蒙德教授，西班牙荷塞·迪尔加多·加西亚教授，日本理研脑科学研究所著名计算神经科学家深井朋樹教授，中科院神经科学所“抉择和认知神经机制”实验室主任杨天明教授，张建海副教授等30余位神经科学、认知科学类脑计算和人工智能领域的国内外知名专家作了专题报告。

**【本科生直博美国加州大学戴维斯分校并获全额奖学金】** 3月，杭州电子科技大学计算机学院2019届毕业生陶浙同学获通知书，“直博”全美最顶尖公立大学之一的美国加州大学戴维斯分校，并获全额奖学金。陶浙大二时加入邬惠峰教授的“创新实践课”，由学院按照研究生培养水平带本科生做科研项目。陶浙的毕业论文《PLC程序的形式化验证方法研究》，是学校最好的本科生论文之一。

**【参加“2019浙江·香港现代服务业高端人才招聘会”】** 3月23日，杭州电子科技大学派员赴香港参加由省委组织部人才办、省人力社保厅、省港澳办共同主办的“2019浙江·香港现代服务业高端人才招聘会”。来学校招聘点进行咨询的应聘者达30余人，其中博士后5人，有3人达成初步工作意向。招聘会期间，人事处负责人还到香港科技大学聆听讲座，并专程拜访了香港理工大学著名数学家祁力群教授。

**【2019世界IT青年科学家论坛】** 4月2日在杭州电子科技大学开幕。澳大利亚科学院和工程院院士、英国皇家学会会士、美国工程院外籍院士布莱恩·安德森，中国工程院院士刘人怀，俄罗斯圣光机大学计算机技术与控制学院院长波波索夫·阿列克谢教授、副院长卡留斌·谢尔盖教授，省特级专家严密教授等来自美洲、欧洲、大洋洲、亚洲地区的82位青年科学家参加论坛。校长朱泽飞，校党委副书记朱斌，副校长郑宁、吴卿，相关学院和部门负责人、教师代表等参加论坛。本次论坛设人工智能、智能计算与数据科学、电子信息等8个分论坛。与会青年学者与杭州电子科技大学学科带头人、优秀青年教师共同探讨学术前沿问题，参观了学校重点实验室，与相关学院教师进行了广泛交流。本次论坛是学校与湖州市南浔区人民政府首次合作，论坛期间，60余名青年学者实地考察了南浔区千人计划产业园及相关企业，全面了解浙江的创新创业环境。

**【聘请俄罗斯教授为圣光机联合学院副院长】** 4月8日,杭州电子科技大学举行聘任仪式,聘请俄罗斯圣光机大学计算机技术与控制学院院长波波索夫·阿列克谢教授为杭电圣光机联合学院副院长。校长朱泽飞出席聘任仪式并为波波索夫教授颁发聘书。

**【科学计量学和信息计量学领域专家访问杭州电子科技大学】** 4月16日至18日,科学计量学和信息计量学领域国际知名专家、荷兰莱顿大学科学技术研究中心执行副主任鲁多·沃特曼教授、美国印第安纳大学副教授卡西迪·苏吉莫托和加拿大蒙特利尔大学副教授文森特·拉里维埃访问杭州电子科技大学,就如何科学进行大学排名、如何客观进行科研评价作了专题讲座。18日,学校中国科教评价研究院与加拿大蒙特利尔大学学术交流研究中心签署关于合作共建国际计量与评价研究中心的框架协议。

**【新加坡理工大学图书馆馆长访问杭州电子科技大学】** 4月16日,新加坡理工大学图书馆馆长韦乔一行7人访问杭州电子科技大学。学校图书馆、网络信息中心有关负责人接待韦乔一行,双方就芸悦读、人脸识别技术的运用、座位预约系统、智慧校园建设等内容进行探讨和交流。

**【马来西亚驻华大使馆教育参赞访问杭州电子科技大学】** 4月18日,副校长郑宁会见马来西亚驻华大使馆教育参赞侯春兴,希望与马来西亚驻华使馆合作,推动学校与马来西亚高校的教育交流与合作,欢迎并支持马来西亚青年学生来校求学、实习与见习。侯春兴表示马来西亚驻华大使馆愿意协助推动更多高校与杭州电子科技大学开展合作。

**【德国联合大学师生中华文化交流营】** 4月26日在杭州电子科技大学开营,交流营由德国汉堡大学、卡尔斯鲁厄大学、安哈尔特应用科技大学、斯图加特大学、莱茵科技大学、埃森经济管理应用技术大学等学校师生组成。副校长吕金海会见并介绍了学校与德国高校的合作情况。中华文化交流营领队法福教授表示,历届"中华文化交流营"的成功举办是双方共同合作的好成果。

**【奥地利驻华公使访问杭州电子科技大学】** 5月7日,奥地利驻华大使馆公使兼科技处主任张超访问杭州电子科技大学。由奥地利维也纳大学、维也纳科技大学和德国海德堡大学教授和博士生组成的代表团一同来访。校党委副书记朱斌会见来宾。张超表示,愿努力为双方合作献计献策,促进奥地利先进科技在华成果转化,实现最大程度的互利共赢。

**【材料科学学科首次进入ESI全球排名前1%】** 5月10日,基本科学指标数据库公布的统计数据显示,杭州电子科技大学材料科学学科首次进入ESI全球排名前1%,实现了学校ESI学科建设的新突破。学校已有工程学、计算机科学、材料科学3个学科进入ESI全球排名前1%。材料科学学科在进入全球前1%的852个研究机构中排名第826名。

**【加入中俄合作办学高校联盟】** 5月15日,中俄合作办学高校联盟在江苏师范大学成立。杭州电子科技大学杭电圣光机联合学院加入了中俄合作办学高校联盟。联合学院将依托这一平台,和联盟各机构密切协作,努力提升培养质量,扩大办学规模,为国家推进"一带一路"建设提供科技和人才重要支撑。

**【与蒙特雷科技大学签署教学科研合作平台共建协议】** 5月16日,墨西哥蒙特雷科技大学中国创新中心落户江干启动仪式在钱江新城举行。杭州市委常委、组织部部长毛溪浩,省教育厅党委副书记于武东,省外专局局长厉勇,江干区区委书记滕勇,墨西哥驻上海总领事阿姆·罗伦娜·拉尼亚斯,墨西哥蒙特雷科技大学董事会主席荷塞·安东尼奥参加仪式,杭州电子科技大学党委书记王兴杰与蒙特雷科技大学校长萨尔瓦多·阿尔瓦签署两校教学、科研合作平台共建框架协议,双方拟共同建设远程教学实验室、开放式创新实验中心、中墨联合工程中心等一系列平台。蒙特雷科技大学成立于1946年，是拉丁美洲规模最大的私立大学之一，也是墨西哥最著名的私立大学，QS排名178位。

**【主办第三届亚太语言和跨文化虚拟交流与融合国际会议】** 5月17日至19日，第三届亚太语言和跨文化虚拟交流与融合国际会议暨欧盟“伊拉斯谟+”项目RICH-Ed（中国高校跨文化教育资源研究）培训工作坊在杭州电子科技大学举行。世界各地60余所高校的100多位中外学者参加会议，围绕信息时代的网络虚拟交流与跨文化交际等议题展开研讨。本次工作坊以中国语境下的跨文化交际活动为主题，由项目总负责人、比利时鲁汶大学简·凡·梅勒教授和项目中方负责人王一安教授领衔，针对中国高等教育中的跨文化学习的迫切需要，为中国高校跨文化交际教学提供支持。培训期间，王一安分享了基于RICH-Ed项目近一年的研究成果，展示了如何开发利用本地跨文化学习资源、体验式学习方法以及民族志方法的应用。

**【2019传热传质与数值计算国际研讨会】** 5月24日至26日在杭州电子科技大学举行。美国、新加坡、日本、芬兰等国外知名高校、研究所的代表和香港科技大学、清华大学、北京大学、浙江大学、上海交通大学、西安交通大学等院校的学者60余人参加研讨会。大会分为10个分会场展开学术研讨，与会学者围绕低维纳米材料中的传热传质过程，航空发动机、数据中心、电动汽车中的先进热管理方法，多相流动与新能源利用等主题作了40场口头报告。

**【美国斯蒂文森大学师生访问杭州电子科技大学】** 5月25日，美国斯蒂文森大学师生一行12人访问杭州电子科技大学，与通信工程学院开展学术交流。双方针对两国文化、城市特色、大学生业余爱好、出国留学等情况进行了交流，并围绕学生日常的学习、学校上课的形式和内容及学生学习的方向、学校的特色专业等问题作深入交谈。

**【在《自然》上联合发文】** 5月28日，杭州电子科技大学中国科教评价研究院舒非教授与美国、荷兰、加拿大等10个国家的20余位专家学者在《自然》上联合发表题为《影响因子的反思：发现评价期刊的新路径》的文章，探讨新一代影响因子开发。舒非参与了全过程，并在座谈会上向其他专家介绍影响因子在中国科研评价体系中的使用状况。

**【杭州电子科技大学代表团访问新西兰和澳大利亚高校】** 5月28日至6月5日，校纪委书记牛东红率团访问新西兰和澳大利亚。代表团访问了新西兰奥克兰大学、奥克兰国际学院，澳大利亚悉尼科技大学和澳大利亚精英高等教育学院，就学校运行机制、内部管理监督、基金管理、事务公开、学生安全保障、各类资格证书考试培训和国际生培养与深造等问题进行交流，特别是在规范办学、完善监管机制等方面互相分享经验，并签署了学生短期交流项目协议。

**【罗马尼亚蒂米什瓦拉理工大学代表团访问杭州电子科技大学】** 5月30日，罗马尼亚蒂米什瓦拉理工大学副校长马留斯·奥特斯提努、传播科学学院院长丹尼尔·德吉卡访问杭州电子科技大学。校党委书记王兴杰、校长朱泽飞、副校长郑宁分别会见来宾。双方签署校际合作协议，将在教师互访、硕博学位联合培养、研究生学期交换、本科生短期文化交流等领域开展多项合作。罗马尼亚蒂米什瓦拉理工大学成立于1920年，是一所教学研究型高等学府，也是罗马尼亚排名第二的理工类高校。

**【外国留学生在创客天下·2019来华留学生创新创业大赛中获奖】** 6月2日，“创客天下·2019杭州市海外高层次人才创新创业大赛”来华留学生专场暨浙江省外国留学生创新创业大赛决赛在下城区跨贸小镇举行。在机械工程学院桑志谦老师指导下，喀麦隆齐博同学和孟加拉苏蒙同学的参赛项目“CORA智能养老椅”获三等奖。2016届通信工程专业贝宁留学生李佳明创办的“杭州佳篙文化艺术有限公司”成功入驻跨贸小镇。

**【马来西亚玻璃市大学代表团访问杭州电子科技大学】** 6月11日，校长朱泽飞、副校长郑宁会见马来西亚玻璃市大学校长巴德利沙·艾哈迈德一行，双方签署合作框架协议，正式建立友好合作关系。艾哈迈德希望通过与杭州电子科技大学的合作，推动更多的马来西亚学生学习汉语和中国文化以及在信息通信领域的先进科技。玻璃市大学是以工程学为主的公立研究型综合大学，主要培养电子领域的工程师，为中国教育部认可的高校。两校于2019年初签署合作意向书。

**【学校6个学科进入2019软科世界一流学科榜单】** 6月26日，软科正式发布2019年世界一流学科排名，杭州电子科技大学控制科学与工程、计算机科学与工程、通信工程、电力电子工程、仪器科学、材料科学与工程等6个学科上榜，其中控制科学与工程学科进入世界前100名。学校上榜学科数量创历史新高，名列省属高校第3、中国内地高校第102位。通信工程、仪器科学首次进入软科世界一流学科，信息学科整体优势进一步显现。

**【新增2所境外办学机构】** 7月7日至14日，副校长吕金海率团访问墨西哥蒙特雷科技大学和美国北得克萨斯大学。吕金海分别与蒙特雷科技大学副校长阿特鲁·莫里娜和北得克萨斯大学副校长詹妮弗·伊万斯·考里签署合作协议，成立"杭电蒙特雷科技大学丝路联合校区"和"杭电北得克萨斯大学联合理工学院"2个境外办学机构，并出席揭牌仪式。"杭电蒙特雷科技大学丝路联合校区"旨在共同开发远程实验室项目，共建开放式创新实验室和中墨联合工程中心；联合校区还将开设汉语课程。"杭电北得克萨斯大学联合理工学院"成立后，双方将在本科及研究生双学位项目、交流项目、教师互访、学术及语言培训、合作研究等方面开展合作。

**【研究生获IEEE ICME 2019最佳学生论文奖】** 7月8日至12日，国际多媒体及展览会议在上海召开，杭州电子科技大学自动化学院研究生朱尊杰撰写的论文《基于彩色深度图像以及惯性测量单元的实时室内场景重建》被大会录用，并获会议唯一的最佳学生论文奖。国际多媒体及展览会议于2000年首次召开，是由四个IEEE学会发起的世界一流多媒体会议。

**【马来西亚国立大学研究生代表团访问杭州电子科技大学】** 7月11日，马来西亚国立大学研究生代表团一行11人访问杭州电子科技大学，与国际交流合作处、档案馆负责人及机械工程学院师生代表30余人进行交流活动。机械工程学院院长倪敬教授和马来西亚国立大学诺里桑教授在交流活动中讲话。代表团师生还参观了校园，调研了学校IR4.0实验室情况，参加了机械专业互动课程。

**【学校国际化综合排名居全省硕博授权高校第二】** 8月1日，浙江省教育厅公布《2018浙江省高等教育国际化发展年度报告》，学校国际化综合排名在全省21所硕博授权高校中位居第二，仅次于浙江大学，居省属高校第一。

**【主办2019老板电器创意未来·国际创新设计营】** 8月27日，"Cooking 2025"2019老板电器创意未来·国际创新设计营成果发布会暨颁奖典礼在杭州电子科技大学举行，活动由杭州电子科技大学与老板电器集团联合主办。意大利米兰理工大学弗拉基米尔教授团队，老板电器有关总监和设计师，中国计量大学、浙江理工大学和杭州电子科技大学的10位专家教授组成评委组。本次设计营的主题是"Cooking 2025"，江南大学、中国计量大学、浙江理工大学、浙江工业大学、澳门科技大学和杭州电子科技大学有关专业57名学生组成11个团队参加为期12天的设计营。成果汇报会现场，经过评委专家综合评估打分，最终评出最佳设计奖、最佳概念奖、最具社会价值奖、最具商业价值奖、最佳表现奖和最佳技术创新奖6个奖项。

**【研究生国际合作研究成果被人工智能顶级会议录用】** 9月12日，计算机学院"脑机协同智能技术"国家国际联合研究中心与日本理研AIP人工智能中心合作，国际合作基地研究生作为共同第一作者的 1 篇论文《基于高阶多项式池化的深度多模态多线性融合》被人工智能最顶级会议 NeurIPS（神经信息处理系统大会）2019 录用。NeurIPS2019 共收到投稿 6743 篇，录用 1428 篇。

**【完成 2019 世界旅游联盟·湘湖对话志愿服务工作】** 9 月 18 日至 21 日，杭州电子科技大学 107 名志愿者参与了 2019 世界旅游联盟·湘湖对话志愿服务，圆满完成了贵宾联络、交通协助、现场引导、会务筹备、注册咨询、翻译保障等工作，助力大会顺利召开。

**【第七届亚洲机械电子学国际学术会议】** 9 月 19 日至 22 日在杭州电子科技大学召开。中国、日本、韩国、美国、澳大利亚、越南、孟加拉国及埃塞俄比亚等国家的 260 余名学者参加。校长朱泽飞，中国工程院院士、原西安电子科技大学校长段宝岩出席大会并致词，副校长吕金海会见出席大会的国内外学者。本届 AISM2019 会议收到论文 285 篇，正式录用 210 篇，评选出优秀论文 20 篇。

**【杭州电子科技大学代表团访问日本高校】** 10 月 7 日至 11 日，校长朱泽飞率学校代表团访问日本山梨大学和庆应义塾大学。代表团参加了杭州电子科技大学与山梨大学合作举办的中日计算机科学与技术专业硕士研究生教育项目的开学典礼，并就两校今后在电子信息、机械工程方面开展合作办学和学生交流进行洽谈。首届 20 名研究生于 9 月初抵达日本山梨大学，开始为期 1 年的学习。他们将同时接受中日双方导师的指导，毕业后获得双方学位。

**【北得克萨斯大学代表团访问杭州电子科技大学】** 10 月 18 日，副校长吕金海会见美国北得克萨斯大学副教务长吴佩雅一行，双方就开展中外合作办学项目、“3+2”联合培养项目、学生长短期派出和科研合作等事宜进行洽谈，初步达成了一系列合作共识。

**【2019“人工智能中的数学方法与优化学术”研讨会】** 10 月 18 日至 20 日在杭州电子科技大学举行。香港理工大学、清华大学、复旦大学、浙江大学、中国科技大学、中山大学、南开大学、中国科学院数学与系统科学研究院、华为技术有限公司中央软件院等国内 30 余所高校及科研院所的 80 余名运筹优化和人工智能领域的学者参加。中国运筹学会副理事长修乃华教授、戴彧虹研究员，中国运筹学会数学规划分会理事长徐大川教授，学校理学院院长邓重阳教授等出席会议。白敏茹等 18 位专家学者分别作大会报告。

**【巴西巴拉那州基金会代表团访问杭州电子科技大学】** 10 月 24 日，副校长吴卿会见巴西巴拉那州基金会主席哈米洛·瓦拉夫切科率领的代表团。代表团参观了学校电子学院电子信息技术虚拟仿真实验教学中心、科技部脑机协同技术国际联合研究中心、计算机学院动态光场采集实验室等。

**【全球数字化服务经济：设计的新趋势、新标准、新价值主题论坛暨工作坊】** 10 月 27 日在杭州电子科技大学举行。美国辛辛那提大学、中国美术学院、浙江大学、浙江工业大学、中国计量大学、浙江理工大学、浙江工商大学、上海工艺美术职业学院、衢州学院等高校，中国工业设计协会、浙江省工业设计学会、四川省工业经济联合会成果转化办、杭州市工业设计协会等行业协会，以及多家企业、专业设计机构等 20 余家单位的领导、专家学者、师生百余人参加论坛。美国辛辛那提大学数字整合创新学院执行院长、前美国工业设计协会主席、中国教育部外专局高级特聘专家克莱格·沃格尔，中国工业设计协会副会长李琦，学校人文艺术与数字媒体学院副院长王毅刚等分别在开幕式上致辞。27 日至 28 日，与会的高校教师、研究生及行业设计师代表参加了克莱格·沃格尔教授主持的工作坊，开展了研讨式教学和学术交流活动。

**【杭电圣光机联合学院外籍教师聘任仪式暨首届学术月】** 10 月 30 日，杭州电子科技大学杭电圣光机联合学院外籍教师聘任仪式暨亚历山大·弗拉德科夫教授学术报告会在杭州电子科技大学举行。校长朱泽飞为亚历山大·弗拉德科夫、车宾斯基·谢尔盖、维迪亚科夫·阿列克谢、博尔迪热娃·艾莲娜、克任科夫·尤里等5位教师颁发了聘书。仪式结束后,亚历山大·弗拉德科夫教授为师生们作题为“雅科夫·齐普金的控制人生——离散、应用、学习和机器控制领域的顶尖科学家”的学术报告。

**【第四届大学校园服务与管理国际论坛参观交流会】** 11月8日在杭州电子科技大学举行。国内外大学校园服务管理的领导专家和服务机构高管150余人参加交流会。校党委副书记薛晓飞会见参会代表。

**【首届“外教社杯”浙江省高校学生跨文化能力大赛】** 11月9日在杭州电子科技大学举行。副校长徐江荣,教务处和学校外国语学院党政领导、上海外语教育出版社副社长叶青等参加开幕式。全省高校的16支队伍、30余名指导教师和50余名中外学生参加比赛。杭州电子科技大学参赛队获第五名,并获二等奖。

**【学校首届国际交流项目展】** 11月15日至16日在杭州电子科技大学举行,8个国家的28所国外院校参加项目展。活动为百余名到场师生提供项目咨询服务。活动期间,还展示了暑期学生出国交流项目部分成果,并对评选出的优秀带队教师和优秀学生代表进行颁奖。

**【奥地利使馆及高校企业代表团访问杭州电子科技大学】** 11月18日,奥地利驻华大使馆公使兼科技处主任张超率由奥地利联邦交通创新与科技部、奥地利驻上海总领事馆官员及奥地利高校、高新企业代表共24人组成的代表团访问杭州电子科技大学,并与学校联合举办“人工智能与数字经济”技术交流论坛。校党委书记王兴杰、校长朱泽飞会见代表团并就人工智能等领域合作进行会谈。在“人工智能与数字经济”技术交流论坛上,中奥与会代表围绕人工智能、数字化学习、云计算、大数据及其在交通、物流、生产制造等领域的应用场景做主题报告,中奥专家聚焦数字经济领域的创新创业进行了分享交流。

**【学校教授入选2019“全球高被引科学家”榜单】** 11月19日,科睿唯安公布了2019年度“高被引科学家”名单。杭州电子科技大学引进的数学家祁力群,再次入围数学领域榜单。祁力群是国际运筹学和最优化领域的领军人物之一,凭借其1993年开始研究的半光滑牛顿法方面的杰出工作,2003年至2010年,每年皆入围全球“高被引科学家”榜单;凭借其2005年开始研究的张量分析和计算并取得开创性研究的成果,再次于2018年、2019年跻身全球“高被引科学家”之列。

**【与墨西哥蒙特雷科技大学签署共建远程实验中心协议和揭牌仪式】** 11月27日在杭州电子科技大学举行。副校长徐江荣与蒙特雷科技大学副校长阿特鲁·莫里娜签署共建协议,并为远程实验中心揭牌。两校于5月签署教学、科研合作平台共建框架协议。7月,蒙特雷科技大学马修斯教授团队一行4人访问学校,与陈龙教授团队共研、共建远程实验中心。目前已完成多套电机远程控制实验平台和虚拟数字实验平台的开发与建设。基于实验平台开设的各类高阶性、创新性、挑战度实验教学项目已成功应用于学校“创新性实验”“智能系统设计及应用”“数字逻辑电路实验”等课程的教学中。

**【与塞浦路斯理工大学签署校际合作协议】** 12月12日,塞浦路斯理工大学校长安德烈亚斯·阿纳优托斯一行访问杭州电子科技大学。校长朱泽飞与安德烈亚斯·阿纳优托斯签署了校际合作协议,并共同种植友谊树。随后,代表团一行参观了学校“教育部射频电路与系统重点实验室”和“中墨远程实验室”,就合作办学、学生交流等相关合作事宜进行了洽谈。

**【英国贝尔法斯特女王大学代表团访问杭州电子科技大学】** 12月12日,英国贝尔法斯特女王大学电子电气工程与计算机科学学院瓦西夫·纳伊姆、哈马扎·沙基尔,理学院林英芬等一行3人访问杭州电子科技大学。学校国际交流合作处、理学院、电子学院、计算机学院、通信工程学院相关负责人与来宾就双方院系在联合培养、学生交流、科研合作等方面事宜进行了讨论。两校自2009年正式建立友好合作关系以来，已开展博士联合培养、"3+1"和"3+1+1"联合培养、暑期项目等各类交流合作。

**【浙江省第十三届"梦行浙江"外国留学生中华才艺展演】** 12月13日在中国计量大学举行。杭州电子科技大学副校长徐江荣出席。学校来自俄罗斯、哈萨克斯坦、乌兹别克斯坦、塔吉克斯坦、土库曼斯坦、摩洛哥、日本等国家的31名留学生在"融情中华"篇章中联袂演出了配乐、配舞、朗诵节目——"美丽中国"，用精彩的中华才艺表演表达了对中国、对浙江和对中华文化的热爱。

**【在国际大学生程序设计竞赛亚洲区域赛中再创佳绩】** 12月15日，第44届国际大学生程序设计竞赛亚洲区决赛在西北工业大学闭幕。亚洲东部赛区国家179所高校的近360支队伍参加本次决赛。杭州电子科技大学共派出3支参赛队，取得1金2铜的成绩。这是学校在ACM参赛历史上取得的最好成绩，入围2020年俄罗斯举行的全球总决赛，这也是学校第六次入围国际大学生程序设计竞赛全球总决赛。

**【杭州电子科技大学代表团访问奥地利和塞浦路斯】** 12月18日至25日，校党委书记王兴杰率团访问奥地利和塞浦路斯。在奥地利，维也纳科技大学校长塞巴斯蒂安·塞德勒、科研创新副校长约翰纳斯·弗若希里奇等会见代表团。双方就进一步开展联合科研创新项目及共建联合科研平台等事宜进行会谈，并签署了两校合作协议。其间，王兴杰、中国驻奥地利大使馆科技参赞雷风云一行访问考察了维也纳科技大学计算机工程研究所。代表团还与总部设在维也纳的欧亚太平洋学术协会建立了联系。代表团访问了奥地利MUT公司，公司执行总裁费里克斯·斯坦斯卡尔等会见代表团，双方就在研的合作领域进行了深入探讨。在塞浦路斯理工大学，校长安德里斯·阿纳伊奥托斯会见代表团，双方希望能在多领域取得合作成效，两校未来能有更紧密的合作，特别是在计算机、电子、通信等双方优势学科加深两校合作。

（吴　薇）

# 浙江工商大学

**【概况】** 2019年，浙江工商大学公派教职工出国（境）访问交流、进修、访学或参加学术会议团组126批150人次，短期出访110人次，通过学校“蓝天计划”等各类项目资助赴国（境）外进修学习49人次。学校接待国（境）外来访团组98批640人次。学校与约旦、阿拉伯联合酋长国、意大利、土耳其、罗马尼亚等5个“一带一路”沿线国家6所高校新签订了学生交流协议和合作备忘录。

2019年学校聘请长短期外国文教专家、外籍教师158名，其中长期外籍专家77名，短期专家81名；已新引进“海外院长”7人，海外博士13人。学校境外办学取得重点突破，成功与阿拉伯联合酋长国沙迦大学共建“沙迦丝路学院”。孔子学院建设工作成果斐然，学校首次获得“先进孔子学院”国家级荣誉称号。

2019年派送981名学生赴国（境）外参加长短期交流学习。其中，进一步扩大新生“飞跃计划”规模，派送79名优秀新生赴英国牛津、剑桥大学和美国宾夕法尼亚大学交流学习。成功报批10个优秀本科生项目，获资助学生达16名。

2019年在校国际生总数为2178人，其中学历生为1275人，规模列省内高校第六位。争取到各类中国政府奖学金新生名额65个，获优秀来华留学生奖学金15人、浙江省政府外国留学生奖学金名额125个。接待国外高校“外语口语促进项目”交流团170人。

**【日本四天王寺大学代表团访问浙江工商大学】** 3月19日，日本四天王寺大学校长岩尾洋、人文社会学部教授矢羽野隆男访问浙江工商大学。校长陈寿灿会见来宾并会谈。陈寿灿希望两校拓展合作领域，提高合作的广度和深度。岩尾洋希望双方进一步加强互访，加深了解，努力在共同感兴趣的学科领域实现强强联合。国际交流与合作处、东方语言文化学院有关负责人参加会见。

**【与英国萨塞克斯大学签署成立人工智能联合学院协议】** 3月31日，英国萨塞克斯大学常务副校长索尔·贝克尔、国际事务部主任史蕾娜一行访问浙江工商大学，参加两校合作成立人工智能联合学院签约仪式。校长陈寿灿、副校长苏为华会见来宾并出席签约仪式。双方会谈中，陈寿灿希望两校利用学科的互补与互通性，推动人工智能技术创新，培养该领域稀缺人才。贝克尔希望双方在联合培养博士、合建实验室、产学研一体化发展等方面进行多方面战略合作，依托两校共建联合学院的平台，推动科技成果向现实生产力转化。

**【美国麻省费区堡州立大学代表团访问浙江工商大学】** 6月28日，美国麻省费区堡州立大学校长理查德·拉皮德斯、副校长阿尔贝托·卡德列一行访问浙江工商大学。两校领导举行校际协议签署仪式，校长陈寿灿、校党委副书记李军出席仪式。

**【西班牙CEF-UDIMA教育集团一行访问浙江工商大学】** 7月2日，西班牙马德里CEF-UDIMA教育集团董事长阿图罗·德·拉斯·赫拉斯、法律历史教授费利佩·德巴萨、中国区市场负责人李璐及西班牙青田同乡会会长倪晔敏一行访问浙江工商大学。副校长苏为华会见来宾并会谈。苏为华希望通过与CEF-UDIMA教育集团的交流，双方共建西班牙语培训中心，为两国经济贸易发展培养更多高素质人才。阿图罗希望双方在语言文化教学、丝绸之路研究方面率先开展合作，逐步扩大合作领域与范围，为学生提供更多学习机会与渠道。

**【浙江工商大学沙迦丝路学院正式成立】** 9月，在前期设立"浙江工商大学阿联酋中国文化交流中心"的基础上，浙江工商大学与阿拉伯联合酋长国沙迦大学签署共建丝路学院合作协议，正式在沙迦大学成立"浙江工商大学沙迦丝路学院"，这标志着学校利用优质教育资源开展境外办学实现了零的突破。丝路学院致力于打造具有"大商科"特色的高等教育国际品牌。

**【2019青年汉学家研修（杭州）项目】** 9月5日至25日在浙江工商大学举行。该项目由中宣部、文化和旅游部主办，浙江工商大学承办。17个国家的31位青年汉学家参加研修活动。青年汉学家听取了高校教授、政府官员、智库专家主讲的高端讲座，考察了浙江城市历史遗产、特色社区和知名企业，亲身感受了中国改革开放40多年来的发展变化。

**【英国萨塞克斯大学校长访问浙江工商大学】** 9月18日，英国萨塞克斯大学校长唐棣恺、国际事务部主任史蕾娜一行访问浙江工商大学。校长陈寿灿会见来宾，国际交流与合作处、信息与电子工程学院负责人参加会见。

**【召开孔子学院第七届理事会】** 10月21日，浙江工商大学—西弗兰德大学孔子学院第七届理事会在浙江工商大学召开。校长陈寿灿，比利时西弗兰德大学校长劳德·盖特、副校长费雷德里克·赫斯特等理事会成员，国际合作处负责人以及孔子学院比中两方院长出席会议。

**【美国西雅图城市大学代表团访问浙江工商大学】** 10月23日，美国西雅图城市大学校长兰迪·弗里西、中国项目负责人徐亚楠一行访问浙江工商大学。校长陈寿灿会见来宾，国际交流与合作处、工商管理学院负责人参加会见。

**【印度尼西亚西努沙登加拉省省长访问浙江工商大学】** 10月24日，印度尼西亚西努沙登加拉省省长祖尔基弗里携马塔兰大学校长胡斯尼、伊斯兰国立大学校长穆塔瓦里等访问浙江工商大学。校长陈寿灿、副校长赵英军会见来宾，学校有关部门和学院负责人及印度尼西亚籍学生代表出席会见。陈寿灿表示，浙江工商大学将努力推进与西努沙登加拉省政府、企业开展合作，根据当地政府和企业对于人才培养的需求，建立跨境电商、国际酒店管理和国际贸易等政府定制、校企合作订单式人才培养及联合资助合作项目。祖尔基弗里希望借此次访问推动该省高校与浙江工商大学的合作交流，为该省及印度尼西亚的发展培养更多专门化人才。

（吴璐燕）

# 中国计量大学

**【概况】** 2019年，中国计量大学因公出国（境）访问188人次。其中，参加国际会议52人次，校际交流34人次，学术交流、合作研究及进修培训等102人次。接待国（境）外来访45人次。聘请长期外籍专业人员9人，短期来校讲学、合作课题研究和学术交流的外国专家36人次。全年招收留学生11人，其中语言生5人、进修生6人。学生赴国（境）外留学、实习253人次。新增8所合作院校和科研机构：新西兰坎特伯雷大学、孟加拉国世界大学、法国EMBA-布列塔尼管理学院、美国阿尔弗雷德大学、日本九州工业大学、土耳其伊尔迪兹科技大学、俄罗斯标准化计量认证学院、塞浦路斯理工大学。

**【获美国代顿大学创业大赛中国赛区冠军】** 1月5日，中国计量大学4名学生组成的创业团队获美国代顿大学创业大赛2018—2019年度复赛中国赛区冠军，学校同时获得优秀组织奖。本届创业大赛共有30所国内外院校88支队伍215人参赛。

**【参加第四期中德大学生创业训练营】** 2月13日至23日，中国计量大学11名师生访问德国，参加德累斯顿第四期中德大学生创业训练营活动。本次训练营是“大众创业，万众创新”理念驱动下的第一个中德大学联合举办的国际大学生创业培训计划。

**【中俄民机标准专题组访问中国计量大学】** 3月22日，中俄工业合作分委会民用航空工作组民机标准专题组中方主席、国家市场监管总局标准创新管理司副司长谷保中，俄方主席、俄罗斯技术调节与计量署副署长安东·沙莱夫一行30余人访问中国计量大学。校长宋明顺，副校长俞晓平、葛洪良会见来宾。专题组一行参观学校国家磁性材料及其制品质量监督检验中心、省标准化与知识产权管理“省2011协同创新中心”、精密测量与智能制造工程研究院和逸夫计量博物馆。

**【英国安格利亚鲁斯金大学代表团访问中国计量大学】** 4月9日，英国安格利亚鲁斯金大学副校长兼商学与法学院院长加里·帕克汉姆一行4人访问中国计量大学，校长宋明顺、副校长俞晓平会见代表团一行。双方回顾两校金融工程专业中外合作办学项目取得的成绩，并就继续下一轮的合作达成一致意见。会谈后，安格利亚鲁斯金大学签署加入中国计量大学发起成立的“一带一路”标准化教育与研究大学联盟的协议。

**【获批本科中外合作办学项目】** 4月10日，中国计量大学现代科技学院与美国西新英格兰大学合作举办的机械电子工程专业本科教育3+1项目获教育部批准。该项目纳入国家普通高等教育招生计划，每年招收100人，学制4年。

**【中国计量大学代表团访问联合国欧洲经济委员会】** 4月16日至20日，中国计量大学校长宋明顺一行3人访问联合国欧洲经济委员会，旨在促进和加强双方在标准化教育、研究、数据库建设和人才培养等方面的深入合作。代表团还访问了世界贸易组织、国际标准化组织、国际电工委员会、国际电信联盟等多个国际组织和瑞士日内瓦大学。

**【法国市长访问中国计量大学】** 5月25日，法国永河畔栋皮埃尔市市长菲利普·加博里欧，永河畔拉罗什城市群副主席弗朗索瓦·雷诺，南特大学科技学院永河畔拉罗什校区国际处主任塞巴斯蒂安·贾克汀，南特大学商学院教学主管弗雷德里克·加博里奥一行4人访问中国计量大学。副校长俞晓平会见代表团一行，双方围绕学术合作和交流进行洽谈。

**【浙江—捷克人文交流中心和中东欧研究院揭牌】** 5月25日，经浙江省教育厅批准成立的“浙江—捷克人文交流中心”和中国计量大学与布拉格金融管理大学联合成立的“中东欧研究院”揭牌仪式在捷克布拉格金融管理大学举行。在捷克访问的浙江省委书记车俊，捷克工贸部第一副部长易洛德克法，布拉格金融管理大学校长波沪斯拉娃·申基洛娃，中国计量大学校长宋明顺出席揭牌仪式。活动现场，车俊向中国计量大学与布拉格金融管理大学共建的孔子学院和浙江—捷克人文交流中心赠送一批汉语教材，并宣布向布拉格金融管理大学孔子学院提供10个省政府奖学金名额。

**【参加2019浙江省留学生创新创业大赛】** 6月1日至2日，“创客天下·2019杭州市海外高层人才创新创业大赛”来华留学生专场暨浙江省外国留学生创新创业大赛复赛和决赛在杭州举行。省内外25所高校80多个国家和地区的留学生提交163个参赛项目。中国计量大学国际教育学院推选5个项目参赛，最终获得三等奖和优胜奖各1项。

**【获批“国际经贸规则与标准研究基地”】** 6月3日，中国国际贸易促进委员会商业行业委员会在南京举行“国际经贸规则与标准研究基地”授牌仪式。中国计量大学与上海对外经贸大学组建联合研究团队，精心设计研究规划，成功获批全国27个基地之一，也是唯一校际合作共建研究基地。

**【捷克前总理访问中国计量大学】** 6月4日，捷克前总理伊日·帕鲁贝克和捷克国会议员、前总理顾问彼得·本达一行5人访问中国计量大学。帕鲁贝克作题为“全球化世界中捷克经济发展的契机”的学术讲座，讲座由副校长俞晓平主持。讲座结束后，校长宋明顺会见帕鲁贝克一行，并聘请其为中国计量大学客座教授和中东欧研究院智库专家。

**【马来西亚敦胡先翁大学代表团访问中国计量大学】** 6月21日，马来西亚敦胡先翁大学副校长伊斯梅尔·阿卜杜勒·拉赫曼，计算机科学与信息技术学院院长阿齐祖尔·阿扎尔·本·拉姆利，语言研究中心主任扎伊林·沙赫·宾蒂·尤索夫，土木与环境工程学院副院长穆罕默德·哈兹曼·本·万·易卜拉欣一行4人访问中国计量大学。校长宋明顺会见代表团一行，双方分别介绍各自学校的情况，并表达了合作意向。

**【3个学科进入基本科学指标数据库全球排名前1%】** 7月11日，根据基本科学指标数据库发布的最新统计数据显示，中国计量大学材料科学学科首次进入基本科学指标数据库全球排名前1%，这是继工程学、化学学科之后，学校第3个学科进入全球排名前1%。

**【承办“国际法制计量组织证书互认制度国际研讨会”】** 7月15日至17日，由国际法制计量组织、亚太法制计量论坛和国家市场监管总局共同主办，中国计量大学承办的“国际法制计量组织证书互认制度国际研讨会”在杭州召开。研讨会以“促进计量器具的全球协调”为主题，来自26个国家和经济体的100多位代表参会，共商国际计量互认制度发展。国家市场监管总局副局长秦宜智，亚太法制计量论坛代表菲尔·索瑞尔，国际法制计量组织管理委员会主席库克·奥斯特曼，省政府副秘书长傅晓风，中国计量大学校长宋明顺、副校长金尚忠出席开幕式。

**【材料表面与界面多学科研究领域海内外青年学者论坛】** 7月28日至29日在中国计量大学召开，校长宋明顺在论坛开幕式致辞，众多知名高校的青年教授和著名学术期刊的专家参加论坛。

**【学校教授获“标准推动杰出贡献奖”】** 9月27日，由中国计量大学标准化学院院长张朋越等参与编制的电气和电子工程师协会P2780《绝缘穿刺线夹》标准获出版并实施。为表彰张朋越教授在该标准制定中的贡献，国际组织电气和电子工程师协会授予其“标准推动杰出贡献奖”。

**【联合主办第十届亚太地区化学生态学大会】** 10月9日至13日，第十届亚太地区化学生态学大会在杭州举行。大会由中国计量大学、浙江大学、中国农业科学院植保所和茶叶所联合主办。20个国家的352位代表出席会议。中国计量大学生命科学学院韩宝瑜教授作为大会联合组委会主席主持会议并作学术报告。

**【捷克理工大学代表团访问中国计量大学】** 10月12日，捷克理工大学交通科学学院院长帕维尔·赫鲁比、航空运输系主任彼得·维特克等一行4人访问中国计量大学。校长宋明顺、校发展委员会主任胡建成分别会见来宾。双方就开展校际合作、捷克理工大学加入“一带一路”标准化教育与研究大学联盟等事项进行会谈。代表团一行还参观了校园和逸夫计量博物馆。

**【学校召开国际学生代表座谈会】** 10月16日，中国计量大学召开国际学生代表座谈会。国际教育学院和国际交流与合作处负责人及工作人员、15名来自乌兹别克斯坦、津巴布韦、埃塞俄比亚、赞比亚、博茨瓦纳等国家的国际学生代表参加座谈。

**【共同主办第二届“一带一路”标准化教育与研究合作论坛】** 10月31日，第二届“一带一路”标准化教育与研究合作论坛在西安交通大学举行。国际标准化组织、国际电信联盟、国际标准用户联盟、国家市场监督管理总局、联盟成员单位以及国内外高校、标准化机构和研究院所的200余名代表参加论坛。“一带一路”标准化教育与研究大学联盟理事长、中国计量大学校长宋明顺在会上致辞。

**【共同主办第一届锅炉与换热器国际学术会议】** 11月1日至3日，第一届锅炉与换热器国际学术会议在杭州举行。中国工程院院士、清华大学教授岳光溪，中国锅炉水处理协会秘书长王骄凌，中国计量大学副校长葛洪良出席会议开幕式并致辞。国内外科研院所、高等院校的专家和学者共90余人参加会议，围绕锅炉与换热器领域的新技术、新发展等展开探讨。

**【学校“一带一路”区域标准化研究中心获批省级智库】** 11月4日，中国计量大学“一带一路”区域标准化研究中心作为浙江省新型智库培育单位列入培育考察。该中心是学校首个获批建设的省级智库。研究中心以获批立项的国家社会科学基金重大项目、重点项目为基础，对“一带一路”各国别和区域的标准化发展状况进行深入、系统研究，开展标准共建“一带一路”国家互联互通的战略与实施路径研究，为“一带一路”国家战略、浙江省推进“一带一路”建设建言献策。

**【国际标准化组织电子商务交易保障技术委员会】** 11月5日在杭州正式成立。这是中国电商领域设立的第一个国际性标准化技术委员会，中国计量大学校长宋明顺担任该技术委员会主席，秘书处由杭州市市场监督管理局下属的杭州国家电子商务产品质量监测处置中心承担。国家市场监督管理总局副局长秦宜智、浙江省副省长王文序出席成立大会并讲话。

**【在2019中国与中东欧国家青年人文知识竞赛中获佳绩】** 11月8日，2019中国与中东欧国家青年人文知识竞赛在北京外国语大学闭幕。中国计量大学获得一等奖（唯一）、二等奖、三等奖各1项和优秀组织奖。

**【国际标准化组织光学和光子学技术委员会年会】** 11月11日至14日在中国计量大学召开，日本、德国、美国、中国等国家的91名专家参加会议。会议由国家标准化管理委员会杭州国际会议中心主办，中国计量大学及中国兵器工业标准研究所、杭州国际交流中心联合承办。中国计量大学副校长俞晓平出席会议。

**【师生代表团访问捷克】** 11月14日，校长宋明顺率师生代表团一行18人访问捷克，参加布拉格金融管理大学孔子学院开学典礼系列活动。双方举行了孔子学院剪彩仪式，并举行中国学研讨会。布拉格金融管理大学举行欢迎酒会，捷克副总理兼工贸部部长卡雷尔·哈夫利切克、捷克前总统瓦沁拉夫·克劳斯等出席。代表团在布拉格市中心马娜迪瓦多歌剧院举行文化演出活动。中国驻捷克大使张建敏、布拉格金融管理大学校长波沪斯拉娃·申基洛娃、捷中友好合作协会执行副会长彼得·莫哈雷克等嘉宾，以及布拉格金融管理大学师生等170余人出席开学典礼并观看文化演出活动。

**【举行浙江省外国留学生第十三届“梦行浙江”系列活动】** 11月16日，由省教育厅与省新闻办、省外办、浙江广播电视集团联合举办的浙江省外国留学生第十三届“梦行浙江”系列活动之“融情中华，热爱中国”演讲比赛在中国计量大学举行。35所省内高校的84名留学生参加了此次比赛。经评选，12名选手获奖。12月13日，“梦行浙江”系列活动之中华才艺展演在中国计量大学举行，13所省内高校的200余名留学生参加展演活动。展演以“感知浙江”为创作主线，分“感知浙江”“融情中华”“热爱中国”3个段落结构篇章。期间设置了颁奖环节，对11月举行的“融情中华，热爱中国”演讲比赛获奖选手进行表彰。

**【韩国中央大学代表团访问中国计量大学】** 11月22日，韩国中央大学融合·复合标准政策系负责人李甬奎等一行3人访问中国计量大学。校长宋明顺会见代表团一行，双方签署合作备忘录。会谈后，代表团参观逸夫计量博物馆。

**【联合举办国际标准化组织技术委员会管理人员培训班】** 11月26日至29日，中国国家标准化管理委员会、国际标准化组织和中国计量大学联合举办“国际标准化组织技术委员会管理人员培训班”。国际标准化组织中央秘书处项目经理、标准编辑经理、技术分析师等担任培训教师。中国国际标准化组织技术委员会、分技术委员会秘书或支撑团队等29人参加培训活动。中国计量大学校长宋明顺出席培训活动结业典礼，并与国际标准化组织技术官员共同向培训学员颁发培训证书。

**【主办第二届国际光电子与测量会议】** 11月28日至30日，第二届国际光电子与测量会议在中国计量大学举行，来自光学、光电子材料与器件、测量技术与计量领域的近百名中外专家学者参加会议。副校长俞晓平出席会议并致辞。

**【中国计量大学代表团访问瑞典和英国】** 12月8日至15日，副校长俞晓平一行6人访问瑞典和英国高校。代表团与瑞典农业科学大学洽谈开展合作研究、师生交流以及合作办学项目；与英国安格利亚鲁斯金大学交换两校金融工程专业本科合作办学项目第二轮合作协议。

**【与俄罗斯标准化计量认证学院签订合作协议】** 12月11日，第17次中俄标准计量认证与检验监管常设工作组会议在西安召开。中国计量大学副校长金尚忠参加会议，并与俄罗斯标准化计量认证学院院长弗拉基米尔·沃罗宁签署两校合作协议。双方将在教育领域就技术规范、计量、质量控制等方面开展合作，举办研讨会和高级培训班，开展师生互派、专业培训和科研合作交流。

**【学校研究员担任《植物育种》期刊编委】** 12月12日，受德国科学院院士拉杰夫·瓦尔什尼提名及《植物育种》期刊主编邀请，中国计量大学生命学院徐沛研究员入选该期刊编委会，担任学科编辑。《植物育种》期刊1913年创办于德国，已有100多年历史，是专业展示植物遗传学理论与育种实践最重要的学术平台之一，在国际学术界有重要影响力。

**【塞浦路斯理工大学校长访问中国计量大学】** 12月17日，校长宋明顺会见塞浦路斯理工大学校长安德烈亚斯·阿纳伊奥托斯一行3人，并邀请塞浦路斯理工大学加入由中国计量大学发起的“一带一路”标准化教育与研究大学联盟，双方签署校际合作协议。代表团一行参观了学校的国家大学科技园。

（潘　倩）

# 浙江中医药大学

**【概况】** 2019年,浙江中医药大学派出教师113批167人次,赴35个国家和地区访问、访学研修、参加国际会议、参加教育展等。全年接待来自30个国家和地区的来访团组80批596人次。与英国南安普顿大学、新西兰中医学院、印度尼西亚三马林达理工学院、印度尼西亚巴厘巴板大学、英国中央兰开夏大学、日本早稻田大学人间科学学院、哥伦比亚曼努埃拉贝尔特兰大学、哥伦比亚国立大学、哥伦比亚教育科技大学、韩国水源女子大学、德国巴特洪内夫国际应用技术大学、德国埃里希·宝隆博士护理学院建立合作关系并签署合作协议。聘请48名国外专家为长期外籍教师。

全年派出学生赴国(境)外交流354人次。在校学习的各类留学生1063人,其中学历留学生695人、进修生368人,分别来自57个国家和地区。

**【韩国庆熙大学学生代表团访问浙江中医药大学】** 1月24日,韩国庆熙大学韩医学专业丁彰炫教授率韩医专业学生一行40人访问浙江中医药大学,国际交流与合作处负责人会见代表团一行。第一临床医学院、人文与管理学院相关代表出席了座谈会。

**【瑞士弗里堡大学代表团访问浙江中医药大学】** 2月15日,副校长李俊伟会见瑞士弗里堡大学医学与公共卫生学院院长拉斐尔·邦文教授一行。研究生院、教师发展中心、国际交流与合作处负责人参加合作会谈。双方就建立两校在医学教育、全科医学、医学研究生联合培养等领域的相关合作达成一致意向。

**【德国德中卫生组织专家等访问浙江中医药大学】** 3月1日,德国德中卫生组织主席、德国科学院院士、德国病理学会会长曼弗雷德·迪特尔教授和德中卫生组织副主席马库斯·菲木等一行12人访问浙江中医药大学。校党委书记孙秋华、校长方剑乔会见来宾并出席座谈会。国际交流与合作处、附属第二医院、医院管理处、社会合作处、科研处、药学院等相关单位负责人参加活动。双方就医院管理、合作方向等进行交流与探讨。

**【美国普渡大学师生到浙江中医药大学交流学习】** 3月10日至11日,美国普渡大学师生访问交流团来到浙江中医药大学交流学习,药学院、教科办、学办老师与8位学生代表陪同活动,并向美国师生展示太极拳、介绍中草药知识和中医药文化。

**【与西班牙罗维拉·维尔吉利大学签署校际交流协议】** 3月11日至14日,西班牙罗维拉·维尔吉利大学护理学院院长罗斯·瑞珂玛教授和护理系主任玛利亚·希门尼斯教授访问浙江中医药大学。副校长郭清会见来宾,国际交流与合作处、护理学院负责人参加会见。双方签署两校交流合作协议,学校护理学院将和西班牙罗维拉·维尔吉利大学每年互派3名本科生或研究生和2名教师进行3个月的访学。玛利亚·希门尼斯教授还给护理学院全体专任教师和研究生、博士生作了题为《从实践角度看伦理困境和同情》的讲座。

**【英国阿尔斯特大学教授访问浙江中医药大学】** 3月13日,英国阿尔斯特大学计算机工程学部副部长保罗·汉纳教授与建筑学学科负责人菲利普·格里菲思教授访问浙江中医药大学,与医学技术学院商讨医学信息工程3+1双学位项目的可行性，并就双方的培养方案进行比对。

**【英国阿尔斯特大学代表访问浙江中医药大学】** 3月22日，英国阿尔斯特大学药学系主任凯瑟琳·伯内特教授以及全球交流与合作部玛丽亚·韦克斯女士访问浙江中医药大学，与药学院进一步落实解决药学专业3+1双学位项目课程对接难点问题。目前浙江中医药大学与英国阿尔斯特大学合作3+1双学位项目的专业有护理、药学、医学信息工程。

**【香港高中学生内地交流团访问浙江中医药大学】** 4月4日，“同行万里”——香港高中学生内地交流计划系列团（第一期）一行46人访问浙江中医药大学，国际交流与合作处相关负责人会见代表团一行。招生办公室相关负责人介绍招生要求及专业。交流团参观了中医药博物馆、晨曦针灸推拿医院、中医药科学院、动物实验中心、临床实践教学中心四诊实训室。

4月26日，“同行万里”——香港高中学生内地交流计划系列团（第二期）一行44人访问浙江中医药大学。交流团成员包括香港港岛民生书院副校长罗国润、随团香港教育局领导郭启宁，及港岛民生书院和九龙民生书院高中生。副校长郭清会见交流团一行。交流团参观体验中医药博物馆、晨曦针灸推拿医院、中医药科学院、动物实验中心、临床实践教学中心四诊实训室等。

**【比利时安特卫普大学代表团访问浙江中医药大学】** 4月10日，比利时安特卫普大学医学院康复系国际合作办公室主任德克·维瑟斯教授，医学院科技中心主任史蒂文·特鲁金教授等一行5人访问浙江中医药大学。副校长郭清会见代表团，国际交流与合作处及附属第三医院相关人员参加会见。双方就康复理疗专业交流合作、建立联合培养机制、实习生互换和教师互访机制进行探讨交流。

**【浙江中医药大学及附属二院与德国德中卫生组织签署合作框架协议仪式】** 4月12日在浙江中医药大学举行。德国德中卫生组织副主席马库斯·菲木、德中卫生组织中国区首席代表张晓平、浙江友诚控股集团有限公司常务副总裁蔡镝等嘉宾，浙江中医药大学党委书记孙秋华、校长方剑乔及领导班子成员，附属二院党委书记陈卫健、院长吕伯东及领导班子成员出席签约仪式。菲木、方剑乔、吕伯东代表三方签署合作框架协议。

**【美国内华达大学进修团访问浙江中医药大学】** 4月15日，美国内华达大学龙·特蕾·西贝茨教授率护理专业本科在读生一行9人访问浙江中医药大学，进行为期1周的进修学习。其间，美国师生参观中医药博物馆、中国伞博物馆、京杭大运河博物馆及中国茶叶博物馆，访问学校附属第一医院、附属康复中心等，观摩中医特色疗法的临床运用和中医特色康复疗法。

**【比利时西弗兰德大学护理学院院长访问浙江中医药大学】** 4月17日，比利时西弗兰德大学护理学院院长斯文教授访问浙江中医药大学护理学院，并作题为《比利时护理教育如何组织及临床推理》的专题讲座。副院长沈翠珍主持讲座，学院专任教师和全体2018级研究生参加讲座。

**【香港中文大学教授访问浙江中医药大学】** 4月22日，香港中文大学黄志超教授一行2人访问浙江中医药大学。黄志超教授在“医学英语学术沙龙”讲座上作题为《香港交流计划简介及分享》的报告，并解答同学关于赴香港短期研修的提问。

**【美国加州五系中医药大学进修团访问浙江中医药大学】** 4月23日，美国加州五系中医药大学徐柏林教授率中医专业学生进修团一行12人访问浙江中医药大学，进行两周的门诊进修学习。进修团一行还参观中医药博物馆，走进医院进行近距离门诊见习。

**【与英国阿尔斯特大学达成合作意向】** 4月23日，英国阿尔斯特大学生命与健康科学学院执行院长卡萝·柯伦教授访问浙江中医药大学护理学院，介绍该校在护理学教学、科研、管理方面的特色和优势。双方就开设“2+1+1”联合办学和派送优秀毕业生留学深造事宜进行洽谈并达成合作意向。

**【英国中央兰开夏大学代表团访问浙江中医药大学】** 4月26日，英国中央兰开夏大学国际合作项目主任保罗·罗、健康与保健学部执行主任奈杰尔·哈里森等一行4人访问浙江中医药大学护理学院。护理学院院长、国际交流与合作处领导与代表团就开展联合办学、互派交流生等达成共识并签署合作意向书。

**【葡萄牙科英布拉大学孔子学院第三届理事会】** 5月8日在浙江中医药大学召开。科英布拉大学副校长若昂·努诺·卡尔旺、艺术与人文学院副院长瑞·伽玛、孔子学院葡方院长周淼女士、北京第二外国语学院副校长朱佩芬、浙江中医药大学校长方剑乔等出席会议，副校长郭清主持会议。会议听取孔子学院中方院长的《孔子学院2018-2019年工作报告》，讨论并通过孔子学院第三届理事会成员名单，商定2020年理事会的举办地点和时间。科英布拉大学、浙江中医药大学和北京第二外国语学院3校合办的孔子学院是汉语、中国文化、中医药多领域发展模式的一种探索。

**【新西兰坎特伯雷大学教授举办健康主题讲座】** 5月8日，新西兰坎特伯雷大学罗斯·巴尼特和宝琳·巴尼特两位教授访问浙江中医药大学，分别进行两场题为《一场持续的争论——收入不平等对健康的影响——与中国的相关性》和《人口老龄化：新西兰人安居乐业，死得其所》的健康主题讲座。讲座分别介绍收入不公平对健康的影响研究和在人口老龄化背景下如何促进制定临床照护计划及提高照护服务质量。

**【香港驻浙江联络处主任访问浙江中医药大学】** 5月14日，香港特别行政区政府驻浙江联络处主任廖凤娴、副主任张仕琪等一行3人访问浙江中医药大学。学校港澳台事务办公室和研究生院相关负责人会见来宾。双方就香港学生的学业、生活、就业等情况进行沟通和交流。

**【韩国宇阳健康教育院进修团赴浙江中医药大学进修学习】** 5月17日，韩国宇阳健康教育院院长朴万哲、副院长玄姬善率进修团一行48人访问浙江中医药大学，进行为期4天的针灸与推拿学临床实践操作进修学习。

**【美国印第安纳大学进修团访问浙江中医药大学】** 5月19日，美国印第安纳大学钱一蕾和辛西娅·道恩教授率师生一行15人访问浙江中医药大学，在国际教育学院进行为期3周的中医文化学习。学员们还参观了学校附属康复医院、附属第一医院、附属第三医院和中药种植园。

**【美国内布拉斯加大学副教授访问浙江中医药大学】** 5月29日，美国内布拉斯加大学熊婉芬副教授访问浙江中医药大学生命科学学院，进行学术交流。熊婉芬为师生作题为《了解腹主动脉瘤的发病机制》的学术讲座，双方就血管性疾病、SCI论文写作及学术诚信等问题进行讨论交流。副校长郭清与熊婉芬签署柔性引进协议并颁发客座教授聘书。

**【参加首届中葡中医药国际学术会议】** 当地时间6月14日，首届中葡中医药国际学术会议在葡萄牙科英布拉大学开幕。浙江省中医药管理局局长徐伟伟、科英布拉大学副校长若昂·努诺·卡尔凡、浙江中医药大学副校长李俊伟、西南医科大学附属中医医院党委书记王琳、科英布拉大学医学院副院长恩里克·杰朗、科英布拉大学药学院副院长卡洛斯·卡瓦雷罗、葡萄牙医学针灸学会主席艾蕾娜·平托·费雷拉等出席会议并致辞，科英布拉大学孔子学院外方院长周淼主持会议。中国、葡萄牙、匈牙利、西班牙等国家的100余名专家学者参加会议和工作坊。近30位专家学者在会议中进行主题发言，内容涉及中医药现代教育、中药现代研究、针灸现代研究等3大模块。会议还开设中医养生与茶文化、中式防御和治疗运动损伤、针灸治疗妇科疾病等3个主题工作坊。

**【墨西哥托米那加·那卡莫托大学校长访问浙江中医药大学】** 7月5日，墨西哥托米那加·那卡莫托大学校长赛利亚·马尔格斯教授、上海外国语大学墨西哥教育中心主任贝艾特里斯·阿尔曼萨教授等以及托米那加·那卡莫托大学医学生一行17人访问浙江中医药大学。副校长李俊伟会见来宾。双方就合作办学可行性进行探讨。12名医学生参加中医文化课程。

**【罗马尼亚阿拉德瓦西里·戈迪什西方大学交流团访问浙江中医药大学】** 7月16日至8月15日，罗马尼亚阿拉德瓦西里·戈迪什西方大学国际部主任万达·斯坦教授率暑期交流团访问浙江中医药大学，进行中医及中国传统文化交流学习。8月6日，副校长郭清会见交流团。双方就浙江中医药大学罗马尼亚中医药中心建设及今后的发展进行探讨交流。此次夏令营对开拓学员医学学习视野，感受中华医学魅力起到促进作用。

**【意大利针推学院针灸高级进修团】** 8月29日在浙江中医药大学顺利结业。进修期间，学员们进行具体病种的针灸疗法理论学习，跟随医生近距离门诊见习，在老师指导下进行病例讨论。

**【中医药文化夏令营葡萄牙科英布拉大学营】** 8月30日在浙江中医药大学顺利结营。夏令营期间，科英布拉大学全科医学专业的15名学生学习了中医基础理论、中医诊断、汉语和书法等课程，体验了针灸、推拿、拔罐和刮痧等传统疗法。

**【巴西中医学院针灸高级进修团】** 9月6日在浙江中医药大学进修学习1周后顺利结业。进修期间，学员们跟随医生近距离门诊见习，在老师指导下进行具体病种的针灸疗法理论学习和病例讨论。

**【南非西开普大学中医孔子学院揭牌】** 9月11日，由浙江中医药大学、浙江师范大学与南非西开普大学合作共建的中医孔子学院揭牌仪式在西开普大学举行。浙江省省长袁家军与南非高等教育与培训部国际司司长哈里·杰佩为孔子学院揭牌。中国驻开普敦总领事林静、浙江中医药大学校长陈忠、浙江师范大学校长郑孟状、西开普大学代理校长迈克·马吉达先后致辞。同日，学校在西开普大学举办“岐黄博苑——中国浙江中医药文化展览”，展示中医药文化历史、优势特色、浙派中医以及浙江中医药特色产品。

**【欧洲中医养生文化交流团访问浙江中医药大学】** 9月15日，奥地利国际中医养生培训中心董事长杜红和欧洲中医养生联盟会卢森堡基地会长班施·沃尔克率欧洲中医养生文化交流团一行20人访问浙江中医药大学，国际交流与合作处相关人员接待来宾。

**【比利时鲁汶大学师生交流团访问浙江中医药大学】** 9月16日，比利时西弗兰德省鲁汶大学医学院师生一行25人访问浙江中医药大学。交流团参加专题讲座，参观了脉诊实验室，体验并实际操作针法。

**【日本东洋医疗专门学校进修团访问浙江中医药大学】** 9月17日，日本东洋医疗专门学校老师带领针灸专业在读本科生进修团一行18人访问浙江中医药大学，进行进修学习。学员们学习针灸、推拿、拔罐与刮痧的理论知识和实践操作，参观附属第一医院中药房，观摩针灸推拿等中医特色疗法的临床应用。

**【外宾参加60周年校庆】** 10月14日至20日，美国、英国、德国、葡萄牙、意大利、捷克、比利时、罗马尼亚、以色列、新西兰、澳大利亚、日本、韩国等15个国家和地区50余名外宾专程访问浙江中医药大学，参加学校60周年校庆。外宾参加了庆典大会、“一带一路”中医药传承与发展国际会议，参观浙江省中医药博物馆，还参与“中医大数据智慧健康联合实验室”揭牌仪式，参加合作交流座谈会。

**【浙江中医药大学—日本早稻田大学“中医大数据智慧健康联合实验室”揭牌仪式】** 10月18日在浙江

中医药大学举行。副校级领导郭清、早稻田大学副校长弦间正彦等出席揭牌仪式。

**【与以色列雷德曼补充与整合医学院学历生联合培养合作协议】** 10月21日在浙江中医药大学签署。副校长温成平、以色列雷德曼补充与整合医学院院长萨莉·里德曼及学生代表参加签约仪式。2018年，双方达成合作协议，在以色列特拉维夫建立中国—以色列中医药中心。此次学历生联合培养是双方合作的进一步拓展。

**【美国伊利诺伊大学博士访问浙江中医药大学】** 10月28日，美国伊利诺伊大学芝加哥分校生理学和生物物理学系助理教授蒋玉炜访问浙江中医药大学，与生命科学学院副院长、分子医学研究所所长窦晓兵教授，分子医学研究所副所长李松涛教授及师生代表交流座谈。蒋玉炜作了题为《米色脂肪形成和维持新机制的报告》。双方还就科研领域的共性问题和今后交流合作进行沟通与探讨。

**【波兰华沙社会科学与人文学院代表访问浙江中医药大学】** 10月30日，波兰华沙社会科学与人文学院心理学系卡罗琳娜博士一行2人访问浙江中医药大学，与研究生院、国际交流与合作处、第二临床医学院相关负责人就心理学专业进一步合作进行探讨并达成一系列合作意向。

**【“中国—白俄罗斯中医药中心”揭牌仪式】** 11月3日在白俄罗斯首都明斯克举行。该中心是浙江中医药大学附属第三医院承担的国家中医药管理局“2019年度中医药国际合作专项”项目，也是浙江省“一带一路”重点项目。中国驻白俄罗斯大使崔启明，国家中医药管理局副局长王志勇、国际合作司副司长朱海东，明斯克州卫生厅厅长巴娅斯卡娅·娜塔莉娅，白俄罗斯卫生部顾问谢瓦科夫教授，浙江省卫生健康委员会、浙江省中医药管理局有关人员及浙江中医药大学附属第三医院院长高祥福教授等参加揭牌仪式。中医药中心的建立为中医医疗、教育、科研等合作提供重要平台。浙江中医药大学附属第三医院针灸科两位医生作为派驻医师在该中心开展为期10天的诊疗、培训工作。

**【奥地利泰山研究所中医培训治疗中心推拿进修团】** 11月9日在浙江中医药大学结业。进修期间，学员们学习了推拿手法、功法和中医药食疗等课程，参观了浙江中医药博物馆和浙江省中医院。

**【学校副教授访问牛津大学并作专题讲座】** 11月13日，浙江中医药大学人文与管理学院医学与人文教研室主任兼研究生英语教研室副主任叶晓副教授访问英国牛津大学人类学与博物馆民族志学院，举办题为《中医药术语英译标准化发展史及相关问题探讨》的专题讲座。

**【加拿大维多利亚大学国际招生主任访问浙江中医药大学】** 11月14日，加拿大维多利亚大学国际招生主任桑金·帕克等一行3人访问浙江中医药大学，国际交流与合作处、研究生工作部领导与代表团就长短期学生交流、研究生新生英语培训等事宜进行探讨交流。

**【德国麦科第九届听力技术国际研讨会】** 11月16日在浙江中医药大学召开，全国各地从事一线听力临床工作的百余位专家和老师参加研讨会。浙江中医药大学党委副书记张元龙参加大会并致辞。北京大学第一医院刘玉和教授主持。浙江中医药大学医学技术学院院长应航教授作题为“创建·发展·示范——听力与言语康复学专业的特色发展之路”的主题报告。北京大学刘玉和教授和西南医科大学董文斌教授分别作题为“听力学的未来发展”和“新生儿疾病和听力损失”的报告。俄罗斯联邦卫生部圣彼得堡国立儿科医学院和国内一些医院专家分别从临床听力学诊断、儿童听力疾病筛查等方面作了专题报告。

（汪静娜）

表6 2019年浙江中医药大学与外国高校签署合作协议一览表

| 签署时间 | 合作学校 | 合作内容 |
| --- | --- | --- |
| 1月 | 英国南安普顿大学 | 学生交流交换 |
| 3月 | 新西兰中医学院 | 合作备忘录 |
| 4月 | 印度尼西亚三马林达理工学院 | 谅解备忘录 |
| 4月 | 印度尼西亚巴厘巴板大学 | 谅解备忘录 |
| 4月 | 英国中央兰开夏大学 | 谅解备忘录 |
| 5月 | 日本早稻田大学人间科学学院 | 学生交流交换 |
| 5月 | 哥伦比亚曼努埃拉贝尔特兰大学 | 谅解备忘录 |
| 5月 | 哥伦比亚国立大学 | 谅解备忘录 |
| 5月 | 哥伦比亚教育科技大学 | 谅解备忘录 |
| 6月 | 韩国水源女子大学 | 师生交流交换,学术合作 |
| 7月 | 德国巴特洪内夫国际应用技术大学 | 合作备忘录 |
| 9月 | 德国埃里希·宝隆博士护理学院 | 学生交流交换 |

# 浙江海洋大学

**【概况】** 2019 年,浙江海洋大学派出教师赴美国、日本、英国、韩国、加拿大、澳大利亚、意大利等国家和地区进行访学、参加学术会议、开展学术交流及考察访问等 69 批 91 人次,其中出国(境)进行六个月以上访学教师 20 人、参加学术会议 5 人。接待来自俄罗斯、意大利、挪威、韩国、英国、乌克兰、美国、柬埔寨、基里巴斯等国家和地区的主要来访团组 33 批 181 人次, 其中参加学术会议 46 人次、承担中外合作办学项目授课任务专家教授 24 人次。聘请来自俄罗斯、美国、澳大利亚、巴基斯坦、印度、缅甸的长期文教专家 16 人到校任教或进行科学研究。招收来自坦桑尼亚、柬埔寨、巴基斯坦、俄罗斯、哈萨克斯坦、韩国、密克罗尼西亚联邦、基里巴斯、印度尼西亚、菲律宾、瓦努阿图、马维拉、津巴布韦、卢旺达、乌干达、加蓬、缅甸等国家的留学生 179 人, 其中攻读学士、硕士学位 86 人, 享受中国政府奖学金学生 20 人。全年派出 227 名学生赴俄罗斯、韩国、日本、加拿大、英国、澳大利亚、美国等国家高校进行交流或修读学分,其中一学期及以上修读学分的学生 83 人。学校与巴西、捷克、波兰、英国、美国、澳大利亚、马来西亚、韩国、意大利等国家的大学院校及科研单位签署或更新协议 12 份。

2019 年,学校主办了"第八届国际水下技术学会技术会议暨船舶与海洋工程装备研讨会""2019 年绿色渔业技术国际会议""2019 年临港石油天然气安全储运与环境科学会议""第一届海洋锋面、涡旋与生物多样性国际学术会议""第七届东海(国际)论坛""2019 年非线性数学物理国际学术研讨会"等国际学术会议 6 次。

**【韩国海洋大学校长访问浙江海洋大学】** 3 月 15 日,校长陈建孟、副校长吴承亮会见韩国海洋大学校长朴汉一并会谈。双方就更新合作协议达成一致意见,并续签两校合作谅解备忘录。

**【国际学生"啄木鸟"志愿者团队活动】** 3 月 20 日, 由浙江海洋大学国际学生组成的啄木鸟志愿者团队走进舟山市文化广场,对周围公共场所标识牌的英文进行全面检查,对一些公交站牌、公益广告、银行招牌的英语翻译提出纠错意见。

**【挪威生命科学大学院长访问浙江海洋大学】** 3 月 22 日,副校长吴承亮会见挪威生命科学大学生物科学学院院长卡丽·科尔斯塔德教授、挪威生命科学大学教授特朗·斯托巴肯一行。双方就"联合培养硕士项目"和"联合培养博士项目"部分细节进行商议并签署项目操作协议,还商谈了联合科研项目合作问题。

**【国际学生文化节开幕】** 4 月 13 日,浙江海洋大学国际学生举办国际文化节。17 个国家的外国学生载歌载舞,并在各国美食展演中大显身手。

**【韩国群山大学校长访问浙江海洋大学】** 4 月 16 日, 校长陈建孟会见韩国群山大学校长郭炳善一行 6 人,双方签署了合作协议。副校长吴承亮陪同郭炳善一行参观了校园,并看望在校学习的韩国交换生。

**【乌克兰科学院专家访问浙江海洋大学】** 4 月 18 日, 乌克兰科学院材料问题研究所中国研究中心主任叶宏光,乌克兰国家黑海船舶科学研究所所长亚历山大·帕诺马廖夫院士,乌克兰科学院通讯院士霍玛·斯捷潘诺维奇博士、高级研究员叶戈尔·卢琴科夫博士等专家访问浙江海洋大学。校党委书记严小军会见来宾，双方各自介绍了学校、研究所情况，在减振降噪、海洋防腐、钢质渔船更新换代等方面交流了意见，并就双方交流合作等事宜进行探讨。

**【浙江海洋大学代表团访问俄罗斯和捷克高校】** 4月18日至24日，副校长吴承亮一行4人访问俄罗斯和捷克。代表团分别与俄罗斯国立古勃金石油天然气大学副校长科什列夫·弗拉基米尔教授、捷克布拉格生命科学大学副校长马克·洛斯坦克教授会面并会谈，就双方开展教学科研合作达成一致意见，与两大学签署合作备忘录，内容涉及互派交流生、教师互访等。

**【香港舟山同乡会会长访问浙江海洋大学】** 4月19日，校党委书记严小军会见香港太平绅士、香港舟山同乡会会长杨咏曼女士一行，并陪同参观杨咏曼图书馆。

**【与马来亚大学签署合作备忘录】** 6月25日，浙江海洋大学与马来西亚马来亚大学通过双方深入交流，在教学科研等领域达成合作意向的基础上，双方通过信函签署了合作备忘录。

**【香港船东会考察团访问浙江海洋大学】** 6月27日，校长陈建孟会见香港船东会副主席苏新刚一行14人，陪同考察学校图书馆、校史馆和航海驾驶模拟实验室，并进行座谈。校党委副书记王捷，港澳台办公室、学校办公室、港航与交通运输工程学院相关负责人陪同考察或参加座谈。

**【国际学生用歌声唱出“我爱你中国”】** 9月25日，浙江海洋大学国际学生代表喀秋莎、超人、可汗、李天佑等在学校组织的大学生视频展演活动中，演绎经典歌曲《我爱你——中国》，朗诵著名诗人艾青的诗歌《我爱这土地》，献礼中华人民共和国成立70周年。

**【柬埔寨洪森夫妇奖学金协会代表团访问浙江海洋大学】** 10月17日，柬埔寨洪森夫妇奖学金协会代表维拉克先生一行访问浙江海洋大学。校党委书记严小军会见来宾并召开座谈会。副校长吴承亮参加会见和交流。双方围绕海洋资源与环境研究、旅游人才培养等内容展开洽谈交流，并取得初步共识。严小军在座谈会总结时指出，希望双方共同努力，培养优秀的柬埔寨学生，争取更多支持的渠道，和柬埔寨洪森夫妇奖学金协会有更加紧密的交流合作。会后，代表团看望在校学习的柬埔寨学生，并进行交流。

**【第七届中国东海（国际）论坛】** 11月1日至3日在浙江海洋大学举行。国(境)内外相关领域的专家学者近70人参加论坛。论坛以“一带一路视域下的中国东海”为主题，围绕“海洋非遗的保护、利用、开发”“对外投资对一带一路国家经济的影响”等议题展开讨论。

**【2019年绿色渔业技术国际会议】** 11月7日至9日在舟山举行。联合国粮农组织、美国缅因大学、日本东京海洋大学、中国海洋大学等国内外海洋渔业领域的100余名专家、学者、机构代表和研究生代表出席研讨会。大会学术委员会主席、浙江海洋大学党委书记严小军研究员等在会上分别作主题报告。同时，大会还举行研究生专场学术报告。会议以绿色渔业技术为主题，围绕发展“生态捕捞”、建设“海洋牧场”、拓展“智慧养殖”、转变“休闲渔业”和“海钓”等新领域开展学术交流研讨。

**【国际学生在“梦行浙江”汉语演讲比赛中荣获佳绩】** 11月21日，浙江省外国留学生第十三届“梦行浙江”系列活动之“融情中华、热爱中国”演讲比赛在杭州闭幕。全省35所高校的84名国际学生参加。浙江海洋大学柬埔寨籍学生钟华平、美萨，哈萨克斯坦籍学生金龙参加比赛，钟华平荣获三等奖。

（钟伟良）

表 7 2019 年浙江海洋大学接待的部分来访团组一览表

| 日 期 | 来 访 人 员 | 来访内容 |
|---|---|---|
| 2 月 24 日 | 俄罗斯圣彼得堡海洋技术大学马克森科·瓦伦丁博士等 | 授课 |
| 5 月 19 日 | 意大利比萨大学玛丽亚·格拉齐亚教授等 | 讲学及参与毕业答辩 |
| 9 月 18 日 | 第 8 届国际水下技术学会(SUT)技术会议暨船舶与海洋工程装备研讨会 | 国际学术会议 |
| 10 月 11 日 | 俄罗斯语言考试中心奥列格先生等 | 主持俄罗斯语言考试 |
| 10 月 28 日 | 第一届海洋锋面、涡旋与生物多样性国际学术会议 | 海洋类国际学术会议 |
| 12 月 13 日 | 2019 年非线性数学物理国际学术研讨会 | 国际学术会议 |
| 12 月 19 日 | 基里巴斯体育事务部部长一行 55 人 | 访问交流 |

# 浙江农林大学

**【概况】** 2019年,学校公派教职工出国(境)交流团组44批132人次。学生出国(境)交流429人次。现有来自56个国家的留学生1410名,新增生源来自日本、斯洛伐克、俄罗斯、美国、荷兰、越南、蒙古、毛里求斯、利比里亚、乍得、布基纳法索、南非等国家,多数为"一带一路"沿线国家;通过"孔子学院总部与高校配套设置奖学金项目",招收了120名高质量留学生,其中博士4名,实现了零的突破。全年举办国(境)外院校合作项目洽谈会50余场次,接待国(境)外专家100余人;引进高层次人才49名,其中柔性引进国外院士5名。

2019年,浙江农林大学在中国大学国际化竞争力500强排行榜中上升至第170位,相比2018年提升了37位。新增合作院校和机构6所,新签合作协议10个,集中在高端人才培养。其中,有与美国康奈尔大学的校际合作框架协议,与美国伊利诺伊大学厄尔巴纳香槟分校的"3+2"项目协议,与加拿大不列颠哥伦比亚大学和芬兰赫尔辛基大学的合作协议,与澳大利亚乐卓博大学、澳大利亚默多克大学、芬兰东部大学的联合培养博士与双博士合作协议。塞尔维亚诺维萨德大学孔子学院取得"2019年全球先进孔子学院"的殊荣;"亚热带森林资源培育与高效利用学科创新引智基地"入选"2019年度浙江省国际科技合作基地",成为学校首个国合基地;入选首批"孔子学院总部与高校配套设置奖学金项目"的全国18所试点高校之一。

**【外国知名学者受聘浙江农林大学教授】** 4月30日,爱沙尼亚科学院院士、爱沙尼亚生命科学大学尤洛·尼尼美教授和西班牙《总体环境科学》期刊主编达米亚·巴塞洛教授分别受聘浙江农林大学兼职教授和名誉教授。聘任仪式在浙江农林大学举行,校长应义斌和副校长沈月琴分别为其颁发聘书,学校校办、人事处、国际处等相关部门参加聘任仪式。

**【浙江农林大学代表团访问波兰】** 5月12日至17日,校党委书记周国模率团访问波兰卢布林工业大学,参加中波双方召开的"陆地生态系统和可再生能源固碳减缓气候变化"国际会议。中国中南林业科技大学代表团、波兰科学院、波兰卢布林工业大学、波兰卢布林生命科学大学的专家学者参加了会议。浙江农林大学代表团5位教授在会上作了学术报告。会后,代表团与波兰卢布林工业大学校长皮奥特·卡塞伊科教授、波兰科学院院士卢茨扬·巴甫洛夫斯基教授和卢布林生命科学大学校长齐格蒙特·利特温楚克教授就中波教育和科研合作进行洽谈;与卢布林工业大学洽谈了暑期项目、研究生派出学习、联合博士研究生培养、教师互访等国际合作项目,就加强环境工程领域的教学和科研合作达成一致意见。

**【浙江农林大学代表团访问意大利和塞尔维亚】** 5月19日至26日,校党委副书记冯尚申率团访问意大利和塞尔维亚。在意大利,代表团访问了比萨大学和博洛尼亚大学,就开展课程建设、学生互换、联合培养博士、合作办学等方面进行交流并达成合作共识。在塞尔维亚,代表团参加诺维萨德大学孔子学院5周年庆典活动,冯尚申代表学校致辞;同时与诺维萨德大学孔子学院召开2019年度理事会。

**【澳大利亚乐卓博大学代表团访问浙江农林大学】** 5月28日,澳大利亚乐卓博大学副校长克里斯·帕克斯、凯莉·史密斯、索尼娅·赖森霍夫及其助理一行访问浙江农林大学。校长应义斌会见代表团并进行座谈，双方对即将开展的联合培养博士、师生互访等项目进行探讨。

**【国际竹藤组织总干事访问浙江农林大学】** 6月3日，校党委书记周国模会见国际竹藤组织总干事阿里·穆秋姆并座谈，有关学院和部门参加座谈。双方就竹林碳汇、竹子培育和竹产品加工等方面的合作研究进行探讨。

**【丹麦科技大学教授访问浙江农林大学】** 6月24日，校党委副书记冯尚申会见来访的丹麦科技大学光子工程系肖三水教授并座谈，国际合作与交流处、国际教育学院及理学院有关负责人参加会见和座谈。双方在学术交流、科研合作等方面达成初步意向。

**【芬兰图尔库大学代表团访问浙江农林大学】** 6月25日，校长应义斌会见来访的芬兰图尔库大学校长尤卡·科拉教授并座谈。双方围绕人才培养、学术科研方面，特别在图尔库大学的战略性研究领域——功能食品方向展开合作探讨；双方希望充分利用两校优势资源，共同组建科研网络，开展深层次合作。

**【加拿大不列颠哥伦比亚大学教授访问浙江农林大学】** 8月14日至16日，加拿大不列颠哥伦比亚大学林学院院长约翰·英尼斯教授和副院长王光玉教授一行访问浙江农林大学。校党委书记周国模、校长应义斌会见来宾并座谈，国际合作与交流处，林业与生物技术学院相关负责人及有关学科教师参加座谈。双方围绕人才培养、竹资源培育与高效利用研究院共建协议等问题进行探讨，对共建协议达成基本共识。代表团还参观了亚热带森林培育国家重点实验室、国家木质资源综合利用工程技术研究中心和翠竹园。

**【波兰卢布林工业大学博士生参加夏令营活动】** 9月1日至15日，波兰卢布林工业大学10名博士生参加了浙江农林大学举行的夏令营活动。其间，博士生团与浙江农林大学相关学院师生进行了科研交流，并体验了一系列丰富的中国传统文化活动。

**【哥伦比亚佩雷拉科技大学代表团访问浙江农林大学】** 10月9日至11日，哥伦比亚佩雷拉科技大学校长路易斯·费尔南多·加维利亚·特鲁希略率团访问浙江农林大学。校党委书记周国模、校长应义斌会见来宾并进行座谈交流。双方在共建“中国—哥伦比亚”联合竹研究中心、竹林碳汇、竹资源高效利用等方面达成合作意向，并签署《浙江农林大学—佩雷拉科技大学合作备忘录》。代表团一行还参观了竹种园、国家木质资源与利用工程中心以及竹林标准化种植示范基地等。

**【美国南卡罗来纳大学上州分校校长访问浙江农林大学】** 10月15日，副校长沈月琴会见美国南卡罗来纳大学上州分校校长布兰登·凯利、国际处处长亚历山大·阿库里、蒋中衍教授一行，有关部门和学院相关负责人参加会谈。双方在原有计算机科学优势领域合作的基础上，对其他方面的合作进行了探讨。

**【美国北卡罗来纳州立大学代表团访问浙江农林大学】** 10月18日，校党委副书记冯尚申会见美国北卡罗来纳州立大学副教务长迈克尔·巴斯特、亚洲项目主管王玲，国际合作与交流处、动物科技学院、林业与生物技术学院有关负责人参加会面和座谈。双方围绕开展3+X硕士项目合作、教师互访等展开讨论，就引进北卡罗来纳州立大学优质博士、博士后和浙江农林大学青年师生、管理团队参加北卡罗来纳州立大学培训项目达成一致意见；还探讨了在动物医学方面建立中外合作办学项目或机构的可能性。集贤学院相关负责人与代表团进行了洽谈。

**【诺维萨德大学孔子学院学员画展开幕】** 10月18日，塞尔维亚诺维萨德大学孔子学院中方院长陈晦、外方院长伊万娜及学员一行访问浙江农林大学。上午，孔子学院学员柯爱晨的中国画展在浙江农林大学开幕。代表团和学校有关部门、学院负责人出席开幕式。柯爱晨的绘画作品在2017年孔子学院总部组织的第一届“一带一路”国家孔子学院学员中国书画作品大赛、2019年“中国—中东欧国家高校联合会”组织的教育交流展中均获得评委会特别推荐。下午,代表团与国际教育学院进行了国际汉语学习经验的交流和分享。

**【参团赴日本交流访问】** 11月23日至30日，应中国人民对外友好协会邀请,浙江农林大学6名学生与省内其他高校学生组成浙江省大学生分团,参与“日中植树造林国际联合事业”2019年中国大学生友好交流代表团访问日本,进行交流活动。

**【瑞典卡尔马省代表团访问浙江农林大学】** 12月3日，副校长胡祖吉会见瑞典卡尔马省议会主席安吉莉卡·卡萨尼杜，副主席克里斯特·琼森、马林·舍兰德等和林奈大学亚太区代表一行,有关部门负责人、有关学院教师代表参加会见。双方就开展硕士生项目、与宜家家居合作等事宜展开讨论。

**【国外知名学者访问浙江农林大学】** 12月11日，美国工程院院士、佛罗里达大学教授詹姆斯·琼斯,美国农业和生物工程师协会主席、肯塔基大学工程学院副院长苏·诺克斯，浙江大学国际联合学院副院长丁冠中,日本京都大学教授近藤直等国外知名农业与生物工程专家一行访问浙江农林大学，为学校师生作学术报告。

**【浙江农林大学代表团访问俄罗斯和乌克兰】** 12月15日至21日，校党委书记周国模率浙江农林大学代表团访问俄罗斯和乌克兰。代表团先后考察了俄罗斯国立农业大学、圣彼得堡国立农业大学,乌克兰苏梅国立农业大学、乌克兰教育部农业研究与教育司、乌克兰农业科学院。代表团与俄罗斯圣彼得堡国立农业大学签署了合作备忘录,与乌克兰苏梅国立农业大学签署了科研合作和学分互认协议。此访全面启动了学校面向俄罗斯和乌克兰等“一带一路”沿线国家的国际化进程。

**【美国旧金山州立大学代表访问浙江农林大学】** 12月17日,副校长沈月琴会见美国旧金山州立大学国际合作与教育部代表刘姗姗。双方就开展教师培训、学生暑期游学项目、签署两校合作谅解备忘录等事宜进行会谈。

（王　艳）

# 温州医科大学

**【概况】** 2019年,温州医科大学公派教师出国(境)团组242批441人次,接待国(境)外友人和团组来访620人。

2019年,学校新增合作院校和机构9个,新增合作协议22份,涵盖中外合作办学、研究生联合培养、师生交流、科研合作等领域,已与32个国家和地区的144个海外合作院校建立了合作关系。

学校现有学生出国(境)交流学习项目90余项,2019年派出出国(境)学生1010人次。2019年共招收留学学历生164人,学校现有学历留学生1046人,其中本科生940人,研究生106人。

**【出席中俄医科大学联盟理事会年会】** 1月17日,校长李校堃教授出席在广州举行的中俄医科大学联盟理事会2019年年会暨中俄国际医药科技创新与合作峰会,并在"中俄国际医学教育校长论坛"做专题报告。

**【瑞典驻上海总领事访问温州医科大学】** 1月23日,副校长金胜威会见瑞典驻上海总领事林莉一行并会谈。市外办、校国际合作交流处、研究生院、科技处相关负责人参加会见。双方表示将积极推进在临床、生命科学等领域对话与合作。

**【加拿大阿尔伯塔大学代表团访问温州医科大学】** 3月10日至14日,加拿大阿尔伯塔大学医学与牙医学院院长丹尼斯·国本率代表团一行15人访问温州医科大学。校长李校堃会见并会谈。双方签署两校合作备忘录,参加中加精神医学论坛、精神健康高等研究院挂牌仪式、院士工作站启动仪式、中加医学高等教育论坛等,深入推进两校战略合作。

**【与韩国全南国立大学合办药学专业博士学位教育项目获批】** 4月15日,温州医科大学与韩国全南国立大学合作举办药学专业博士学位教育项目获教育部批准,成为全国首个药学专业博士层次中外合作办学项目。

**【上合组织成员国法官研修班来温州医科大学培训】** 4月26日,由吉尔吉斯斯坦和乌兹别克斯坦13名法官组成的上合组织成员国法官研修班访问温州医科大学,参加上合组织国际司法交流合作培训基地温州研修中心司法培训和结业典礼。副校长王良兴会见,国际合作交流处、医院管理处相关负责人参加。双方对留学生教育、医疗发展、法医学培训等情况进行沟通,希望未来双方能有更多深入合作交流的机会。

**【学校国际化发展入围亚洲"年度国际战略奖"】** 4月30日至5月2日,温州医科大学代表参加在阿拉伯联合酋长国哈利法大学举办的泰晤士高等教育"2019亚洲大学峰会",温州医科大学获"年度国际战略奖"提名奖。亚洲共33所高校入围,其中中国高校7所。

**【俄罗斯巴什基尔国立医科大学副校长访问温州医科大学】** 5月20日至22日,俄罗斯巴什基尔国立医科大学副校长伊丽娜·拉赫玛图利娜一行访问温州医科大学。校长李校堃会见,双方就进一步加强在研究生联合培养、人才交流、科研合作、共建研究中心等领域合作事宜进行会谈。

**【韩国全南国立大学校长访问温州医科大学】** 5月21日至23日,韩国全南国立大学校长丁炳硕一行访问温州医科大学，校长李校堃会见。双方就进一步推进在联合培养博士、共建国际实验室和共同申报研究项目等领域的合作事宜进行会谈。

**【美国美非亚商会主席访问温州医科大学】** 5月22日，美国美非亚商会主席、美国国际医疗协会创办人梁迈克率美国新泽西州纽瓦克市副市长乌戈·恩瓦库罗、西橙市副市长扎尔·华勒斯及美国国际医疗协会医学专家一行13人访问温州医科大学，副校长王良兴会见并会谈。代表团参观了学校校史馆、附属第一医院，双方就医院运营管理、疾病防护和两国医疗体系异同进行探讨。

**【温州医科大学代表团访问加拿大】** 5月27日至31日，校长李校堃率团访问加拿大阿尔伯塔大学、多伦多大学及贝克斯特医院，并与阿尔伯塔大学签署共建温州医科大学一阿尔伯塔学院合作意向书，实现学校与世界百强高校合作办学的关键突破。

**【赴中非执行第十七批援非医疗任务】** 6月3日，温州医科大学附属第一医院外科暨玲、附属第二医院麻醉科夏柏喜和妇产科胡迎春、附属眼视光医院白内障专科宫贤惠参加的浙江省第17批援非医疗队启程，赴中非共和国执行为期18个月的援外医疗任务。

**【澳大利亚桂冠院士访问温州医科大学】** 6月3日至7日，澳大利亚桂冠院士、澳大利亚蒙纳士大学生物医学学院院长、生物医学探索研究院院长约翰·卡罗教授一行访问温州医科大学，校长李校堃、副校长金胜威会见并会谈。双方就联合研究院相关事宜进行探讨并达成共识，将进一步推进温州医科大学—蒙纳士大学生物医学联合研究院建设。

**【参加“一带一路”国际医学教育联盟第一届理事会】** 6月15日至16日，温州医科大学国际合作交流处一行参加在中国医科大学举行的“一带一路”国际医学教育联盟第一届理事会第二次会议暨第三届国际高等医学教育论坛，与来自“一带一路”的菲律宾、泰国等国家和地区的医学院校和机构交流分享高等医学教育领域最新成果与经验。

**【泰国前总理访问温州医科大学】** 6月17日，校长李校堃会见泰国前总理、泰中文化经济协会发起人差瓦立·永猜裕将军一行。差瓦立倡议温州医科大学进一步拓展与泰国高校在教育、科研和医疗等领域合作，增进中泰人文交流。

**【眼视光学院医院团队获“杰出学术贡献”金奖】** 5月26日至29日，副校长王良兴出席在广西防城港市举行的国际医学创新合作论坛（中国—上海合作组织）。学校瞿佳教授领导的温州医科大学眼视光学院医院团队获“杰出学术贡献”金奖。

**【第二届“生命天使”非洲助产士助理培训项目】** 7月15日至28日在温州医科大学举行。加纳驻华副大使查尔斯·庄梅纳等出席开班仪式，副校长曹建明主持仪式。培训项目由温州医科大学与教育部中外人文交流中心联合主办，这是学校连续第二年合作该项目，累计培训41位非洲留学生及医护人员。

**【日本北陆大学理事长访问温州医科大学】** 8月20日，校长李校堃、副校长曹建明分别会见日本北陆大学理事长小仓勤一行。双方举行了签署《温州医科大学与日本北陆大学共同培养本科生教育合作协议》仪式，将进一步推进两个大学教学、科研等方面的合作。

**【温州医科大学—瑞典隆德大学中瑞生命科学研究院揭牌仪式】** 9月25日在温州医科大学举行。隆德大学外科系主任罗兰·安德森教授、温州医科大学校长李校堃共同为研究院揭牌，副校长金胜威主持仪式，校研究生院、科学技术处、国际合作交流处等相关负责人出席仪式。该研究院将致力于实现在肿瘤、神经科学和糖尿病等领域的科研成果转化。

**【巴基斯坦急重症紧急救护培训班】** 10月23日在温州医科大学

开班。巴基斯坦卫生行政部门及医疗机构的21名学员在学校及附属医院接受医学急重症紧急救护等培训。

**【参加清迈大学医学院60周年院庆暨高等教育国际化论坛并作报告】** 10月25日至26日，温州医科大学副校长金胜威访问泰国，参加清迈大学医学院60周年院庆暨高等教育国际化论坛并作主题报告。

**【承办2019世界青年科学家峰会多个项目】** 10月25日至27日，2019世界青年科学家峰会在温州举行。温州医科大学承办精神医学、护理学、精准营养与慢性代谢性疾病和视界·眼科创新等4大国际论坛，举办中国眼谷首届眼科创新创业全球挑战赛和海外科学家分享会。学校还参加科学家高端对话、中—欧研讨会等活动。校党委书记吕帆，校长李校堃，副校长陈培根、金胜威等出席会议并讲话。其间，加拿大皇家科学院院士安东尼·飞利浦斯等10位中外院士、125位国内外专家、2000多位青年学者参加学校举办的活动，共同探讨医学领域前沿话题。

**【泰国卫生部及泰国中医师总会代表团访问温州医科大学】** 12月2日至6日，泰国卫生部医疗辅助服务健康司副司长、泰国卫生部中医执业管理委员会主席阿空·普拉迪苏旺率卫生部及泰国中医师总会代表团一行7人访问温州医科大学及附属医院，校党委副书记程锦国会见代表团。双方签署《温州医科大学与泰国中医师总会合作意向书》，拟在执业中医师培养、共建中医研究实验室、共建联合中医医疗中心等领域开展合作。

**【学校医疗队再次赴布基纳法索开展“光明行”活动】** 12月7日至23日，温州医科大学附属眼视光医院再次组建10人的医疗队在布基纳法索开展“光明行”活动，共实施250例白内障手术。这是中国与布基纳法索2018年复交以来第二年、也是中国政府第二次派出医疗队赴布基纳法索开展“光明行”项目。

**【印度驻上海文化领事访问温州医科大学】** 12月27日，副校长王兴良会见印度驻上海总领事馆文化领事阿朗·潘瓦尔一行，双方就彼此合作进行交流。潘瓦尔一行与学校印度学生代表见面并座谈，勉励印度学生珍惜在华学习机会，争做两国友谊的民间大使。

（林依依）

# 浙江传媒学院

**【概况】** 2019年，浙江传媒学院派出国(境)外进行访问交流团组74批106人次。其中，参加培训39人次，参加国际会议23人次，考察访问21人次，合作研究3人次。学校接待国(境)外来访团组56批176人次。其中，考察访问67人次，参加国际会议51人次，参与合作研究9人次。

2019年，学院与澳大利亚新南威尔士大学、新西兰惠灵顿维多利亚大学、美国纽约州立大学石溪分校、美国旧金山艺术大学和日本千叶大学等国际知名高校签署了合作协议，同时与教育部中外人文交流中心签署了共同建立国际人文交流与传媒人才培养基地的合作协议。2019年，学校与英国考文垂大学合作服装与服饰设计专业本科教育项目以及与英国博尔顿大学合作视觉传媒硕士学位教育项目首批毕业生顺利毕业。

全年举办了2019传媒大数据和智能媒体国际研讨会、技术与传媒业未来发展国际会议、中外主持人发展国际论坛等7场国际会议，同比增长133%。

2019年，学校共推出出国(境)交流项目57项，派出长短期交流生337人，较上年增长32.2%。留学生人数达到245人，较上年增长63%。聘用高层次外籍专家7人，增长600%。

**【美国旧金山艺术大学副校长访问浙江传媒学院】** 3月6日，副校长姚争会见旧金山艺术大学副校长迪瓦卡尔· 甘地一行，双方就开展两校深度教育交流合作进行座谈，探讨了共建中外合作办学机构的可能性。

**【法国高等电影学院创始人访问浙江传媒学院】** 3月18日，校党委书记杨立平会见法国高等电影学院创始人兼董事长麦克斯· 阿祖莱一行，双方就两校间教育交流合作进行座谈。

**【韩国韩中教育交流协会会长访问浙江传媒学院】** 9月27日，校长徐小洲会见韩国韩中教育交流协会会长、韩国西京大学研究生院院长具滋亿教授，双方就韩中教育交流合作进行了探讨与交流。

**【传媒业未来发展国际研讨会】** 10月26日在杭州举行。研讨会由浙江传媒学院主办。会议探讨技术对传媒业带来的深刻变局，分享新闻传播学术研究前沿成果。省委网信办副主任季晓斌，浙江日报报业集团总编辑、党委副书记张燕等有关部门、报社领导，法国巴黎政治大学管理与创新学院副院长、英赛克高等商学院首席国际官奥利维·吉尔特，日本东京大学信息学部客座教授、东京2020年奥运会组委会高级主管渡边悟，澳大利亚科廷大学文化和技术研究中心教授金迈克等海内外多所高校的专家学者参加研讨会。

**【与英国博尔顿大学举行首届视觉传媒硕士毕业典礼】** 11月3日，浙江传媒学院与英国博尔顿大学合作办学的2019届视觉传媒硕士毕业典礼在杭州举行。校党委书记杨立平、副校长张梁和英国博尔顿大学校长乔治·菲利普·尼古拉斯·温莎·圣安德鲁斯伯爵一行参加了典礼。圣安德鲁斯伯爵为2019届毕业生颁发了学位证书，并为他们拨穗。

**【摄影教育国际研讨会】** 11月8日至9日在丽水召开。研讨会主题为“科学与艺术对话中的摄影教育”，以摄影术发明180周年为契机，以丽水摄影节为依托，建立一个长期的摄影教育国际交流与合作平台。国内(包括中国澳门)高校近20位学者,和美国、德国、法国、奥地利、塞尔维亚、日本、新加坡等10余位外国学者,从不同角度探讨了高校摄影教育所面临的机遇和挑战。有近200位高校师生、艺术家、摄影师参与和交流。

**【中外主持人发展国际会议】** 11月16日至17日在浙江传媒学院举行。美国、英国、印度、韩国、土耳其等5个国家的专家学者和全国26个省、自治区、直辖市的81所高校专家以及媒体从业人员、研究生共150余人参加了会议。会议围绕“融媒体背景下主持人发展”这一主题进行交流探讨。

**【2019传媒大数据与智能媒体国际研讨会】** 11月23日至24日在杭州举行。研讨会围绕“AI赋能媒体”,聚焦“传媒大数据”和“智能媒体”两个领域进行研讨交流。美国、日本、澳大利亚、芬兰、西班牙等5个国家和国内行业专家、高校学者、企业家及学校师生代表共100余人参加研讨会。

**【学校代表团访问新西兰和澳大利亚】** 12月4日至11日,校党委书记杨立平率学校代表团访问新西兰和澳大利亚。代表团与新西兰惠灵顿维多利亚大学签署了合作备忘录,与澳大利亚悉尼新南威尔士大学签署了师生交流和跨文化传播专业项目合作协议,与人民网澳大利亚公司签署了海外实习实训基地合作协议。

**【坦桑尼亚桑给巴尔教育与职业培训部部长访问浙江传媒学院】** 12月25日,校长徐小洲会见坦桑尼亚桑给巴尔教育与职业培训部部长瑞兹克·祖玛一行,双方就教育交流合作进行座谈。双方签署了《坦桑尼亚桑给巴尔教育与职业培训部与中国浙江传媒学院谅解备忘录》。

**【与教育部中外人文交流中心签署合作协议】** 12月27日,浙江传媒学院与教育部中外人文交流中心共建“国际人文交流与传媒人才培养基地”合作框架协议签约仪式在浙江传媒学院举行。教育部中外人文交流中心主任杜柯伟和学校校长徐小洲、副校长姚争出席签约仪式。

(张文婧)

# 浙江外国语学院

**【概况】** 2019年，浙江外国语学院派出教职工出国(境)访问或进修培训团组24批35人次;接待国(境)外来访团组28批150人次。

学校聘有长期外国文教专家33人,分别来自美国、巴西、瑞士、委内瑞拉、葡萄牙、意大利、俄罗斯、法国、韩国、日本、埃及、捷克等国家。

全年招收44个国家的225名国际学生，新增生源国有罗马尼亚、马里、马拉维、莫桑比克等。其中,学历生55人,就读中文学院、国际经济与旅游管理学院及英文学院;非学历生93人，交换生77人，就读国际学院汉语语言项目、酒店实习项目及英文学院在华经商项目。留学生人数占比为2.66%,达到省高等教育国际化指标体系规定的“其他院校”优秀水平以上,人数比2018年增长48.0%。2019年,派出494名学生参与出国(境)项目,较2018年增长25%。其中国家公派30人，省级公派78人,校派公费119人。2019年公费资助人员总数较2018年增长10.2%。开设短期精品出国(境)项目,成功立项并执行8个项目,资助学生赴新加坡、日本、土耳其、德国等进行短期交流。设立2019年度优秀自费留学奖励，给予17位优秀自费留学生奖励。运行“浙外出国境交流学习平台”微信小程序,实现学生出国境项目网上申请与信息查询。

2019年,学校已与美国、德国、英国、法国、俄罗斯、墨西哥等40多个国家和地区的200余所高校、科研机构建有合作伙伴管理关系。常设出国(境)项目80余项,主要分为长期交换项目、交流项目、学位项目以及短期的访学项目和境外实习项目。积极组织学生参与国家留学基金委资助项目,推荐学生参加墨西哥、俄罗斯以及朝鲜的互换奖学金项目。

**【日本二松学舍大学代表团访问浙江外国语学院】** 3月1日,日本二松学舍大学文学院院长江藤茂博一行访问浙江外国语学院,副校长柴改英会见来宾。双方就“日语+城市文化与设计专业”双学位交流项目、境外汉语培训合作办学等事宜进行交流。

**【加拿大魁北克—浙江友好协会代表团访问浙江外国语学院】** 3月12日,加拿大魁北克—浙江友好协会会长胡为农、魁北克省安图恩-蒙苏中学副校长安妮·加农等一行访问浙江外国语学院。副校长柴改英会见来宾,就魁北克紧缺人才培训和魁北克中学实习项目等合作进行交流。

**【委内瑞拉驻上海总领事访问浙江外国语学院】** 3月29日，委内瑞拉驻上海总领事伊利贝斯和副领事弗朗西斯科访问浙江外国语学院。副校长柴改英会见来宾,就学校如何参与中委教育交流与总领事进行交谈。柴改英表示,学校愿与总领事馆建立长效沟通机制,互通有无,共同促进中委教育文化交流等。

**【韩国诚信女子大学代表团访问浙江外国语学院】** 4月22日,韩国诚信女子大学校长杨普景一行3人访问浙江外国语学院。校长洪岗会见来宾。两校签署联合培养本科双学位学生项目协议。其间,杨普景做题为《了解韩国文化与世界遗产》的学术讲座,还与东语学院、教育学院、电商学院、科技学院、国际处等单位进行交流。

**【马来西亚驻华大使馆参赞访问浙江外国语学院】** 4月24日，马来西亚驻华大使馆教育处参赞侯春兴访问浙江外国语学院。副校长柴改英会见来宾,双方就两校师生互派、合作办学、国别与区域研究、中华传统艺术交流等事宜交换了意见。

**【与阿曼苏哈尔大学签署合作协议】** 5月21日至22日,副校长柴改英到成都参加由阿曼驻中国大使馆主办的阿拉伯语文化交流活动,并与阿曼苏哈尔大学校长贝利教授签署两校合作谅解备忘录。

**【与名古屋音乐大学签署合作协议】** 5月24日,日本名古屋音乐大学校长佐藤惠子一行访问浙江外国语学院。校长洪岗会见,双方就长短期学生交流项目交换意见,并签署两校合作协议。

**【全球华文教育联合会秘书长访问浙江外国语学院】** 5月27日,全球华文教育联合会秘书长陈平一行4人访问浙江外国语学院。副校长张环宙会见来宾并会谈。陈平认为浙江外国语学院筹建华侨学院完全符合浙江华侨的期待,希望学校利用华侨学院的平台,充分发挥杭州电子商务之城的区位优势,打好电商牌,并表示可以通过联合会渠道帮助学校开展在欧洲各国的招生工作。

**【德国汉斯·赛德尔基金会浙江代表处(筹)建设论证会】** 6月10日在杭州举行,副校长柴改英出席。柴改英表示,赛德尔基金会浙江代表处(筹)的成立,是中德教育合作可持续发展的体现;代表处将办公地点设在浙江外国语学院,学校将为赛德尔基金会提供一切有利于双方合作的便利条件。

**【德国汉斯·赛德尔基金会职教专家访问浙江外国语学院】** 6月18日,副校长张环宙会见德国汉斯·赛德尔基金会职教专家马可·洪格,并就中德职教师资培训进行交流。马可·洪格是来参加中德联合举办的为期1周的职教师资培训项目,并主讲职业教育质量管理等相关课程。

**【德国欧洲应用技术大学校长访问浙江外国语学院】** 6月24日,德国欧洲应用技术大学校长施特凡·施泰因一行访问浙江外国语学院。副校长柴改英会见来宾并会谈,双方签署两校谅解备忘录,同意在教师互换交流、学生互换交流、学术研讨、学术期刊交流、短期学术交流等领域开展合作。

**【马来西亚沙巴州教育厅代表团访问浙江外国语学院】** 6月25日,副校长柴改英会见马来西亚沙巴州教育厅厅长密施特林·拉丁一行。拉丁对州内高校与浙江外国语学院结好、创新合作模式并落到实处等事项提出意见和建议。

**【埃及复兴大学阿拉伯语中心主任访问浙江外国语学院】** 6月28日,校长洪岗会见埃及复兴大学阿拉伯语中心主任萨维·艾哈迈德一行并会谈,校国别与区域研究中心领导参加会见。会上,两校签署了谅解备忘录。

**【巴拿马旅游发展与合作研修班】** 10月10日在浙江外国语学院开班。研修班为期21天,巴拿马19位司处级学员参加。校长洪岗出席并致辞,学校西班牙语和旅游专业老师授课,西语学院承担该项目学生志愿翻译服务工作。

**【哥伦比亚佩雷拉科技大学校长访问浙江外国语学院】** 10月15日,副校长张环宙会见哥伦比亚佩雷拉科技大学校长路易斯·费尔南多·哈维里亚·特鲁西略一行。双方签署《合作谅解备忘录》,并就进一步合作交流进行探讨。

**【汉语桥——法国学生秋令营】** 10月23日在浙江外国语学院开营。副校长柴改英出席开营仪式,53位法国中学生和教师参加。学校组织开展了汉语课程教学和中国传统文化体验活动。

**【赤道几内亚孔子学院学生冬令营】** 10月24日在浙江外国语学院开营。副校长柴改英参加开营仪式,20名赤道几内亚孔子学院优秀学生参加。

**【拉美、加勒比、南太国家教育官员研修团访问浙江外国语学院】** 11月11日,北京国际汉语研修学院拉美、加勒比、南太国家教育官员汉语文化研修班一行22人访问浙江外国语学院。副校长柴改英会见来宾。研修团考察了解中国高等教育体制,并增进彼此间的友谊。

**【卡塔尔哈马德·本·哈里法大学代表团访问浙江外国语学院】** 11月25日,卡塔尔哈马德·本·哈里法大学人文学院副院长史蒂文·怀特一行3人访问浙江外国语学院。副校长柴改英会见,双方就未来可能合作的师生交流、合作科研、短期定制团组项目进行探讨。

**【德国汉斯·赛德尔基金会主席等访问浙江外国语学院】** 11月27日,德国汉斯·赛德尔基金会主席乌苏拉·曼勒教授、巴伐利亚州天主教妇女联合会主席伊米莉亚·米勒访问浙江外国语学院,与学校举行以"为联合国可持续发展目标的实现及国际化人才培养开拓道路"为主题的圆桌会议。

**【印度世界事务委员会代表团访问浙江外国语学院】** 11月30日,印度世界事务委员会副主席苏门·巴吉等一行访问浙江外国语学院。副校长张环宙会见来宾并会谈。

**【第二所孔子学院在安提瓜和巴布达揭牌】** 12月1日,浙江外国语学院第二所孔子学院在安提瓜和巴布达揭牌,首批学生30人。

**【浙江外国语学院代表团访问安提瓜和巴布达、阿根廷】** 12月1日,校长洪岗率团出访安提瓜和巴布达、阿根廷。在安提瓜和巴布达,代表团参加孔子学院揭牌仪式。在阿根廷,代表团与圣拉斐尔大学讨论共建孔子学院可能性。

**【赤道几内亚教育工作者代表团访问浙江外国语学院】** 12月18日,赤道几内亚教育工作者代表团访问浙江外国语学院。副校长柴改英会见来宾并会谈。

(叶百卉)

# 温州大学

**【概况】** 2019年,温州大学组织和办理教职工因公赴国(境)外开展友好院校访问、学术交流、国际学术会议、留学生招生、海外招聘、带学生参加暑期夏令营等28批36人次。出访国家和地区为美国、加拿大、意大利、西班牙、荷兰、法国、澳大利亚、韩国、日本、泰国等。2019年度内新增合作协议院校4个,新增合作协议11份。全年接待来访外宾及港澳来访团组与个人150批次725人次。

2019年,现有聘请国(境)外文教专家60名。其中,外国文教专家38名,新增外国文教专家7名。邀请海外知名专家来学校开展学术讲座58场。温州大学外国文教专家中有浙江省"千人计划"人才10名,国家"千人计划"人才2名。

**【学生出国留学】** 2019年度,温州大学有16个学院(部门)申请了21个项目,各类交流项目派出100名学生赴美国、澳大利亚、英国、日本、德国、意大利、韩国、俄罗斯、新加坡等10多个国家学习交流。

**【校际交流】** 4月,法国国家科研中心国际移民研究所所长阿德丽娜·米兰达一行3人访问温州大学,温州市侨联主席、温州大学党委书记谢树华会见代表团一行。学校与代表团一行在联合研究项目、联合培养博士生、信息和学术出版交流等方面达成一致意见。学校聘请阿德丽娜教授和马蒙教授为客座教授。

5月,温州大学举行聘任仪式,聘请爱尔兰工程院主席、爱尔兰皇家工程院院士、爱尔兰国立高威大学前校长詹姆斯·布朗尼为特聘教授。校长赵敏出席聘任仪式,人事处、国际交流与合作处、机电工程学院等单位负责人及相关教师参加聘任仪式。

5月,韩国全南大学校长丁炳硕、副校长朴相圭、研究生院院长白壮善、国际协力本部长兼语言教育院院长文基硕等一行访问温州大学。校长赵敏、副校长钱强会见来宾并进行座谈,相关部门、学院负责人及两校联合培养博士生导师代表参加会谈。双方洽谈了深化教育国际合作事宜,并签署本科交换生合作协议。

5月底,美国肯恩大学新泽西州STM中心院长基斯·博斯廷、温州肯恩大学学术副校长杨毅欣、温州肯恩大学理工学院院长拉里·布朗等一行访问温州大学。副校长钱强会见来宾,生命与环境科学学院、国际交流与合作处相关负责人参加会见。双方签署了联合培养硕士协议。

6月1日,美国肯恩大学校长达伍德·法拉希,温州肯恩大学理事约翰·肯恩、亚历山大·米拉贝拉、詹姆斯·海恩斯等一行访问温州大学。校党委书记谢树华,校长赵敏,校党委副书记王北铉,副校长薛伟、钱强会见来宾并进行会谈,相关部门和学院负责人参加会谈。双方就两校学科交流和人才培养等方面加强合作,拓展两校联合培养硕士、博士等项目进行洽谈。

9月,意大利维真古典学院创始人兼院长路易吉·米拉利亚一行8人访问温州大学,副校长钱强会见代表团一行。市外办副主任朱玉贵、温州大学国际交流与合作处、人文学院、外国语学院等有关部门负责人参加座谈。双方经洽谈达成合作意向,并签署合作框架协议。

10月,荷兰温德斯海姆应用技术大学学生代表团一行23人访问温州大学,进行为期一周的中国文化体验营活动。温州大学国际交流与合作处负责人和温德斯海姆应用技术大学行政部院长埃里克·范登伯格等举行洽谈,双方希望两校能在生物工程、环境工程、水资源处理、生态学等专业领域深化合作，开创新的合作模式，继续推进温州大学与荷兰高校的学术研究与学生交流项目。荷兰学生与温州大学师生进行了互动交流。

11 月，奥地利中国和平统一促进会常务副会长潘益柱率代表团访问温州大学。副校长钱强会见代表团，并与潘益柱签署战略合作意向书，国际交流与合作处、国际教育学院、地方合作处等相关部门负责人参加签约仪式。双方将结成战略合作伙伴，整合双方优势资源，共同合作，开展“以侨为桥”，促成国际交流、科研合作、引进国外优质教育资源和海外高层次人才等合作目标。

12 月，泰国纳瑞宣大学人文学院院长谭雅率代表团一行 8 人访问温州大学。学校人文学院、国际教育学院、国际交流与合作处负责人接待外宾，双方在中文教育以及其他领域的合作进行探讨，就汉语言专业 3+1 联合培养、汉语夏令营等项目达成一致意见。

**【温州大学意大利分校】** 1 月，温州大学意大利分校首届来温州 4 位学生完成在温州大学的交流学习并获得语言生结业证书。第二届分校招生于 3 月启动，招生人数为 12 人。2 月，为加强意大利分校境外办学水平，温州大学委派学校意大利研究中心研究人员张珉璐博士赴温州大学意大利分校阿雷佐校区进行教学和指导培训工作。6 月，国际交流与合作处处长严晓鹏出席在厦门举行的第十届中外合作办学年会，并就温州大学意大利分校办学模式做典型发言。9 月，意大利分校第二届 12 位学生在温州大学完成注册并就读。10 月，意大利分校招收意大利籍语言与商务沟通专业新生 52 人。

**【国际会议】** 3 月 2 日，第二届学习科学与教学国际学术会议暨虚拟现实技术在中日韩教育中的应用会议在温州大学举行，中日韩教育技术学专家围绕教育教学中的虚拟现实技术应用成果，进行探讨交流。学校教师教育学院副院长叶新东致欢迎词。韩国全南大学的柳志献教授、尹献哲博士和他的研究团队，日本福祉大学佐藤慎一教授和他的团队，以及温州大学的杨刚副教授、邱创楷博士、赵安平博士、郑晓丽博士、叶新东博士和其研究团队等人员参加会议。

10 月 26 日至 27 日，2019 世界青年科学家峰会在温州举行。26 日，作为峰会分论坛之一的“大数据与人工智能论坛”在温州大学开幕，主题为“智慧数据赋能新时代”。美国国际电气与电子工程师协会会士、英国工程技术学会会士、国家杰出青年基金获得者、教育部长江学者特聘教授、国内知名企业家等海内外优秀人才为主讲嘉宾，分享最新前沿技术及创新成果。27 日，作为分论坛之一的“温州激光与光电智能制造高端国际学术论坛”在浙南·云谷开幕，温州大学激光与光电智能制造研究院参与举办，论坛主题为“聚才集智，共创未来”。中国科学院院士、新加坡工程院院士、乌克兰工程院院士、白俄罗斯国家科学院院士等 14 个国家 280 余名海内外优秀代表参会。同日，作为峰会的重要组成部分，智能锁具产业对接论坛在国家大学科技园举行。长江学者、国家杰青等海内外 40 余位专家及智能锁具企业和相关单位 60 多人参加论坛。

11 月 16 日，威利—温州大学 2019 国际能源存储与转化功能材料大会暨中国温州第二届国际碳能源材料大会暨浙江省自然科学基金委“之江科学论坛”开幕式和大会报告在温州市瓯海区举行。来自中国科学院，加拿大皇家科学院、工程院，加拿大国家工程院等 7 名院士、8 位长江学者特聘教授和 23 位国家杰出青年科学基金获得者，德国威利出版集团代表，温州市委，瓯海区委、人大常委会、政府等部门有关领导，还有来自中国、美国、德国、加拿大、澳大利亚、新加坡等 150 余所国内外知名高校、科研院所、企业的嘉宾和温州高校师生代表近 500 人参加开幕式和论坛等活动。大会开幕式由温州大学副校长徐和昆主持。会议和论坛研讨新能源、碳材料领域发展的热点、难点问题，共同推进新能源材料领域的政产学研合作，促进学科交叉和人才队伍建设。

11 月 22 日，缪天瑞研究会第二届天瑞音乐学术论坛暨首届江南音乐文化国际学术研讨会在温州大学举行。来自全国各地和国外的专家学者齐聚温州，就缪天瑞音乐思想与成就、音乐学最新学术成果、音乐学学科建设与教学等方面，展开学术研讨。

12 月 2 日，浙江省人文社科重点基地“温州人经济研究中心”举办第五届香樟经济学（CEC）英文论坛。副校长徐和昆教授、学校商学院院长胡振华教授，中国人民大学经济学院陆方文教授分别为大会开幕致辞。北京大学、浙江大学、中国人民大学、爱丁堡大学等国内外高校 40 余位专家学者、博士生参加论坛。

12 月 7 日，温州大学音乐学院举办首届国际音乐教育改革与发展高峰会议，欧美等国家的著名音乐家应邀出席。副校长徐和昆教授出席开幕式。美国堪萨斯大学音乐系钢琴教授斯考特·麦克布赖德·史密斯、捷克钢琴博士理查德·波尔，亚历山大·贝尔及上海音乐学院钢琴系专业教研室主任唐哲教授做主题发言。

【中外合作办学】 2 月和 4 月，温州大学分别组织了 2019 年下半年赴国外汉语教师志愿者报名选拔工作和 2019 年春季孔子学院总部国家公派出国教师推荐工作。9 月，泰国东方大学孔子学院 10 周年庆典活动在泰国举行，温州大学选派人文学院副院长陈源源参加庆典活动。9 月，温州大学 2 名教师通过国家汉办考试，作为孔子学院国家公派出国教师分别赴泰国和美国孔子学院任职。学校 2 名学生，通过国家汉办考试，作为孔子学院汉语教师志愿者，分别赴毛里求斯和越南孔子学院任职。

【留学生教育】 2019 年，温州大学 13 个学院、18 个本科专业、14 个硕士专业招收国际学生，现有在校国际学生 735 人（含学历生 652 人），国际学生来自美国、法国、意大利、泰国、荷兰、韩国、加纳等 75 个国家。2019 年春季新增语言生、交换生 22 人；至 2019 年末新增学历生 141 人，含中国政府奖学金学生 17 人（其中“一带一路丝绸奖学金”本科生 8 人）、孔子奖学金学生 4 人、语言生 35 人、交换生 32 人。

全年学校组织学生活动 50 余场，参与学生 2000 余人次，各类学生比赛 8 次，指导学生获奖 64 人。

2019 年，温州大学国际学生有 61 人获浙江省政府奖学金，223 人获校长奖学金。

学校建筑工程学院土木工程专业恩格瓦·罗杰等 19 名学生分别获得“我眼中的中国”假期见闻作品评选展示一、二、三等奖。来自加纳的创业学院硕士研究生阿皮亚·吉迪·恩夸梅获温州市首届故事会二等奖，并参与浙江省第八届故事会展演，又获温州大学“青春温大”·2019 年度榜样人物提名奖称号。

（陈　敏）

# 浙江树人大学

【概况】 2019年，浙江树人大学以与白俄罗斯合作为重点，着力推动与“一带一路”沿线国家以及日本、韩国、英国、德国等国家高校、科研院所的交流与合作，不断提升教学、科研等领域的国际化水平。全年共派出教职工出国（境）52人次，其中访学3人次、培训12人次、合作研究和学术调研8人次、参加国际会议和学术交流23人次、文化交流6人次。学生出国（境）127人次，分别赴日本、韩国、英国、德国、白俄罗斯等国家交流学习。

全年共接待来自17个国家和地区的来宾50批329人次，其中来校讲学讲座的专家学者30余人次、来校交流的学生120余人次。聘请长短期外籍专家16人，其中省引智项目高端专家4人。招收来自韩国、乌克兰、德国、巴西、尼日利亚等12个国家的长短期留学生42人次。与10所国（境）外院校机构新签、续签交流合作协议。

【浙江树人大学访问团访问白俄罗斯】 1月7日至14日，副校长陈新民率浙江树人大学白俄罗斯学术访问团一行5人访问白俄罗斯，与白俄罗斯国立大学、白俄罗斯国家科学院新材料研究院、白俄罗斯国家科学院信息问题联合研究所、白俄罗斯国立师范大学、白俄罗斯国立信息与无线电电子大学及白俄罗斯国家高新园区软件俱乐部有限公司等开展合作项目洽谈、课题研究等活动，进一步加强与白俄罗斯在教育、文化、科研领域的交流与合作。

【参加白俄罗斯教育年活动】 1月10日，校长徐绪卿、副校长陈浚赴大连参加由中国教育部和白俄罗斯教育部主办的白俄罗斯教育年活动，并在开幕式上与白俄罗斯国立大学签署《中白青年论坛合作谅解备忘录》，就每两年举办一次中白青年论坛达成共识，旨在为两国青年学生和青年学者创造机会，共同交流学科和技术的前沿动态。

【参加在华外国专家新春座谈会】 1月25日，国务院总理李克强在人民大会堂与在华工作的部分外国专家举行新春座谈会。浙江树人大学客座教授，白俄罗斯科学院、工程学院院士，白俄罗斯国立大学教授谢尔盖·阿布拉梅科受邀参加座谈会，是浙江省高校外籍专家的唯一参会代表。

【浙江树人大学代表团访问白俄罗斯高校】 3月13日至17日，副校长陈浚率学校代表团一行5人访问白俄罗斯国立信息与无线电电子大学，参加该校建校55周年校庆系列活动以及由该校主办的“大数据与高级分析”国际会议，开展学术交流。

【美国霍普学院代表团访问浙江树人大学】 3月18日，美国霍普学院专家代表团一行5人访问浙江树人大学。来访专家研究领域包括病毒学、生物学、教育学等。代表团一行与浙江树人大学生物与环境工程学院、健康与社会管理学院就双方未来在生物、医学、护理等领域开展科研合作、人才培养、学术交流等事项进行洽谈。

【浙江树人大学代表团访问英国高校】 4月8日至12日，校党委书记章清率学校代表团一行5人访问英国林肯大学和牛津布鲁克斯大学。章清代表学校与林肯大学签署合作备忘录，两校将在师生互访、学术科研、本硕联合培养等方面开展合作。代表团还与牛津布鲁克斯大学就开展研究生培养、科学研究、课程开发等方面的合作初步达成共识。

**【第三届中国—白俄罗斯青年论坛】** 4月23日在白俄罗斯明斯克举行。论坛主题是“纪念门捷列夫化学周期表发现150周年——跨学科视野”。两国政府、高校、科研机构和企业代表100多人参加论坛。论坛由浙江树人大学校长徐绪卿和白俄罗斯国立大学校长安德烈·卡罗尔共同主持。浙江树人大学青年学者和学生代表4人在会上发表英文学术演讲。

**【浙江树人大学树兰国际医学院成立大会暨现代医学教育高峰论坛】** 5月18日在杭州举行。省政协主席葛慧君，省政协副主席、浙江树人大学董事长孙景淼，国家卫健委科教司司长杨青，农工党中央参政议政部部长王素芳，省教育厅厅长陈根芳，中国工程院三局副局长王元晶、中国工程院6名院士以及来自北京大学、香港大学、澳门科技大学、复旦大学、浙江大学、上海大学、山东第一医科大学、安徽医科大学、白俄罗斯国立大学、美国普林斯顿大学医学中心等国内外著名大学的专家、学者200余人出席大会。会上，浙江树人大学树兰国际医学院正式揭牌成立，中国工程院院士郑树森担任院长，李兰娟担任理事长。在随后举行的“现代医学教育高峰论坛”上，与会的专家、学者围绕“中国医学教育的未来：挑战与展望”进行探讨和交流。

**【浙江树人大学国际茶文化学院】** 5月18日举行成立仪式。该学院由浙江树人大学、中国茶叶博物馆、浙江茶叶集团股份有限公司、日本国际茶道香道丹月流、韩国青茶文化研究院共同发起成立。日本国际茶道香道丹月流掌门人大岛丽子一行10人、韩国青茶文化研究院教育总管郑贞美一行6人应邀来杭参加成立仪式，受聘成为学院首批客座教授，并进行点茶和茶礼表演。

**【浙江树人大学白俄罗斯研究中心成果丰硕】** 6月，浙江树人大学白俄罗斯研究中心在2019年聚焦白俄罗斯高等教育改革新动向及“一带一路”背景和视角下中白经贸、文化等领域的交流与合作发表的5篇研究论文当中有3篇入选《浙江省商务发展研究会入选浙江省“一带一路”智库联盟研究成果汇编》。此外，中心围绕“白俄罗斯高等教育政策研究”和“白俄罗斯与中国关系研究”两个国别和区域研究课题的深入研究，形成《白俄罗斯教育情况手册》《白俄罗斯高等教育发展状况研究报告》《白俄罗斯与中国关系研究报告》以及《白俄罗斯语言政策》等研究报告4项。6月，白俄罗斯研究中心负责人徐绪卿赴上海华东师范大学出席纪念“1941至1944年伟大卫国战争期间白俄罗斯被占领土内的反法西斯抵抗运动”展览开幕仪式，并与白俄罗斯驻上海总领事马采利·瓦列里·米哈伊洛维奇和哈萨克斯坦驻上海总领事若什汉·克拉乌巴耶夫进行会谈。10月，徐绪卿等赴宁波出席以“共建共享，合作共赢”为主题的第六届中国（宁波）—中东欧国家教育合作交流会开幕式暨“一带一路”国家教育合作高峰论坛，与中东欧相关院校展开交流。12月，徐绪卿等赴兰州出席国别和区域研究视角下的“一带一路”暨兰州大学第三届“一带一路”高端学术论坛，发表会议论文2篇。12月末，徐绪卿赴上海出席全国高校国别和区域研究2019年学术年会，主持分论坛并发表演讲，介绍浙江树人大学与白俄罗斯院校之间合作交流的情况以及开展白俄罗斯研究工作取得的进展。

**【白俄罗斯驻华大使访问浙江树人大学】** 6月5日，校长徐绪卿、副校长陈浚会见白俄罗斯驻华大使鲁德·基里尔·瓦连京诺维奇、白俄罗斯驻上海总领事马采利·瓦列里·米哈伊洛维奇等一行3人。双方表示将积极推进中白交流互通，增强务实合作，在两国友好交往中起到更加积极的桥梁纽带作用。

**【中英青年新锐设计师国际联合作品展】** 6月20日在浙江树人大学举行。该作品展由浙江树人大学艺术学院与英国林肯大学艺术设计学院共同举办。林肯大学艺术设计学院国际关系部主任戴夫·布兰斯顿教授率9名学生参展。此次联展共展出了两校学生精心创作的56件作品，其中31件出自林肯大学艺术设计学院插画设计、平面设计和交互设计专业的学生之手。

**【教师代表团赴白俄罗斯参加培训】** 6月23日至7月5日，浙江树人大学学生管理骨干教师代表团一行12人访问白俄罗斯，在白俄罗斯国立大学参加“产教融合背景下创新创业教育骨干师资培训”。培训课程融合了宏观理论介绍、管理经验探讨、现实案例分析、教学现场体验、实地参观考察等多种形式。通过培训，代表团成员对产教融合背景下白俄罗斯高校学生管理体系、创新创业教育体系、毕业生就业实践、学生竞赛与宿区文化等内容有了较为全面的了解。

**【德国安哈尔特应用技术大学副校长访问浙江树人大学】** 6月25日，副校长陈浚会见德国安哈尔特应用技术大学副校长鲁道夫·吕克曼一行。双方就学生暑期研习、交换生互派、教师互访、科研教学合作等事项进行会谈，并就两校教师合作开展包豪斯建筑、格罗皮乌斯建筑、建筑文化遗产推广等方向的课题研究做了初步交流。

**【学生团分赴国外开展短期研习】** 7月至8月，浙江树人大学6个学生团共93人分别赴英国林肯大学、德国安哈尔特应用技术大学、白俄罗斯国立大学、韩国成均馆大学、日本中村学园大学等高校开展为期2周至3周的短期语言与文化研习活动。学生团与当地大学生面对面交流，提升外语沟通能力，加深相互理解，体验了国外高校优质课程，开阔了国际视野。

**【第二十届亚洲区家政学会双年国际学术会议】** 8月19日至23日在杭州举行。亚洲区家政学会是国际家政学会下属的非营利组织，每2年举行一次学术研讨会，此次是首次在中国大陆举办。大会以“老龄化与家政产业发展：为了人民对美好生活的向往”为主题，共设置了11个分议题。来自中国、日本、韩国、新加坡、马来西亚、菲律宾、泰国等10个亚洲国家和地区的家政学专家、学者、企业代表近300人参加会议。闭幕式上，浙江树人大学校长徐绪卿当选亚洲区家政学会执行委员会委员，成为该学会成立36年以来中国大陆唯一当选的执委会委员。

**【英国和挪威医学专家访问浙江树人大学】** 9月6日，副校长陈新民会见英国放射科学院院士、帝国理工医学院终身教授大卫·费敏，挪威科学院院士、奥斯陆大学医学院高级教授乔恩·斯道姆·马蒂森一行7人，双方就合作开展神经科学、医学影像技术、人工智能项目研究等事项进行探讨。代表团还考察了学校信息科技学院、健康与社会管理学院，并与教师代表座谈交流。

**【生活垃圾分类标准化和高效减量化国际学术研讨会】** 11月1日在浙江树人大学召开。省自然科学基金委、省发展改革委、省生活垃圾分类工作领导小组、省环境监测中心、浙江大学、西安交通大学、西湖大学、浙江科技学院、苏州科技学院、安徽工业大学、白俄罗斯国立大学、加拿大阿尔伯塔大学、浙江永尔佳环保科技有限公司等政府机构、科研单位、国内外高校及科技型企业的专家、学者、技术人员近200人参加研讨会。与会专家就生活垃圾的分类化管理技术及政策研究、网络大数据在垃圾分类收集中的“多目标”效用模型构建、生物质垃圾的高效生物降解及其资源化利用、新材料及新技术在环境处理上的应用等研究成果进行分享。

**【2019中白论坛——面向智慧城市的图像理解关键技术学术交流会】** 11月7日在浙江树人大学召开。来自浙江树人大学、浙江理工大学、浙江大华技术股份有限公司、白俄罗斯国立大学、白俄罗斯国立信息与无线电电子大学、白俄罗斯国立医科大学的8位专家做学术报告。专家们就智慧城市中的智能视频监控系统、卫星图像上的建筑物检测、显微分辨率级别的生物图像分析、人工智能在视频物联网中的应用、金融票据和医学图像识别中的智能图像处理技术等方面的研究成果进行了分享。

**【国(境)外友好院校祝贺浙江树人大学建校35周年】** 11月8日，浙江树人大学建校35周年校庆，日本中村学园大学校长甲斐谕、白俄罗斯国立大学第一副校长阿列克·伊瓦斯凯维奇、白俄罗斯国立信息与无线电电子大学副校长阿纳托利·奥西波夫专程来访祝贺，并参加校庆学术活动。此外，韩国世翰大学寄来贺礼，美国、英国、德国、斯里兰卡、日本、韩国等国(境)外多所友好院校也发来贺信祝福。

**【“国际高等教育发展的动态与趋势”学术论坛】** 11月8日在浙江树人大学召开。白俄罗斯、日本、韩国等国家友好院校的校长和专家、学者近20人，与浙江树人大学教师共话国际高等教育的发展态势。浙江树人大学副校长陈新民、日本中村学园大学校长甲斐谕、白俄罗斯国立大学第一副校长阿列克·伊瓦斯凯维奇、白俄罗斯国立信息与无线电电子大学副校长阿纳托利·奥西波夫等5位校长和专家做主题报告。

**【教师入选2018年英国皇家化学会“Top 1% 高被引中国作者”榜单】** 9月，英国皇家化学会发布了2018年度“Top 1%高被引中国作者”榜单，浙江树人大学生物与环境工程学院教授沈超入选有机与药化类刊领域“Top 1%高被引中国作者”榜单。英国皇家化学会每年对旗下40多本期刊发表论文的引用情况进行统计，将之前2年发表的论文在本年度的被引次数在所属领域全球排名前1%的名单进行筛选，整理出通讯作者第一单位是中国机构的作者名单，以彰显中国作者对国际化学研究领域的突出贡献。沈超已连续2年入选榜单。

**【随浙江省高等教育交流代表团访问新加坡和澳大利亚】** 12月1日至8日，校党委副书记王军参加浙江省高等教育交流代表团访问新加坡和澳大利亚。代表团先后访问了新加坡国立大学商学院、新加坡管理学院会计学院、南洋理工大学、澳大利亚莫纳什大学以及南、北大都会技术与继续教育学院等高等院校，实地了解两国高等教育发展情况，学习两国高水平大学在创新人才培养和教师队伍建设等方面的做法和经验，并开展合作洽谈。

**【日本知名学者访问浙江树人大学】** 12月6日，校长李鲁会见日本高等教育研究领域知名学者、筑波大学杰出教授、东京大学名誉教授金子元久并会谈。双方围绕中日两国民办高等教育的发展现状和前景、面临的机遇和挑战、可供参考的经验和教训等问题展开交流。金子元久还为浙江树人大学民办高等教育研究院的老师们作了题为“高等教育的发展和私立大学”的学术讲座。

**【获批2019年度省级引智项目4项】** 12月，省科技厅“2019年度省级引进境外技术、管理人才项目”审批结果公布，浙江树人大学申报的“SAR影像目标智能识别研究与应用”“PET/CT受累淋巴结自动分割算法研究”“磁性纳米材料在催化和吸附中的应用”“基于生物质醛酮还原胺化反应的Ru基催化剂新型制备方法研究”等4个项目通过立项，获得专项财政资助。学校共聘用5位白俄罗斯权威学者担任项目专家，来华执行项目研究。

**【国际科研合作项目新突破】** 12月，浙江树人大学陈浚教授主持申报的“基于新型生物反应器的VOCs治理新技术研发”项目获得2019年度国家重点研发计划“政府间国际科技创新合作重点专项”立项，该项目由中国科学技术部和白俄罗斯科技委员会共同提供资助。同月，胡峰俊教授主持申报的“CBCT影像的三维牙床模型重建与识别”项目获得2019年度国家自然科学基金国际(地区)合作与交流项目立项，该项目由国家自然科学基金委员会与荷兰国家科研基金共同提供资助。浙江树人大学首次在这两个国家级国际科研合作项目实现零的突破。

(俞萍萍)

# 浙江万里学院

**【概况】** 2019年，浙江万里学院派遣短期出国(境)人员96人次，进行进修、访学或参加国际学术会议。接待16个国家和地区的48批146人次专家学者、院校代表来校学习、访问、作学术报告或项目洽谈。学校与英国、德国、西班牙、俄罗斯、希腊、新西兰、新加坡等7个国家的8所高校签署12份校际交流协议。

全年聘请长（短）期外教32人。招收长(短)期来华留学生293人，生源来自47个国家。15名留学生获浙江省政府来华留学生奖学金，21名获宁波市政府来华留学生奖学金。

全年参加赴国(境)外交换生、海外学习项目的在校本科生363人，毕业生到国外继续深造137人，另有33名学生攻读宁波诺丁汉大学硕士。

**【欧盟RICH-Ed跨文化能力高等教育国际研讨会暨第四次培训会议】** 3月31日至4月2日在浙江万里学院举行。中国、英国、比利时和意大利的8所大学26名专家学者参会。校长应敏出席开幕式并致辞。应敏指出，欧盟的这一项目针对中国高等教育中跨文化学习的迫切需要，旨在增强高校大学生和其他工作场所的不同背景的人交往中的跨文化意识。欧盟RICH-Ed项目总协调员、比利时鲁汶大学凡·梅勒教授，中德设计与传播学院副院长张宜平在开幕式上分别作主题讲话。

**【“一带一路”语言学院成立仪式暨中俄文化交流班开班仪式】** 5月8日在浙江万里学院举行。宁波市人社局副巡视员周永全，浙江万里教育集团副总裁吕洁，浙江万里学院校长应敏、副校长马建荣，党委委员、秘书长王福银，远大物产集团、敏实集团、豪雅集团、宁波市跨境电商协会等企业相关负责人，俄罗斯亚罗斯拉夫国立大学教师玛丽妮科娃·阿科桑那，以及相关学院部门负责人、教师和学生出席开班仪式。在成立仪式上，校长应敏致辞。随后，“俄罗斯语言文化中心”“一带一路”语言学院揭牌，学校与敏实集团签署校企合作协议，外语学院与远大物产集团签署合作协议。“一带一路”语言学院由浙江万里学院外语学院整合捷克语言文化中心、中东欧文化与教育研究所等校内外优质资源，并整合政府部门、行业组织和企业资源，建成集“非通用语种普及教育、非通用语种翻译人才培养、‘一带一路’沿线国家国情研究智库”为特色的开放式的行业服务平台。

**【“一带一路”语言学院首批学生毕业】** 5月20日，宁波市“一带一路”语言学院在浙江万里学院举行第一届中俄文化交流班和第一届捷克语特色班结业典礼。经过两个星期在校学习和到渔村等地参观、体验，首批中俄文化交流班7名俄罗斯学生从“一带一路”语言学院结业。首期捷克语特色班自2017年5月开班，38名学员全部为中国学生，经过两年学习，学员们拿到浙江万里学院颁发的辅修结业证书，这也是在宁波高校首次以企业“订单式培养”模式培养小语种应用型人才的尝试。

**【黑山前总统访问浙江万里学院】** 6月6日，黑山前总统、黑山名誉总统菲利普·武亚诺维奇一行访问浙江万里学院。校长应敏、副校长钱国英、秘书长王福银等校领导会见来宾。菲利普·武亚诺维奇发表演讲，并与现场师生进行交流。

**【欧盟“伊拉斯谟+”项目暨中国高**

**校跨文化教育资源研究教师培训会】** 6月29日在宁波诺丁汉大学举行。本次培训会主题为“跨文化交际能力教学活动设计与实践”，由浙江万里学院中德设计与传播学院和宁波诺丁汉大学英语系共同承办，RICH-Ed宁波诺丁汉大学项目组和浙江万里学院项目组团队核心成员担任培训师。中南财经政法大学、上海师范大学、浙江师范大学、上海纽约大学、中国社会科学院、英国斯特林大学等31所国内外高校(研究院)的60余名教师参加培训。中欧合作的RICH-Ed项目针对中国高等教育中的跨文化学习、管理的迫切需要，开发相关培训课程、教学方法和教材，旨在增强高校大学生和不同背景的人交往中的跨文化意识，增进高等教育合作中中外师生的相互理解和包容。

**【出席“德中品牌对话”】** 9月6日，由中国中央广播电视总台、德国德中当代中心和德国品牌应用科学大学联合举办的2019第二届“德中品牌对话”在德国汉堡举行。450多位来自中国和德语区的政府主管部门、行业协会、智库、企业、研发机构、院校和主流媒体等代表参加。作为中国唯一受邀高校代表，浙江万里学院校长应敏参加会议并发表题为“数字时代如何做好中德品牌教育合作”的主题演讲。

**【捷克语特色班培养见成效】** 9月6日，浙江万里学院捷克语特色班第三期捷克夏令营在捷克举行结业式，11名学员全部获捷克政府奖学金。捷克赫拉德茨-克拉洛韦大学教育学院主管国际事务副院长丹妮拉·弗尔科瓦参加结业式。捷克夏令营由浙江万里学院和捷克赫拉德茨-克拉洛韦大学联合举办，第一届捷克语特色班成立于2017年，2019年38名学员拿到结业证书，其中一部分学生继续到捷克深造。

**【参加中德论坛第七届论坛大会并介绍经验】** 9月11日至12日，中德论坛第七届论坛大会在杭州举行，来自中德两国近百所应用型高校的校长和专家学者，以及企业行业代表共300余人参会。德国驻上海总领事欧珍出席论坛开幕式并致辞。浙江万里学院副校长钱国英一行参加论坛。论坛设置主旨报告与多个平行论坛。钱国英主持“产教融合应用型人才培养分论坛”。中德设计与传播学院副院长张宜平介绍万里学院与德国品牌应用科学大学合作办学以及万里学院汉堡校区的情况。论坛上，中德高校与企业界围绕会议主题“产教融合、协同育人、提高质量”展开讨论，并提供各自院校的探索与经验。

**【第二期“中国文化与中国品牌”实践课程】** 9月24日正式启动，8名来自德国品牌应用科学大学的德国留学生和12名中德设计与传播学院的大二学生开展为期一个月的跨文化合作实践课程，并深入本地企业，共同探索品牌推广的策略。副校长、中德设计与传播学院院长钱国英，国际学院、中德设计与传播学院、视觉传达设计系等院系领导出席启动仪式。

**【在俄罗斯大学成立“中国语言文化中心”】** 9月25日，浙江万里学院在俄罗斯亚罗斯拉夫国立大学挂牌成立“中国语言文化中心”。浙江万里学院副校长钱国英与亚罗斯拉夫国立大学校长亚历山大签署双方合作协议并共同为“中国语言文化中心”揭牌。根据协议，双方互派俄语和中文老师，在对方学校开展中文和俄语教学。同时，启动学生语言文化和专业短期项目互派交流活动，以及学生项目的互派推进、教师教学文化和科学研究的合作。

**【在中国(宁波)——中东欧国家教育合作交流会暨“一带一路”国家教育合作论坛高峰论坛上演讲】** 10月10日，第六届中国(宁波)—中东欧国家教育合作交流会暨“一带一路”国家教育合作论坛高峰论坛在宁波举行。校长应敏发表题为“一带一路与高等教育创新发展”的主旨演讲。应敏指出，万里学院积极和中东欧国家的高校开展师生层面的双边或多边交流与合作，互鉴先进教育经验，共享优质教育资源，创新培养国际化、复合型人才，推动学科和专业建设，不断提升教师、学生交流的数量和质量，探索多国多校培养方式，提升教育国际化的品质和内涵。

**【第四届中国中东欧商学院峰会暨“一带一路”商学院国际化人才培养论坛】** 10月10日至11日在宁波召开。波兰、捷克、保加利亚、罗马尼亚等16个中东欧国家，俄罗斯、泰国等近30个“一带一路”沿线国家和中国的200余所院校代表参加会议。浙江万里学院校长、丝绸之路商学院联盟执行理事长应敏，副校长钱国英、闫国庆，党委副书记王伟忠出席会议。本次论坛围绕“全球变革时代的商学教育”这一主题展开。应敏在开幕式上致辞。

**【连续三年进入中国大学国际化竞争力200强】** 10月20日，“中国大学国际化竞争力评级500强·2019”正式发布，浙江万里学院位列排行榜第120位，比2018年上升43位，连续3年上该榜单200强。

**【第五期阿拉伯国家文博（博物馆管理与展览策划）专家研修班】** 10月21日在浙江万里学院举行。文化和旅游部国际交流与合作局副局长朱琦到会指导。省文化和旅游厅副厅长许澎，浙江省博物馆副馆长许洪流，中国丝绸博物馆馆长助理周旸，宁波市外办、宁波市文化旅游广电局有关领导，浙江万里学院校长应敏、副校长兼宁波海上丝绸之路研究院院长闫国庆，以及研修班学员、万里学院师生等参加开班仪式。会上，许澎等领导和应敏分别致辞。科威特国家博物馆馆长萨拉曼·博兰德作为学员代表发言。随后，举行宁波海上丝绸之路研究院阿拉伯文化研究中心揭牌仪式。来自11个国家的20名学员参加研修班。

**【2019捷克周】** 12月9日至13日在宁波市举办。其间，捷克赫拉德茨–克拉洛韦大学教育学院与捷克帕拉茨基大学教师到浙江万里学院外语学院，与同学们开展一系列活动。中国教师与海外合作院校教师就同一门专业课程开展合作授课，使学生们对中东欧有了更深入的了解。

（任烨南）

# 宁波诺丁汉大学

**【概况】** 2019 年，宁波诺丁汉大学聘请外籍教师 44 名，录取了来自 53 个国家和地区的 520 名国际及港澳学生。组织举办大型国际会议及研讨会 16 次，国际学术讲座 87 场，发表国际合作论文 445 篇。

学校积极扩展海外院校合作，新增合作院校 16 个，分别来自西班牙、马来西亚、英国、美国、日本、乌克兰、瑞士、毛里求斯、以色列、加拿大、印度尼西亚、保加利亚等。学校共有海外合作院校 144 所，超过 40 个国家和地区，为学校国际化交流与对外合作打下坚实的基础。2019 年，共计接收来自 65 个合作院校的 340 余名交换生进行交换学习，同时选派 660 余名交换生到国(境)外高校进行一学期或一学年学习。暑假期间，共派出 150 余名学生参加海外高校组织的夏令营，同时为来自世界各地的近百名国际生举办富有诺丁汉特色的夏令营活动。

2019 年，工程学学科首次进入基本科学指标（ESI）全球排名前 1%，社会学学科和经济学及商业学科分别进入 ESI 全球排名前 2%与 3%。理工学院工程类所有本科专业陆续通过六大国际专业协会的再认证审查。电气工程及其自动化、材料成型及控制工程、工业设计等 3 个本科专业通过英国工程技术学会(IET)的审核，获得为期 5 年的认证(可授予的最长认证期限)。

2019 年本科毕业生质量继续提升。毕业生中 84.3%选择出国留学，选择继续求学的毕业生中 80.6%前往 QS 全球排名前 100 名大学深造，26.1%的毕业生前往 QS 全球排名前 10 的顶尖学府深造。直接就业的毕业生中 78%进入到世界 500 强或知名国内外企事业单位工作。

**【共商建设“卓越灯塔”计划中国行动中心】** 2 月 19 日，省委副书记、宁波市委书记郑栅洁会见英国诺丁汉大学执行校长西勒·韦斯特，共商建设“卓越灯塔”计划中国行动中心。英国诺丁汉大学的“卓越灯塔”计划旨在探索全球面临的关键问题并找出解决方案。作为“卓越灯塔”计划全球版图的重要组成部分，中国行动中心将结合宁波诺丁汉大学 2.0 发展规划，设立智能制造、绿色化工、生命健康三大中心，成为英国诺丁汉大学优质科技资源和创新资源对接宁波的战略平台。

**【英国诺丁汉大学代表团访问宁波诺丁汉大学】** 4 月 1 日至 2 日，英国诺丁汉大学执行校长、宁波诺丁汉大学执行理事长希勒·韦斯特教授率英国诺丁汉大学捐助人学会及校务委员会代表团一行 20 余人访问宁波诺丁汉大学。代表团参观了校园，并深入了解师生们的学习和生活。代表团成员们表示对学校未来的发展更加有信心。

**【宁波诺丁汉大学创建 15 周年庆祝会】** 4 月 2 日在上海举行，来自中英教育、商业等领域各界著名人士出席活动，共庆宁波诺丁汉大学创建 15 周年。会上，英国驻上海代总领事柯牧申代表英国政府发表讲话。柯牧申说，宁波诺丁汉大学已成为中英两国深化关系的重要组成部分，拉近了中国和英国这两个伟大国家之间的距离，学校的创办也为宁波和诺丁汉这两个姐妹城市充满活力和富有成效的友好关系奠定了基础。

**【学生设计作品获国际大赛金奖】** 4 月 29 日，工业设计专业的大四学生王心宇在美国国际设计大奖中一人独揽 4 项大奖。其中 1 项金奖作品已落地量产，1 项金奖作品也被年轻的荷兰家居品牌“阿乐乐可”相中，已在线上众筹。

**【举办年度国际教学论坛】** 5月，宁波诺丁汉大学举办主题为“推进中外合作教育创新”的年度国际教学论坛，海内外高校200余名教育者参会。与会者就数字化教学、国际化教学、师生互动、学生反馈等多个方面交流经验。

**【诺丁汉大学卓越灯塔计划(宁波)创新研究院框架协议签订】** 5月17日，宁波市人民政府与英国诺丁汉大学签订战略合作框架协议，在宁波国家高新区共建诺丁汉大学卓越灯塔计划(宁波)创新研究院。创新研究院将围绕智能制造、绿色化学与能源、基于大数据的生命健康三大重点领域，大力引进英国诺丁汉大学“卓越灯塔”计划重要国际科技创新与人才资源，发挥宁波诺丁汉大学立足宁波、面向国际的独特优势，按照“科技创新、人才培养、成果转化、产业发展”四位一体的合作模式，打造国内领先、国际一流的科技创新平台。

**【举行第12届本科毕业典礼】** 7月6日至7日，宁波诺丁汉大学举行第12届本科毕业生英式毕业典礼，近1500名中外学生顺利完成学业，取得英国诺丁汉大学的本科学位证书。同时，3位学者因其卓越学术成就被授予李达三首席教授称号。

**【学生在海外体验做志愿者】** 2019年暑假，宁波诺丁汉大学共有270多名学生前往30多个国家和地区体验做海外志愿者，主要地区为土耳其、希腊、俄罗斯、乌克兰、马来西亚、印度尼西亚、罗马尼亚、摩洛哥等。学生们在当地教中文、讲历史、做中国菜等，传播中国文化。

**【学者专著获国际出版大奖】** 9月，宁波诺丁汉大学建筑与建筑环境系邓武和艾历·切希的英文学术专著《中国的生态发展：城市、社区和建筑》被国际著名出版集团施普林格·自然授予首届“中国新发展奖”。作为唯一一本着眼于联合国“可持续城市和社区”目标的专著，对中国的生态发展进行全面的梳理和详细的介绍，为世界各国城市主义和生态设计领域的研究提供了可靠的资源，是近年来对于中国和世界高效能绿色建筑、可持续社区和低碳城市发展领域具有代表性的研究成果之一。

**【学生提案获全球重大挑战论坛大奖】** 9月13日至16日，由中国工程院、英国皇家工程院和美国国家工程院共同主办的“2019第四届全球重大挑战论坛”在英国伦敦举行。经中国工程院邀请，宁波诺丁汉大学作为浙江省唯一参与论坛的团队，代表中国参加论坛的“协作实验室”互动比赛。中英美三国共300名大学生组成50支三国混合编队，现场制定应对重大挑战的创新技术和商业计划创意。最终宁波诺丁汉大学两位同学所在的两个跨国写作团队获得冠军。

**【教师荣获2019年度马来西亚十大杰出青年大奖】** 9月14日，理工学院化学工程副教授冯增兴因在学术领导力方面的突出表现，荣获2019年度马来西亚十大杰出青年大奖。冯增兴主要从事可再生能源和利用可再生资源开发先进生物医用材料方面的研究，并且在这些领域成就卓越。冯增兴已经申请15项发明专利，促进产学研的整合发展。

**【中外师生同庆中华人民共和国成立70周年】** 9月26日，宁波诺丁汉大学举行了“我与祖国共奋进”特别主题升国旗仪式和国旗下的演讲，1000余名境内外师生参加本次活动。国庆节前夕，宁波诺丁汉大学还录制了70国师生真情告白的视频。遍布在全球各地的666名学子在纸上写下热情洋溢的话语通过屏幕传回学校。宁波诺丁汉大学中外师生以各种方式同庆中华人民共和国成立70周年。

**【毕业生获英国注册建筑设备工程师协会主席奖一等奖】** 10月，2019届建筑环境与能源应用工程专业本科毕业生付昱的毕业论文——《用机器学习预测自然通风建筑内的开关窗行为》，荣获国际权威机构英国注册建筑设备工程师协会主席奖一等奖。付昱是第一位获得主席奖一等奖的中国人，这也是英国注册建筑设备工程师协会针对本科生的最高荣誉。颁奖典礼上，宁波诺丁汉大学也被授予奖杯，以表彰学校在培养优秀建筑环境与设备工程人才上所做的努力和贡献。

**【驻校艺术家举办创意艺术展】** 10月，驻校艺术家罗里·佩罗特在校内举办了一场创意艺术展，共展出20余件画作。画作取材于学校特色的自然景观、建筑和在校园内工作与生活的人。为营造大学良好的艺术氛围，学校2018年引入驻校艺术家项目，罗里是首位驻校艺术家。

**【三位英国小伙入驻宁波诺丁汉大学孵化园】** 12月，3位英国小伙入驻宁波诺丁汉大学孵化园。2018年末，阿里巴巴诸神之战全球创客大赛上，这3位英国小伙子从10,000名参赛者中脱颖而出，获得了第9名的好成绩，并接到了入驻阿里巴巴孵化器的邀约。他们3人都来自英国诺丁汉市，他们选择了宁波诺丁汉大学，计划与学校英语语言教学中心开展教学合作。

（赵　莹）

# 义乌工商职业技术学院

**【概况】** 2019年，义乌工商职业技术学院派出因公出国（境）访问考察团2批9人次，教师赴国（境）外培训、访学、学术交流8批35人次。接待国（境）外专家学者、学生、院校代表来校学习、访问或进行项目洽谈24批286人次。学院与8所国（境）外高校签订校际合作协议；举办“信任：义乌与泛亚商贸网络”“数字时代下的贸易合作与发展”“第二届‘一带一路’中国（义乌）世界小商品创新驱动国际论坛”“首届‘绿色生活·数字创造’国际会议”等国际会议4场。学院聘请外国文教专家29人，主要来自美国、新西兰和西班牙等国。学院全年招收来自92个国家的国际学生1384人，其中长期汉语进修生1183人，短期汉语进修生及团组201人，学历生86人。学院选派104名学生赴美国、泰国、马来西亚、西班牙、韩国等国高校交流、学习。

**【韩国桂园艺术大学中韩交流实践工作坊】** 2018年12月22日至2019年1月20日，韩国桂园艺术大学李亚兰教授一行11人访问义乌工商职业技术学院，参加中韩合作艺术工作坊，对接义乌企业合作相关设计项目。

**【韩国新罗大学学生代表团来校游学访问】** 1月2日至22日，韩国新罗大学师生一行18人访问义乌工商职业技术学院，参加为期19天的游学访问项目。副院长何少庆参加了项目开班仪式。

**【日本荒木国一商店有限公司两度访问义乌工商职业技术学院】** 1月3日和4月8日，日本荒木国一商店有限公司首席执行官后藤新太郎一行2人两度访问义乌工商职业技术学院。国际合作与交流处、创业学院相关负责人接待来宾，双方商谈合作开展跨境电商销售日本优质海鲜事宜。

**【韩国桂园艺术大学校长代表团访问义乌工商职业技术学院】** 1月14日，韩国桂园艺术大学校长权宁杰一行30人访问义乌工商职业技术学院。院长马广、副院长何少庆会见来宾并会谈，双方探讨两校进一步深化学生交流、师资培养、合作办学等方面的合作。

**【“全球跨境电商教育联盟”（GET联盟）跨境电商教育国际论坛】** 1月17日在义乌工商职业技术学院举行。泰国东方大学，马来西亚玛拉工艺大学、英迪国际大学、亚太科技大学、拉曼大学、双威大学等9所高校教师，GET联盟秘书处英国、俄罗斯、丹麦、捷克、阿拉伯联合酋长国等9个国家及阿里巴巴商学院专家共50余人齐聚学院，共商跨境电商教育人才培养。

**【西班牙马德里远程教育大学游学团访问义乌工商职业技术学院】** 3月1日，西班牙马德里远程教育大学游学团结束为期1周的游学、访问活动。本次游学由学院与西班牙马德里远程教育大学合作举办，18名团员为马德里远程教育大学MBA专业师生。国际处和外语外贸学院负责接待和管理。

**【秘鲁商人访问义乌工商职业技术学院】** 3月7日，秘鲁商人卡洛斯·罗德里格斯率高管团队一行50余人访问义乌工商职业技术学院，考察创业教育。卡洛斯·罗德里格斯目前为秘鲁国际银行负责人和秘鲁首富，此次访问中国，重点是考察电子商务发展。

**【泰国巴吞他尼大学代表访问义乌工商职业技术学院】** 4月11日，泰国巴吞他尼大学代表泰拉·育永一行 4 人访问义乌工商职业技术学院。外语外贸学院相关负责人会见来宾并会谈,双方交流了教育合作事宜。

**【墨西哥大学师生访问义乌工商职业技术学院】** 4 月 17 日,墨西哥的瓜纳华托大学、塞拉亚大学、墨西哥弗朗西斯科大学、科学与艺术专业研究大学等 10 所大学的 26 名师生在全球跨境电商教育联盟秘书处和留学中国预科教育联盟秘书处带领下访问义乌工商职业技术学院。

**【韩国新罗大学教授访问义乌工商职业技术学院】** 4 月 22 日, 韩国新罗大学国际学部教授吴起涛、国际交流处留学生担当老师李范善访问义乌工商职业技术学院,双方就留学生派遣以及合作办学项目等事宜进行洽谈。11 月 14 日,吴起涛再次来访, 洽谈韩国游学团事项, 了解创业学院具体办学情况,对接潜在合作项目。

**【韩国全罗南道政府中国代表处客人访问义乌工商职业技术学院】** 4 月 24 日,副院长何少庆会见韩国全罗南道政府中国代表处客人,并就义乌市与韩国全罗南道联合进行全罗南道青年就业、创业培训项目事宜举行座谈。

**【"一带一路"绿色技能国际培训班学员访问义乌工商职业技术学院】** 5 月 1 日,2019"一带一路"绿色技能国际培训班学员一行 19 人访问义乌工商职业技术学院,培训班学员主要为缅甸、马来西亚、泰国、菲律宾等东盟国家的专家、学者和留学生。副院长何少庆会见并会谈。

**【马来西亚英迪大学代表团访问义乌工商职业技术学院】** 5 月 23 日,马来西亚英迪国际大学校长李裕光、英迪国际大学中国办公室中国区首席代表王晓怡一行 2 人访问义乌工商职业技术学院。院长马广会见来宾,双方就课程专业国际化、师资队伍国际化及短期文化教育交流、师生项目等议题进行交流。

**【西班牙研究中心成立】** 5 月 24 日,义乌工商职业技术学院西班牙研究中心成立大会暨中西高等教育研讨会在学院举行。省外办、省教育厅有关部门、义乌市政府、商务部有关研究院、上海外国语大学、义乌西班牙交流基金会等机构的领导、研究员、教授等出席大会。院长马广、副院长何少庆、院党委委员樊曜出席大会并讲话。西班牙弗朗西斯科维多亚大学、西班牙萨拉曼卡大学、马德里理工大学、马德里远程教育大学和马德里康普顿斯大学等西班牙 5 位特邀嘉宾出席大会并分别进行专题交流。西班牙研究中心旨在中西经贸合作、中西文化交流、中西职业教育合作、浙江经济和浙商群体在西班牙的发展等方面加强区域和国别研究,发挥好浙江省和西班牙合作交流的智库作用,为中西交流提供支持。

**【法国丝路商学院理事访问义乌工商职业技术学院】** 7 月 25 日,法国丝路商学院理事、中国首席代表尹明访问义乌工商职业技术学院,副院长何少庆会见来宾并会谈。双方就课程对接、教师培训、外智引进、法国国家职业文凭 RNCP 引进等具体细节进行交流。

**【美国西南圣保罗大学教授访问义乌工商职业技术学院】** 9 月 6 日,美国西南圣保罗大学教授陈国镇、纳帕国际商务咨询公司总裁马吉·古吉特·辛格访问义乌工商职业技术学院,洽谈校际合作和与美国高校交流协作事宜。

**【泰国格乐大学代表团访问义乌工商职业技术学院】** 9 月 18 日,泰国格乐大学教学副校长郑运一行 7 人访问义乌工商职业技术学院。院党委副书记卢立明会见来宾,双方探讨校际交流、师生交流、科研合作等方面进一步合作可能性。

**【日本铃鹿国际大学代表团访问义乌工商职业技术学院】** 9 月 27 日,日本铃鹿国际大学国际部主任郭育仁访问义乌工商职业技术学院,洽谈出访及合作等事宜。

**【新西兰北方理工学院代表团访问义乌工商职业技术学院】** 11 月 13 日,新西兰北方理工学院代表团访问义乌工商职业技术学院，参加义乌工商职业技术学院与新西兰北方理工学院合作办学项目国际商务专业2019级新生开学典礼暨2017、2018级奖学金颁奖仪式。院长马广，副院长何少庆，新西兰北方理工学院校长维尼·杰克逊，伙伴院校高级经理谭雪琴，国际处、外语外贸学院负责人，新西兰外籍教师凯亚·约翰·凯伦以及国际商务专业全体师生出席开学典礼和颁奖仪式。随后，马广、何少庆与维尼·杰克逊就进一步加强合作进行会谈。

**【西班牙卡塔赫纳理工大学代表团访问义乌工商职业技术学院】** 11月29日，西班牙卡塔赫纳理工大学副校长何赛·曼努埃尔·费兰德斯·韦森特、中国区主任杨振宁一行7人访问义乌工商职业技术学院。副院长何少庆会见来宾，双方就中外合作办学项目、师生交流、西语教学、学历提升、专业课程设置等具体信息进行沟通。

**【义乌工商职业技术学院代表团访问西班牙和英国】** 12月4日至11日，院纪委书记董晓晨率代表团一行4人访问西班牙和英国。代表团与西班牙和英国的机构、高校部门、项目负责人就项目合作、教师互派、学生交流等事宜进行多层次的沟通对接。

**【义乌工商职业技术学院代表团访问马来西亚和日本】** 12月12日至19日，副院长李慧玲率学院代表团一行5人访问马来西亚和日本。在马来西亚，代表团访问了拉曼大学、英迪国际大学，并与马来西亚ITS工业培训及服务中心签订了校企合作框架协议。在日本，代表团访问了创志学园教育集团的东京经营短期大学和早稻田国际商务学院、日本横滨设计学院、荒木国一商店有限公司、铃鹿国际大学短期大学部、义乌市友好城市淡路市政府及淡路日语国际学校等。

**【美国非裔大学代表团访问义乌工商职业技术学院】** 12月18日，美国非裔大学代表团一行7人访问义乌工商职业技术学院。副院长何少庆会见外宾，双方就创业、创意、国际教育及学生交换、教师学术交流等方面的合作进行探讨。

（李　姣）

# 地市外事

Foreign Affairs in Prefecture-level Cities

# 杭州市

## 综述

【概况】 2019年，杭州市外办(港澳办)深化机构改革，完善工作机制，提升服务能力，各项工作取得新进展。年初成立“中共杭州市委外事工作委员会”，4月召开市委外事工作委员会第一次会议。根据全国友协和省友协要求，制定市友协改革实施方案。

开展世界遗产地之间的合作，与维罗纳市签署《中国与意大利维罗纳市在各自被列入联合国教科文组织世界遗产地名录的遗产地之间进行推广、开发和共享的友好关系协议》和友好交流合作备忘录。组派杭州师生代表团赴希腊校园开展“欢乐春节”等活动。

“一带一路”地方合作委员会成功召开2019年专题会议，并召开首届委员会理事会会议；举办第二届电商培训班、2050大会观摩会议；发起成立杭州国际创业者俱乐部；通过官方网站促进会员互联互通，进一步提升委员会影响力，目前已有18个国内和58个国外会员(含城市和机构)。

举办“香港贸易发展局杭州代表处新址启用暨杭港合作工作座谈会”，举办以“孤山游艺，西湖梦寻”为主题的香港“西泠学堂”2019暑期游学班。推介2020年AIPPI杭州世界知识产权大会，并参加12月在香港举办的“亚洲知识产权营商论坛”。指导开展“童路知音杯”《杭港情·中国心》文创大赛，协助举办“看·见香港”摄影展和第八届香港影展“师徒传承·前辈后生”开幕式。

推进“外事+经济”“外事+人才”“外事+文化旅游”等工作模式，切实增强与市委人才办、投资促进局、商务局、文广旅游局等相关部门和各区县(市)的协同配合，服务全市经济社会发展。助推杭州建设国际化创新创业之城，打造创新创业国际朋友圈，打造国际人才创新创业园，引进专业性国际会议和国际组织等，开创面向全球视野、汇聚全球创新要素的工作格局。2019年，全年办理因公出国(境)团组证照1642批6192人次，办理签证940批3864人次，办理赴港澳通行证191批764人次。新颁因公护照3520本，新颁赴港澳通行证492本。办理APEC商务旅行卡198批342张。办理外国人来华邀请单1443批2247人次。全年共接待各国来访团组202批1800人次，接待港澳代表团13批216人次。为大型涉外活动提供礼宾保障和服务21场。开展公共外语标识规范化工作，牵头成立专家委员会，编写译写导则，全年共排查公共外语标识35万处，发现问题2.6万处，已整改2.2万处。

围绕品牌特色，外事活动有新亮点。9月，举办2019“杭州国际日”系列活动。举办第七届“杭州国际友城市长论坛”，以“数字经济与智慧城市”为主题，设立“数字经济与创新创业”“5G背景下的智慧城市”和“人工智能应用”3个分论坛，旨在促进与各参会城市在数字经济领域的合作。

## 重要活动

【国际人才创业主题交流会】 6月14日在杭州举行，会上成立了“杭州国际创业者俱乐部”。本次活动由“一带一路”地方合作委员会秘书处、市委人才办、市外办、团市委联合主办。市委常委、组织部部长毛溪浩出席活动并致辞。本次活动旨在搭建开放共享的国际化创新创业平台，吸引全球创新资源来杭聚集，促进海外创业人才与在杭创业者结成“国际创新共同体”，助推杭州城市国际化与人才国际化。成立仪式上，瑞士的杭州你创网络科技有限责任公司鸿志远、芬兰的杭州梦路科技咨询有限公司总裁唐明、墨西哥中国中心总裁阿方索、瑞典的中国 InnoBridge 有限公司 CEO 福岭君、迪普完美(杭州)文化创意有限公司创始人申宇等 5 位俱乐部发起人集体亮相，并聘任杭州华旦丹阳投资、万科产城发展有限公司创新实验室、启迪之星、Wework 社区、浙江省海创科技研究院、海邦创智投资、微链、西联云想投资管理有限公司等本地创投服务机构、孵化器负责人为俱乐部首批顾问团。

**【2019 年“杭州国际友城市长论坛”活动】** 9 月 3 日至 6 日在杭州国际日期间举办。论坛以“数字经济与智慧城市”为主题。来自 20 个国家的 22 个国际城市市长代表团、6 个国内城市市长代表团参加会议。8 个“一带一路”地方合作委员会理事会成员代表、26 个驻华使(领)馆代表团、1 个国际组织代表团和世界知名企业代表观摩和参加会议。国内外城市政府领导、专家学者和企业高管围绕“数字经济与创新创业”“5G 背景下的智慧城市”“人工智能应用” 等议题进行深入交流，并赴阿里巴巴集团、良渚遗址公园实地考察，参加了友谊林植树、“知味杭州”美食品鉴，观看了国际日灯光秀。市人大常委会主任于跃敏，市委常委、宣传部部长戚哮虎，市委常委、秘书长许明，市委常委、常务副市长戴建平，市人大常委会副主任张建庭，副市长缪承潮、陈卫强，市政协副主席王立华等领导出席了相关活动。

**【“一带一路”地方合作委员会理事会第一次会议】** 9 月 4 日在杭州举行。市委常委、常务副市长戴建平，全国友协欧亚部主任沈昕代表委员会主席召集本次会议并致辞。会议由委员会执行主席、副市长陈卫强主持。来自芬兰、意大利、老挝、德国、爱尔兰、马来西亚、尼泊尔、武汉、长春、长沙、义乌等 11 个理事会成员及英国利兹市、乌克兰克罗斯腾市、菲律宾碧瑶市等新会员参加。大会明确了委员会主席、秘书长增补人选，通过了会员增补、副秘书长人选等事项。联合主席代表、理事会成员代表和新会员代表在会上发言。

**【2019 年 “杭州国际日” 活动】** 9 月 4 日至 8 日在杭州举行。活动以“杭州联通世界”为主题，围绕打造“一城一窗”主线，展示杭州城市国际化、数字经济发展和对外交流成果。省委常委、市委书记周江勇，市人大常委会主任于跃敏， 市委常委、宣传部部长戚哮虎，市委常委、秘书长许明，市委常委、常务副市长戴建平，市人大常委会副主任张建庭，副市长缪承潮、陈卫强，市政协副主席王立华等市领导参加了 6 日举行的开幕式。开幕式上举行了杭州首份英文报纸 Hangzhoufeel (韵味杭州)正式出版仪式；市领导向新获聘“钱江友谊使者”的外籍专家颁发了证书； 与国际友好城市、友好交流城市共同发布了《创新型城市杭州倡议》。来自 22 个杭州国际友城市长代表团、8 个“一带一路”地方合作委员会理事会成员代表团、6 个国内城市市长代表团、26 个驻华使(领)馆代表团、部分国际组织和世界知名企业代表等 300 余位海内外嘉宾参加了开幕式、“杭州国际友城市长论坛”、“一带一路”地方合作委员会理事会会议和“主题馆”展示等一系列活动。国际日活动中， 杭州与意大利维罗纳、乌克兰克罗斯腾市签署友好合作备忘录，国际友好交流关系城市达到 48 个。活动设置了中外文艺团体文艺演出和由市外办与阿根廷、澳大利亚、保加利亚、哥伦比亚、韩国、印度、土耳其等 19 个国家以及 C40 城市气候领导联盟合作设立的 20 个“悦动世界”主题馆展览等活动。中国日报、上海日报、浙江卫视、杭州日报、杭州发布、香港经济日报等 12 家媒体对杭州国际日活动进行了宣传报道。

**【“一带一路”地方合作委员会电商培训班】** 10 月 29 日在杭州开班。培训班由“一带一路”地方合作委员会秘书处和世界城地组织亚太区秘书处主办，阿里巴巴商学院承办。副市长陈卫强出席开班仪式并致辞。来自芬兰、意大利、泰国、马来西亚、印度尼西亚、尼泊尔、印度等7个国外会员以及西安、郑州、厦门、吉林、四平、义乌等6个国内会员的40名主管电商的政府官员和电商企业代表参加培训。参加培训的学员还赴梦想小镇、云栖小镇、下沙菜鸟仓、亲橙里、盒马鲜生、未来酒店等地考察，学习杭州在电商产业生态系统方面的经验。

## 主要出访

**【杭州市代表团访问文莱、越南和阿塞拜疆】** 6月29日至7月8日，省委常委、市委书记周江勇率杭州市代表团一行访问文莱、越南和阿塞拜疆。在文莱，代表团会见文莱首相署部长兼第二财政和经济活动部部长拿督刘光明，与旅文中资企业家代表进行座谈。在越南，越南文化体育和旅游部副部长黎光松、胡志明市委副书记武氏榕分别会见代表团。代表团出席了"丝路记忆·最忆杭州"杭州文化旅游越南推介活动，与旅越浙商浙侨代表座谈。在阿塞拜疆，代表团出席良渚古城遗址推介会，参加了第43届世界遗产大会，见证了良渚古城遗址申遗成功的历史时刻。其间，周江勇拜会了联合国教科文组织文化助理总干事奥托内·拉米雷斯、联合国教科文组织世界遗产中心亚太部主任景峰、中国常驻联合国教科文组织代表沈阳，还拜会了巴库市市长埃尔达尔·阿季佐夫。

**【杭州市代表团访问以色列和土耳其】** 9月2日至9日，市政协主席潘家玮率杭州市代表团一行6人访问以色列和土耳其。在以色列，代表团与特拉维夫国际经济发展局局长米卡尔、以色列创新署国际项目合作部负责人赫利分别举行座谈，就鼓励科技创新、营造创新环境、开展项目合作等方面进行交流。代表团还访问了希伯来大学、天智无人机公司等机构。在土耳其，潘家玮代表杭州市与安塔利亚市签署了两市建立友好交流关系备忘录。代表团围绕共建"一带一路"、友好城市建设、发展数字经济等主题，与安塔利亚市市长首席顾问坎塞尔、伊斯坦布尔市政府首席顾问兼副秘书长梅林等分别进行座谈交流。潘家玮还会见了土耳其航空公司总裁毕莱，就土航直航杭州事宜进行沟通。

**【杭州市政协代表团访问澳门】** 9月26日至30日，市政协主席潘家玮率市政协代表团访问澳门。代表团拜访了全国政协副主席何厚铧和澳门中联办，走访澳门知名人士、中华总商会副理事长贺定一，澳门浙商联合会会长廖春荣，澳区浙江省政协常委王世民和澳门旅游从业员协会等。代表团举办了2019杭港澳发展论坛暨杭港澳智慧旅游高峰论坛，潘家玮在会上致辞。澳门中联办经济部副部长徐俊参加论坛。阿里巴巴集团技术委员会主席王坚作大会主旨演讲，澳门旅游学院李刚、香港理工大学肖曲、杭州市文广旅游局局长张鸿斌作大会发言。16家杭港、杭澳旅游业行业协会、企业代表签署合作协议。代表团举行了澳门杭州政协之友联谊会第二届理事会就职典礼，潘家玮出席并致辞。代表团还出席澳门杭州政协之友联谊会年会，召开澳门委员座谈会，听取了委员对杭州发展、市政协工作和联谊会工作的意见建议。

表8 2019年杭州市其他出访团组一览表

| 出访时间 | 团长职务、姓名 | 出访地点 |
|---|---|---|
| 1月14日—16日 | 副市长陈卫强 | 韩国 |
| 2月14日—16日 | 市委副书记、政法委书记张仲灿 | 中国香港 |
| 3月1日—8日 | 副市长陈卫强 | 日本、泰国 |
| 3月21日—25日 | 副市长缪承潮 | 意大利 |
| 4月15日—22日 | 市人大常委会副主任许勤华 | 泰国、印度 |
| 5月17日—24日 | 副市长胡伟 | 俄罗斯、土耳其 |
| 5月25日—6月1日 | 市委常委、秘书长许明 | 波兰、芬兰 |
| 5月25日—6月3日 | 市人大常委会副主任郑荣胜 | 秘鲁、牙买加 |
| 6月10日—16日 | 西泠印社副社长、副秘书长陈振濂 | 中国香港、澳门 |
| 6月13日—15日 | 市委副书记、政法委书记张仲灿 | 中国香港、澳门 |
| 6月13日—15日 | 市委常委、统战部部长陈新华 | 中国香港、澳门 |
| 6月13日—15日 | 副市长胡伟 | 中国香港、澳门 |
| 6月30日—7月2日 | 市政协副主席、工商联主席冯仁强 | 新加坡 |
| 6月30日—7月7日 | 市委常委、萧山区委书记佟桂莉 | 文莱、以色列 |
| 7月3日—10日 | 市委常委、余杭区委书记张振丰 | 阿塞拜疆、英国 |
| 7月4日—11日 | 市人大常委会副主任张建庭 | 阿塞拜疆、乌克兰 |
| 7月29日—8月6日 | 市委常委、政法委副书记、市公安局局长金志 | 印度尼西亚、尼日利亚 |
| 9月5日—13日 | 市委副书记、政法委书记张仲灿 | 阿根廷、墨西哥 |
| 9月15日—20日 | 副市长胡伟 | 英国 |
| 9月15日—25日 | 副市长陈卫强 | 格林纳达、苏里南、萨尔瓦多 |
| 9月23日—29日 | 市委常委、常务副市长戴建平 | 日本、新加坡 |
| 9月23日—30日 | 市政协副主席翁卫军 | 塞尔维亚、匈牙利 |
| 9月26日—30日 | 市政协副主席王立华 | 中国澳门 |
| 10月8日—13日 | 副市长陈卫强 | 丹麦 |
| 10月8日—16日 | 市政协副主席周智林 | 阿根廷、巴西 |
| 10月14日—18日 | 市政协副主席、工商联主席冯仁强 | 法国 |
| 10月21日—24日 | 西泠印社副社长、副秘书长陈振濂 | 中国澳门 |
| 11月15日—22日 | 副市长柯吉欣 | 俄罗斯、瑞典 |
| 12月2日—6日 | 市委常委、常务副市长戴建平 | 瑞士 |
| 12月4日—11日 | 市政府顾问翁钢粮 | 以色列、俄罗斯 |

## 主要来访

**【德国德中卫生组织主席访问杭州】** 1月9日，省委常委、市委书记周江勇会见德国德中卫生组织主席曼弗雷德·迪特一行13人。市委副书记、政法委书记张仲灿，市委常委、秘书长许明，市委常委、组织部部长毛溪浩参加会见。周江勇说，杭州正加快建设国际一流营商环境，你们带来的生物医药等领域的高质量项目与杭州未来产业发展方向高度契合，选择杭州一定能赢得未来。希望德中卫生组织继续推动更多引领科技创新、助力产业转型、造福社会群众的好项目、好技术、好人才落户杭州。曼弗雷德·迪特表示愿进一步加强合作交流，推进医疗产业和信息产业有机结合，助力杭州提升城市国际化水平。

**【亚奥理事会终身名誉副主席访问杭州】** 2月19日，市委副书记、市长徐立毅会见亚奥理事会终身名誉副主席拉贾·兰德·辛格一行 。徐立毅指出，杭州正以亚运会筹办为重大牵引性工程，加快推进场馆及配套基础设施建设，细化完善竞赛组织方案，全面启动市场开发，着力做好亚运宣传和社会动员，统筹推动亚运会筹办与城市发展紧密结合，努力实现“办好一次会，提升一座城”，让广大人民群众拥有更多获得感。拉贾·兰德·辛格表示将进一步加强与杭州亚组委的沟通对接、协调联动，合力办成一届精彩、圆满、成功、令人难忘的体育盛会。

**【美国国会众议院“美中工作小组”代表团访问杭州】** 3月19日，省委常委、市委书记周江勇会见美国国会众议院“美中工作小组”共同主席里克·拉森和达林·拉胡德一行。全国人大外事委员会副主任委员陈国民、中国驻美国大使馆公使衔参赞许东会见时在座。市委常委、秘书长许明，市人大常委会副主任张建庭，副市长陈卫强参加会见。周江勇说，杭州与美国友好往来密切，此次代表团到访必将进一步加深对杭州的了解，加强双方在经济、人文等领域的交流合作。里克·拉森和达林·拉胡德表示，愿不断加强交流合作，共创美好未来。

**【芬兰赫尔辛基–乌西玛大区议会主席访问杭州】** 3月26日，市人大常委会主任于跃敏会见芬兰赫尔辛基–乌西玛大区议会主席马尔库·马库拉一行。于跃敏表示，希望以浙江省与赫尔辛基–乌西玛大区刚刚签署的两省区友好合作协议为契机，以中芬科技产业园项目启动为动力，拓展交流合作平台，深化科技、工业、经贸等领域的合作，不断开创中芬两国合作新格局。

**【日本爱知县知事访问杭州】** 5月15日，市委副书记、市长徐立毅会见宴请日本爱知县知事大村秀章率领的县政府代表团一行12人。双方就加强2026爱知·名古屋亚组委与2022杭州亚组委合作以及浙江省与爱知县友好交流等事宜进行商谈。副市长陈卫强参加会见。

**【匈牙利驻上海总领事访问杭州】** 5月16日，副市长陈卫强会见匈牙利驻上海总领事博岚一行，交流在杭州举行的“布达佩斯节”相关准备情况，并就杭州与匈牙利之间的友好合作往来进行沟通。6月1日，匈牙利驻上海总领事博岚再次访问杭州，同行的还有匈牙利对外经济和外交部文化司司长古拉·索莫格等，副市长陈卫强会见，并共同出席“布达佩斯节”开幕仪式。

**【世界遗产委员会委员国大使访问杭州】** 5月16日至18日，世界遗产委员会委员国大使一行5人访问杭州。市委副书记、市长徐立毅会见，并就联合国教科文组织第43届世界遗产委员会会议审议中国申报的“良渚古城遗址”项目等事宜进行商谈。大使一行访问了有关部门，参观了世界遗产——杭州西湖景观，考察了良渚文化遗址。副市长缪承潮陪同会见和参观。

**【土耳其航空公司华东区总经理访问杭州】** 7月15日，市政协主席潘家玮会见土耳其航空公司华东区总经理赛哈特·高克一行。潘家玮说，希望双方进一步拓宽合作领域，共享发展机遇，实现互利共赢。

赛哈特·高克说，土耳其航空公司将加强与杭州合作，不断拓展合作空间。

**【瑞士 aiCTX 公司首席执行官访问杭州】** 9 月 3 日，省委常委、市委书记周江勇会见瑞士 aiCTX 公司首席执行官乔宁、深圳优必选公司创始人兼首席执行官周剑一行。市委常委、秘书长许明，副市长胡伟会见时在座。周江勇说，杭州加快新旧动能接续转换，大力培育引进人工智能、集成电路、生物医药等新兴产业，建设全国数字经济第一城，打造国际一流营商环境，诚挚欢迎海内外创新创业人才和高新技术企业前来投资兴业、共谋发展。乔宁、周剑表示，杭州宜居宜业，愿加强更深层次合作，把更多的企业、人才、技术带到杭州，与杭州共赢美好未来。

**【香港恒隆地产董事长访问杭州】** 9 月 16 日，省委常委、市委书记周江勇会见香港恒隆地产董事长陈启宗一行。市委常委、秘书长许明会见时在座。周江勇说，希望双方加强合作，同时拓展科技创新等领域的对接与交流，市委、市政府将全力为企业发展提供优质高效服务。陈启宗表示，杭州良好的营商环境坚定了恒隆进一步发展的信心，恒隆将继续加大在杭州的投资，为杭州的繁荣发展作出贡献。

**【港澳青年企业家代表访问杭州】** 11 月 12 日，省委常委、市委书记周江勇会见来杭州参加论坛暨 2019 国情研修班的港澳青年企业家代表。市委常委、秘书长许明，市委常委、统战部部长陈新华参加会见。周江勇在会见时说，真诚期待广大港澳青年企业家共享发展机遇，在杭州这片创新创业热土上施展才华、创造价值、实现梦想。希望大家更全面地了解历史、认知国情，更客观地向港澳青年宣传祖国发展成就，增进港澳青年对祖国的民族认同、文化认同和情感认同，以实际行动拥护“一国两制”，凝心聚力确保香港、澳门长治久安。

**【美国 Kateeva 公司首席执行官访问杭州】** 11 月 14 日，省委常委、市委书记周江勇会见美国 Kateeva 公司首席执行官艾伦·哈瑞斯一行。市委常委、萧山区委书记佟桂莉，市委常委、秘书长许明参加会见。周江勇说，市委、市政府将努力为企业在杭州发展创造良好条件，以更加开放的姿态欢迎包括 Kateeva 在内的广大客商来杭州投资兴业。艾伦·哈瑞斯表示，十分看好在杭投资前景，愿深化与杭州的务实合作，实现互利共赢。

**表 9 2019 年杭州市接待的其他来访团组一览表**

| 来访时间 | 团长职务、姓名 | 会见领导 |
|---|---|---|
| 3 月 13 日 | 新西兰驻上海总领事罗安竺 | 陈卫强 |
| 5 月 6 日 | 墨西哥蒙特雷科技大学董事会主席何塞·安东尼奥·费尔南德斯 | 毛溪浩 |
| 5 月 23 日 | 香港贸易发展局华东、华中首席代表钟永喜 | 陈卫强 |
| 8 月 3 日 | 以色列莫迪因市市长哈依姆·比巴斯 | 陈卫强 |
| 10 月 22 日 | 日本福井县日中友好协会会长酒井哲夫 | 王金财 |
| 10 月 30 日 | 德国杜伊斯堡市市长索伦·林克 | 陈卫强 |
| 11 月 8 日 | 日本驻上海总领事矶俣秋男 | 陈国妹 |
| 11 月 8 日 | 美国华盛顿州商务厅厅长莉莎·布朗 | 胡　伟 |
| 11 月 20 日 | 美国驻上海总领事谭森 | 胡　伟 |

## 友好城市交流

**【日本松江市市长访问杭州】** 4月23日，副市长陈卫强会见日本全国市长会顾问、岛根县松江市市长松浦正敬一行3人。杭州市与松江市自2003年结为友好交流城市以来，双方在经济、文化、教育、旅游等多个领域开展交流合作并取得成果。

**【法国尼斯市市长访问杭州】** 8月12日，省委常委、市委书记周江勇会见法国尼斯市市长克里斯蒂安·埃斯特罗西。市委常委、秘书长许明，副市长陈卫强会见时在座。周江勇说，杭州与尼斯结为友好城市超过20年，乘着“一带一路”东风，两市合作越来越密切，希望继续加强数字经济、生物医药、旅游业等领域的交流合作，携手推动双方友好关系不断登上新台阶。克里斯蒂安·埃斯特罗西说，杭州城市建设和经济发展成就令人瞩目，与尼斯市有着广阔合作空间，愿共同促进更广泛、多层次合作共赢。

**【马来西亚沙巴州首席副部长访问杭州】** 9月20日，副市长王宏会见马来西亚沙巴州首席副部长刘静芝与哥打基纳巴卢市市长诺丁西曼一行。双方希望在旅游、经贸、教育等领域深化交流，加强合作，推动两市关系再上新台阶。会见后，王宏与诺丁西曼签署两市建立友好城市协议书。

**【杭州与岐阜结好40周年庆祝活动】** 10月21日至22日，日本岐阜市市长柴桥正直率代表团访问杭州，出席两市结好40周年纪念活动。常务副市长戴建平，副市长陈卫强，市人大常委会副主任张建庭参加纪念活动，杭州和岐阜两地的学生们表演了各具特色的节目。在杭期间，代表团参观了日中不再战纪念碑、中国美术学院南山校区，游览了河坊街与南宋御街，考察了阿里巴巴西溪园区展厅。两市是中日邦交恢复正常化前两国间唯一开展民间交流的城市。结好40年来，杭州与岐阜在经贸、教育学术、文化体育、医疗卫生、生态环保等多个领域往来频繁。

**【杭州医疗专家赴利兹访问】** 11月3日至9日，杭州市4名医疗健康领域的专家赴英国利兹进行短期研修，主要了解英国智慧医疗发展水平，学习利兹在医疗保健和医疗技术方面的前沿实力。4名专家在利兹参观考察了众多医疗研发机构和智慧医疗器材企业，了解利兹政府、大学、公司之间独特的合作方式和医疗技术发展生态系统，为寻求两市今后在医疗领域的合作机会奠定基础。

（杨礼丰）

# 宁 波 市

## 综 述

**【概况】** 2019年,宁波市接待来自23个国家的重要团组29批380人次。新建立友好城市(友好交流关系城市)3对,总数达105对,其中市本级66对。举办升格为国家级涉外机制性展会后的首届中国—中东欧国家博览会暨国际消费品博览会。主办2019中国—中东欧国家市长论坛。服务第五届海丝国际港口合作论坛,承办"一带一路"国家港口管理专题研修班。《海丝港口合作宁波倡议》被列入第二届"一带一路"国际合作高峰论坛成果清单。在意大利都灵、罗马尼亚克卢日-纳波卡等地举办2019"欧洲·宁波周"主场活动。加强因公出国(境)管理服务,严格执行省委"十二字"审核审批原则,服务改革发展。全年共审批因公出国(境)团组910批2736人次。加强海外领事保护工作,进一步完善宁波市"一带一路"建设境外安全保障工作协调机制和预案体系,妥善处置各类涉外案(事)件。圆满完成外事机构改革任务。深化外事服务"最多跑一次"改革,全年共申办APEC商务旅行卡519例,至年底,全市有效商务旅行卡持有2673张;办理领事认证19468批37555份。颁发外国专家"茶花友谊证书"8人、"茶花纪念证书"8人。

2019年3月,市委办公厅、市政府办公厅印发市政府外事办公室职能配置、内设机构和人员编制,市政府外事办公室加挂市政府港澳事务办公室牌子,市友协机关与市政府外事办公室合署办公,市委外事工作委员会办公室设在市政府外事办公室,设置市委外事工作委员会办公室秘书处。市政府外事办公室另组建综合处、国际合作处(挂欧非工作处牌子)、礼宾新闻处(挂美大工作处牌子)、出国及港澳事务管理处、涉外管理处、友协办(兼承担亚洲事务)、机关党委。2019年11月,市外办党组完成新"三定方案"后的全部处级干部选拔任用工作,圆满完成外事机构改革任务。

## 重 要 活 动

**【市情推介会】** 3月1日,宁波市政府在上海举行市情推介会,向美国、法国、英国等59个国家驻上海总领事馆官员,外国商(协)会驻上海代表机构,跨国公司、采购集团驻上海分公司,国际友好城市和中国香港特区政府驻上海办事处代表等200余人介绍宁波市经济社会发展最新情况以及杭州湾产业集聚区投资环境。市委副书记、市长裘东耀致辞。

**【2019中国—中东欧国家市长论坛】** 6月7日至8日在宁波举行。全国友协副会长宋敬武,黑山名誉总统武亚诺维奇,外交部欧洲司参赞刘玉俐出席开幕式并分别致辞。市委副书记、市长裘东耀在开幕式上致辞并作主旨演讲。罗马尼亚克卢日-纳波卡市市长、罗马尼亚前总理博克,匈牙利巴兰尼亚州州长毛劳道什等中东欧国家前政要、省州长,立陶宛阿利图斯市,斯洛伐克马丁市,克罗地亚里耶卡市,捷克克拉德诺市,塞尔维亚诺维萨德市,匈牙利奥伊考市等23个中东欧国家城市市长、议长、副市长,以及合肥、绍兴、舟山等国内城市领导、企业家代表及媒体共150人出席论坛。论坛以"践行新理念 推动新发展"为主题,围绕"中国与中东

欧国家传统友谊回顾”与“新发展理念，推动地方城市高质量发展”等话题进行互动对话。

【首届中国—中东欧国家博览会暨国际消费品博览会】 6月8日至12日在宁波举行。9日，中国—中东欧国家合作论坛召开。中共中央政治局委员、国务院副总理胡春华出席论坛并发表主旨演讲。省委书记、省人大常委会主任车俊，商务部副部长、国际贸易谈判副代表俞建华分别致辞。“主题省”吉林省委副书记、省长景俊海，立陶宛经济和创新部部长辛克维丘斯，黑山名誉总统武亚诺维奇，斯洛文尼亚副总理布拉图舍克，克罗地亚副总理托卢希奇，斯洛伐克副总理莱希先后致辞。省委副书记、省长袁家军主持，省委副书记、宁波市委书记郑栅洁出席。论坛开始前，胡春华参观了首届中国—中东欧博览会暨国际消费品博览会部分展馆，并集体会见了参加主论坛的中东欧国家政要。商务部、国家市场监督管理局、海关总署、中国贸促会、全国友协等国家有关部门、协会领导，省委常委、秘书长陈金彪，省委常委、宣传部部长朱国贤，副省长朱从玖、王文序，宁波市委副书记、市长裘东耀等省和宁波市领导，中东欧国家政要、驻华使节、国际友城代表，国内省、市政府官员和UL全球副总裁、SGS中国区总裁、Intertek中国区首席执行官等知名企业高管，新闻媒体等共540人参加论坛。

【第五届海丝港口国际合作论坛】 7月11日至12日在宁波举行。这是中国航海日论坛的平行论坛，由外交部、交通运输部、省政府指导，中国航海日论坛组委会主办，省海港集团、宁波舟山港集团等15家单位共同承办，主题为“容·通——丝路传承，伙伴精神”。有44个国家和地区近400名业内人士参加论坛。中国航海日论坛及本届海丝论坛举办期间，交通运输部副部长刘小明，水运局局长李天碧，外交部国际经济司副司长郭学军，省政府副秘书长董贵波，宁波市委副书记、市长裘东耀，宁波市常务副市长陈仲朝等领导，亚太港口服务组织秘书长费维军、国际港湾协会主席圣地亚哥·米拉等行业、国际组织代表参加了相关活动。主论坛上，国际港湾协会主席圣地亚哥·米拉，省海港集团、宁波舟山港集团董事长毛剑宏，马士基集团副总裁、码头公司亚洲区首席执行官施敏夫，中国港湾工程公司董事长林懿翀，华为技术公司车路协同领域总经理吕晓峰分别致辞或发表主旨演讲。论坛还举行了新加坡海事及港务管理局与中国交通运输部水运科学研究院，普洛斯投资（上海）有限公司与浙江省海港集团，浙江省海港集团、宁波舟山港集团与小米集团的签约仪式。高层圆桌会议通过了《海丝港口绿色发展愿景》。海丝论坛成果发布会上，上海国际航运研究中心发布了《全球港口发展报告》，亚太港口服务组织发布了《亚太绿色港口实践精选》，宁波航交所发布了“德路里—宁波航交所中国集装箱运费信息服务产品”。其间，还举行了“一带一路”国家港口管理专题研修班，贝宁、柬埔寨、克罗地亚、埃及、马达加斯加、吉布提、巴基斯坦、希腊等18个“一带一路”国家港口的25名学员参加学习。

## 主要出访

【宁波市政府代表团访问白俄罗斯、哈萨克斯坦和柬埔寨】 6月17日至26日，市政协主席杨戌标率市政府代表团访问白俄罗斯、哈萨克斯坦和柬埔寨。在白俄罗斯，杨戌标拜会了白俄罗斯工业部第一副部长兼白俄罗斯吉利公司总经理斯维德尔斯基，就推进宁波与白俄罗斯在汽车制造、物流运输、人员培训等领域的交流和合作进行磋商。代表团拜会了鲍里索夫大区主席根纳季·坚加廖夫，就加强两地友好合作进行探讨并达成多项共识，还考察了吉利汽车白俄罗斯项目。在哈萨克斯坦，杨戌标拜会了哈萨克斯坦中国贸易促进协会会长哈纳特·拜赛克，双方就扩大贸易合作、搭建合作平台、促进“一带一路”与哈萨克斯坦“光明之路”经济政策的对接进行交流。在柬埔寨，杨戌标拜会西哈努克省代理省长润明、副省长孟思纳斯，考察西哈努克文化中心及申洲国际柬埔寨公司。

【宁波市政府代表团访问澳门】 10月7日至9日，市委副书记、市长裘东耀率市政府代表团访问澳门。7日，澳门宁波联谊会举行成立1周年活动，全国政协副主席何厚铧出席，裘东耀致辞。8日，裘东耀专程拜会了何厚铧，并与中央政府驻澳门联络办主任傅自应举行座谈。在澳门考察期间，裘东耀一行还与全国政协港澳台侨委员会副主任、澳门苏浙沪同乡会副会长贺定一，澳门贸易投资促进局主席刘关华，澳门浙商联合会会长廖春荣，澳门大学校长宋永华以及部分市政协澳门委员等会面并座谈，商讨加强甬澳经贸、会展、教育等方面的交流合作，并考察了香港万胜集团和澳门大学横琴新校区。

【宁波市代表团访问挪威、瑞典和德国】 10月22日至31日，省委副书记、市委书记郑栅洁率团访问挪威、瑞典和德国。在挪威，郑栅洁会见了斯塔万格市市长凯丽、副市长赫尔格以及挪威爱克发公司董事长伯格、陶朗集团总裁史岱峰。在瑞典，郑栅洁会见了哥德堡市市长约瑟夫森、瑞典环境科学研究院院长斯万伯以及沃尔沃汽车集团首席行政官萨姆雷森，考察了吉利中欧技术研发中心、品牌中心和造型中心。在德国，郑栅洁出席了在汉堡举办的宁波（德国）投资合作交流会，会见了汉堡市政府办公厅主任科琳娜、德国社会民主党经济顾问委员会主席弗兰克、劳恩堡市市长安德烈·梯德等德方人员，见证了6个经济合作项目的签约。在宁波友好城市亚琛市，郑栅洁会见了亚琛市市长菲利普、副市长施艾德，双方签署了《两市关于进一步深化友好关系备忘录》；参观考察亚琛工业大学等高校和科研机构。在德国访问期间，郑栅洁还考察了戴姆勒集团，与集团董事会成员、大中华区总裁唐仕凯洽谈项目合作事宜；会见了欧洲信保公司首席财务官、合伙人阿尔肯佩尔，商讨贸易分拨中心项目建设，签署了《出口跨境保理项目合作备忘录》；参观了位于柏林的费森尤斯集团赫利奥斯医院，交流现有合作基础上的后续合作事项；访问了浙江万里学院汉堡校区，详细了解合作办学情况，并出席新校区启用仪式。其间，郑栅洁还分别会见了中国驻挪威大使易先良、驻瑞典大使桂从友和驻哥德堡总领事顾晖、驻德国大使吴恳。

## 主要来访

【白俄罗斯副总理访问宁波】 3月29日，白俄罗斯副总理伊戈尔·利亚申科、工业部第一副部长根纳季·斯维德尔斯基、鲍里索夫大区执行主席根纳季·坚加廖夫、白俄罗斯驻上海总领事瓦列里·马采利一行7人访问宁波。省委副书记、市委书记郑栅洁会见来宾。代表团考察访问了吉利控股集团杭州湾DMA工厂、吉利汽车研究院（宁波）有限公司等。

【黑山名誉总统访问宁波】 6月5日至9日，黑山名誉总统菲利普·武亚诺维奇一行3人访问宁波，参加首届中国—中东欧国家博览会暨国际消费品博览会，分别出席中国—中东欧国家合作论坛开幕式和2019中国—中东欧国家市长论坛开幕式并致辞。

【斯洛文尼亚副总理兼基础设施部部长访问宁波】 6月7日至10日，斯洛文尼亚副总理兼基础设施部部长阿伦卡·布拉图舍克一行7人访问宁波，参加首届中国—中东欧国家博览会暨国际消费品博览会并在中国—中东欧国家合作论坛开幕式上致辞。8日，省委副书记、市委书记郑栅洁会见来宾。

【罗马尼亚前总理、克卢日-纳波卡市市长访问宁波】 6月7日，省委副书记、市委书记郑栅洁会见罗马尼亚前总理、克卢日-纳波卡市市长埃米尔·博克一行6人。代表团参加了2019中国—中东欧国家市长论坛。

【斯洛伐克副总理访问宁波】 6月8日至10日，斯洛伐克副总理理查德·莱希一行29人访问宁波，参加首届中国—中东欧国家博览会暨国际消费品博览会，出席中国—中东欧国家合作论坛开幕式并致辞。其间，莱希出席中国—中东欧国家博览会斯洛伐克方举办的斯洛伐克展区开馆仪式及专场推介会，参加省委副书记、省长袁家军，省委副书记、市委书记郑栅洁宴请，出席副总理胡春华集体会见，出席中国—中东欧国家投资洽谈会并致辞，赴杭州考察阿里巴巴和云栖小镇。

**【与驻华使(领)馆的日常联系和互动】** 2019年，宁波市加强与外国驻华使(领)馆的日常联系和互动，在上海举办市情推介会，开展“领事官员看宁波·走进杭州湾新区”活动，组织来访接待、拜会走访、参加外国驻上海总领事馆举办的国庆日活动、协助外国驻华使(领)馆在宁波举办各类经贸和人文活动。全年接待来访外国驻华使(领)馆官员44国59批176人次，其中大使13人次，总领事34人次。

表10 2019年其他重要外国团组访问宁波一览表

| 日期 | 团组名称 | 主宾姓名 | 人数 | 主要活动 |
|---|---|---|---|---|
| 1月10日 | 蒙古国佛教代表团 | 赛音诺门寺主持大和尚纳尔贵·塞布彦 | 11 | 拜会雪窦寺住持大和尚怡藏，参观浙江佛学院 |
| 4月1日 | 意大利访问团 | 意大利经济发展部副部长杰拉奇、意大利经济发展部副部长外交顾问马非同、意大利驻上海领事穆岚朵、杰拉奇中国事务私人助理顾玲佳 | 4 | 在宁波诺丁汉大学举行讲座 |
| 4月9日 | 印度尼西亚访问团 | 印度尼西亚国家海洋统筹部副部长利德万 | 11 | 商谈宁波舟山港与苏门答腊省瓜拉丹戎港合作事宜 |
| 4月28日—29日 | 越南访问团 | 越共中央委员、公安部副部长阮文成 | 9 | 参观考察 |
| 5月17日 | 法国上法兰西大区代表团 | 上法兰西大区副主席萨拉瓦多·卡斯迪利奥 | 17 | 出席宁波舟山港与法国敦刻尔克港合作备忘录签署仪式并考察港口 |
| 5月18日 | 第四届中国—中东欧国家农业部长会议参会代表团 | 希腊农村发展和粮食部副部长特里格力杜·奥林匹亚、波黑农业部部长助理杜山·内西科维奇、爱沙尼亚国际合作司主任汉娜·图列茨基-托米克、拉脱维亚驻华大使马里斯·塞尔嘉、北马其顿国务委员派瑞卡·伊万诺思卡、克罗地亚农业部国务秘书玛丽亚·弗齐科维奇 | 19 | 参观进口商品中心中东欧常年展和宁波城展馆 |
| 6月6日—10日 | 塞尔维亚访问团 | 塞尔维亚第一副总理兼外长的顾问米奥米尔·普雷莫维奇 | 1 | 参加2019中国—中东欧国家市长论坛 |
| 6月7日—10日 | 立陶宛访问团 | 立陶宛经济与创新部部长维尔吉尼尤斯·辛克维丘斯 | 8 | 出席副总理胡春华集体会见、出席中国—中东欧国家合作论坛并致辞、参加市长裘东耀会见、出席中国—中东欧国家博览会立陶宛馆开馆仪式及专场推介会、出席中国—中东欧国家投资洽谈会并致辞，出席“舌尖上的相遇——中东欧美食与‘诗画浙江 百县千碗’人文交流活动”，出席三会招待会、接受宁波电视台专访 |

续表

| 时间 | 团组名称 | 主宾姓名 | 人数 | 主要活动 |
|---|---|---|---|---|
| 6月7日—10日 | 保加利亚访问团 | 保加利亚经济部部长卡拉尼科洛夫 | 10 | 出席副总理胡春华集体会见，参加省委副书记、市委书记郑栅洁会见宴请和《宁波市政府与保加利亚经济部合作备忘录》签约仪式，参观中保建交70周年中保艺术家文化遗产风采展，参观中国—中东欧国家博览会展馆 |
| 6月7日—9日 | 捷克访问团 | 捷克工贸部副部长马里安·皮埃哈 | 5 | 出席副总理胡春华集体会见、出席中国—中东欧国家合作论坛、参加市长裘东耀会见、出席中国—中东欧国家投资洽谈会并致辞、参观中国—中东欧国家博览会展馆 |
| 6月7日—12日 | 罗马尼亚访问团 | 罗马尼亚营商环境、贸易和创业部国务秘书加布里埃拉·米哈埃拉·沃伊奇勒 | 7 | 出席副总理胡春华集体会见、出席中国—中东欧国家合作论坛、参加市长裘东耀会见宴请、出席中国—中东欧国家投资洽谈会并致辞、参观中国—中东欧国家博览会展馆、参观雪窦寺 |
| 6月7日—10日 | 拉脱维亚访问团 | 拉脱维亚经济部副国务秘书埃德蒙兹·瓦兰蒂斯 | 3 | 出席副总理胡春华集体会见、出席中国—中东欧国家合作论坛、参加副市长陈仲朝会见宴请、出席中国—中东欧国家投资洽谈会并致辞、参观中国—中东欧国家博览会展馆、参加保税区集体考察 |
| 6月26日—27日 | 新加坡经贸代表团 | 新加坡通讯及新闻部兼文化、社区及青年部高级政务部长、浙新经贸理事会新方主席沈颖 | 37 | 出席2019新加坡—宁波创智论坛并致辞 |
| 7月9日—16日 | 贝宁经贸代表团 | 贝宁总统投资事务顾问、投资与出口促进署署长洛朗·冈贝 | 8 | 举办贝宁投资环境推介会 |
| 8月30日—9月2日 | 肯尼亚访问团 | 肯尼亚教育部常务秘书科维特·苏巴什·德赛、常务秘书助理阿彻·阿瑞娜·奥莫罗、教育部宣传司负责人派佩托·加托尼·姆万吉 | 3 | 访问宁波职业技术学院，观摩肯尼亚大中专教师专业培训（国内）项目开展情况 |
| 9月18日—20日 | 中东欧和亚洲国家公务员研修班 | 保加利亚、阿尔巴尼亚、波黑、捷克、罗马尼亚、马耳他、摩尔瓦多、斯洛伐克、阿塞拜疆、柬埔寨、尼泊尔、巴基斯坦、斯里兰卡等13国 | 42 | 参加中央党校（国家行政学院）国际和港澳培训中心组织的公共行政管理研修班在宁波市委党校的学习，考察梅山保税港区、吉利汽车春晓制造基地、天一阁等 |

续表

| 时间 | 团组名称 | 主宾姓名 | 人数 | 主要活动 |
| --- | --- | --- | --- | --- |
| 9月25日—28日 | 缅甸议员培训班 | 缅甸人民院资源与环境保护委员会议员依蒙 | 20 | 参加市人大常委会副主任翁鲁敏会见宴请 |
| 10月8日—9日 | 泰国总理夫人访问团 | 泰国总理巴育夫人娜拉蓬·詹欧差、上议员甘诺·塔纳帕帕汶 | 9 | 因私访问,赴普陀山礼佛 |
| 10月18日—20日 | 商务部发展中国家官员培训班 | 埃塞俄比亚班28人,汤加班17人 | 45 | 考察宁波舟山港、象山县的乡镇村庄 |
| 11月12日—14日 | 老挝高级干部研修班 | 老挝公安部党委副书记、副部长贡通·蓬维吉率2016-2020年第4期老挝高级干部研修班考察团 | 28 | 与宁波经济技术开发区管委会、宁波银行座谈交流,考察鄞州区湾底村、音王集团、宁波舟山港集团,并参观宁波保税区进口商品市场、天一阁博物馆、宁波市博物馆等 |
| 11月19日 | 美国前高官访问团 | 美国科恩集团董事长和首席执行官、美国前国防部部长威廉·科恩 | 13 | 与副市长陈炳荣会见 |

**表11 2019年外国驻华使(领)馆重要团组访问宁波一览表**

| 日期 | 团组名称及主宾姓名 | 人数 | 主要活动 |
| --- | --- | --- | --- |
| 1月31日 | 古巴驻上海总领事托雷斯携夫人尤安娜 | 5 | 考察宁波舟山港,参观雪窦山风景区、蒋氏故居、宁波市博物馆和天一阁博物馆 |
| 3月4日—5日 | 西班牙驻上海总领事卡门·丰特斯 | 1 | 见证宁波大学与西班牙大学院校的合作活动,参观天一阁博物馆和宁波市博物馆 |
| 3月14日 | 白俄罗斯驻上海总领事瓦列里·马采利 | 2 | 与市外办、市文广旅游局共同举办白俄罗斯旅游推介会 |
| 3月28日—29日 | 土耳其驻上海总领事安铜 | 2 | 拜会市贸促会,考察吉利—沃尔沃中国设计及试验中心 |
| 3月29日 | 斯洛伐克驻上海总领事伊凡娜·瓦拉·玛格托娃 | 2 | 就斯洛伐克参加首届中国—中东欧国家博览会事宜等拜会副市长李关定,并与市商务局举行工作会谈 |
| 4月15日 | 波兰驻上海总领事马莱克·切谢尔楚克 | 2 | 拜会副市长李关定,考察中东欧常年展,并与浙江大学宁波理工学院波兰研究中心座谈交流,参加文化广场波兰文化季钢琴音乐会活动 |
| 5月8日 | 摩洛哥驻华大使阿齐兹·梅库阿尔 | 2 | 拜会副市长李关定,考察宁波大学 |
| 5月17日 | 英国驻上海总领事吴侨文 | 2 | 参加诺丁汉大学卓越灯塔计划(宁波)创新研究院签约仪式 |

续表

| 日 期 | 团组名称及主宾姓名 | 人数 | 主 要 活 动 |
|---|---|---|---|
| 5月20日 | 芬兰驻上海副总领事任爱丽 | 1 | 参加2019中芬合作平台高层会谈及项目对接会 |
| 5月20日—21日 | 委内瑞拉驻上海总领事莱斯贝斯·贝里奥斯、柬埔寨驻上海总领事田温楠、智利驻上海总领事伊格纳西奥·孔查夫妇、古巴驻上海总领事托雷斯、埃及驻上海副总领事阿卜杜拉赫曼·哈桑,英国、越南、西班牙、斐济等国家驻上海总领事馆有关领事、官员 | 13 | 拜会市人大常委会副主任、宁波杭州湾新区党工委书记俞雷，了解杭州湾新区的经济社会发展情况和投资环境，参观杭州湾新区城市展览馆、吉利汽车杭州湾基地、方太集团和方特东方神话项目等 |
| 6月8日—10日 | 波黑驻华大使安通·里尔 | 1 | 参加首届中国—中东欧国家博览会 |
| 6月7日—8日 | 保加利亚驻上海总领事迪米特里·帕穆普洛 | 4 | 参加首届中国—中东欧国家博览会 |
| 6月7日—10日 | 立陶宛驻华大使伊娜·玛邱罗尼塔 | 3 | 参加首届中国—中东欧国家博览会 |
| 6月7日—12日 | 罗马尼亚驻上海总领事奥乌雷利安·尼亚古 | 6 | 参加首届中国—中东欧国家博览会 |
| 6月7日—10日 | 塞尔维亚驻华大使米兰·巴切维奇 | 3 | 参加首届中国—中东欧国家博览会 |
| 6月7日—10日 | 斯洛伐克驻华大使杜尚·贝拉、驻上海总领事伊凡娜·瓦拉·玛格托娃 | 5 | 参加首届中国—中东欧国家博览会 |
| 6月6日—10日 | 波兰驻华大使赛熙军、驻上海总领事马莱克·切谢尔楚克 | 3 | 参加首届中国—中东欧国家博览会 |
| 6月7日—10日 | 匈牙利驻上海副总领事 | 3 | 参加首届中国—中东欧国家博览会 |
| 6月7日—10日 | 土库曼斯坦驻华大使巴拉哈特·杜尔德耶夫、阿曼驻华大使阿卜杜拉·萨阿迪、秘鲁驻上海总领事索西莫·罗伯托·莫里约·埃拉达 | 5 | 参加首届中国—中东欧国家博览会 |
| 6月6日—9日 | 白俄罗斯驻华大使基里尔·鲁德、驻上海总领事马采利·瓦列里 | 2 | 参加首届中国—中东欧国家博览会 |
| 7月4日—5日 | 泰国驻华大使毕力亚·针蓬、驻上海总领事飒丝黎·丹绲拉 | 10 | 拜访副市长陈炳荣，与市市场监管局就泰国企业在宁波投资等事宜进行交流 |
| 7月11日—12日 | 新加坡驻上海总领事罗德伟、埃及驻上海总领事艾哈迈德·阿卜杜·阿齐兹·穆斯塔法、巴拿马驻上海总领事沈理康、巴基斯坦驻上海代总领事那瓦布·阿里·拉胡乔 | 4 | 参加第五届海丝港口合作论坛 |
| 8月4日 | 土耳其驻上海代总领事艾赫迈特·丹克 | 1 | 观看女排比赛 |

续表

| 日 期 | 团组名称及主宾姓名 | 人数 | 主 要 活 动 |
|---|---|---|---|
| 8月22日 | 新加坡驻上海总领事罗德伟、葡萄牙驻上海总领事伊萨瓦等13国驻上海总领事馆官员 | 23 | 参加在上海举行的2019宁波(上海)招商引资推介会 |
| 8月29日—30日 | 委内瑞拉驻上海总领事莱斯贝斯·贝里奥斯、古巴驻上海总领事托雷斯、阿根廷驻上海总领事奥帕罗、埃塞俄比亚驻上海文化旅游领事弗里·希沃特 | 13 | 参加2019宁波国际旅游展 |
| 9月4日—6日 | 加纳驻华副大使查尔斯·达瓦米纳 | 1 | 出席宁波诺丁汉大学举办的第六届非洲研究组会议 |
| 9月24日 | 土耳其驻上海总领事安铜 | 3 | 考察宁波海天集团 |
| 10月9日 | 丹麦驻上海总领事林朗 | 2 | 拜会副市长李关定,考察北欧工业园区,并与园区丹麦企业座谈 |
| 10月9日—10日 | 波兰驻上海总领事马莱克·切谢尔楚克、希腊驻上海总领事馆副领事伊琳、斯洛伐克驻上海总领事馆副领事佩特拉·胡洛娃 | 5 | 参加第六届中国(宁波)—中东欧国家教育合作交流活动 |
| 10月25日 | 以色列驻上海副总领事葛丽茉 | 1 | 出席“犹太智慧与以色列创业创新思维论坛——宁波站”活动 |
| 11月7日 | 印度尼西亚驻华大使乔哈里、驻上海总领事丹尼,斯里兰卡驻上海总领事马莉卡瑞琪,韩国、西班牙驻上海总领事馆官员 | 6 | 出席宁波与“一带一路”国家贸易对接会暨重大采购项目签约仪式 |
| 11月8日 | 印度尼西亚驻华大使乔哈里、驻上海总领事丹尼 | 10 | 出席宁波—印度尼西亚经贸论坛 |
| 11月12日 | 荷兰驻华大使贺伟民、驻上海总领事万鹤庭 | 3 | 拜会副市长李关定 |
| 11月20日 | 智利驻华大使路易斯·施密特·蒙特斯 | 2 | 出席智利生鲜产品落地宁波暨首航仪式 |
| 11月25日 | 塞尔维亚驻华公使衔参赞伊万·坎迪亚斯 | 3 | 出席在国际会展中心举办的保税区企业宁波祥淼科技有限公司特斯拉密码系列产品发布会 |
| 11月25日 | 日本驻上海总领事矶俣秋男 | 2 | 拜会副市长李关定 |
| 11月28日—29日 | 波兰驻上海总领事马莱克·切谢尔楚克、副总领事皮奥特·莱什琴斯基 | 2 | 出席浙江大学宁波理工学院“波兰文化周”开幕式相关活动,并和市贸促会、宁波市博物馆和宁波大剧院等座谈 |
| 12月3日—4日 | 阿塞拜疆驻华全权公使特穆尔·纳迪罗格鲁 | 2 | 参加在余姚举行的“2019中国电子家电企业国际化高峰论坛” |
| 12月13日 | 斯里兰卡驻上海总领事马诺瑞·马莉卡瑞琪 | 2 | 拜会副市长李关定及市外办、市贸促会和市文广旅游局,参观宁波城市展览馆 |

## 友好城市交流

【概况】 2019年,宁波市与巴西卡希亚斯公爵市、希腊伊拉克利翁市,慈溪市与韩国大邱市寿城区分别建立友好交流关系。宁波市举办了与斯塔万格结好15周年暨智慧科技产业对接会,与瓦尔纳结好15周年“友城之夏”音乐会,与英国诺丁汉市共同举办中英文创产业基地揭牌仪式及产业对接活动,与韩国顺天市联合举办顺天投资旅游推介会和宁波—顺天进出口企业对接会。2019年,接待友城重要来访团组75批390人次。

【宁波市与巴西卡希亚斯公爵市建立友好交流关系】 4月15日,巴西卡希亚斯公爵市市长华盛顿·赖斯率代表团一行访问宁波。市委副书记、市长裘东耀会见代表团,并与华盛顿·赖斯共同签署《宁波市与卡希亚斯公爵市建立友好交流关系协议书》。

【贝宁科托努市市长访问宁波】 6月7日至12日,贝宁科托努市市长伊斯道尔·农隆丰率代表团一行7人访问宁波,参加首届中国—中东欧国家博览会暨国际消费品博览会、2019中国—中东欧国家市长论坛、第21届中国浙江投资贸易洽谈会相关活动,考察宁波职业技术学院、海天集团、华和服装公司。11日,市政协主席杨戌标会见代表团一行。

【宁波与保加利亚瓦尔纳市结好15周年活动】 6月21日至25日,保加利亚瓦尔纳国家歌剧院歌唱艺术家伊莉娜·米哈洛娃、普拉蒙·迪米特洛夫访问宁波。24日晚,由宁波交响乐团与瓦尔纳国家歌剧院歌唱家合作演出的宁波—瓦尔纳结好15周年——“友城之夏”音乐会在宁波文化广场保利大剧院上演。

【宁波与希腊伊拉克利翁市建立友好交流关系】 7月11日,希腊伊拉克利翁市副市长加朗西尼率代表团访问宁波。副市长许亚南会见代表团,并与加朗西尼签署《宁波市与希腊伊拉克利翁市建立友好交流关系协议书》。希腊驻上海总领事馆代表参加签约仪式。

【宁波市艺术家代表团访问韩国大邱】 9月24日至29日,由宁波市文联和韩国大邱市艺总共同主办的“2019中韩(大邱—宁波)国际艺术交流展”在韩国大邱美术馆举办。23日至27日,宁波市艺术家代表团一行13人赴韩国大邱参与两地的艺术交流,并签署文艺交流协议书。

(代建民、包新宇)

表12 2019年宁波市国际友好城市主要团组来访一览表

| 日期 | 团组名称 | 主宾姓名 | 人数 | 主要活动 |
| --- | --- | --- | --- | --- |
| 1月30日 | 日本长冈京市友好交流协会代表团 | 长冈京市友好交流协会会长小原勉 | 4 | 工作访问 |
| 2月14日—16日 | 韩国顺天市政府代表团 | 顺天市政府自治行政局局长姜永善 | 2 | 与市外办、市文旅局等部门磋商今年两市交流项目 |
| 3月5日 | 韩国釜山前副市长夫妇一行 | 釜山市前副市长郑铉珉 | 2 | 来宁波大学担任为期1年的访问学者 |
| 3月7日 | 美国杰克逊维尔市三一学院代表 | 杰克逊维尔市三一学院国际项目主管辛迪·罗宾森 | 1 | 考察访问兴宁中学,商谈开展国际教育合作机会 |

续表

| 日期 | 团组名称 | 主宾姓名 | 人数 | 主要活动 |
|---|---|---|---|---|
| 3月23日–4月4日 | 法国鲁昂宁波友好委员会代表团 | 鲁昂宁波友好委员主席勒马尚 | 2 | 访问各相关单位，商谈年度交流计划，举办鲁昂国立面包糕点学院技师演示活动 |
| 4月10日—12日 | 挪威斯塔万格市代表团 | 斯塔万格市副市长比约格·穆厄 | 19 | 出席两市结好15周年庆祝活动，并与宁波市共同举办智慧科技产业对接会 |
| 4月11日—14日 | 日本京都府及长冈京市文博会参展团 | 长冈京市对话推进部部长喜多利和 | 10 | 参展文博会,向市图书馆赠书 |
| 4月11日—14日 | 英国诺丁汉市文创企业代表团 | 诺丁汉市议长柯林斯 | 21 | 参加文博会及中英文创产业基地揭牌仪式等活动 |
| 4月15日—18日 | 法国鲁昂医疗中心代表团 | 鲁昂医疗中心大妇产科主任威斯皮克 | 4 | 与市妇儿医院、第二医院开展对口交流 |
| 4月18日 | 韩国大邱市寿城区代表团 | 大邱市寿城区副区长洪性 | 6 | 考察宁波市城市规划，并与慈溪市签署友好交流关系意向书 |
| 4月24日—28日 | 英国诺丁汉市代表团 | 诺丁汉市行政长官柯睿恩 | 2 | 作为宁波市国际友城代表参加第二届“一带一路”国际合作高峰论坛地方合作分论坛及相关活动 |
| 5月15日 | 英国诺丁汉博物馆艺术馆代表团 | 诺丁汉博物馆艺术馆负责人罗恩·英格利斯 | 2 | 访问市博物馆，商谈明年4月交流展事宜 |
| 5月28日—30日 | 新西兰一带一路促进会代表团 | 新西兰一带一路促进会首席执行官洪承琛 | 2 | 访问市外办、商谈奥克兰市与宁波市友好交流与合作事宜 |
| 7月12日—14日 | 美国杰克逊维尔市姐妹协会代表团 | 杰克逊维尔市姐妹协会成员、杰克逊维尔大学舞蹈系教授林一滴 | 1 | 与市外办进行工作会谈，举行公益舞蹈讲座 |
| 9月20日 | 英国诺丁汉市代表团 | 诺丁汉市副市长克里斯·亨宁 | 8 | 参观考察太平鸟集团、博洋家纺,与宁波技师学院进行会谈 |
| 9月24日 | 新西兰奥克兰中小学教师代表团 | 阿尔伯尼学校教师克里斯蒂·霍德 | 15 | 参加中国(宁波)—新西兰(奥克兰)教育合作交流会 |
| 10月10日—15日 | 柬埔寨西哈努克省信息厅代表团 | 信息厅主任沙洛恩 | 3 | 参加首届浙江省国际友城媒体合作传播论坛 |
| 10月10日—15日 | 乌克兰敖德萨市话语报代表团 | 敖德萨市话语报总编辑伊戈尔·纳扎林科 | 2 | |
| 10月12日—14日 | 斯洛伐克马丁市政府代表团 | 马丁市政府新闻官罗伯特·盖杰多 | 1 | |
| 10月10日—16日 | 波兰比得哥什市代表团 | 比得哥什市媒体中心主任雷塞克·沃兹尼亚克 | 1 | |

续表

| 日期 | 团组名称 | 主宾姓名 | 人数 | 主要活动 |
|---|---|---|---|---|
| 10月15日—17日 | 日本长冈京市市民代表团 | 长冈京市友协宁波委员会会长木下义次 | 15 | 工作访问 |
| 10月15日—26日 | 法国鲁昂宁波友好委员会代表团 | 鲁昂宁波友好委员主席勒马尚 | 2 | 参加第二届"宁波帮·帮宁波"发展大会、第五届浙江书展暨2019宁波图书节和第23届宁波国际服装节等 |
| 10月15日—31日 | 法国鲁昂市植物园林专家代表团 | 鲁昂市园林绿化中心副主任让-佛朗索瓦·雅盖 | 2 | 考察宁波市城市园林绿化建设、植物园花卉栽培和管理,商谈宁波市建设"法国鲁昂园"项目等,为两市结好30周年相关活动做准备 |
| 10月17日—21日 | 日本长冈京市友好交流协会会长 | 长冈京市友协会长小原勉 | 2 | 出席第二届"宁波帮·帮宁波"发展大会及宁波市荣誉市民授予仪式 |
| 10月23日—25日 | 意大利佛罗伦萨市代表团 | 宁波市荣誉市民、佛罗伦萨市议员马里奥·拉扎内里 | 2 | 参加宁波国际服装节,并与市外办商谈下一年度宁波—佛罗伦萨交流计划 |
| 10月27日—30日 | 韩国顺天市经贸代表团 | 顺天市就业经济局局长李载劲 | 14 | 举办顺天投资旅游推介会和进出口商品企业对接会 |
| 11月4日—6日 | 乌克兰敖德萨市代表团 | 敖德萨市副市长乌格里曼·帕维尔·弗拉基米罗维奇 | 4 | 考察调研宁波市经济技术开发区、进口商品交易中心及鄞州高新园区 |
| 11月6日 | 英国诺丁汉市Dance4文化促进机构代表团 | Dance4文化促进机构负责人保罗·鲁斯 | 2 | 拜会宁波市相关部门,就推动两市文化交流事宜进行座谈 |

# 温　州　市

## 综　　述

**【概况】** 2019年，温州市外事工作围绕服务国家总体外交和地方发展的目标，践行外事为民理念，各项工作呈现新局面，助推温州市社会经济发展取得新成效。

构建对外交流新格局。全年接待外宾团组38批278人次，其中市领导会见17场次。主要有印度尼西亚海洋统筹部部长、意大利普拉托市市长及多国驻华使（领）馆代表团，配合国家总体外交，宣介温州对外开放新成就。拓宽友好城市交流主渠道。2019年新增友好交流关系城市1个，全市已与22个国家32个城市建立国际友好（交流）城市关系。成功举办中国—罗马尼亚建交70周年文艺演出，举办温州与日本石卷市结好35周年庆祝活动，邀请德国吉森市民代表团来访。服务地方发展取得新成效。全力承接上级资源落地温州，成功承办全国友协地市级领导培训班和2019全国地方外办领事保护工作培训班。精心保障2019世界青年科学家峰会、国际工业能源物联网创新发展大会等重大外事活动。主动拜访各国驻上海总领事馆，大力推介温州全球商品贸易港。推动中意、中非、中德经贸合作。打造基层涉外治理“新样板”，至年底，已在全市乡镇(街道)设立180个海外领事保护联络处，覆盖面达97.2%；在海外侨团中设立32个领事保护服务站，为全国基层领事保护工作提供了“温州方案”，获得外交部的肯定。全年配合外交部、省外办处置领保事件21批66人次。提升外事工作管理水平。率全省之先，对县级外办申办事项名称、申请材料、办理时限、报批流程、计划预审等要素进行“五统一”。自我加压，缩减审批时限40%。实行任务审批、证照办理同步模式，做到“一批准即发照”，借助“互联网+”实现任务审批、证照申办“0次跑”。2019年，全市审核通过因公出国（境）团组276批761人次，申办因公签证520批1243人次，颁发因公护照669本，颁发因公赴港澳通行证207本，签注238人次。开通APEC网上申报系统，实行直报市外办制度，推出优质企业办理外国人来华邀请优惠细则。2019年代办因私签证495批703人；代办领事认证430批901件；受理外国人来华邀请核实单977批1374人，审核发放898批1276人；APEC商务旅行卡审核转报115批183人，发卡179张，更好地助力企业“请进来”“走出去”。

1月3日，温州市人民政府外事办公室在温州市行政中心大楼举行挂牌仪式，副市长殷志军，市外办党组书记、主任雷文东共同揭牌。根据《温州市机构改革方案》，新组建的市人民政府外事办公室，保留原市人民政府外事侨务办公室的外事职责，保留市人民政府港澳事务办公室牌子。作为市委议事协调机构，市委外事工作领导小组改为市委外事工作委员会，市委外事工作委员会办公室设在市人民政府外事办公室，承担市委外事工作委员会具体工作。

## 重要活动

**【介绍温州基层领事保护的经验和做法】** 4月4日，副市长殷志军代表市政府在省“一带一路”建设境外安全保障工作协调机制全体（扩大）会议上作典型发言，介绍温州基层领事保护的经验和做法。

**【2019 全国地市级友协领导培训班】** 5 月 13 至 16 日在温州举行。全国友协副会长林怡和友协各部(厅)、直属单位司、处级领导干部，省友协领导以及全国 7 个省 52 个地级市的 120 余名友协领导参加了培训。温州市友协在培训班上做了关于温州民间外交工作的经验分享。

**【温州市委外事工作委员会第一次会议】** 6 月 12 日在温州召开，市委书记、市委外事工作委员会主任陈伟俊主持会议并讲话。会议听取了市委外办有关工作情况汇报，审议并原则通过了市委外事工作委员会工作规则等。

**【"为友谊行走"徒步浙江活动】** 9 月 14 日至 18 日在温州境内举行，这是徒步浙江活动的最后一站。9 月 18 日，英国贝茨勋爵夫妇徒步浙江活动结束暨慈善捐赠仪式在温州市举行，副市长娄绍光、省残联理事长蔡国春以及省友协、省侨联、市残联、市友协相关领导出席仪式。活动历时 31 天，共徒步 501.62 公里，募集善款 128.5 万元，捐赠给了浙江省心智障碍儿童。活动还制作了专题纪录片"之江故事"，展现浙江发展成就，并于 10 月 1 日起在美国消费者和财经新闻电视台及全世界 50 多个国家 60 多家主流媒体播出。

**【2019 世界青年科学家峰会】** 10 月 26 日至 27 日在温州举行。诺贝尔物理学奖获得者乔治·斯穆特、邓肯·霍尔丹，诺贝尔化学奖获得者铃木章，图灵奖得主马丁·赫尔曼，中国科学院院士施一公等约 800 人出席。其间，南非高等教育和培训部培训司司长马里维维·卢姆卡率代表团来温州参加该会，并与市外办、温州职业技术学院等相关部门进行合作洽谈。丹麦驻上海总领事林朗来温州出席峰会中欧论坛分会场，市委副书记陈浩会见。

**【与罗马尼亚文艺代表团同庆两国建交 70 周年】** 11 月 4 日，罗马尼亚驻华大使巴西尔·瓦西利克·康斯坦丁内斯库率罗马尼亚文艺代表团访问温州，与温州的文艺团体举行庆祝两国建交 70 周年文艺演出。罗马尼亚驻华大使馆在中国 7 个城市开展庆祝两国建交 70 周年系列活动，温州是该活动的第 6 站。

**【2019 中国—加纳(温州)经贸投资对话会】** 11 月 7 日在温州举行。加纳经贸发展部部长助理哈菲兹·亚当、加纳驻华副大使查尔斯·庄梅纳等 20 多位政府和经贸代表以及温州市政府、企业界代表约 150 人出席，温州市副市长殷志军和加纳政府代表分别进行城市推介。

**【2019 国际时尚消费暨第十五届浙江(温州)轻工产品博览会】** 11 月 8 日至 10 日在温州举行。突尼斯驻华大使迪亚·哈立德、利比亚驻华大使馆参赞穆哈迈德·阿布乍里、伊拉克驻华大使馆秘书阿尔玛·沙·赫比来温州参加博览会开幕式。7 日，市委副书记、市长姚高员会见代表团一行。

**【外交部 2019 年地方外办相关领事业务培训班】** 11 月 18 日至 21 日在温州举行，全国 52 个省和地市外办相关业务负责人 130 余人参加培训。副市长殷志军出席开班仪式并致辞，外交部领事司司长崔爱民作领事保护工作报告。培训期间，学员们参观了为侨服务全球通和世界温州人博物馆，并赴瓯海区实地调研基层领事保护工作。培训班上，温州外办就基层领事保护工作做典型发言。

## 主要出访

**【温州市代表团访问西班牙和阿拉伯联合酋长国】** 7 月 2 日至 9 日，市人大常委会主任葛益平率团访问西班牙和阿拉伯联合酋长国。在西班牙，葛益平与马尼塞斯市市长进行交流，商谈两地经贸、康养、教育等方面的合作，并签订两地友好交流关系备忘录。在阿拉伯联合酋长国，代表团拜访迪拜经济发展局，交流经济发展规划和管理、优化营商环境、提升服务等方面的经验，寻找经贸合作的可能性，还走访了各侨团和重要侨领。

**【温州市代表团访问以色列和俄罗斯】** 7 月 11 日至 17 日，市人大常委会副主任徐育斐率团访问以色列和俄罗斯。在以色列,徐育斐与迪莫纳市市长本尼·比顿签署了建立友好交流关系意向书,进一步拓展两地在经贸、科技、教育、智慧城市建设等方面的交流合作。在俄罗斯,代表团考察了解谢斯特罗列茨克市政府经贸科技产业政策,就双方经贸、科技、教育的合作和城市建设等开展交流。

**【温州市政府代表团访问印度尼西亚和越南】** 12月14日至21日,副市长殷志军率市政府代表团一行6人访问印度尼西亚和越南。在印度尼西亚,代表团访问了印度尼西亚投资协调委员会、三宝垄中华商会、印度尼西亚浙江总商会,调研青山园区、三宝垄港口。在越南,代表团访问了越南前江省政府、越南浙江商会,调研越南龙江工业园。

## 主要来访

**【瑞典驻上海总领事访问温州】** 1月22日至23日,瑞典驻上海总领事林莉访问温州。副市长殷志军会见总领事一行。林莉一行参观访问了温州医科大学、温州市民中心、世界温州人家园、五马街改造项目和温州市博物馆等。

**【上海合作组织成员国法官访问温州】** 4月23日至26日,巴基斯坦最高法院大法官马希尔·阿拉姆率上海合作组织成员国法官研修班一行访问温州。研修班学员参观了平阳县法院,考察了森马集团有限公司和红蜻蜓鞋业股份有限公司。市委副书记陈浩、副市长殷志军、市中级人民法院院长徐亚农陪同参访。

**【美国肯恩大学校长访问温州】** 6月1日至2日,美国肯恩大学校长达伍德·法拉希一行访问温州。副省长、市委书记陈伟俊会见来宾,双方就进一步推进合作办学进行交流。达伍德·法拉希一行参加了6月2日举行的温州肯恩大学2019届毕业典礼。

**【印度尼西亚海洋统筹部副部长访问温州】** 6月9日至10日,印度尼西亚海洋统筹部副部长利德万一行访问温州。常务副市长陈建明会见代表团。代表团一行考察调研瑞浦能源动力锂电池项目建设情况和龙湾区青山控股集团总部发展情况并召开座谈会。

**【印度尼西亚海洋统筹部部长访问温州】** 7月4日至5日,印度尼西亚海洋统筹部部长卢胡特·班查伊丹率代表团一行16人访问温州。副省长、市委书记陈伟俊会见来宾。卢胡特一行与温州市相关部门进行了交流,并先后赴青山控股集团及瑞浦能源有限公司、华峰集团考察,为今后合作奠定基础。

**【贝宁驻华大使访问温州】** 8月28日至29日,贝宁驻华大使西蒙·皮埃尔·阿多韦兰德访问温州。副市长殷志军会见大使一行。西蒙·皮埃尔·阿多韦兰德一行参观了世界温州人博物馆和企业,并与温州各行业协会负责人举行温州—贝宁经贸合作座谈会。

**【16国驻华使节访问温州】** 9月25日至26日,哥伦比亚驻上海总领事露丝·海伦娜·艾彻维丽、匈牙利驻上海总领事博岚等16国驻华使节、商务机构代表访问温州,出席第二届浙江(温州)进口消费品博览会等系列活动。副市长殷志军会见驻华使节、商务机构代表一行。

**【加纳经贸发展部部长助理访问温州】** 11月6日至8日,加纳经贸发展部部长助理哈菲兹·亚当率加纳政府代表团和经贸代表团访问温州,参加2019中国—加纳(温州)经贸投资对话会和2019国际时尚消费暨第15届浙江(温州)轻工产品博览会。市委副书记、市长姚高员会见代表团一行。

**【印度尼西亚投资协调委员会主席访问温州】** 12月4日至5日,印度尼西亚投资协调委员会主席巴里尔·拉哈达利亚、巴布亚省省长卢卡斯·恩纳姆贝率代表团一行24人访问温州。副市长殷志军会见代表团一行。代表团参观了华峰集团、瑞浦能源有限公司、青山控股集团和赵山渡水电站等,为今后合作奠定基础。

## 友好城市交流

**【意大利普拉托市市长访问温州】**

1月3日至4日，意大利普拉托市市长马戴奥·毕弗尼率代表团在意大利驻上海总领事陈琪陪同下访问温州。市委副书记、市长姚高员会见代表团。市文化广电旅游局、温州日报报业集团欧华联合时报、意大利普拉托华人华侨联谊会等3方签署《普拉托“都市书房”合作建设协议书》。“都市书房”作为温州“城市书房”的海外版，由海外侨胞自发组织筹建，为意大利市民提供24小时免费自助借书、还书及阅览和信息查询，是海外侨胞、国际友人学习中华文化的便利场所。

**【意大利都灵“首届全城共庆中国年”活动】** 2月，温州与意大利都灵市联合举办意大利都灵“首届全城共庆中国年”活动。意大利都灵省工商总局、都灵国立美术学院、都灵东方艺术博物馆、伽维拉诺市政府以及100多家市中心的商店、餐厅都挂起红灯笼、贴上新年贺语，营造中国新年的气氛，让当地百姓体验中国传统文化。

**【温州市民代表团访问日本石卷市】** 4月14日至16日，温州市羽毛球协会主席卓世杰率温州市民代表团一行15人访问日本石卷市，参加两市建立友好关系35周年纪念活动。代表团参加羽毛球、乒乓球友谊赛，进行音乐、舞蹈、书法等交流活动，参观市容市貌及企业，与石卷市民进行友好交流。其间，石卷市市长龟山紘会见代表团一行。

**【德国吉森市民代表团访问温州】** 5月20日至23日，德国吉森—温州友好协会会长约阿西姆·席厄率吉森市民代表团一行16人访问温州。副市长殷志军会见代表团一行。代表团访问了市教育局、市体育局，参观了温州市民中心、世界温州人家园。

**【“当伦敦遇上温州——中英艺术家温州写生与展览”系列活动】** 9月1日至15日在温州举行。系列活动由温州市文广旅局、市外办，英国当代艺术家协会、英国皇家学院水彩艺术家协会联合举办。来自英国的8位画家和10余位中国艺术家联合在温州开展展览、论坛、写生创作、文化考察等活动。9月4日，副市长孙维国、文化和旅游部国际交流与合作局公使衔参赞项晓炜出席活动开幕式。

**【日本石卷市市长访问温州】** 9月27日至29日，日本石卷市市长龟山紘率代表团一行20人访问温州，参加庆祝温州—石卷建立友好城市35周年活动。市委副书记、市长姚高员会见代表团一行。代表团参观第二届温州进口商品博览会，出席石卷市摄影图片展以及两市结好35周年庆祝晚会，访问温州大学等部门，商讨双方继续在教育、文化、旅游等方面开展交流合作事宜。

## 港 澳 事 务

**【温州市代表团访问澳门】** 6月19日至20日，副省长、温州市委书记陈伟俊率代表团访问澳门。19日，代表团参加第五届粤港澳温州人大会暨澳门温州人商会换届典礼，陈伟俊在大会上致辞，代表温州市委市政府分别向全体世界温州人、广大温商群体及海内外商会侨团发出“三封家书”，诚邀大家凝心聚力续写新时代温州创新史。在澳门期间，陈伟俊一行访问了澳门立法会主席贺一诚；访问了澳门政、商、学界及温籍侨团；参观了澳门大学，与校长宋永华面谈交流；拜访了澳门浙商联合会会长廖春荣，并与澳门温州人商会会长林小东等温州籍人士座谈交流。

**【“瓯江缘·温州书画作品赴澳门展”活动】** 6月中旬，温州市港澳办赴澳门开展“瓯江缘·温州书画作品赴澳门展”活动，共展出48件书画作品，展示了温州人文的魅力。

**【温港澳论坛】** 12月13日，“温港澳论坛”——温州高等教育国际及港澳合作交流会在上海举行。古巴驻上海总领事奈斯特·恩里克·托乐斯、乌兹别克斯坦驻上海总领事马苏托夫、保加利亚驻上海副总领事安吉尔·乔尔吉艾娃和澳大利亚、新西兰、法国、荷兰、日本、希腊、泰国、印度、伊朗、马来西亚、柬埔寨等国家驻上海总领事馆官员出席。此次交流会为温州高校与有关国家驻上海总领事馆在高等教育的学科建设、人才建设、留学生教育、合作办学等各领域搭建了交流沟通平台。

（张温妮　杨晶晶）

# 嘉兴市

## 综述

【概况】 2019年，全市外事和港澳工作以服务国家总体外交和嘉兴市经济社会发展为中心，统筹外事资源，创新工作方式，加强交流合作，强化服务保障，各项工作有序推进。

配合总体外交，推进中外政党交流与研讨。2019年，浙江红船干部学院被中联部列为开展外国政党在华培训和港澳公职人员培训的合作院校、嘉兴学院作为中联部的重点合作院校后，开展了中外政党培训考察和学术研究，接待了越南共产党、黎巴嫩未来阵线、美大北欧地区共产党、蒙古国人民党、乌兹别克斯坦议会等外国政党团组10批248人次。

做好友城配对调研工作。深入研究目标城市的经济政策、产业结构、经济状况以及科技、文化、教育等方面的发展状况，寻求和拓展互利合作的新途径、新办法，采取灵活多样的形式，提高友城合作交往成效。2019年，与美国、澳大利亚、芬兰、日本、韩国、德国等国的友城保持了密切沟通与联系。策划举办与日本富士市结好30周年、与韩国江陵市结好20周年庆典活动，加强与德国德中友协在科技和环保领域的交流与合作。2019年与奥地利、捷克及印度尼西亚等“一带一路”沿线国家相关城市开展结好工作，全市与外国建立友好关系城市6对。

加强与外国驻上海总领事馆、各国政府和企业在上海代表处的联系，借船出海。邀请国外客商参加长三角嘉兴投资贸易洽谈会、嘉兴教育国际周、中外旅行商大会、长三角全球科创路演中心启动仪式、相关产业平台招商会等重大活动，推动国际双向投资合作及国际贸易和文化、旅游、教育、科技等领域的国际交流合作。与奥地利大使馆联合举办“奥地利科技日”活动，与省外办联合举办“2019外国驻上海总领事馆官员走进浙江”活动，以“主推城市”身份参加浙江省情介绍会暨迎春招待会。使(领)馆官员团组来访量显著增加，奥地利、俄罗斯、印度、丹麦、匈牙利、芬兰、瑞士、德国、日本、韩国、捷克、新加坡驻上海总领事和奥地利驻华大使馆公使等使(领)馆团组先后访问嘉兴。

精心做好外事接待工作。全年共有116批次1002人次外宾团组访问嘉兴。来访的重要团组有新加坡高级政务部长沈颖、日本官房参与荒井广幸、荷兰德伦特省考察团、澳门高级公务员团、美国旧金山湾区委员会代表团、巴基斯坦前总理等。在政府、经贸、教育、文化、旅游等众多领域，与国际友好城市、外国政府机构、涉港澳机构等都建立了良好的联系，加强了沟通，为未来的合作奠定基础。

积极开展民间友好交流。组织举办了外国友人裹粽大赛、第13届中澳英语夏令营、旱地龙舟赛、庆祝中华人民共和国成立70周年系列活动之“海外学子嘉兴行”暨第5期海燕集结行动计划等活动;完成中国嘉兴·韩国江陵友城纪念广告版面拆除和纪念雕塑设计方案的征集、评审和重建工作;邀请外籍友人参加市两会，为经济社会发展建言献策;评选产生16名外国专家获“南湖友谊奖”并在长三角嘉兴投资贸易洽谈会上进行表彰。

做好重大活动保障和服务工作。承担第六届世界互联网大会外事接待部工作，完成所有外宾和港澳嘉宾的接待任务，全程参与外国记者的接待与管理工作，做好嘉兴市参与第六届世界互联网大会招商对接，负责统筹协调第5招商小组的工作，完成第六届互联网大会筹备至闭幕期间全市招商引资工作情况统计、项目信息研判、招商绩效考评和信息报道等工作。邀请国际形势和国际问题专家、学者及国际友好人士进行研讨交流，寻求新形势下城市对外友好和公共外交的新思路新路径。

坚持外事为民理念，推动外事系统"服务企业、服务群众、服务基层"三服务活动有序、深入开展。市外办成立5个"三服务"工作小组，分别由班子成员带队赴各县（市、区）及经济开发区和港区开展走访服务，协调处理中美贸易摩擦等热点问题，切实解决企业和群众提出的困难和问题。增强服务意识，多次赴嘉兴学院为院校师生收取签证材料，现场办公，当场办结。赴敏实集团对接集团内员工因私签证事宜，介绍签证流程及所需材料，真正将"三服务"做实做细。宣传推广APEC商务旅行卡，先后在平湖、桐乡、海宁举办APEC商务旅行卡推介会，为企业"走出去"提供便利。

认真做好因公出国（境）管理工作，严格预报件审核和个案处理审定；推行《嘉兴市因公出国（境）出访团组遵守纪律承诺书》，加强因公出国（境）团组使用中介机构的监督和管理；出台因公出国（境）绩效管理办法，增设出访成果上报材料，对出访团组进行绩效评价；加强因公护照、港澳通行证和团组境外执行外事纪律情况的管理工作。2019年，全市因公出国（境）审批368批1014人次，分别比上年下降12.2%和14.7%。列入计划管理的人员174批445人次，其中经贸类团组115批，占出访团组的66.1%；对欧经贸类团组69批203人次，占出访经贸团组批次的60%。全市因公护照、港澳通行证收缴率均达到100%。

强化领事保护和涉外案（事）件处置能力。制定了《嘉兴市"一带一路"建设境外安全保障工作协调机制工作制度和成员单位工作职责》，开展了"安全出境游·领保伴我行"领事保护系列宣传活动，赴嘉兴学院、嘉兴一中暑假实践夏令营、第5期海燕集结行动计划并在全市出境旅行社市场开展安全文明出境游和海外领事保护等方面的宣传，协调妥善处理嘉兴旅客在马来西亚发生交通事故死亡、在美国溺水死亡等海外领事保护事件2起。妥善处置各类涉外案（事）件15起。

按照"最多跑一次"的理念和目标，全面推进市外办"一窗受理、集成服务"改革，不断提升外事服务保障工作的能力和水平，提升群众和企业办事便捷度和满意率。2019年共办理商务认证119批275份，民事认证332批557份，APEC商务旅行卡219人次，因公护照签证215批639人次，因私签证864批1518人次，邀请外国人来华668批次824人次。协调办理外国记者来嘉兴采访5批37人次，港澳记者采访2批31人次。

## 重要活动

**【浙江省情介绍会推介嘉兴】** 1月15日，2019年浙江省情介绍会暨迎春招待会在上海举行，副市长盛全生参加活动并推介嘉兴经济社会发展情况。来自美国、法国、德国、捷克、日本、荷兰等58个国家驻上海总领事、副总领事及香港特别行政区政府驻上海经济贸易办事处官员等近250名来宾参加。

**【中俄印外长第16次会晤】** 2月27日在乌镇举行。中国国务委员兼外交部部长王毅、俄罗斯外交部部长拉夫罗夫和印度外交部部长斯瓦拉吉参加会晤。3国外长以落实3国领导人重要共识为主线，围绕地区安全、经济合作等共同关心的热点问题展开深入沟通。

**【2019嘉兴市中外旅行商合作大会】** 3月28日，由嘉兴市旅行社协会举办的2019嘉兴市中外旅行商合作大会暨文旅产品采供交易会在嘉兴召开，匈牙利驻上海总领事馆商务领事宁玛丽和友好城市——芬兰伊马特拉市代表应邀参加。

**【市委外事工作委员会第一次会议】** 4月16日，市委外事工作委员会召开第一次会议，学习贯彻习近平外交思想和省委外事工作委员会第一次会议精神，研究部署外事工作。市委书记张兵主持会议并讲话，市委副书记、市长毛宏芳，副市长盛全生出席会议。

**【首届“一带一路”税收征管合作论坛】** 4月18日在乌镇举行，主题为“共建一带一路：加强税收合作，改善营商环境”。论坛宣告“一带一路”税收征管合作机制正式成立。意大利、瑞士、法国、德国、比利时、加拿大、俄罗斯、英国、日本等85个国家（地区）税务主管当局负责人或其授权代表，以及16个国际组织、多家学术机构和跨国企业代表出席论坛。

**【首届长三角全球科创项目集中路演】** 4月28日至29日，由嘉兴市政府、浙江清华长三角研究院举办的首届长三角全球科创项目集中路演暨2019中国·嘉兴航空航天百人会活动在嘉兴举行。印度驻上海总领事瑞峰，奥地利驻华大使馆公使衔参赞张超，俄罗斯驻上海总领事馆科技领事阿扎罗夫、副科技领事马基，瑞士驻上海总领事馆科技领事孟善能，匈牙利驻上海总领事馆商务领事唐安哲，美国创始人空间创始人史蒂芬·霍夫曼，奥地利城市论坛秘书长贝恩哈德·穆勒，奥地利丝路4.0首席执行官菲利普·莱尼施等应邀参加活动。

**【“2019奥地利科技日”活动】** 5月22日在嘉兴举行。活动由嘉兴市政府、奥地利驻华大使馆、奥地利联邦交通创新技术部共同主办。奥地利交通创新技术部技术转让与安全研究司司长格诺德·格林出席并作主旨演讲，副市长沈晓红、洪湖鹏出席。

**【“2019外国驻上海总领事馆官员走进浙江”活动】** 7月23日至24日在嘉兴举行。19个国家26名驻中国大使馆官员、驻上海总领事馆官员和签证官参加活动。市委书记张兵等市领导会见并宴请使（领）馆官员。使（领）馆官员参观了平湖张江长三角科技城、国际进口商品城，访问乐高玩具嘉兴工厂、嘉兴经济技术开发区，游览了南湖、乌镇等景区。

**【2019中国·嘉兴国际水果大会】** 8月30日在嘉兴举行。市委书记张兵、中国食品土畜进出口商会副会长徐小虎出席会议并致辞。美国、秘鲁、西班牙、南非、新西兰、澳大利亚等9国驻上海总领事馆官员，国内外水果行业人士等400余人出席会议。

**【第六届世界互联网大会】** 10月20日至22日在乌镇举行。本届大会主题为“智能互联开放合作——携手共建网络空间命运共同体”。来自80多个国家1500多名政府官员、国际组织代表、顶级专家学者、企业领军人物参加大会。“互联网之光”博览会吸引38个国家和地区的601家企业参展，参观人数超10万人次。大会期间举行“直通乌镇”全球互联网大赛总决赛，“清锋时代3D打印”获大赛一等奖。

**【第六届全国残疾人职业技能大赛】** 10月26日至28日在嘉兴举办。大赛由人力资源社会保障部、中国残联主办，浙江省人民政府承办。国际残疾人职业技能竞赛联合会主席田畑一雄及外籍参赛选手参加。

**【嘉兴市对外友好与合作交流大会】** 11月6日在嘉兴举行。市委书记张兵出席大会并致辞，日本富士市市长小长井义正、韩国江陵市市长金汉根出席大会并致辞，市人大常委会主任刘冬生，市政协主席高玲慧，市政协副主席、市委秘书长敖考权出席，副市长盛全生主持。会前，张兵分别会见韩国江陵市友好访问团和日本富士市友好访问团，刘冬生、高玲慧、敖考权、盛全生参加会见。

**【2019嘉兴国际马拉松赛】** 11月23日在嘉兴举行，来自16个国家和地区的15000名选手参加。这次国际马拉松是嘉兴首次举办的全程马拉松赛。

**【世界互联网法治论坛】** 12月5日在乌镇开幕。论坛主题是“以法治方式推动建立网络空间命运共同体”。这是中国法院首次主办世界互联网法治论坛，也是全球首次举办的以互联网法治和司法建设为主题的国际性论坛。来自世界25个国家的81名代表参加会议。

【2019嘉兴创业者峰会】 12月17日在嘉兴举行。本次峰会由省政府、清华大学、中国电子科技集团有限公司指导,嘉兴市委、市政府和省科学技术厅、中国科学院上海分院、浙江清华长三角研究院、中国电子科技集团公司第三十六研究所、浙江中科院应用技术研究院主办。美国平板电脑专家和斯坦福大学人工智能领域教授杰瑞·卡普兰、乌克兰国立大学及院士代表团等专家学者和捷克、新加坡、西班牙、韩国等国驻上海总领事馆官员参加峰会。英国、美国、德国、瑞典、奥地利、澳大利亚、乌克兰、日本等20多个国家和地区的高端科创项目举行了路演活动。

## 主要出访

【市经贸代表团访问美国和日本】 5月22日至29日,市委书记张兵率嘉兴市经贸代表团访问美国和日本。在美国,张兵拜访了旧金山湾区委员会全球发展官德尔·克里斯腾森,考察了在硅谷的特斯拉、苹果、脸谱等知名企业,斯坦福大学,广汽集团硅谷创新中心、深圳湾硅谷科技创新中心,以及小马智行、雷电摩托等科技型小微企业。代表团还考察了旧金山市城市管理情况。在日本,张兵拜会了日本内阁经济产业副大臣矶崎仁彦,并向其介绍了长三角一体化发展国家战略的相关情况。代表团在东京举行了专场见面说明会,日本铁道集团、三井不动产、筑波大学、朝日文化中心等近30家日本知名企业、社团、大学、媒体的代表参加。在横滨市,代表团与UR都市再生机构进行座谈交流。

【市代表团访问意大利和法国】 8月24日至31日,市长毛宏芳率嘉兴市代表团访问意大利和法国。在意大利,毛宏芳一行先后考察了米兰、比萨和罗马的科技园,详细了解园区建设、创新企业孵化等相关情况,并进行了合作交流。毛宏芳拜访了意大利科森萨市市长马里奥·奥奇托。在法国,毛宏芳一行拜访了联合国教科文组织协会世界联合会主席迪伦德·巴特纳哥,双方就在嘉兴建设国际艺术品博览、交易中心项目签署合作备忘录。代表团还围绕航空航天产业,开展了系列对接活动。

## 主要来访

【芬兰驻上海总领事访问嘉兴】 1月9日,芬兰驻上海总领事万伯阳率上海芬兰商会代表团访问嘉兴并出席美卓流体控制技术中心奠基典礼。

【奥地利驻华公使访问嘉兴】 1月24日,奥地利驻华大使馆公使兼奥地利驻华大使馆科技处主任张超访问嘉兴。市长毛宏芳会见并会谈。张超还考察了上海大学(浙江)新兴产业研究院、浙江清华长三角研究院以及中国电子科技集团公司第三十六研究所。

【丹麦驻上海总领事访问嘉兴】 2月14日,副市长盛全生会见丹麦

**表13　2019年嘉兴市其他团组出访情况一览表**

| 日期 | 团长职务、姓名 | 人数 | 出访地点 | 出访活动 |
|---|---|---|---|---|
| 3月19日—26日 | 市政协副主席薛佳平 | 6 | 捷克、德国 | 友好访问 |
| 5月5日—9日 | 副市长盛全生 | 4 | 美国 | 项目洽谈 |
| 8月25日—29日 | 副市长沈晓红 | 6 | 新加坡 | 项目洽谈 |
| 8月25日—29日 | 副市长洪湖鹏 | 6 | 日本 | 项目洽谈 |

驻上海总领事林朗并会谈。林朗一行考察了丹麦在嘉兴的企业乐高玩具制造(嘉兴)有限公司及浙江海利普电子科技有限公司。

**【美大北欧地区共产党干部联合考察团访问嘉兴】** 2月23日，以英国共产党总书记罗伯特·格里菲斯为团长，由英国、美国、加拿大、瑞典、挪威和芬兰等6个国家8个共产党组织的领导人和干部组成的美大北欧地区共产党干部联合考察团一行20人访问嘉兴。联合考察团参观了南湖革命纪念馆，瞻仰了红船。在浙江红船干部学院，市委副书记孙贤龙会见考察团一行，红船干部学院副院长徐连林为考察团成员作了《嘉兴改革发展与基层党建》专题讲座。

**【挪威诺贝尔医学奖获得者访问嘉兴】** 2月26日，市长毛宏芳会见挪威诺贝尔医学奖获得者爱德华·莫索尔，双方商洽在嘉兴建立人才工作站和开展教科研及技术转化等事宜。

**【美国六旗集团全球总裁访问嘉兴】** 4月10日，市委书记张兵会见美国六旗集团全球总裁大卫·麦克利普斯一行，双方就进一步深化合作等进行座谈交流。

**【德国驻上海总领事访问嘉兴】** 5月7日，市委书记张兵会见德国驻上海总领事欧珍并会谈。张兵表示，希望在双元制教育模式引进、对德友城合作项目开拓、生态建设和环境保护持续改善方面和德国开展更深入的对话。欧珍表示，德国驻上海总领事馆愿意在高校合作、友城开拓、经贸项目、文化交流等领域助力嘉兴获得更多信息资讯。

**【加纳食品与农业部部长访问嘉兴】** 5月15日，加纳食品与农业部部长奥乌苏·阿夫里耶·阿科托、加纳驻华大使爱德华·博阿滕、加纳议会议员克瓦米·阿萨夫–阿德杰等一行12人，由农业部有关人员陪同访问嘉兴市歌斐颂巧克力小镇。

**【匈牙利驻上海总领事访问嘉兴】** 5月27日，市长毛宏芳会见匈牙利驻上海总领事博岚、商务领事唐安哲，双方就医疗健康、生态建设、物流建设等领域加强务实合作进行会谈交流。

**【新任日本驻上海总领事访问嘉兴】** 6月4日，市长毛宏芳会见新任日本驻上海总领事矶俣秋男一行。矶俣秋男还参观了嘉兴经济技术开发区先进制造业产业基地、日本人集聚区及区内日资企业，并与嘉兴经济开发区代表进行座谈交流。

**【联合国和平大学校长访问嘉兴】** 6月20日，市委书记张兵会见联合国和平大学校长弗朗西斯科·罗哈斯·阿拉贝纳一行，并就有关合作意向进行会谈交流。市委副书记、市长毛宏芳，副市长邢海华参加会见会谈。联合国和平大学总部位于哥斯达黎加圣何塞，1980年设立，是全球唯一由联合国大会授权颁发硕士、博士学位的大学，也是全球性国际组织。

**【越南共产党高级干部考察团访问嘉兴】** 7月17日至19日，越南共产党中央候补委员、太平省委常务副书记吴东海率越南共产党高级干部考察团访问嘉兴。17日，市委书记张兵会见考察团一行。中联部当代世界研究中心参赞傅大刚，市委常委、组织部部长龚和艳参加会见。代表团访问了浙江红船干部学院，并与市纪委、市委组织部、浙江红船干部学院相关负责人进行座谈交流；参观考察了南湖革命纪念馆和南湖区行政审批局。代表团还考察了党建引领乡村振兴工作示范点海宁盐官桃园村和非公企业党建示范点天通控股股份有限公司。

**【黎巴嫩未来阵线干部考察团访问嘉兴】** 7月22日至24日，黎巴嫩未来阵线政治局委员塔里克·哈吉里率黎巴嫩未来阵线干部考察团一行11人访问嘉兴，考察学习嘉兴市基层党建工作经验。市委副书记、秘书长孙贤龙会见考察团一行。

**【柬埔寨奉辛比克党干部考察团访问嘉兴】** 8月26日至9月5日，柬埔寨奉辛比克党副秘书长、发言人诺索提勒率柬埔寨奉辛比克党干部考察团一行20人访问嘉兴。

表 14 2019 年嘉兴市其他外国团组来访接待情况一览表

| 日期 | 团组名称 | 团长姓名 | 人数 | 会见领导 |
|---|---|---|---|---|
| 1 月 21 日 | 法国欧盟考察团（成员为勃艮第-弗朗什-孔泰大区、尤纳省、裴埃依·上·阿芒松市政府官员） | 欧盟—中国交流协会主席孟昭祺 | 16 | 盛全生 |
| 1 月 22 日 | 美国艾地盟集团高级副总裁代表团 | 高级副总裁文斯·马乔基 | 10 | 盛全生 |
| 2 月 19 日 | 德国豪彼集团考察团 | 公司市场总监曼弗雷德·泰德克 | 7 | 张　兵 |
| 2 月 20 日—22 日 | 韩国江陵市友城代表团 | 行政局长金年起 | 5 | 盛全生 |
| 3 月 4 日 | 英国爱丁堡大学、美国伊利诺伊大学分校区校长 | 爱丁堡大学校长马菲森、伊利诺伊大学分校区校长罗伯特·琼斯 | 6 | 毛宏芳 |
| 3 月 28 日 | 新加坡企业发展局代表团 | 中国司华东区副司长郑光裕 | 3 | 盛全生 |
| 4 月 8 日 | 美国图灵奖获得者 | 迪菲教授 | 5 | 毛宏芳 |
| 4 月 18 日 | 芬兰企业代表团 | 芬兰驻上海总领事万伯阳 | 13 | 毛宏芳 |
| 4 月 27 日 | 日本内阁官房参与 | 荒井广幸 | 5 | 张　兵、毛宏芳 |
| 6 月 10 日 | 美国闪电摩托代表团 | 总裁理查德·哈特菲尔德 | 4 | 张　兵 |
| 6 月 20 日 | 捷克驻上海总领事馆 | 总领事理查德·卡尔帕 | 6 | 毛宏芳 |
| 6 月 26 日 | 新加坡部长代表团 | 高级政务部长沈颖 | 22 | 张　兵、毛宏芳 |
| 6 月 28 日 | 美国旧金山湾区委员会代表团 | 全球发展官德尔·克里斯藤森 | 13 | 张　兵 |
| 7 月 22 日 | 韩国江陵市韩中友好协会代表团 | 江陵市韩中友好协会会长咸大植 | 22 | 张　兵 |
| 7 月 26 日 | 日本伊藤忠物流株式会社考察团 | 社长佐佐和秀 | 10 | 张　兵、毛宏芳 |
| 8 月 5 日 | 日本丸红株式会社代表团 | 生活产业集团总裁小林武雄 | 13 | 张　兵 |
| 10 月 18 日 | 瑞士驻上海总领事及瑞士商会团 | 总领事曾礼惟 | 32 | 张　兵、徐　森 |
| 10 月 18 日 | 印度驻上海总领事 | 总领事瑞峰 | 2 | 张　兵、孙贤龙 |
| 10 月 18 日 | 奥地利驻上海总领事 | 总领事施丽婷 | 1 | 张　兵、孙贤龙 |
| 10 月 18 日 | 捷克驻上海总领事 | 总领事理查德·卡尔帕 | 5 | 张　兵、孙贤龙 |
| 10 月 18 日 | 日本驻上海总领事馆 | 领事田中昭男 | 1 | 张　兵 |
| 10 月 27 日 | 蒙古国人民党考察团 | 网络政策局局长策·楚龙扎格德 | 28 | 盛全生 |
| 11 月 17 日—18 日 | 法国中法商业俱乐部代表团 | 联合创始人和埃菲尔集团负责人拉希德 | 2 | 张　兵 |

市委副书记、秘书长孙贤龙会见考察团一行。考察团参观了南湖革命纪念馆，瞻仰了红船，访问了海宁皮革城及代表性本土企业。

**【韩国驻上海总领事访问嘉兴】** 9月19日至20日，韩国驻上海总领事崔泳杉访问嘉兴。市委书记张兵会见崔泳杉，并就双方深化合作等事宜进行座谈交流。副市长邢海华，市政协副主席、市委秘书长敖考权出席会见。崔泳杉一行参观了嘉兴梅湾街金九避难处和海盐南北湖载青别墅，考察了嘉兴韩资企业晓星化纤（嘉兴）有限公司。

**【巴基斯坦前总理访问嘉兴】** 10月21日，前来参加第六届世界互联网大会的巴基斯坦前总理肖卡特·阿齐兹访问嘉兴。市人大常委会副主任张永红会见并陪同考察。肖卡特·阿齐兹参观了南湖革命纪念馆，瞻仰了红船。

**【乌兹别克斯坦议会多党联合考察团访问嘉兴】** 11月8日至9日，乌兹别克斯坦最高会议立法院（议会下院）科学、教育、文化和体育委员会副主席巴法耶夫率议会多党联合考察团一行10人访问嘉兴。市委副书记孙贤龙会见巴法耶夫并进行会谈交流。考察团在浙江红船干部学院进行了座谈，参观了南湖革命纪念馆，瞻仰了南湖红船。

**【越南司局级党政干部考察团访问嘉兴】** 12月4日至7日，越南国防部副监察长、少将阮进成率越南司局级党政干部考察团一行36人访问嘉兴。市委副书记王涛会见考察团一行。考察团访问浙江红船干部学院并进行交流，参观南湖革命纪念馆并瞻仰红船，考察了乌镇互联网峰会会址、桐乡市新农村建设以及海宁皮革城党建工作等。

## 友好城市交流

**【秀洲现代民间绘画艺术展】** 2月1日至24日在澳大利亚西澳州班布里市展出。班布里市市长加里·布伦南、中国驻珀斯总领事雷克中出席开幕仪式并致辞。嘉兴的老朋友，西澳州议员唐·庞齐专程出席开幕活动。展览共展出14位作者创作的20幅作品，反映了嘉兴人民逢年过节、衣食住行、生产劳动等民俗和生活。

**【2019中澳英语夏令营】** 7月9日在嘉兴一中开营。夏令营由嘉兴市外办、市教育局和市友协主办，嘉兴一中承办。这也是嘉兴市连续举办的第13届中澳英语夏令营活动，已成为嘉兴市与澳大利亚班布里市友好城市之间文化教育交流品牌。澳大利亚埃迪斯科文大学领队老师雪柔女士率学校代表团参加夏令营。开营仪式上，嘉兴一中校长授予雪柔老师"嘉兴一中博爱奖"，以表彰她为嘉兴和班布里市、中国和澳大利亚友谊作出的贡献。

**【韩国江陵市高中生友好访问团访问嘉兴】** 7月22日，韩国江陵市韩中友好协会率江陵市高中生一行22人访问嘉兴。访问团与嘉兴一中的学生们开展友好交流，互相表演节目。访问团参观了梅湾街金九避难处和海盐南北湖载青别墅，部分成员还与市中医院、市第三医院、嘉兴禾美医疗美容医院就医疗美容、皮肤护理等方面事宜进行座谈。

**【日本富士市民友好访问团访问嘉兴】** 11月8日，日本富士市民友好访问团一行13人访问嘉兴，参加"彩虹连心，中日友好"活动。访问团观看了《江南武魂》武术表演，访问团中的日本武道艺术团成员进行了剑道、刀道等表演，两市武术界专家还就双方的武术特点进行交流。访问团访问了社区，与居民一起参加包饺子、书画等活动，参观了社区的居家养老服务中心。访问团还访问了嘉兴一中实验学校，参观嘉兴市博物馆，游览了嘉兴南湖。

（许叶）

# 湖 州 市

## 综 述

【概况】 2019年,湖州市外办务实推进对外交流合作,全面提升外事管理服务能力,为全市高质量赶超发展作出积极贡献。市外办被评为2019年度全省外事系统工作成绩突出集体。

落实党对外事工作的集中统一领导。协助市委外事工作委员会召开第一次会议,履行市委外事工作委员会办公室的统筹协调作用,确保全市对外交往工作安全有序开展。

参与重要涉外活动。与商务、文旅、体育等部门和各区县加强协作配合,参与“生态+电力”示范城市建设国际论坛、“一带一路”国际智库委员会研学专家学术研讨会、国际外商直接投资峰会(湖州)、长三角一体化文旅峰会暨国际滨湖度假大会、首届中国—中东欧国家博览会暨国际消费品博览会、联合国世界环境日分会场活动、世界IT青年科学家论坛学者南浔行、第十届国际环太湖公路自行车赛、中国美妆小镇第五届化妆品行业领袖峰会等国际性会议、重要外事活动共16个。

接待以英国共产党总书记罗伯特·格里菲斯为团长的美大北欧地区共产党干部联合考察团、俄罗斯访华记者和专家学者代表团、发展中国家促进机电和经济发展官员研修班、非洲国家及非盟公共行政管理研修班、韩国全罗南道新农村建设考察团等重要团组12批105人次。

融入“一带一路”倡议有新进展。举办“一带一路”湖州·巴西经贸交流座谈会,组织13家企业、单位共24人赴上海参加印度驻上海总领事馆在进博会期间举办的投资推介活动。邀请法国蒙达尔纪森林中学学生代表团与韩国灵岩郡青少年交流团访问湖州。指导长兴金陵高中与澳大利亚格陵伍德学院、湖州五中与韩国新罗初中、湖州中学与德国霍恩洛厄高级文理中学、吴兴高级中学与德国霍恩林姆柏格高级文理中学、南浔锦绣实验学校与新西兰北岛联合学校之间开展交流活动。协助日本著名书法家师村妙石在安吉举办“师缶妙新——师村妙石篆刻书法艺术展”个人画展,并举行中日书法交流座谈会;协助市委宣传部在日本北九州市举办“吴昌硕国际艺术奖海外展暨湖州市绿水青山书画展”;协助市文旅局在法国、英国设立“湖州旅游推广与联络处”。协助市委组织部等赴以色列、南非、日本、德国开展海外引才活动,开展合作交流活动4场,举行海外院士专家恳谈会4场,专项拜访对接活动8场;先后与434名高层次人才进行了对接,达成人才项目引进初步意向77个,签订人才项目合作协议21个,新建海外引才工作站5个,引进国家和省“千人计划”申报项目4个。

推进友城交流合作。2019年,分别与爱尔兰戈尔韦市和澳大利亚郡德勒普市签署建立友好交流关系意向书。组团访问友好关系城市日本岛田市,韩国灵岩郡、清州市,法国蒙达尔纪市,克罗地亚卡尔洛瓦茨市等5批28人次,接待友好关系城市团组7批118人次。与日本北九州市,英国斯特灵市、格拉斯哥市和埃塞克斯郡,厄瓜多尔洛斯里约斯省等建立联系并开展高层互访等活动。

加强与外国驻上海总领事馆联络交往。与德国驻上海总领事馆就友城结好工作进行多次对接,联合商务局、南太湖新区出席德国驻上海总领事馆活动，并拜访了德国联邦议会副议长弗里德里希及德国西门子公司等企业代表。加强与英国驻上海总领事馆的往来，对接"英国中部引擎计划"。拜访日本驻上海总领事馆，争取其对湖州市与日本北九州市建立文化友城事宜的支持。与斯里兰卡驻上海总领事拉克士塔·若特纳亚克一行举行会谈，就开展教育合作进行交流。全年与12个国家驻上海总领事馆开展实质性交流，其中上门拜访8家。

拓展港澳交流空间。组团赴港澳开展联络联谊和教育交流洽谈，广泛接触旅港旅澳乡贤。拜访澳门大学、香港公开大学等学校，为湖州师范学院与港澳高校开展合作搭建平台。组团赴港澳开展健康养老产业项目洽谈，与粤澳中医药科技产业园开发有限公司就研发检测服务平台建设项目达成共识。全市组团16批63人次赴港澳开展经贸洽谈、参加展会、校际交流、学术访问等活动。

坚持任务导向和成效导向，严格按照"有事才去、因事定人、完事即回"的原则进行审核审批。根据全市机关内部"最多跑一次"改革要求，优化流程，提升审核审批时效，全市批准因公出国（境）团组207批484人次，其中党政和参公事业人员281人次。未予批准团组2批12人次，调整不合理团组16批。

推进"一带一路"境外安全保障工作。协助市政府牵头召开全市"一带一路"建设境外安全保障工作协调机制全体会议，制定印发《湖州市"一带一路"境外安全保障工作协调机制》和《统筹做好出境旅游湖州籍公民境外安全工作方案》，对加强预防性领事保护、做好出境旅游湖州籍公民境外安全等工作进行全面部署。2019年市外办获"平安湖州建设夺金鼎"集体嘉奖。

做好"在湖外国人"服务工作。开展以"感受湖州魅力、讲好湖州故事"为主题的"老外在湖州"系列活动，其中"我家在湖州"活动选取10个在湖州外国人的个人和群体，在"澎湃新闻""湖州发布"和湖州英文网站等媒体登载他们在湖州工作生活的经历。举办"迎中秋·爱湖州""美在湖州—花洋女神"等活动。深入"龙之梦"乐园调研，牵线湖州师范学院为其开展外籍演员管理层培训，优化"龙之梦"外籍演员管理。配合公安部门，及时妥善处置9起涉外事案件。

提高为民服务本领。扎实开展"三服务三助力"活动，共调研走访60余家单位，帮助企业解决问题20余个。建立39个外事交流基地（外事参观点）和11个语种44人参加的"翻译人才库"，举办培训班，组织人员参与重大外事活动。推出《公共场所中英文双语标识译法参考》，规范公共场所中英文双语标识。加大服务企业"请进来"、"走出去"的力度，推进APEC商务旅行卡办理工作，对邀请外国人来华直报企业进行调整扩面，为企业开设"绿色通道"，帮助企业有效应对中美贸易摩擦。共办理APEC商务旅行卡90份，同比增加80%；直报企业由42家扩面至82家，办理邀请外国人来华369批608人次，代办因私签证289批506人次，领事认证216批401人次。

## 重要活动

**【湖州市与爱尔兰戈尔韦市签署建立友好交流关系意向书】** 1月21日，市委副书记、市长钱三雄会见爱尔兰戈尔韦市市长尼尔·麦克奈尔斯率领的市友好代表团一行11人，副市长施根宝主持会见仪式。钱三雄与尼尔·麦克奈尔斯共同签署了《中国浙江省湖州市与爱尔兰戈尔韦市建立友好交流关系意向书》。

**【湖州市与澳大利亚郡德勒普市签署建立友好交流关系意向书】** 3月25日至29日，澳大利亚郡德勒普市市长阿尔伯特·雅各布率市友好代表团一行16人访问湖州。27日，湖州市与澳大利亚郡德勒普市建立友好交流关系意向书签署仪式在湖州举行。市委副书记、市长钱三雄会见友好代表团一行。两市市长共同签署了建立友好交流关系意向书及3年合作框架协议书。副市长施根宝主持仪式。

**【爱尔兰爱中友好协会会长访问湖州】** 4月1日，受爱尔兰戈尔韦市政府委托，爱尔兰爱中友好协会会长钱锦伦一行2人访问湖州。市外办主任臧学萍与钱锦伦举行工作会谈。市贸促会、市外宣办、市教育局、市文化广电旅游局、南太湖科创中心等单位出席会谈。

**【2019·世界 IT 青年科学家论坛学者南浔行活动】** 4 月 3 日至 4 日在湖州南浔镇举行。60 余名国内外 IT 青年专家学者走进南浔，与相关企业开展交流，探讨合作。

**【2019 中韩国际（湖州）书画交流大会暨中韩国际书画交流展】** 4 月 12 日在南浔镇张石铭故居开幕。

**【长兴美国工业村项目】** 4 月 15 日在湖州长兴县举行开村仪式。县委书记周卫兵致辞，县委副书记、县长石一婷参加仪式。美国驻上海总领事谭森、商务领事乔纳森，上海美国商会主席埃里克等嘉宾出席仪式。

**【2019 年欧美院士专家吴兴智力洽谈会】** 4 月 17 日至 19 日在湖州吴兴区举行。市委组织部、市科技局党组等部门有关领导参加洽谈会。德国国家科学与工程学院院士皮特·萨赫逊先生等 6 位欧美院士专家参加活动。

**【首届“安吉·真游戏”国际研讨会】** 5 月 13 日至 15 日在湖州安吉县举行。22 个国家的代表，港澳代表，各省市（区、市）学前教育工作者代表，“安吉游戏” 实践园代表等约 300 人参加开幕式，并围绕 “真游戏，儿童早期学习的革命”主题展开研讨。

**【衍宇化妆品包装材料（湖州）有限公司竣工仪式】** 5 月 17 日在吴兴区埭溪美妆小镇举行。区人大常委会副主任、美妆小镇管委会主任茅利荣，湖州国际商会会长金凯等有关负责人，韩国驻上海总领事馆商务处领事金范珠，衍宇株式会社代表理事齐重铉等 20 余名外宾参加。

**【中国美妆小镇第二届国际玫瑰文化节】** 5 月 20 日在湖州吴兴区埭溪开幕。省文化和旅游厅副厅长卢跃东出席文化节并在开幕式上致辞，区委副书记、区长陈江等有关领导出席文化节，巴塞罗那美妆集群总经理伊万·伯雷格·瓦尔韦德等 16 名外籍嘉宾出席文化节。

**【2019 南浔古镇国际桨板公开赛】** 6 月 1 日至 2 日在湖州南浔镇举行。公开赛分为 3000 米古镇追逐赛和桨板 1v1 挑战赛。参加比赛的选手来自 11 个国家。大赛最终决出 3000 米追逐赛男子女子精英组、公开组 4 个冠军，1v1 挑战赛青少年组、男子女子组 3 个冠军，中国选手刘永庆、黄继琴等 7 人荣获冠军。

**【师缶妙新——师村妙石篆刻书法艺术展】** 6 月 13 日在湖州安吉县吴昌硕纪念馆开幕，共展出日本艺术家师村妙石的篆刻书法作品 100 余件。该活动是为纪念吴昌硕先生诞辰 175 周年、推动湖州市安吉县与日本北九州市进一步开展文化交流而举办的。

**【奥地利开米森项目签约长兴】** 9 月 18 日，奥地利开米森集团总裁艾伦·迪克一行来湖州长兴县洽谈投资项目并签约，长兴县委常委、常务副县长何志强出席签约仪式。该项目主要生产 PVC 稳定剂，预计年产值 3000 万美元。

**【2019 第十届环太湖国际公路自行车赛湖州赛段】** 10 月 12 日在湖州开赛。湖州市副市长闵云，江苏省体育局副局长王伟中，浙江省体育局副局长张亚东，江苏省体育产业集团有限公司董事长顾晔等领导和嘉宾出席开赛仪式。来自世界各地的 21 支车队 126 名顶级车手参赛。澳大利亚迪兰·肯内特获赛段冠军，以色列单车学院车队米凯尔获亚军，马来西亚丁加奴车队雷吉吉为第三名。

**【联合国全球地理信息管理国际研讨会】** 10 月 17 日至 22 日在湖州德清县举行。亚美尼亚、孟加拉国、智利等各国政府，联合国系统，自然资源部，浙江省、湖州市、德清县政府及省自然资源厅相关领导共 150 余人参加研讨会。研讨会探讨了可持续发展所需数据生态系统的关键特征及因素，并在数字化转型和实现数据生态系统所需的方法和方式进行互动交流。

**【“一带一路” 中国·吴兴与发展中**

国家第二届乒乓球国际交流赛】 10月19日在湖州吴兴区举行。马尔代夫、缅甸、朝鲜、菲律宾等15个国家的57名运动员、教练参加了交流赛。

【"生态+电力"示范城市建设国际论坛】 10月24日在湖州举行。论坛旨在推动能源消费、供给、技术、体制革命和国际合作，分享生态文明建设和可持续发展经验。"一带一路"沿线国家的政、产、学、研等社会各界160余名代表出席论坛。国网能源研究院副院长李伟阳、国家发改委能源研究所能源系统分析研究中心主任周伏秋、菲律宾马尼拉电力公司副总裁沙维特分别作主旨演讲。尼日利亚、印度尼西亚等国家和世界资源研究所、自然资源保护协会的能源专家发表了主题演讲。缅甸、印度尼西亚、泰国、菲律宾、浙江大学和国网浙江省电力有限公司的与会代表就生态能源发展与合作进行对话。

【2019全球未来出行大会】 10月25日至27日在湖州德清县召开，同时举办展览。参会人数达1000多人，其中包括国内汽车行业、自动驾驶、智能交通、人工智能、互联网行业的知名企业家，还有150多名来自美国、以色列、日本、韩国等国家和地区外宾参会。会议观展人数达2万人次以上。

【2019国际外商直接投资峰会】 10月28日至30日在湖州举行。美国、新加坡、德国、英国、日本、印度等25个国家和地区近400名国（境）内外嘉宾、客商参加峰会活动。瑞士、德国、日本等国家及中国香港总投资为2.3亿美元的6个项目在现场签约，主要涉及高端设备研发制造、跨境电商产业园建设等领域。

【中国美妆小镇第五届化妆品行业领袖峰会】 11月9日至10日在湖州吴兴区举行。法国、意大利、西班牙、加拿大等40多位国外行业协会负责人，各国驻中国商务处、使(领)馆人员，国外企业代表等参加此次峰会。

【"中国治理的世界意义"国际论坛】 11月18日在湖州吴兴区举行。近20个国家的200多位智库专家、学者共同探讨中国治理的世界意义。省委书记车俊、中宣部副部长蒋建国出席论坛并致辞。新华社副社长张宿堂、中央党校原副校长李君如，捷克前总理帕鲁贝克、英国社会科学院荣誉院士阿尔布劳、马来西亚国际问题与战略研究中心研究员阿米拉和中国传媒大学、湖州市负责人分别在开幕式上致辞。

## 主要出访

【莫干山高新区代表团访问荷兰和德国】 4月3日至10日，莫干山高新区管委会副主任沈志伟率代表团访问荷兰和德国。在荷兰，代表团与星达航空集团、科莱公司、美高电气洽谈有关项目合作事宜。在德国，代表团与科玛集团公司、宝马集团、曼尼公司洽谈有关合作项目。

【德清县政协代表团访问以色列和捷克】 5月4日至11日，德清县政协主席张林华率政协代表团访问以色列和捷克，进行经贸项目洽谈。在以色列，代表团访问了艾克化学品公司，洽谈艾克在湖州设立生产基地投资项目；访问耐特菲姆公司，洽谈在德清县开展现代农业园区实践基地项目合作事宜；与阿费尔布赫公司洽谈智能家居科技及新型节能覆膜材料生产基地事宜。在捷克，代表团与米瓦尔迪公司洽谈设立莫干山高新区户外休闲用品品牌营销中心项目，与赛米科公司洽谈光伏基站磁芯建设项目，与布伦泰格有限公司洽谈在钟管镇设立生产基地项目。

【湖州市招才引智代表团访问日本和德国】 5月23日至30日，市委常委、组织部部长、市委人才办主任徐仲仪率代表团一行13人，访问了日本东京，德国柏林、慕尼黑、法兰克福等4个人才集中城市。代表团组织了9场重点活动，先后与276名高层次人才进行对接，共达成人才项目引进初步意向52个，签订人才项目合作协议16个，达成海外大学生引进初步意向21名，新建海外引才工作站3个，引进国家和省“千人计划”申报项目4个。

**【湖州市招才引智代表团访问以色列和南非】** 5月30日至6月7日，副市长项乐民率市招才引智代表团一行12人，访问了以色列特拉维夫、耶路撒冷、尤其尼姆利特市，南非约翰内斯堡、开普敦等5个人才集中城市。代表团组织了7场引才活动，先后与158名高层次人才进行了对接，共达成人才项目引进初步意向25个，签订人才项目合作协议5个，新建海外引才工作站2个。

**【德清县代表团访问西班牙和芬兰】** 6月9日至16日，德清县人大常委会主任罗国建率代表团访问西班牙和芬兰。在西班牙，代表团访问了昆卡市政府，双方洽谈建立友好关系事宜；与昆卡市有关部门举行座谈，推广莫干山镇及洛舍镇旅游产品。代表团还访问了马德里旅游局，就洛舍东部水乡和莫干山民宿旅游产品在西班牙推广合作事宜进行商谈。在芬兰，代表团访问了友好城市列克萨市政府，与该市有关部门举行合作洽谈会，洽谈列克萨与德清旅游联合推广方案；与钛铒科国际贸易有限公司洽谈在湖州市钟管镇投资化工产业项目合作事宜。

**【吴兴区丝绸小镇代表团访问英国和意大利】** 6月10日至17日，吴兴区副区长滕辉率丝绸小镇代表团一行5人访问英国和意大利。代表团访问了英国埃塞克斯郡政府、伦敦艺术大学和意大利中国投资股份有限公司、马兰欧尼时装与设计学院等，就丝绸小镇研发基地项目、丝绸小镇国际时尚学院项目等与外方进行了洽谈。

**【吴兴区美妆小镇代表团访问澳大利亚和新西兰】** 6月23日至30日，吴兴区政协主席、美妆小镇管委会主任潘华率美妆小镇代表团一行3人访问澳大利亚和新西兰，开展美妆小镇项目招商任务。

**【湖州市代表团访问法国和英国】** 6月27日至7月4日，市委书记马晓晖率代表团一行6人访问法国和英国。在法国友城蒙达尔纪市，代表团开展了文旅项目推介活动。在巴黎，代表团举行了2019湖州（巴黎）旅游推介会暨推广与联络处授牌仪式，与法国青田商会签订了“欧洲文化旅游产业项目”合作备忘录。在英国伦敦，代表团举行了湖州旅游驻伦敦推广与联络处授牌仪式，与英国嘉利恒通公司签订了国际健康旅游产业园战略合作协议。

**【德清县政府代表团访问美国和日本】** 7月23日至30日，德清县副县长陈永明率县政府代表团访问美国和日本。在美国，代表团与麻省理工学院洽谈人工智能和工业互联网研究院项目；与伊蒂诺米克斯公司洽谈人工智能和清洁科技项目；与西域户外用品有限公司洽谈研发设计及户外产品集散中心项目。在日本，代表团与日本T&K TOKA株式会社洽谈环保型油墨

表15 2019年其他出访团组一览表

| 出访日期 | 团长职务 | 团长姓名 | 人数 | 出访国家和地区 | 出访活动 |
|---|---|---|---|---|---|
| 2月25日 | 副市长 | 项乐民 | 6 | 中国香港 | 其他任务 |
| 5月7日 | 市人大常委会副主任 | 曹德平 | 5 | 中国香港和澳门 | 访问交流 |
| 6月11日 | 市人大常委会副主任 | 胡国荣 | 6 | 中国香港和澳门 | 经贸洽谈 |
| 8月25日 | 市人大常委会副主任 | 喻运鑫 | 6 | 俄罗斯、土耳其 | 访问交流 |
| 11月 | 德清县委书记 | 王琴英 | 1 | 日本 | 培训进修 |
| 12月15日 | 市政协副主席 | 魏　明 | 6 | 西班牙、捷克 | 访问交流 |
| 12月 | 市政协副主席 | 钟　鸣 | 1 | 美国、古巴 | 访问交流 |

生产投资项目;与衛元株式会社洽谈制药机械等项目;与東邦木材株式会社洽谈环保家居及 DIY 系列定制产品公司项目。

**【吴兴区美妆小镇代表团访问美国和加拿大】** 7 月 28 日至 8 月 4 日,吴兴区人大常委会副主任茅利荣率美妆小镇代表团访问美国和加拿大,开展美妆小镇项目参展及招商工作。

**【德清县中学生代表团访问芬兰】** 8 月 11 日至 23 日,德清中学生代表团一行 23 人访问芬兰。本次出访是德清县与芬兰列克萨市建立友城以来的首次友好交流。代表团参加了野外学习活动,体验了沉浸式自然教育。同时,德清学生插班进入列克萨市中心学校进行课程学习。带队教师还学习当地的先进教学理念及教育教学方法。

**【安吉县技工学校代表团参加第 45 届世界技能大赛】** 8 月 13 日,安吉技工学校后勤服务技术保障团访问俄罗斯喀山,参加第 45 届世界技能大赛。湖州市唯一参赛选手安吉技工学校学生杨应政以管道与制暖项目中国赛区第一名的成绩参加大赛“管道与制暖”项目,夺得银牌。

**【湖州市经贸交流和项目洽谈代表团访问越南和沙特阿拉伯】** 8 月 22 日至 29 日,副市长施根宝率代表团一行 6 人访问越南和沙特阿拉伯。在越南,代表团拜访了越南工业贸易部贸易促进局,召开了湖州在越南投资企业座谈会,考察了湖州在越南投资的企业。在沙特阿拉伯,代表团与该国标准和计量总局副局长洽谈有关湖州企业在沙特建立第一家检测认证实验室事宜,还访问了沙特阿拉伯投资促进局和中国驻沙特阿拉伯大使馆、中资企业中国土木沙特阿拉伯分公司。代表团和随行的童装企业还访问了沙特阿拉伯利雅德总商会。

**【湖州市代表团访问希腊和克罗地亚】** 8 月 25 日至 9 月 1 日,市人大常委会副主任董立新率代表团一行 6 人访问希腊和克罗地亚。在希腊,代表团拜访了该国发展投资部。在克罗地亚,访问了友城卡尔洛瓦茨市,与克罗地亚经济商会进行了交流,与杰诚威林产品有限公司洽谈木业投资合作项目,与克罗地亚萨格勒布彼欧戈诺斯特公司洽谈生物医药合作事宜。

**【湖州市代表团访问俄罗斯和意大利】** 8 月 25 日至 9 月 1 日,市人大常委会副主任熊全龙率代表团一行 6 人访问俄罗斯和意大利。代表团访问了俄罗斯喀山、莫斯科,意大利佛罗伦萨、罗马等 4 个技能人才培养经验丰富的城市,考察了世界技能大赛有关情况,与有关机构进行技能人才培养的学习交流。

**【长兴县代表团访问澳大利亚和新加坡】** 8 月 29 日至 9 月 3 日,长兴县副县长臧雷鸣率代表团一行 5 人访问澳大利亚和新加坡。代表团与澳大利亚力格仕集团洽谈了废料再生能源项目并达成投资合作意向,与风斯乐公司详谈了在长兴投资项目扩大生产事宜;向新加坡安益有限公司、联辉集团、新加坡中国商会及优博络客私人投资有限公司等机构宣传推介长兴。

**【安吉同行残疾人艺术团访问西班牙】** 9 月 1 日,安吉县同行残疾人艺术团一行 30 余人访问西班牙,参加萨拉戈萨市第 28 届国际民俗节。安吉县同行残疾人艺术团是唯一受邀代表中国参加国际民俗节的艺术团,也是西班牙萨拉戈萨市有史以来首次邀请的残疾人艺术团。开幕式上,来自乌克兰、巴西、菲律宾、智利等国家的 12 支代表团同台献艺。安吉县同行残疾人艺术团表演了《竹儿青妹儿红》。8 日,在莫扎特音乐厅举行的闭幕式上,代表团表演了《劲舞竹叶龙》。

**【吴兴区经贸代表团访问英国和丹麦】** 9 月 3 日至 10 日,吴兴区副区长费屹巍率代表团一行 6 人访问英国和丹麦。代表团与英国利兹大学就合作成立久立独立研究院项目、智慧城市创新管理项目等进行洽谈。

**【湖州市代表团访问日本和韩国】** 10 月 9 日至 16 日,以市外办副主任孙建平为团长的湖州市代表团一行 4 人访问日本和韩国。在日本,代表团与北九州市政府文化部部长重冈典彰、市议会议员山本真智子等进行恳谈,双方就两市在文化领域开展实质性交流并就建立文化友好城市进行交流。在韩国,代表团拜会了灵岩郡郡守田东平等政府官员,就两市下一步的交流进行探讨;与清州市政府企业支援课课长金应午等官员进行会谈,双方探讨了两市在商贸、文化、教育、旅游等领域交流与合作的意见。

**【长兴县代表团访问德国和英国】** 10月10日至17日,长兴县委常委、县经济开发区党委书记王伟新率代表团一行4人访问德国和英国。在德国,代表团拜访了欧盛腾总部,签订了专用设备项目投资协议;推进了KIS轴承项目进程,签订了轴承项目投资意向。在英国,代表团拜访了英中贸易协会、英国现代水务公司、ABP总部基地、伦敦纽汉区政府。代表团还推进了长兴县在德国、英国境外驻点招商筹备工作。

**【湖州市代表团访问以色列和意大利】** 12月14日至21日,常务副市长杨六顺率代表团一行6人访问以色列和意大利。代表团访问了以色列的内坦利亚市政府,该市副市长埃夫莱姆·布尔马什等接待访问组成员;访问了意大利的切萨诺·博斯科内市政府,该市市长西蒙,市政主任弗里波什和外办主任迪亚诺会见代表团,双方就城市轨道交通的建设和市政规划、城市建筑节能、垃圾分类等工作进行交流。代表团还专门就轨道交通的规划、建设、发展、营运和维护,分别同耶路撒冷轻轨运营公司、米兰交通公司、佛罗伦萨轨道公司、罗马交通公司进行了专项洽谈交流。

**【吴兴区经贸代表团访问新西兰和澳大利亚】** 12月15日至22日,吴兴区人大常委会主任吴旭率经贸代表团一行6人访问新西兰和澳大利亚。代表团分别与新西兰奥塔哥商业委员、德马澳大利亚有限公司、悉尼交通控制中心等机构进行交流洽谈。

**【南浔区代表团访问荷兰和德国】** 12月15日至22日,南浔区区长温建飞率代表团一行5人访问荷兰和德国。在荷兰,代表团访问了海伦芬市政府,与海伦芬市旅游局举行了“全域乡村旅游发展讨论会”,向荷兰华人总会推介千金农业公园项目。在德国,代表团访问了比丁根市政府,与市长埃里希就乡村生态环境治理、乡村社会治理、农业经济发展等课题进行交流;还访问了弗莱堡经济促进署,与中国项目部主任讨论了城乡经济协调发展策略,并向当地企业推介了“南浔古镇洗粉兜旅游综合体项目”。

## 主要来访

**【美大北欧地区共产党干部联合考察团访问湖州】** 2月24日,以英国共产党总书记罗伯特·格里菲斯为团长的美大北欧地区共产党干部联合考察团一行20人访问湖州。市委副书记、政法委书记陈浩会见,市委常委、统战部长李上葵主持会见,安吉县委书记沈铭权等参加会见。考察团参观考察安吉县天荒坪镇余村村、安吉县灵峰街道目莲坞自然村、长兴天能集团、太湖旅游度假区月亮广场等地,考察了解湖州市经济社会发展、生态文明建设、美丽乡村建设、党的建设等基本情况。

**【英国驻上海总领事馆领事访问吴兴区】** 3月1日,英国驻上海总领事馆双边关系与合作领事何伟杰和英国中部发展引擎计划中国联络官杨铁冬访问湖州吴兴区织里镇,与镇政府有关领导就经贸往来、教育合作等进行了座谈交流,并考察了企业。

**【尼日利亚翁多州州长访问安吉县】** 3月3日,尼日利亚翁多州州长阿克瑞杜鲁一行8人访问安吉县,考察竹产业。副县长任贵明会见并会谈。考察团参观了竹加工企业,还考察学习了余村、竹博园等地“两山”理论和竹产业发展结合的经验做法。

**【中国驻外文化和旅游机构主任考察团访问安吉】** 3月24日至25日,中国驻外文化和旅游机构主任考察团访问安吉县,开展基层调研活动。驻伦敦、墨西哥、柏林、新加坡、曼谷、埃及等世界各国60多位参赞在安吉考察了全域旅游发展及乡村旅游脱贫致富工作。

**【法国驻上海总领事访问长兴县】** 4月10日，法国驻上海总领事柯瑞宇访问长兴县，参加全球500强企业法国圣戈班集团在长兴投资的外商独资企业圣戈班石膏建材(长兴)有限公司开业庆典活动，湖州市副市长项乐民，长兴县委副书记、县长石一婷出席活动。

**【斯里兰卡驻上海总领事访问湖州】** 4月11日，市外办主任臧学萍会见斯里兰卡驻上海总领事拉克士塔·若特纳亚克一行3人，市教育局及有关小学负责人参加会谈。在交流中，双方共同表达了发展友城关系的愿望。总领事一行还参观了太湖旅游度假区。

**【澳大利亚格林伍德学院交流访问团访问长兴县】** 4月15日至16日，澳大利亚格林伍德学院教师一行20人访问长兴县。代表团在金陵高中体验了中国教育教学方式，双方教师还开展了文化交流活动。

**【英国驻上海总领事馆领事访问湖州】** 4月30日，英国驻上海总领事馆双边关系与合作领事何伟杰一行访问湖州。市外办、湖州市驻上海联络处等部门领导和英国中部发展引擎计划中国联络官杨铁冬等参加会谈。代表团一行还考察了企业，参观了太湖旅游度假区。

**【英国中部发展引擎经贸代表团访问湖州】** 5月17日，英国国际贸易部中部地区伙伴关系主管迈克·卡灵、英国政府中部引擎合作组织投资贸易官罗鹏飞和英国中部发展引擎计划中国联络官一行3人访问湖州。代表团还与市外办、市商务局、市贸促会、高新区等单位进行交流座谈，双方达成了互换清单、企业配对等多项共识。代表团还参观了南太湖高新区两家对英出口企业。

**【英国阿什格林学校代表团访问长兴中学】** 5月26日，英国阿什格林学校校长弗伦奇率师生代表团一行13人访问长兴中学，进行为期一周的交流学习活动。双方校长进行了交流，并签订建立友好关系协议书。

**【黎巴嫩中北卡市经贸合作代表团访问南浔】** 5月26日至27日，黎巴嫩中北卡市市长默罕默德·伊尔·巴斯特率经贸合作代表团访问湖州南浔区。在区人大常委会副主任魏海松、副区长陈纯志陪同下，代表团考察了南浔古镇景区和多家企业，并与南浔科技界、经济界进行交流探讨。

**【巴西圣保罗州645个城市联盟市长代表和南里奥格兰德州巴西—中国议员阵线考察团访问湖州】** 5月27日，巴西南里奥格兰德州巴西—中国议员阵线主席杰弗森率巴西圣保罗州645个城市联盟市长代表和南里奥格兰德州巴西—中国议员阵线考察团一行31人访问湖州。副市长施根宝会见，并在双方举行的"一带一路"湖州·巴西经贸交流座谈会上致辞。代表团还考察了企业。

**【英国苏格兰格拉斯哥市政代表团访问湖州】** 6月1日至2日，英国苏格兰格拉斯哥市副市长安妮·麦科塔格特率市政代表团一行5人访问湖州。市委副书记陈浩会见代表团一行，市外办、市商务局、市侨商会有关领导参加会见。代表团一行考察了企业、太湖龙之梦项目、度假区党群服务中心，参观了月亮广场和南浔古镇。

**【联合国助理秘书长、联合国环境署代理执行主任率代表团访问安吉县】** 6月3日，联合国助理秘书长、联合国环境署代理执行主任乔伊斯·姆苏亚率代表团访问安吉县，考察生态文明建设情况。副省长彭佳学，湖州市委常委、安吉县委书记沈铭权，湖州市副市长蒋伟峰，安吉县委常委、常务副县长潘鸣会见并陪同考察。湖州市中级人民法院院长李章军、安吉县人民法院院长沈芳君参加座谈。乔伊斯·姆苏亚一行听取了安吉法院环境资源审判情况，以及安吉妇联河嫂工程的情况介绍。

**【美国少林武术中心代表团走进清**

泉武校】 6月16日，《少林寺》电影主演之一、中国武术冠军胡坚强率美国少林武术中心代表团一行30人考察长兴清泉武术学校。中国武术九段、原浙江省武术协会常务副主席陈顺安，浙江省武术协会副主席、清泉武术学校董事长周清泉等及本地媒体代表参加相关活动。代表团参观了西太湖美景、清泉自然科学探索园、清松书画院和正在建设中的“中国武术养生中心”等。

**【墨西哥库奥特拉市外办主任访问湖州】** 8月6日，墨西哥库奥特拉市外办主任尼古拉斯访问湖州。市外办主任臧学萍会见来宾并进行工作会谈。尼古拉斯与湖州职业技术学院举行了座谈，参观了丝绸小镇。

**【2019发展中国家中国农业发展经验研修班访问吴兴】** 8月8日，商务部组织布隆迪、科摩罗、吉布提等8个国家25名政府官员参加的2019发展中国家中国农业发展经验研修班访问湖州吴兴区。研修班参观了湖州市农科院科研基地、湖州弘鑫生态农业科技有限公司和吴兴区妙西镇原乡小镇。

**【印度尼西亚农村干部研修班访问南浔】** 9月9日，印度尼西亚农村、落后地区发展与移民部农村社区赋权司司长穆·法查里率印度尼西亚农村干部研修班一行32人访问南浔区，陪同领导有中国驻印尼大使馆公使衔参赞王立平、农业农村部管理干部学院副院长卢丙来以及省农业农村厅、市农业农村局等相关领导。研修班一行考察了南浔家庭农场和农业科技、食品加工企业。双方就两地农业发展与合作进行了座谈探讨。

**【澳大利亚格林伍德学院师生访问长兴金陵高中】** 10月4日至8日，澳大利亚格林伍德学院师生一行27人访问长兴友校金陵高中，开展为期5天的研学活动。师生们访问了太湖博物馆和金钉子远古世界景区，并走进金陵高中课堂，体验了剪纸课、国画课。

**【英国驻上海总领事馆领事访问湖州】** 10月10日，英国驻上海总领事馆领事何伟杰一行4人访问湖州。领事一行考察了湖州新世纪外国语学校凤凰校区，双方进行了座谈交流，表示希望在学生面对面交流、教育科技、教师英语教育培训等领域开展交流合作。

**【德国霍恩林姆柏格高级文理中学代表团访问湖州】** 10月14日，德国霍恩林姆柏格高级文理中学代表团一行21人访问吴兴高级中学。代表团一行在学校体验了书法、绘画、民乐、戏曲、武术等。学校还邀请来宾参加社团活动、民俗体验和探索自然实践活动等。

**【新西兰北岛联合学校访问团访问南浔区】** 10月21日，新西兰北岛联合学校等一行6人访问南浔锦绣实验学校。来宾有凯幅中学校长梅勒妮、海湾港口小学副校长杰奎琳、旺格雷中学领导集团拉娜以及卡莫中学教师劳伦等。南浔锦绣实验学校与新西兰北岛海湾港口小学、旺格雷中学在建立两校间合作框架、寒暑期文化旅游课程项目等方面达成共识，并签署友好结对协议。双方将在师生交流互访、人才联合培养和中外合作办学等方面加强合作。

**【发展中国家促进机电行业与经济发展研修班访问南浔区】** 10月22日，中国机电产品进出口商会信息部主任常忠率发展中国家促进机电行业与经济发展研修班一行40余人访问南浔区，考察机电行业重点企业。该研修班学员由埃塞俄比亚、乌克兰、乌兹别克斯坦、塞拉利昂、黎巴嫩等10多个国家政府官员和企业高管组成。该研修班已连续6年考察访问南浔。

**【德国等外商嘉宾访问长兴县】** 10月25日，德国欧盛腾集团有限公司首席运营官安德烈等24名外商访问长兴县，参加2019“长洽会”开幕式及外商投资专场推介会。开幕式上集中签约亿元项目中，外资项目11个，其中7个项目来自意大利、奥地利、法国、德国等欧洲发达国家。

**【厄瓜多尔洛斯·里约斯省省长访问湖州】** 10月27日至28日，厄瓜多尔洛斯·里约斯省省长乔尼·

特兰·萨尔塞多一行5人访问湖州。副市长施根宝会见来宾。来宾在市人大常委会副主任胡国荣陪同下，参观了"龙之梦乐园"项目，考察了吴兴高新区科创园及工农业企业。双方就推动两市农业交流、建立友好城市达成一致意见。

**【日本驻上海总领事馆商务领事访问湖州】** 11月27日，市外办主任臧学萍会见日本驻上海总领事馆商务领事室井崇。室井崇考察了德清县高新技术开发区。

**【瑞典卡尔马省议会政府代表团访问湖州】** 12月4日，瑞典卡尔马省议会主席阿聂丽卡·卡特萨尼都率省议会政府代表团一行8人访问湖州。副市长施根宝会见代表团一行。双方表示将通过高层互访，进一步推动两地各领域的交流合作。代表团还考察了南浔木业企业，参观了月亮广场。

**【韩国友城灵岩郡市民代表团访问湖州】** 12月20日，市外办副主任孙建平会见韩国友好城市灵岩郡市民代表团。代表团一行25人来自灵岩郡各行各业。代表团参观考察了渔人码头、月亮广场灯光秀等。

（张永生）

# 绍 兴 市

## 综 述

**【概况】** 2019年，绍兴市切实加强党对外事工作的集中统一领导，紧紧围绕市委市政府中心工作，发挥职能优势，加强统筹协调，服务中央总体外交大局，服务地方经济社会发展，各项重点工作有效推进。全年共接待来自21个国家的来访团组41批320人次，全市新签友城或发展友好交流关系备忘城市5个，分别是韩国釜山东区、意大利那不勒斯市、菲律宾马尼拉市、墨西哥图拉市、阿根廷乌斯怀亚市。举办"绍兴印象——国际友人看绍兴"征文比赛，协助鲁迅文化基金会绍兴分会做好"大师对话——鲁迅与海涅"文化交流活动，积极推动绍兴文理学院与西班牙加泰罗尼亚理工大学的合作交流，稳妥推进"千校结好"交流活动，助力企业国际化发展，建立来华签证绿色通道，为卧龙集团41名外籍高管申办到一年多次往返签证邀请函。发挥中国驻外使(领)馆的领保协助优势，妥善处理海外领保事件6起。与日本、韩国、美国、意大利、荷兰等22个外国驻华使(领)馆加强联络交流，邀请斐济、印度、加拿大等驻上海总领事参加在上海举行的"绍兴周"活动，处理日本、荷兰、沙特、美国等驻华使(领)馆照会24件，应邀赴上海参加荷兰、韩国、以色列、美国等驻上海总领事馆活动9场。指导协助诸暨市接待安排美国驻上海总领事馆政治处长和美国驻华大使馆法律顾问来调研"枫桥经验"。

## 重要活动

**【第八批"绍兴市荣誉市民"颁证仪式】** 1月13日在绍兴举行。市委副书记、市长盛阅春，市人大常委会主任谭志桂、市人大常委会副主任阮坚勇、副市长顾涛、市政府秘书长章长胜等市领导出席颁证仪式。中国工程院院士、国际宇航科学院院士、国际欧亚科学院院士、香港工程科学院院士、现任香港中文大学(深圳)校长徐扬生，申洲国际集团控股有限公司执行董事兼主席马建荣，卧龙电气集团股份有限公司副总经理、卧龙全球中央研究院总裁高关中，绍兴友城日本枥木县小山市市长大久保寿夫，俄罗斯自然科学院院士、浙江新昌三雄轴承有限公司首席专家内捷洛夫·布里杨·东达科维奇等5人获此殊荣，盛阅春向他们颁发"绍兴市荣誉市民"证书、证章，并与他们合影留念。

**【市委外事工作委员会召开第一次会议】** 4月2日，市委外事工作委员会召开第一次会议，深入学习贯彻习近平外交思想，贯彻落实省委外事工作委员会第一次会议精神，研究部署全市外事工作。市委书记、市委外事工作委员会主任马卫光主持会议并讲话，市领导盛阅春、丁如兴、陆维、顾涛等出席。会上，市外办主任陈皆烨传达省委外事工作委员会第一次会议精神，汇报了有关工作情况。会议审议通过了《市委外事工作委员会工作规则》《市委外事工作委员会办公室工作细则》等文件。

**【《友声》杂志刊登5篇绍兴供稿文章】** 全国友协《友声》杂志总第195期，刊登5篇关于绍兴市对外交流工作以及展示绍兴形象的文章。分别是:《绍兴市举行第二届国际友城大会》《开拓友城平台 助力

“一带一路”建设》《举青春之力 谋世代友好》，以及2篇荣誉市民撰写的绍兴印象随笔。5篇文章从不同角度宣传绍兴国际友城和对外交流工作，并通过外国人的视角展示绍兴形象。

**【中日韩“一带一路”工商大会】** 5月25日在绍兴举行。来自日本、韩国、“一带一路”国家地方政府、商协会和企业家代表，国家部委及各省市相关机构的领导、各省市企业家代表近400人参加。中国贸促会、中国国际商会原会长姜增伟，绍兴市委书记马卫光，中国韩国商会首席副会长金洪基，中国日本商会事务局长渡边泰一，省贸促会会长陈宗尧出席大会并先后致辞。大会还特邀日本前首相鸠山由纪夫出席并发表演讲，中日韩三国合作秘书处副秘书长韩梅发表主旨演讲。

**【绍兴市外办主任会议】** 7月18日至19日在诸暨召开。会议总结2019年上半年全市对外工作，部署下半年重点任务，各区、县(市)外办作交流发言。市外办主任陈皆烨作总体工作部署。省外办4位同志在会后作政策业务工作解读，并向市外办各处室作相关业务辅导。市外办、各区、县(市)外办、全市十一所高校外办等单位，共60余人参加本次外事业务学习。

**【2019在绍兴国际友人中秋茶话会暨“绍兴印象——国际友人看绍兴”征文比赛】** 9月11日在绍兴举行颁奖仪式。来自25个国家的40余位绍兴市荣誉市民、侨资企业家代表和征文比赛参赛者参加，市领导谭志桂、陆维、顾涛、余利明出席本次活动。25日，“绍兴印象——国际友人看绍兴”征文比赛获奖作品节选，刊登在绍兴日报专版。

**【“美丽浙江”采风活动在绍兴开展】**10月14日，来自非洲和亚太地区46个国家的47位参加首届浙江省国际友城媒体合作传播论坛的媒体代表走进绍兴，参观兰亭和黄酒博物馆，参加“美丽浙江”采风活动，感受绍兴的发展成就和深厚的人文底蕴，增进媒体间的合作传播。

**【市委第六巡察组巡察市外办党组】** 10月31日，市委第六巡察组巡察市外办党组。动员会上，市委第六巡察组组长竺洪亮作动员讲话，市纪委副书记、市监委副主任、市委巡察工作领导小组成员吴海洋分别就做好巡察工作提出具体要求。市外办党组书记、主任陈皆烨主持会议并作表态发言。市委第六巡察组全体成员，市外办全体干部职工参加会议。

**【2019喜临门绍兴国际马拉松赛】** 11月10日在绍兴举行。日本西宫绍兴交流协会理事吉岗大地，绍兴市荣誉市民、越秀外国语学院新西兰籍教师乔安娜和韩国籍教师金南贤等友好人士也参加了这场“越马”。

**【市友协六届一次全体会议】** 11月27日在绍兴召开。市委书记马卫光出席会议并讲话，省友协专职副会长陈艳勤出席会议。会议听取和审议市友协第五届理事会工作报告，审议通过新的市友协章程，选举产生新一届理事会常务理事和领导班子，市人大常委会主任谭志桂再次当选为市友协会长，市委常委、秘书长陆维、市政府副市长顾涛、市政协副主席余利明当选为常务副会长。市外办主任陈皆烨当选执行副会长。市友协第六届理事会共有146名理事，38名常务理事。

## 主要出访

**【绍兴市代表团访问香港】** 5月6日至10日，市委副书记、市长盛阅春率绍兴市代表团一行8人访问香港，参加第二届香港“绍兴周”系列活动。代表团在港举办2019年“文化绍兴”书法展、绍兴黄酒文化展示活动、绍兴人才文化旅游招商项目推介会、中国阳明心学论坛、两地“友好姊妹学校”签约仪式、绍兴旅港同乡会就职典礼等活动。

**【绍兴市代表团访问意大利和西班牙】** 6月20日至27日，市委副书记、市长盛阅春率绍兴市代表团一行6人访问意大利和西班牙。代表团举办全球纺织业可持续发展论坛暨“魅力绍兴·丝路柯桥”推介会,"一带一路"绍兴·意大利经贸洽谈会,"意·江南"时尚产业推介会等经贸活动。促成柯桥区政府与意大利、德国、西班牙等国家的知名纺机协会和企业达成合作,签署了经贸合作协议,与意大利那不勒斯市正式建立友好交流关系。

**【绍兴市代表团访问印度和菲律宾】** 8月20日至27日,市人大常委会主任、市友协会长谭志桂率绍兴市代表团访问印度和菲律宾,拜访印度世界合作与文化关系联合会、菲律宾马尼拉市,并分别签署备忘录,同时访问印度浙江总商会、万丰印度公司、菲达集团、德昌环保、菲律宾浙江总商会、有关医疗机构等。

**【绍兴市代表团访问日本和韩国】** 8月21日至28日,市委书记马卫光率绍兴市代表团出访日本和韩国。代表团拜访日本小山市政府,举行两市结好十周年庆典活动。拜访韩国釜山东区政府,双方正式签署两市《友好交流关系协议书》。走访考察日本三菱集团、日本显示公司、丰田集团、大和房屋株式会社、日本卧龙电气研究院、日本高化学株式会社、韩国海力士、Winpac公司、大邱染色研究院、晓星集团、韩国韩承科技等全球知名企业,就双方进一步深化合作进行了具体的洽谈和对接。出访期间,在东京、京都、釜山等地参加多场绍兴黄酒推介会,同时对绍兴书法、戏曲、丝绸、瓷器、阳明文化、城市形象等进行全方位推介。代表团还分别与中国驻日本大使孔铉佑、公参杨宇、大阪总领事李天然、中国驻釜山总领事郭鹏等会见交流。

## 主要来访

**【法国商学院考察团访问绍兴】** 1月4日,法国图卢兹商学院巴塞罗那校区校长奥利弗·贝涅利率团一行5人,来绍兴文理学院进行合作办学考察。市委书记马卫光会见考察团一行,就合作办学进行交谈。市委常委、秘书长陆维,副市长顾涛,绍兴文理学院党委书记汪俊昌,市外办主任陈皆烨等陪同出席。

**【西班牙大学代表团访问绍兴文理学院】** 1月12日至16日,西班牙加泰罗尼亚理工大学副校长胡安·佩雷斯率团一行17人访问绍兴。15日,市委书记马卫光会见胡安·佩雷斯一行,双方就西班牙加泰罗尼亚理工大学与绍兴市科研技术对接、技术成果转化、合作办学等事宜进行了会谈,市委常委、秘书长陆维,副市长顾涛,绍兴文理学院党委书记汪俊昌等陪同出席。在绍期间,代表团与文理学院开展合作对接。

4月2日至3日,西班牙加泰罗尼亚理工大学校长弗朗西斯·托雷斯率团一行9人访问绍兴文理学院。市委书记马卫光,市委常委、秘书长陆维,副市长顾涛,绍兴文理学院党委书记汪俊昌,校长王建力,市外办主任陈皆烨等会见访问团一行。3日,在绍兴文理学院举行了西班牙加泰罗尼亚理工大学技术转移中心揭牌、授牌仪式。

**【欧洲中小企业代表团访问绍兴】** 1月25日,市委书记马卫光会见欧洲中小企业联盟副主席奥里维罗、意大利驻上海领事穆岚朵、意大利手工业联合会副主席傅斯科等一行5人。双方就积极推动交流合作,不断拓展合作领域,提升合作水平进行了交流会谈。市委常委、秘书长陆维,柯桥区委书记沈志江,市委副秘书长、办公室主任马国灿,市外办主任陈皆烨等参加。在绍期间,奥里维罗一行参加欧洲时尚定制城暨欧洲蓝网络直播基地成立仪式,该活动由柯桥区人民政府、欧洲中小企业联盟、意大利全国手工业联合会共同主办,绍兴市柯桥区中国轻纺城建设管理委员会、浙江天丝时尚企业管理有限公司共同承办。

**【意大利友好经贸团访问绍兴】** 4月23日,市委书记马卫光会见意大利国会议员、欧盟事务委员会副主席玛丽娜率团一行,市委常委、秘书长陆维,市经信局、市商务局、市外办、市招商投资促进中心、柯桥区主要领导参加会见。马卫光对意大利友好经贸团回访绍兴表示欢迎,希望双方增进彼此之间的了解互信,不断深化交流交往、拓展合作领域，搭建更宽平台、创造更好条件，为中意经济文化交流作出新贡献。双方就纺织、时尚产业的发展与合作进行交流。

**【韩国釜山市东区友好代表团访问绍兴】** 4月25日至27日，韩国釜山广域市东区区厅长崔亨旭率团一行访问绍兴。市委书记马卫光、市长盛阅春会见代表团一行。市委秘书长、副市长，市商务局、文广局、外办等领导参加会见。双方就两地在文化、医疗、教育等领域开展更多实质性的交流与合作进行了友好会谈。在绍期间，访问团一行还参观考察了鲁迅故里、兰亭风景区等地。

**【澳大利亚白马市市长访问绍兴】** 5月16日，市委副书记、市长盛阅春会见澳大利亚白马市市长比尔·贝尼特一行，就加强两地体育、经贸方面的合作进行了交流。副市长顾涛、市政府秘书长章长胜、市外办主任陈皆烨、市商务局局长钱林江、市体育局局长吴海明、市外办副调研员方英参加会见。比尔贝尼特还前往柯桥区实验中学就派遣足球交流团事宜进行商谈。

**【2018年诺贝尔生理医学奖获得者访问绍兴】** 10月17日至18日，2018年诺贝尔生理医学奖获得者本庶佑一行4人访问绍兴，考察浙江（绍兴）外国高端人才创新集聚区、塔牌绍兴酒有限公司和鲁迅故居。市委书记马卫光，市委常委、组织部长徐晓光、市委办主任马国灿，柯桥区委书记沈志江、市外办主任陈皆烨参加会见。

**【韩国釜山东区议会代表团访问绍兴】** 11月5日至6日，市委副书记陈澄、市人大常委会副主任阮坚勇接待韩国釜山东区议会议长裴仁汉率领的代表团一行6人，市委副秘书长徐建璋，市自然资源和规划局、市外办、市名城办和黄酒集团等单位领导参加接待。代表团听取了市自然资源和规划局关于绍兴古城保护与开发规划的介绍，并实地考察了仓桥直街和书圣故里等历史街区。

## 友好城市交流

**【日本芦原市第32次少年使节团访问绍兴】** 3月13日至18日，以日本芦原市教育委员会教育委员坂野靖子为团长的第32次日本芦原市少年使节团访问绍兴，市友协专职副会长张飙会见代表团一行。代表团与鲁迅高级中学，文理学院附中开展了校际交流。

**【日本小山市中学生代表团访问绍兴】** 3月25日至28日，以都市整备部技监池泽明宏为团长的日本小山市中学生访问团访问绍兴，市友协专职副会长张飙会见。代表团与市元培中学，树人中学开展了友好交流。

**【日本南砺市第15次中学生代表团访问绍兴】** 5月4日至9日，日本友城南砺市第15次中学生代表团一行12人，在南砺市日中友好协会教育会副会长木下昭的率领下访问绍兴。市友协专职副会长张飚会见代表团一行，双方分别介绍两地情况，并就青少年友好交流发展交换意见。南砺市师生们与友好结对学校绍兴文澜中学，开展了深入的互动交流。学生入住绍兴家庭，直接体验中国家庭生活。通过面对面的交流与接触，加深对彼此文化的理解。代表团一行还参观了鲁迅故里、兰亭、东湖、八字桥等地。

**【绍兴市少年使节团访问日本】** 7月1日至11日，绍兴市派遣3个少年使节团分别访问日本友城南砺、芦原、小山，分别受到芦原市市长佐佐木康男，小山市市长大久保寿夫和南砺市市长田中干夫会见，并分别与他们进行了访问交流。

**【绍兴市与各国友好城市开展相互交流】** 7月9日，以美国友城杰克逊维尔市城市联合会绍兴联络员缪勤为团长的友好访问团一行3人来绍兴访问，参观考察黄酒博物馆，鲁迅故里等，市友协专职副会长张飙接待代表团一行。7月14日至19日，越秀外国语学院师生代表团一行5人赴韩国大邱市参加国际大学生夏令营。7月27日至30日，德国吕贝克市萨克斯乐团一行11人访问绍兴，参观访问兰亭，鲁迅故里等，并在绍兴文理学院举办了“绍兴—吕贝克友好音乐会”。市友协专职副会长张飙会见并接待了访问团一行。8月8日，菲律宾浙江商会常务副会长沈国兴一行2人访问绍兴，就发展绍兴市与菲律宾马尼拉市友城关系进行了商谈，市外办主任陈皆烨接待了访问团一行。8月26日，绍兴职业技术学院老师王才伟赴日本西宫市开始为期四个月的研修。9月19日，市友协专职副会长张飙接待日本静冈县日中教育交流协会理事长渥美泰一率领的日本静冈县日中教育交流协会代表团一行5人。11月18日，市外办副主任胡华钢会同文广旅游局、柯桥中纺中央商务区管委会、米兰华夏集团、越秀外国语学院等部门人员赴意大利驻上海总领事馆拜会文化处处长马义柏，对接2020年“中意文化旅游年”活动事宜。12月26日，津巴布韦青少年代表团访问绍兴，参观了鲁迅故里和兰亭景区，市友协专职副会长张飙接待了代表团一行。

（王佳颖）

# 金 华 市

## 综 述

【概况】 2019年，金华市外办充分发挥外事资源优势，加强宏观管理和综合协调，按照"走在前列、共建金华"要求，紧紧围绕"服务国家总体外交大局和地方经济社会发展"，脚踏实地、务实进取，全面扎实推进各项工作。全年审核审批因公出国（境）团组266批763人次（不含义乌），审核审批外国人来华223批348人次（不含义乌）；办理APEC商务旅行卡131张；市本级接待国（境）外来访团组35批244人次，接待外国记者20批147人次，接待外国使（领）馆官员51批142人次。

## 重要活动

【金华市人民政府外事办公室正式挂牌】 1月14日，金华市人民政府外事办公室正式挂牌。副市长邵国强、市委组织部副部长褚惠斌参加市外办班子任命会议及挂牌仪式。会上，邵国强对金华市外办的组建表示祝贺，同时要求新组建的市外办党组班子要坚持以维护党中央权威为统领，加强党对外事工作的统一领导，在以钟世杰为班长的党组班子带领下，团结协作，着力打造过硬外事干部队伍。

【全市外办主任会议】 3月22日召开。主要任务是学习贯彻习近平外交思想和中央外事工作会议精神，全面总结2018年全市外事工作情况，部署2019年工作任务。市外办党组书记、主任钟世杰出席会议并作报告，党组副书记、副主任斯海滨主持会议。钟世杰就做好2019年外事工作，提出五方面要求。会议传达学习中央外事工作委员会、省委外事工作委员会等会议精神。各县（市、区）外办主任就各地外事工作开展情况进行交流汇报。

【中欧国际工商学院师生来金华研学】 5月14日至18日，来自13个国家和地区的中欧国际工商学院MBA课程研学组40余位师生来到金华武义俞源，开启为期四天的研学课程，中外学生们深入民间、深入乡村，通过冥想课程、古村落探秘等活动深度体验中国传统文化；通过学习古法制茶、古法插秧、古法磨豆浆等课程，感受古村落文化魅力。

【外交部欧洲司参赞做外事专题讲座】 6月14日，外交部欧洲司参赞楼了凡应邀到金华市外办做外事工作专题讲座。楼了凡围绕"地方外事工作如何服务中央总体外交和地方经济社会发展"主题，结合金华实际，从发挥地方优势服务国家总体外交、深化职业教育提升企业产品竞争力、搭建平台挖掘资源积极开展对外交流合作等方面进行阐述，并对金华今后做好外事工作提出了"发挥地方优势，深度参与'一带一路'建设""积极搭建桥梁纽带，深化对外交流合作""用好各类资源，提升对外开放水平"等建议。

【拜访非洲国家驻上海总领事馆】 6月17日至18日，市外办党组书记、主任钟世杰带队赴上海拜访埃塞俄比亚、塞舌尔和尼日利亚等国驻上海总领事馆。市外办党组成员、副主任金烨以及领事处相关人员陪同拜访。通过双方交流密切了市外办与非洲国家驻上海总领事馆的关系和交流合作，并对2019

年金华中非文化合作交流周暨中非经贸论坛进行了宣传推介。钟世杰一行还参加了以色列驻上海总领事馆举办的“珍惜历史，点亮未来——以色列驻上海总领事馆成立二十五周年”庆典活动。

**【举办“学子走进金华山”活动】** 7月22日至29日，金华市外办在金华山鹿田村举办“港澳学子走进金华山”活动，来自港澳地区的39名学子参与其中。8月11日至24日，金华市外办举办“海外名校学子走进金华山”活动，来自德国、意大利、南非、印度、波兰、哥伦比亚、克罗地亚等13个国家的38名海外学子在金华山度过15天的时光，海外学子们积极为金华山代言，为金华发展献计献策。通过举办八季“海外名校走进金华古村落”活动和四季“港澳学子走进金华古村落”活动，共有来自全球47个国家635名外籍青年，156名港澳优秀青年走进金华，成为知金、友金、爱金的民间友好使者，形成宣传金华、推动金华走向世界的国际人才宝库，为下一步实现高质量发展提供强有力的智力支撑。

**【全国友协副会长到金华考察】** 9月26日，全国友协副会长林怡到金华考察，调研金华对非民间交流工作。市外办党组书记、主任钟世杰，党组副书记、副主任斯海滨，党组成员、市委外办秘书处处长沈利群等陪同考察调研。在金期间，林怡参观了浙江师范大学非洲研究院，并与市外办领导、浙江师范大学非洲研究院专家学者就对非工作开展情况、对非民间交流等情况进行座谈交流。林怡充分肯定了金华市对非民间交往、对非学术研究等工作，表示全国友协将会继续加大对金华市对非工作的指导，加强与金华市对非工作的项目合作，支持金华做大做强与非洲国家经贸人文等方面的交流合作。

**【第二届金华中非文化合作交流周暨中非经贸论坛】** 11月11日在金华开幕。市委副书记、市长尹学群主持，市委书记陈龙、浙江师范大学校长郑孟状、尼日利亚驻上海总领事安德森·马杜比克、安哥拉商务部长范杜嫩、省商务厅副厅长张曙明、外交部非洲司参赞万鹏分别致辞，中国非洲史研究会会长、联合国教科文组织《非洲通史》(9–11卷）国际科学委员会副主席、北京大学教授李安山，赞比亚—中国友好协会秘书长、赞比亚卡文迪什大学校长、赞比亚前外交部长姆瓦萨，达之路国际控股集团董事长何烈辉分别作相关主旨报告。来自安哥拉等25个非洲国家以及加拿大的政府官员、驻华使(领)馆官员、商(协)会代表和企业代表，相关非洲研究专家学者、涉非中介服务机构代表、国内相关商(协)会、企业代表共800余人参加了活动。

**【非洲国家投资环境及优势项目推介会】** 11月11日在金华举行。埃塞俄比亚驻上海总领事魏澜、坦桑尼亚驻华大使馆经济参赞卢塞卡罗·格瓦萨、南非友城布法罗市代表修勒·帕卡依次就各自国家投资环境、发展前景等方面进行推介。

**【金华市与卢旺达穆桑泽市建立友好关系】** 11月11日，金华市与卢旺达北方省穆桑泽市签署了《建立友好交流关系意向书》。近年来，金华市与穆桑泽市在经济、文化、教育、旅游等方面开展了形式多样的交流与合作，此次两市签署《建立友好交流关系意向书》，符合中国“一带一路”倡议，符合金华市委市政府提出的要在“一带一路”国家加强友好城市缔结的要求，为深化推动金华市与穆桑泽市在信息业、制造业、商业、服务业等方面合作和交流带来了新的契机。

**【“在金非洲留学生走进琐园”专场活动】** 11月11日至17日在金东区琐园举行。来自非洲20个国家的33位在金留学生参加了中国传统文化日、新城市体验日、新农村体验日、中非文化交流日等不同主题的体验活动，通过体验交流，进一步促进中非文化交流和心灵沟通，传承友谊，共同努力，携手打造更加紧密的中非命运共同体。

**【“克罗地亚省市长政府治理研讨班”】** 11月12日在浙江师范大学结业，来自克罗地亚的18名省市长参加了此次研讨班。在金期间，克罗地亚省市长政府治理研讨班一行考察了婺城区竹马乡新农村建设和基层党建工作。市人大常委会党组副书记、副主任金中梁为克罗地亚省市长政府治理研讨班学员授课，并参加结业典礼。

**【"家住金华2019"中外友人迎新年联谊活动】** 12月20日在金华举办。来自全市各行各业的外国友人、华人华侨、专家学者代表百余人齐聚一堂、共迎新年。市人大常委会副主任董巧娟、副市长邵国强、浙江师范大学党委副书记朱坚、市政府副秘书长陈志坚等出席，市外办党组书记、主任钟世杰主持活动。邵国强、浙江师范大学非洲研究院研究员、南非国际关系与合作部欧美司原代理副总司长格特·约翰内斯·格罗布勒，浙江易途电动车业有限公司董事长索瑞·瑟布分别在活动上致辞。

## 主要出访

**【金华市中医代表团访问罗马尼亚】** 5月7日至10日，金华市中医院院长邵建萍率金华市中医代表团访问罗马尼亚苗韦尼市，就援建中医治疗中心一事开展实地调研和洽谈交流。代表团在苗韦尼市市长ION GEORGESCU、市医院管理委员会主任IORGA CONSTANTIN等外方官员的陪同下，调研了苗韦尼市新建医院和位于阿尔杰什省的跨省区域儿童医院，与院方共同商讨了中医综合诊疗中心项目建设相关问题，并与苗韦尼市市政府、苗韦尼市医院代表共同签署了"苗韦尼医院中医综合诊疗中心建设"合作框架协议。

**【金华市代表团访问法国和瑞士】** 5月31日至6月7日，市人大常委会党组副书记、副主任金中梁率金华市代表团赴法国和瑞士考察访问。在法国，代表团参加了金华—夏斗湖市经济贸易洽谈会、夏斗湖国际友城大会，与在法国金华籍侨商举行了座谈，考察了梓木山主题公园，洽谈项目招引相关事宜。在瑞士，代表团考察调研瑞士少女峰、瑞吉山轨道和齿轨小火车项目。

**【金华市经贸代表团访问法国和捷克】** 5月31日至6月7日，市外办党组书记、主任钟世杰率金华市经贸代表团访问法国和捷克，开展金华企业"一带一路"产业对接洽谈活动。金华市贸促会、金华市"一带一路"贸易投资促进中心组织20家企业随团出访，涉及进出口贸易、物流、服饰、皮具等多个行业。出访期间，成功举办了三场推介会和贸易投资洽谈会，设立了驻法国、捷克联络处，与商协会签订了合作协议。同时，就"一带一路"捷克站项目可持续发展、筹建"一带一路"法国站开展深入调研，进一步推动"一带一路"境外系列站点建设。

**【金华市代表团访问南非、坦桑尼亚和津巴布韦】** 7月20日至30日，市委副书记陈玲玲率金华市代表团赴南非、坦桑尼亚和津巴布韦三国进行友城访问和经贸交流活动。代表团一行开展项目洽谈、签署友城协议、考察相关企业、举办贸易投资洽谈会、拜会驻外机构、会见侨领侨商等；新建金华与津巴布韦维多利亚瀑布城、东阳与奇诺伊市两对友好城市，在落实"一带一路"倡议、推进经贸项目合作、增进国际友城交流等方面取得了积极成效。省政协主席葛慧君参加津巴布韦商业论坛暨友城签约仪式并致辞。

**【金华市代表团访问尼泊尔和波兰】** 8月2日至9日，市人大常委会主任黄锦朝率金华市代表团赴尼泊尔和波兰考察访问。在尼泊尔，代表团访问考察尼泊尔帕坦市，与市长马哈詹、副市长萨塔勒等进行了友好会谈，并签署《两市建立友好交流关系意向书》。在波兰，代表团会见了波兰亚洲商会主席皮耶豪钦斯基，举办金华市"一带一路"投资推介会，进一步推动"一带一路"沿线经贸关系和项目对接。

**【金华市代表团访问澳门】** 11月7日至9日，市委副书记、市长尹学群率金华市代表团赴澳门交流考察，分别与澳门中联办、澳门大学、澳门浙商联合会等当地政商学界及旅澳乡亲座谈交流。此次访问，进一步深化拓展了金华与澳门地区的经贸文化交流，为加强与葡语国家商贸合作服务奠定基础。

【金华市代表团访问西班牙和意大利】 12月1日至8日，市人大常委会副主任董巧娟率金华市代表团访问西班牙和意大利。代表团分别拜访西班牙阿尔卡拉市政府和意大利圣安杰洛罗马诺市、切尔韦泰里市政府，就深入推进城市间互信互访、文化交流、经贸往来等达成共识。在阿尔卡拉市确定了金华海外仓项目开发和选址事宜，并与切尔韦泰里市签署了《两市建立友好城市交流合作关系意向书》。代表团还与西班牙侨团马德里官方工商会亚太委员会、西班牙和平统一促进会举行了座谈，推介金华投资兴业环境和为侨服务政策，鼓励侨商回乡投资兴业。走访意大利佛罗伦萨中文学校，慰问金华支教教师，推介2020年第9季“海外名校”项目。

【金华市代表团访问塞浦路斯和克罗地亚】 12月7日至14日，市人大常委会副主任王丁路率金华市代表团访问塞浦路斯和克罗地亚。代表团拜访了塞浦路斯和克罗地亚当地中小学和医院，洽谈两地学校校际交流和两地医院开展医疗合作事宜。先后向驻外使(领)馆、市政府、学校、组织、协会等推介“海外名校学子走进金华古村落”项目，达成开展中塞青少年互访交流意向，与塞浦路斯知名艺术团体达成开展中塞文化互访交流演出意向。代表团一行在两地分别拜会了塞浦路斯和克罗地亚知名侨团，推介金华投资贸易环境，洽谈合作交流事宜。

【金华市代表团访问巴西和哥斯达黎加】 12月8日至16日，市人大常委会副主任周剑敏率金华市代表团访问巴西和哥斯达黎加。访问期间，代表团在两地分别拜会了里约州议会和埃雷迪亚市市政府，增进了两地之间的了解，并洽谈了双方产业合作和友城结好的意向。举办了“海外名校学子走进金华古村落”项目推介会，并会见当地侨商，调研企业发展情况，积极推介金华经贸投资环境。

【金华市代表团访问新西兰和澳大利亚】 12月15日至22日，市政协副主席邱建中率金华市代表团访问新西兰和澳大利亚。访问期间，代表团拜访了新西兰怀卡托市市政府、奥克兰农业科技委和澳大利亚浙江总商会，推介金华的投资环境，考察了新西兰最大乳制品恒天然公司基地、澳大利亚怀恩市开诺兰农业种植基地，双方分别就乳制品的技术与市场以及农业种植品种选择、种植技术、产品销售开展了交流。

## 主要来访

【美国都柏林华人协会会长访问金华】 1月28日，市外办党组书记、主任钟世杰会见美国都柏林华人协会会长、美国叁壹教育网络有限公司教育总监罗涛一行，双方开展座谈交流。罗涛来金，旨在落实2018年金华市副市长陶叶萍赴美访问时签署的教育合作备忘录内容，进一步深化推动两市在教育方面的合作。钟世杰指出，金华与都柏林要加强友好交流，双方应在现有教育合作的基础上，进一步提升合作范围和合作内容，进一步深化在文化、教育和经贸等领域的交流合作。

【日本浙江总商会理事访问金华】 1月30日，副市长邵国强会见日本浙江总商会理事、BIC日本区块链创新协会成员刘栋一行，市外办党组书记、主任钟世杰等参加座谈，邵国强向代表团介绍金华制造业、跨境电商、实体经济、影视产业等发展情况。在金期间，代表团还赴金义综合保税区、金华市外国语学校考察交流，围绕仓储物流、教育合作等内容与有关负责人深入座谈，并达成初步合作意向。

【奥地利中国和平统一促进会代表团访问金华】 2月20日，市外办党组书记、主任钟世杰，金东区委书记李雄伟，市委宣传部副部长曹一勤等会见奥地利中国和平统一促进会会长姚龙伟、秘书长潘益柱、《欧华联合时报》社长吴敏等一行。双方就深化文化、教育、经贸等交流合作开展座谈，钟世杰着重介绍“海外名校学子走进金华古村落”项目，姚龙伟表示非常乐意为“海外名校”项目搭建平台，让更多欧洲优秀青年参与其中。

**【非洲大使学者考察团一行访问金华】** 3月24日，非洲大使学者考察团赴金华市婺城区塔石乡考察，主题调研浙江新农村建设、基层党组织政权建设、扶贫减贫等工作。浙江师范大学非洲研究院高级研究员、原南非外交部副总司长格特大使，浙江师范大学非洲研究院院长、长江学者刘鸿武，市外办党组成员、市委外办秘书处处长沈利群陪同调研。考察团一行通过座谈交流、实地调研等形式，考察了群乐一村塘头村红色文化阵地建设、苏坑村油菜花扶贫基地建设、塔石集镇小城镇建设、余仓村新农村建设等项目。

**【诺贝尔奖获得者访问金华】** 5月15日至17日，诺贝尔奖获得者蒂姆·亨特爵士访问金华，并签署相关合作协议，副市长邵国强参加签约仪式。蒂姆·亨特与金华职业技术学院医学院及浙江思丹姆干细胞生物科技有限公司建立院士专家工作站，并与思丹姆公司就人脐带间充质干细胞项目达成合作意向。签约结束后，蒂姆·亨特为浙江师范大学生化学院学生和金华职业技术学院医学院学生作了《如何在科学道路上获得成就》主题演讲，还实地走访新能源汽车产业园、生物健康产业园、湖海塘公园、寺平古村落、九峰温泉、金华职业技术学院医学院思丹姆实验室等。

**【德国曼恩集团高管来金华洽谈物流业务】** 6月6日，德国曼恩集团高管一行到金华洽谈物流业务座谈会在市文化中心举行，副市长邵国强、德国曼恩亚太地区总裁Thilo Halter、德国曼恩亚太区CFO马志彦等负责人参加会议。座谈会上，双方就德国曼恩集团车辆在金华地区销售相关事宜进行座谈交流，邵国强着重介绍金华市加快现代物流业发展提出的措施等，Thilo Halter表示对于金华的政策措施很感兴趣，也非常感谢金华政府对该项工作推进的支持，双方都希望今后加强交流合作，共同助力全市现代物流业发展。

**【哥斯达黎加驻上海代总领事访问金华】** 6月18日至20日，哥斯达黎加驻上海代总领事杰西卡·巴尔加斯访问金华，了解金华市经济社会发展及金华中小企业参与"一带一路"建设情况，积极寻求双方交流合作。副市长邵国强会见了杰西卡，市外办党组书记、主任钟世杰全程陪同考察，市商务局局长叶新良，市外办党组副书记、副主任斯海滨参与有关活动。在金期间，杰西卡先后考察兰溪浙江鑫兰纺织有限公司、兰溪博爱家纺有限公司和金华市知名网络企业亿博公司，并前往母校浙江师范大学，与学校相关负责人和哥斯达黎加、巴西等国留学生开展座谈交流。浙江师范大学副校长李伟健向杰西卡颁发优秀校友证。

**【法国PUY DU FOU集团董事局主席访问金华】** 6月25日，法国PUY DU FOU集团董事局主席尼古拉斯·德维利尔一行访问金华。市人大常委会副主任金中梁、副市长邵国强参加相关活动。市自然资源局、市文化旅游局、市外办、市投资促进中心、市城投集团、金华山旅游经济区主要负责人参与座谈会。金华山旅游经济区管委会负责人介绍金华山芙蓉山水文化项目的基本情况，德维利尔主席详细了解地块规模、规划条件及相关历史背景等情况。双方就项目平台、合作方式及市场调研等问题进行了深入交流讨论，PUY DU FOU集团表示对金华交通区位、业态、环境的高度认可，对进入中国市场充满信心。

**【英国勋爵访问金华】** 8月30日，副市长邵国强在金华会见英国麦克·贝茨勋爵夫妇一行。市外办党组书记、主任钟世杰，党组副书记、副主任斯海滨等参加会见。邵国强向客人介绍了金华基本情况，希望通过这次"为友谊徒步"活动，加深中英两国友谊，积极推动英国的先进技术、高端人才、知名企业加强与金华的对接合作。贝茨勋爵感谢金华市为"为友谊徒步"活动所做的精心安排和保障，希望通过这次活动，加深双方了解和友谊，加强与金华在电子商务等方面的合作交流。

**【津巴布韦国家电视台记者代表团访问金华】** 9月20日，津巴布韦国家电视台记者代表团一行5人访问金华，参观考察了浙江师范大学和金东区琐园国际研学村，并进行节目摄制。市外办党组成员、市委外办秘书处处长沈利群陪同考察。

在浙江师范大学非洲研究院考察时，团长津巴布韦国家电视台产品和电视服务负责人Godknow Chera对金华与非洲在中非经贸、文化和教育等方面交流合作所取得的成就表示赞许，希望通过制作的节目让更多的津巴布韦人民了解中国，了解金华。在参观金东区琐园村时，Chera表示中国乡村振兴的经验非常值得非洲国家学习，也对金华举办的"海外名校学子走进金华古村落"项目赞不绝口，希望通过共同努力推动友好城市交往，进一步巩固和发展中津友好关系。

**【美国法拉盛华人(工商)促进会参访团访问金华】** 10月10日至11日，美国法拉盛华人(工商)促进会参访团杜彼特团长一行8人访问金华。副市长邵国强接见了参访团一行。参访团实地考察了位于金义都市新区的综合保税区、菜鸟电商园、牛墨石墨烯科技以及位于婺城区的合丰信息科技等企业和单位，参观了金华市城市展示馆。在金期间，杜彼特一行对金华及金义都市新区经济社会发展所取得的成就、厚重的人文底蕴、优越的地理环境和自然风光叹为观止，对加快都市化城市建设提出意见和建议，并表示后期将继续深入了解，期待加强业务合作，协力推进中美经贸关系正常化。

**【意大利影视代表团访问金华】** 10月24日至28日，以意大利阿普利亚区文化经济局局长保罗·布鲁诺为团长的意大利阿普利亚区影视代表团一行6人访问金华，参加2019横店影视节，旨在进一步拓展意大利友城关系，促进影视文化交流合作。市外办党组书记、主任钟世杰在东阳横店会见了代表团一行，党组副书记、副主任斯海滨，党组成员、市委外办秘书处处长沈利群，东阳外办及横店集团等相关领导参加了会见。钟世杰对向代表团介绍金华市经济社会发展情况，希望以此次活动为契机，推动双方在友好城市、影视、旅游、文化等领域交流合作，共同推进双方互利共赢发展。布鲁诺表示，意方愿推荐阿普利亚大区的相关城市与金华结为友好城市，推动影视产业、科技文化、区域经济共建等领域交流合作。

**【南非布法罗市市长访问金华】** 11月9日至13日，南非友城布法罗市市长修勒·帕卡提率代表团一行8人访问金华。副市长邵国强接见了代表团一行，市政府副秘书长陈志坚，市外办党组书记、主任钟世杰，市外办党组副书记、副主任斯海滨分别陪同。在金期间，代表团一行参加了在金华中非文化交流周暨中非经贸论坛并进行了布法罗市环境推介，考察了横店影视城及浙江零跑科技、浙江今飞凯达轮毂等5家企业，还参加了在琐园举办的"海外名校走进金华古村落——在金非洲留学生走进琐园"专场活动开幕式。

**【尼日利亚驻华大使等访问金华】** 12月4日至5日，尼日利亚驻华大使乌斯曼、南非共和国驻上海总领事馆经济领事马拉雷访问金华，并参加在金华市金义都市新区举办的第五届全球跨境电商大会，市外办党组成员、副主任金烨陪同访问。在金期间，乌斯曼和马拉雷先后参观了浙江师范大学非洲研究院、金东区琐园国际研学村，还赴浦江水晶工业园区进行参观考察。

**【卢旺达驻华大使访问金华】** 12月5日至7日，卢旺达驻华大使詹姆斯·基莫尼奥、卢旺达商务参赞沙米尔·阿比昆达访问金华，市外办党组书记、主任钟世杰陪同考察。基莫尼奥大使一行先后到浙江师范大学非洲研究院和金华职业技术学院走访参观，并与院校负责人座谈交流。此外，卢旺达驻华大使一行还实地考察了浙江金祥板业有限公司、浙江硕和机器人科技股份有限公司和浙江派尼尔科技股份有限公司三家金华企业，与相关负责人洽谈交流，期望今后进一步促进多领域的交流合作。

**【埃塞俄比亚驻上海总领事访问金华】** 12月17日，埃塞俄比亚驻上海总领事魏澜访问金华。市外办党组书记、主任钟世杰陪同考察。在金期间，魏澜一行考察了浙江金华康恩贝生物制药有限公司，并参加了由市外办、市贸促会和市"一带一路"贸易投资促进中心举办的埃塞俄比亚驻上海总领事馆与金华企业座谈会。魏澜介绍了埃塞俄比亚的总体产业情况以及投资环境，并表示欢迎金华企业前往投资建厂。

(姚欢、邢金彦)

# 衢州市

## 综述

【概况】 2019年，衢州市外事工作围绕服务国家总体外交和服务地方经济社会发展两个大局，贯彻落实中央和省市委决策部署，进一步扩大交流，深化合作，为推进全市实施“一带一路”开放开发战略体系作出积极探索，以机构改革为契机，将市政府外事办公室机构职能并入市委办，加强党对外事工作的领导，发挥“大外事”的整体合力。全年审核审批因公出国（境）团组123批414人次。接待国（境）外来访团组144批207人次，全年受理海外领事保护案件6起6人次。

## 重要活动

【2019国际未来社区建设衢州论坛】 4月27日至28日在衢州举行。联合国环境署原司长、SUC项目管理委主席阿拉伯·浩巴拉，联合国SUC标准主编、澳大利亚（科学院、工程院）两院院士、澳大利亚国家未来城市合作研究中心发起人迪奥·普拉赛德，联合国区域发展中心技术顾问、SUC标准编委罗伯特·厄利，联合国开发署技术顾问、SUC专家委员纳比尔·曼海姆，澳洲CATALOGUE设计事务所创办人彼得·邓肯等一行5位SUC可持续城市与社区研究会专家来衢州参加。本次论坛成立“衢州市可持续城市与社区研究院”，市委书记徐文光与国务院国资委领导（副部级）、环境管理专家赵华林为研究院揭牌，迪奥·普拉赛德、联合国SUC标准编委、SUC项目执行主任李响出席“中澳未来社区联合研究中心”签约仪式，阿拉伯·浩巴拉、迪奥·普拉赛德、罗伯特·厄利、纳比尔·曼海姆、彼得·邓肯、李响参与“联合国可持续城市与社区标准”发布仪式，筹备成立“国际未来社区建设产业联盟”，启动“国际未来社区”试点、推进“可持续发展示范城市”建设，聚焦城市与社区两大层面，凝聚创新思路、聚合国际智慧、落实实效行动，展现“活力新衢州、美丽大花园”的崭新形象。

【11国孔子学院嘉宾到衢州祭孔】 9月28日，纪念孔子诞辰2570周年祭祀典礼在衢州孔氏南宗家庙举行。美国、德国、法国、日本、韩国、亚美尼亚、阿尔巴尼亚、塔吉克斯坦、乌干达、马达加斯加、多哥等11个国家的孔子学院院长及嘉宾36人应邀参加祭孔。市委书记徐文光、孔子第75代嫡长孙孔祥楷之子孔令立等会见嘉宾代表。

【2019中国国际特种纸展览会】 10月15日至18日在衢州举行。国内外特种纸专家、行业协会和知名企业代表、参展商代表约500人参加。

【参加第二届中国国际进口博览会】 11月5日至10日，衢州市参加第二届中国国际进口博览会，组织开展衢州投资环境（上海）推介会。斐济、柬埔寨、伊朗、巴基斯坦、埃塞俄比亚、斯里兰卡、俄罗斯、韩国、尼泊尔等9个国家的驻上海总领事馆、商务机构官员、韩国全罗南道、庆尚北道政府代表，伊中商会等外国商会、企业，浙江省和上海市外资协会及会员企业代表、上海衢州商会及会员企业代表近170人参会。期间，副市长田俊与印度高级代表团会晤。

## 主要出访

【衢州市代表团访问捷克和意大利】 4月10日至17日，副市长王良春一行6人赴捷克和意大利访问。拜访布拉格九区区政府、布拉格化工大学、布拉格行政学院等政府和高校、意大利卡西诺市政府、卡西诺大学和拉齐奥足球俱乐部等地。副市长王良春与卡西诺市长签订友好城市备忘录，衢州学院副院长徐须实与卡西诺大学校长签订教育合作备忘录。

【衢州市代表团访问西班牙和葡萄牙】 4月22日至30日，市委副书记、市长汤飞帆率衢州市代表团一行6人访问西班牙和葡萄牙，参加国际会议。在西班牙，代表团与西班牙巴塞罗那社团联合总会主席许建南、中华总商会主席徐向宏、浙江商会会长周志文等当地侨领进行座谈，走访当地侨企，成功申办2024年世界室外拔河锦标赛。在葡萄牙，代表团与葡萄牙爱都集团董事长蔡显文、环球伊比利亚传媒总裁詹亮和葡萄牙欧洲总商会代表等华侨进行座谈，拜访葡萄牙阿马多拉市政府，与市议长、市长和办公室主任进行座谈交流，拜访里斯本大学，与大学校长和国际事务部负责人商讨中葡（创新）大学，推动投资办学事宜。

【衢州市代表团访问新西兰和澳大利亚】 6月13日至20日，市委书记徐文光率衢州市代表团一行6人访问新西兰和澳大利亚。在新西兰，代表团拜访新西兰“一带一路”促进会，双方在城市与社区环境管理、生态建设、资源利用、人与自然和谐发展等方面进行交流，并签订战略合作协议。在澳大利亚，代表团拜访悉尼市中央公园社区、新南威尔士大学，与澳大利亚低碳人居合作研究中心专家进行了专题研讨，双方围绕可持续发展和未来城市建设进行交流，在规划设计、政策管理、工程建设、城市信息、智能系统、运动健康等领域开展更深层次的交流与合作。代表团还拜访布里斯班市，与当地政府进行对接，到访中国和澳大利亚合作项目——澳新创新中心，交流未来社区创业场景设置和创业平台打造等。

【衢江区代表团访问奥地利和德国】 8月12日至18日，衢江区委副书记、区长朱素芳率衢江区代表团一行6人访问奥地利和德国。在奥地利，代表团拜访奥地利伊根多夫市政府、塔恩纸业、爱格集团，并就塔恩纸业加大浙江唐丰特种纸有限公司投资事宜，达成多项共识，力争唐丰纸业一期项目年内投产。在德国，代表团拜访德国夏特公司、汉诺公司，对浙江夏王公司（中德合资）新增生产线相关事项与衢州市仙鹤纸业进行洽谈，并尽快落实到位。

【常山县代表团访问德国和法国】 8月21日至28日，常山县委副书记、县长张少华率常山县代表团一行3人访问德国和法国。代表团拜访德国海德堡德中科技园、弗莱堡地区经济促进署、夏特装饰木纹纸集团总部、法国标志汽车公司总部和法国乐华自动化公司等企业，洽谈浙江哲丰新材料有限公司与夏特装饰木纹纸集团合作开发和生产新型材料，以及在汽车轮毂轴承等产业和工业自动化产品应用等方面进行合作。访问德国纽伦堡工业大学技术创新中心和欧姆管理学院，探讨工业企业高层次管理人才和智能制造高级人才培养，以及智能制造技术研发合作等事宜。拜访在德国莱比锡的矿物晶体收藏家，商谈德国友人无偿持续出借给“中国观赏石博览馆”矿物晶体和科研资料等相关事宜。拜访法国斯坦市政府、乐华自动化公司、标致汽车公司总部，探讨投资合作等事宜。

【开化县代表团访问荷兰和意大利】 8月24日至31日，开化县委副书记、县长鲁霞光率开化县代表团一行6人访问荷兰和意大利。代表团拜访中国驻荷兰使馆商务处、海牙市政府商务局、海牙中国文化中心、新华网欧洲传播与运营中心，并与各方开展交流，洽谈对外合作事宜。代表团拜访意大利电视传媒集团、意中基金会，洽谈合作意向。在第76届威尼斯电影节“聚焦中国”主题活动中专场推介以根宫佛国为主题的开化文化旅游。意大利国家电影音像和多媒体工业协会国际部主任罗伯托·斯塔比莱先生为开化根宫佛国文化旅游区颁发威尼斯电影节“聚焦中国·最美外景地”荣誉证书。

## 主要来访

**【加拿大魁北克省代表团访问衢州】** 3月1日至6日，加拿大魁北克—浙江友好协会会长胡为农、加拿大魁北克省安图恩-蒙苏中学副校长安妮·加农等一行5人访问衢州。代表团走访衢州市实验学校、衢州二中和华茂外国语学校，并进行座谈交流。考察衢州孔庙、儒学馆、市城市展馆、衢州国际经贸中心和水亭门历史文化街区。

**【2019“一带一路”(中国·衢州)国际经贸活动】** 6月27日至29日在衢州举行。来自厄瓜多尔、古巴、委内瑞拉等30余国的驻华使馆、驻上海总领事馆、外国政府机构中国首席代表、外国商会、企业，以及来自浙闽赣皖20多个城市的政府部门和企业参加，其中参会的驻华使(领)馆官员共14国24人。

**【2019中国(衢州)·非洲国际贸易投资洽谈会】** 9月5日至6日在衢州举办。268名衢州企业负责人与41名非洲客商参加洽谈会。衢非相关企业围绕贸易、技术等方面进行洽谈，共达成贸易意向和协议38个，意向金额5160余万美元，涉及能源协作、机械制造、纺织服装、五金电子、消防器材以及技能培训、技术研发等领域。

**【2019衢州市外籍专家座谈会】** 9月29日，浙江巨圣氟化学有限公司技术总监、俄罗斯籍专家西特里维·德米特里·尼基甫洛维奇、浙江永力达数控机床有限公司技术顾问、德国籍威廉·毛斯巴赫、新加坡国立大学教授工程院院士、英国皇家工程院院士、印度国家工程院院士、新加坡籍西拉姆·拉马克里希纳等一行7位外籍专家访问衢州，参加衢州市外籍专家座谈会。市委书记徐文光会见并致辞，市委组织部、市科技局、市公安局等单位主要负责人参与座谈，并与外籍专家互作面对面交流发言。

**【美国杜立特突袭者子女协会代表团访问衢州】** 11月6日至10日，美国杜立特突袭者子女协会成员刘美远、第二次世界大战国家博物馆教育旅行主管内森·惠根访问衢州。代表团考察衢州市杜立特行动纪念馆、江山博物馆档案局、中美联手抗日纪念馆、戴笠故居、江山市张村乡小南坑(1942年杜立特突袭者查尔斯·奥祖克被救助过的农户后代家庭住址)。

**【斯里兰卡驻上海总领事访问衢州】** 12月10日，斯里兰卡驻上海总领事马诺瑞·马莉卡瑞琪、总领事助理宋潞佳一行2人访问衢州，并与市外办、贸促会、商务局、文旅局等部门领导举行座谈。随后，总领事考察经贸中心并走访了斯里兰卡展示馆和展销馆，座谈交流衢州与斯里兰卡经贸合作项目。市外办主任彭力陪同考察。

(童倩文)

# 舟　山　市

## 综　　述

**【概况】** 2019年，舟山市组织赴国(境)外访问团组9批47人次。接待国(境)外来访团组18批390人次，民间友好团体6批68人次和港澳地区团组 1批3人次。全年累计审批因公出国和赴港澳地区团组133批469人次。全年办理因公护照签证84批399人次，办理因私签证471人次。代办民事认证和商务认证539份。代办APEC商务旅行卡44份。处理各类涉外案(事)件25起，办结25起。拍发邀请函（邀请核实单)370批510人次。2019年，获得“全省外事系统工作成绩突出集体”荣誉称号。

## 重 要 活 动

**【中国(浙江)自贸区与各国驻上海总领事馆商务代表团经贸对接会】** 8月5日至7日在舟山举行。大会主题为“互联互通　共享发展”。来自乌拉圭、以色列、秘鲁等10多个国家和地区的商务代表37人，以及自贸区企业代表共计86人出席。8月5日，常务副市长许小月会见与会代表。大会采取半天经贸推介+半天B2B精准考察洽谈的模式。各国驻上海总领事馆商务代表重点考察舟山市商贸流通、旅游服务等企业发展概况，并分别为生命健康产业、油气产业、国际农副产品贸易等5个产业对接组进行分类考察洽谈。此次经贸对接活动，是舟山市立足产业招商引资的新模式，以产业为导向，以务实为原则，将外事资源转化为外资资源，期待吸引更多外商投资舟山。大会期间，签署了《舟山市人民政府外事办公室与韩国全罗南道（省)政府中国代表谅解备忘录》。

**【2019国际海岛旅游大会】** 8月28日至30日在舟山举办。副省长成岳冲，文化和旅游部国际交流与合作局副局长郑浩，市委书记、新区党工委书记俞东来，省政府副秘书长蔡晓春，省文化和旅游厅厅长褚子育，市委副书记、新区党工委副书记、市长何中伟出席开幕式。本届大会以“新海岛、新场景、新动能”为主题，来自25个国家与地区的千余位嘉宾开展高端对话，聚焦海洋海岛旅游全产业链开发。大会期间，共有21个项目签约，项目总投资约495.57亿元。包括浙江海岛公园投资项目10个，舟山文旅体项目投资6个，国际国内合作项目签约5个。8月30日，市外办联合市文化、广电、旅游、体育等部门，组织美国里士满、斯里兰卡、塞舌尔、格林纳达等嘉宾团组，进行白沙海岛特色旅游专题考察。

**【第三届世界油商大会】** 10月17日至19日在舟山召开。省委常委、常务副省长冯飞，海关总署副署长张际文，商务部部长助理任鸿斌，国家能源局副局长刘宝华等出席并致辞。副省长朱从玖，市委书记、新区党工委书记俞东来，市委副书记、新区党工委副书记、市长何中伟等出席大会。大会以“共商油气、共享机遇、共谋发展”为主题，吸引多家世界500强企业、石油领域世界50强企业、化工领域世界50强企业以及世界各地的油商共计800多名中外嘉宾参会。大会聚焦油气全产业链，举行了7场平行论坛，共签约项目21个，协议涉及总金额567.6亿元。

**【在舟山外籍人士联谊活动】** 12

月1日在舟山举行。该活动由市外办主办，舟山英语频道、市科技局协办。市外办主任陈利文出席活动并致辞。来自美国、日本、希腊、巴基斯坦等20个国家和地区的近50名外国专家、外教代表、国际留学生等参加活动。

**【建立外事翻译队伍】** 12月11日，舟山群岛新区外语证书颁发仪式暨专题培训会议在舟山市召开，标志着舟山市正式建立一支官方外事翻译队伍。这支队伍首批成员36名，语种主要为英语，覆盖全市各单位各部门各行业各领域。这支队伍将根据成员综合表现实施动态调整机制，注重不断吸纳日语、韩语、西班牙语、葡萄牙语等小语种。12日，首批成员和全市的外语工作者与爱好者60余人，参加专题培训。

## 主要出访

**【舟山市代表团访问香港】** 2019年2月，市委书记、新区党工委书记、管委会主任俞东来率舟山市代表团访问香港。代表团开展联络联谊和经贸交流活动，参加舟山同乡会2019年度“春茗”联欢晚会，并与昆仑能源、云顶等重点企业及香港物流商会等机构，开展油气能源、邮轮旅游、仓储物流等经贸合作交流。

**【舟山市人大代表团访问坦桑尼亚和印度】** 2019年7月，市人大常委会主任钟达率舟山市人大代表团出访坦桑尼亚和印度。在坦桑尼亚，代表团就远洋渔业合作项目、水产品贸易和友好城市等项目，与坦桑尼亚桑给巴尔当地政府部门进行洽谈。在印度，代表团与印度本地治里直辖区开展友好城市合作洽谈。

**【舟山市代表团访问日本和韩国】** 2019年8月，市委书记、新区党工委书记、管委会主任俞东来率团出访日本和韩国。代表团访问韩国仁川广域市江华郡，与郡守会谈，夯实两城的友好关系，深化社会文化交流。代表团访问日本广岛福山市常石集团总部并进行对接洽谈，推动其在舟山建造邮轮项目加快落地。与大坂鱼市株式会社、北海道渔联总部就合作推进舟山国家远洋渔业基地的精深加工、贸易新业态和水产品产业链建设进行对接洽谈。

**【舟山市代表团访问沙特】** 9月3日至6日，市委副书记、新区党工委副书记、市长何中伟率舟山市代表团随省政府主要领导出访沙特，出席在利雅得举办的浙江—沙特合作交流会，并实地查看沙特阿美谢巴油田和达曼沙特阿美总部。访沙期间，代表团随浙江省政府代表团，分别会见了沙特能源部部长哈立德·法利赫、中国驻沙特大使陈伟庆、沙特国家投资总局局长易卜拉欣·阿勒欧摩尔、沙特国际战略伙伴关系中心执行主席费舍尔·阿勒苏盖尔和沙特阿美石油公司总裁兼首席执行官阿敏·纳瑟尔等人，并与沙特阿美石油公司洽谈，推进双方在浙江自贸区油气全产业链合作。

## 主要来访

**【印度驻上海总领事馆代表团访问舟山】** 3月25日，印度驻上海总领事瑞峰率代表团一行访问舟山，举办“印度投资与旅游推介会”。市人大常委会主任钟达出席活动并致辞。浙江自贸试验区综合协调局、新区招商局等11家政府单位和18家螺杆、塑料机械及水产企业，共60余人参加推介会。瑞峰解答了与会代表的咨询。

**【巴西帕拉伊巴州代表团访问舟山】** 7月8日至10日，巴西帕拉伊巴州副州长利贾·费利西亚诺率州政府经济发展部工会和企业代表团一行11人访问舟山。副市长韩峻会见代表团一行，并进行经贸交流座谈。市外办党组书记、主任陈利文全程陪同。

## 友好城市交流

**【舟山市友协与印度本地治里印中**

**友好协会签署建立友好交流合作关系备忘录】** 11月15日，市友协与印度本地治里印中友好协会签署《中华人民共和国浙江省舟山市人民对外友好协会与印度共和国本地治里印中友好协会建立友好合作交流关系备忘录》。双方承诺秉持和平友好、平等互利、互相信赖的原则，推动舟山市与本地治里市在各个领域的友好交流，增进两地人民之间的理解与友谊，促进两地的共同繁荣和发展。

（晏梨花）

# 台 州 市

## 综 述

**【概况】** 2019年，台州市外办聚焦地方外事“两个服务”，坚持创新发展、补齐短板、全面发力，各项工作取得新进展，在服务国家总体外交和地方经济社会发展上作出了积极贡献。全年办理来华邀请业务390批652人次。先后邀请印度商务部医药司长等10多个国外政府代表团来访，合作举办经贸旅游推介会等各类实质性对接交流活动14场次。各县(市、区)与英国哈德斯菲尔德市等8个国外城市建立友好交流城市意向关系，其中“一带一路”沿线国家(地区)友城7个。举办“新时代·新教育——中国(台州)新西兰创新教育研讨会”，邀请新西兰著名校长和教育专家来访，与全市33所中学校长、100多名教师代表交流研讨，推动13所中小学与新西兰8所中小学缔结友好学校，推动全市各类中小学开展互派互访、观摩研讨、合作办学等多形式的交流合作35批707人次。先后在15个国家(地区)建立了海外安全联络处，在市内涉外企业、重点社区中设立了90家涉外(海外)安全联络处(员)，通过国内国外“两张网”建设有效地延伸了涉外安全工作触角。协助处理境外领事保护事(案)件8件、市内突发涉外事件2件，有效维护本市的涉外安全稳定。

## 主要出访

**【台州市代表团访问印度和以色列】** 7月28日至8月3日，市委书记陈奕君率台州市代表团访问印度和以色列。在印度，代表团先后拜访了印度化工部医药司、印度软件和服务业行业协会，走访了印度大型药企Glenmark研发中心，就两地医药化工、信息技术领域合作进行交流。在以色列，代表团走访了耶路撒冷市政府，与市长、委员进行会谈。考察了以色列Avrot污水分级生化处理系统、以色列本赫默现代农场，走访了以色列“最佳孵化器”Trendlines(趋势线)集团及两家具有代表性的科技型企业，全球最大的高级辅助驾驶系统芯片生产商Mobileye集团和全球首创视力辅助技术的Oream公司。

**【台州市代表团访问乌克兰和土耳其】** 12月3日至10日，市委副书记、市长张晓强率台州市代表团访问乌克兰和土耳其。

在乌克兰，考察团先后拜访了白教堂市政府、乌克兰基辅国立大学和国立航空大学，走访了乌克兰国家科学院巴顿焊接研究所，寻求两地在合作办学、共建科创平台、科技成果转化、产业合作等领域的深层次合作，并与白教堂市政府签署了友好交流意向书。

在土耳其，代表团走访了斯屈达尔市政府，拜访土耳其中国工商总会和土耳其国际塑料工业协会，看望伊斯坦布尔国际塑料工业展览会台州参展企业代表，考察全球复合材料用不饱和聚酯树脂最大供应商——美国雷可德集团下属土耳其工厂(欧洲最大的塑料加工厂)，就双方产业协会和企业加强交流合作、共同开拓模塑产业市场新空间进行了深入探讨。代表团还走访杰克缝纫机股份有限公司等台州企业在当地的合作机构，详细了解台州企业“走出去”、进军“一带一路”沿线市场的现状和愿景。

## 主要来访

**【瑞典驻上海总领事访问台州】** 1月20日至22日，瑞典驻上海总领事林莉访问台州。总领事考察台州学院、吉利沃尔沃、欧路莎公司，参观台州博物馆与城市建设规划馆，观赏浙江传统戏曲“台州乱弹”。

**【英国驻上海总领事馆双边关系与合作领事访问台州】** 2月25日至26日，英国驻上海总领事馆双边关系与合作领事何伟杰访问台州，考察联化科技、苏泊尔股份、丰华铜业等企业；与市外办、市商务局、市经信委座谈。

**【印度商务部医药司代表团访问台州】** 5月8日至10日，印度商务部医药司司长纳夫蒂·林瓦率代表团一行访问台州。市领导林先华会见纳夫蒂一行。在台州期间，纳夫蒂一行考察联化科技、天宇药业；与市经信局座谈；参观临海东湖、江南长城、紫阳古街等。

**【印度驻上海总领事访问台州】** 5月22日至23日，印度驻上海总领事瑞峰访问台州。市领导林先华会见纳夫蒂一行。在台州期间，举办“印度—台州经贸旅游推介会”，考察企业。11月27日至12月1日，瑞峰再次访问台州，考察临海永强户外用品公司等企业、考察临海、天台，为举办“2020台州·印度文化交流日”活动做前期踩点工作。

**【香港特区政府驻浙江联络处主任访问台州】** 9月18日至19日，香港特区政府驻浙江联络处主任廖凤娴访问台州，与副市长林先华座谈交流，走访市商务局、市金融办，考察了耀达集团、台州市路桥香港青年产业园。

**【欧亚商务教育基金会主席访问台州】** 10月13日至16日，欧亚商务教育基金会主席卡里克访问台州，考察杰克缝纫机企业，并走访市商务局、贸促会等单位。

**【韩国驻上海副总领事访问台州】** 12月17日至18日，韩国驻上海副总领事金汉圭访问台州，拜访市领导，走访企业。

（张凌志）

# 丽 水 市

## 综 述

【概况】 2019年，丽水市办理因公出国(境)审核审批282人次，其中纳入计划管理的党政干部163人次，事业单位人员119人次。赴香港61人次。因公护照、通行证收缴率均为100%。接待来自日本、奥地利、葡萄牙、美国、德国、法国、瑞士、英国等30个国家的外宾13批次198人次。做好外国人来华邀请工作，全年办理邀请外国人来华审批手续66批99人次。积极做好新形势下领事保护工作。建立海外领事保护联络服务机制，成立首批30个海外领事保护联络站；制定《关于联合做好出境旅游丽水籍公民境外安全工作的实施方案》《丽水市“一带一路”建设境外安全保障工作协调机制工作制度》等相关制度；认真协助处理好丽水市青田籍公民在国外的遇害事件，为维护海外丽水公民合法权益提供保障。针对丽水市华侨多、领事保护需求多的特点，加强领事保护政策宣传，开展海外领事保护知识宣讲，发放《领事保护指南》等宣传册。加强与多个国家驻华使(领)馆间的沟通，拓宽对外交往渠道。

## 重要活动

【开展“政协委员与非洲籍学生面对面”活动】 3月23日，组织侨居乌干达、喀麦隆、坦桑尼亚、安哥拉、埃及等非洲国家的市政协华侨委员与在丽水学院留学的非洲国家学生代表开展座谈交流，为丽水旅非企业家与他们投资国在丽留学生搭建互动、交流的平台。

【召开市委外事工作委员会第一次会议】 7月12日，市委外事工作委员会第一次会议召开，市委书记、市委外事工作委员会主任胡海峰主持并作重要讲话。会议听取市委外事工作委员会办公室有关情况汇报，审议通过《中共丽水市委外事工作委员会工作规则》和《中共丽水市委外事工作委员会办公室工作细则》。

【配合开展市委巡察整改工作】 按照市委统一部署，8月12日至9月12日，市委第二巡察组进驻市外办巡察，成立巡察工作联络组。根据巡察组要求提供近五年市外办党组工作情况及相关材料，组织召开动员会，支持配合完成巡察工作。11月15日，市委第二巡察组反馈巡察情况。根据巡察反馈意见，成立巡察整改落实工作领导小组，研究制定巡察整改方案，扎实开展整改工作。

【召开全市外事工作业务交流会】 8月16日，全市外事工作会议在市行政中心召开。各县(市、区)外办负责人及市外办全体干部职工参加会议。会议部署2019年重点工作。各县(市、区)外办负责人分别交流外事工作情况，就如何做好丽水外事工作进行讨论。

【助力英国勋爵夫妇丽水公益徒步活动】 9月6日，在缙云与莲都交界的大庭庙隧道，原英国上议院副议长麦克·贝茨勋爵夫妇开启丽水莲都站徒步之旅。此次徒步活动为社会公益和慈善事业募集善款，并制作成纪录片《之江故事》，在50多家中外主流媒体上映，展现中华人民共和国成立70周年辉煌成就，向世界讲述中国故事。

**【开展“不忘初心、牢记使命”主题教育活动】** 9月12日，市外办召开“不忘初心、牢记使命”主题教育动员部署会，紧紧围绕中央、省市要求，以学习领会习近平新时代中国特色社会主义思想为主线，通过现场教学、主题党日活动、专题学习交流、主题党课、调研成果交流会、专题民主生活会等多种方式，切实加强外事干部队伍建设。

**【“中国·丽水海外领事保护论坛”】** 11月9日在丽水举行。邀请24个国家30个城市的60多名海外侨胞代表参加。外交部原大使孔明辉，省友协专职副会长陈艳勤，丽水市副市长戴邦和、副秘书长刘海明，市直相关部门负责人、县(市、区)政府分管领导和市外办负责人共100余人出席论坛。本次论坛以“世界丽水视野下的新时期领事保护”为主题，旨在探讨构建发展与安全同步推进的新机制，更好防范和处置海外领事保护事件，切实维护海外华侨和机构的合法权益，助力丽水“问海借力”大发展。

**【“2019丽水首届国际友城论坛”开幕式】** 11月10日在丽水举行，共有来自9个国家的友好城市代表、驻上海总领事馆官员、国际友好组织代表、国际留学生代表、友好城市侨团代表、涉外企业家代表、媒体记者代表等170余人参加。市长吴晓东致辞并出席签约仪式。全国友协副会长谢元、日本三岛市市长丰冈武士、瑞士驻上海副总领事陆尔文、欧盟议员马克西米利安·克拉先后致辞。常务副市长杜兴林作主题演讲，瑞士专家克里斯汀·鲍姆加特纳教授就国家公园建设作专题演讲。会上举行友好城市及旅游合作签署仪式，丽水市与坦桑尼亚达累斯萨拉姆市签署建立友好交流关系协议书、与日本三岛市签署旅游合作备忘录，缙云县与德国皮尔纳市签署建立友好交流关系意向书。

**【“绿色发展携手共赢”专题论坛】** 11月10日在丽水举行。来自保加利亚、德国、法国、柬埔寨、日本、坦桑尼亚、匈牙利、意大利、瑞士等9国嘉宾、涉外企业代表、国际留学生代表、友好城市侨团代表，市发改委、市教育局、市商务局、市文化和广电旅游体育局等相关部门负责人，及各县(市、区)分管领导、县外办负责人参加。市外办党组书记、主任刘崇民主持会议。市商务局、市文化和广电旅游体育局、市教育局主要负责人分别就丽水市投资及经贸合作环境、旅游情况、教育国际化合作情况进行推介，保加利亚索菲亚市纳德日达区、德国皮尔纳市、法属留尼汪圣皮埃尔市、柬埔寨暹粒省、日本三岛市、坦桑尼亚达累斯萨拉姆市、匈牙利道包什市、意大利萨尔扎纳市政府官员先后发言。双方紧紧围绕“绿色发展携手共赢”主题，开展对话交流、智慧碰撞。

**【“2019华东高校外国留学生走进丽水”活动】** 12月18日至20日在丽水举办。来自南非、阿根廷、巴布亚新几内亚、乌兹别克斯坦等8国11名留学生参加。本次活动是市外办积极融入长三角、宣介新丽水系列活动之一，旨在为留学生创造深入了解丽水、感知丽水的机会，培养“知丽友丽”人士、讲好“丽水故事”。活动期间，留学生一行走进莲都古堰画乡，考察下南山民宿，体验龙泉剑瓷文化传承，参观老竹民族中学、体验畲族传统体育活动，感受不一样的地域文化。

## 主要出访

**【丽水市代表团赴香港交流健康产业和城市发展】** 2月18日至19日，市委书记胡海峰率市代表团一行6人出访香港，考察走访香港华润(集团)、香港世茂集团，探讨谋划丽水市大健康产业发展和城市发展提升。

**【丽水市代表团访问德国和丹麦】** 7月3日至10日，市委组织部常务副部长何卫宁率丽水市代表团一行7人，赴德国和丹麦开展招才引智活动。共与16位高层次人才进行洽谈，洽谈项目2个，初步达成意向1个，与多个海外高层次人才社团组织达成人才项目推介初步合作意向。

**【丽水市代表团访问日本和澳大利

亚】 8月3日至10日，市委组织部组织部分县(市、区)委组织部一行4人，赴日本和澳大利亚开展招才引智活动。其间，共与10多位高层次人才进行洽谈，初步达成意向5人。洽谈项目4个，达成初步意向2个。

**【丽水市人大代表团访问瑞士和克罗地亚】** 8月21日至28日，市人大常委会主任虞红鸣率市人大代表团一行6人，赴瑞士和克罗地亚考察国家公园建设及生态系统保护、科教游憩体验等。代表团考察瑞士国家公园、克罗地亚普利特维采湖群(十六湖)国家公园，拜访瑞士弗里堡市政府、中国驻苏黎世总领事馆、克罗地亚奥雷比奇市政府，并与克罗地亚奥雷比奇市政府签订友好城市意向书。

**【丽水市政府代表团赴非洲开展投资经贸洽谈】** 8月22日至30日，副市长卢彩柳率丽水市政府代表团一行6人，赴坦桑尼亚和南非两国开展投资经贸洽谈推介活动。代表团分别在坦桑尼亚桑给巴尔和南非开普敦举办投资经贸洽谈推介会，在南非重点开展红酒产业招商招展。并与中国驻坦桑尼亚大使馆、坦桑尼亚华助中心，以及两国当地侨团、浙商丽商座谈，交流经济发展、社会环境、政府政策、投资创业等方面情况，搭建开拓非洲市场渠道，为丽水市企业深度开拓非洲市场奠定基础。

**【丽水市政协代表团访问英国和瑞士】** 8月30日至9月6日，市政协副主席计勇强率丽水市政协代表团一行5人访问英国和瑞士。出访期间，代表团拜访英国格洛斯特国际合作局、瑞士克莱恩蒙塔纳联合市政府，考察英国伯明翰大学环境科学学院、瑞士日内瓦EPI公司等，学习借鉴环境控制标准、环保治理经验及经济发展与环境保护有机结合的成功经验。

**【丽水市人大代表团访问德国和英国】** 9月21日至27日，市人大常委会副主任邹培书率市人大代表团一行5人赴德国和英国学习考察科创平台建设机制。出访期间，代表团一行在德国柏林参加“丽水市第二届高层次人才创业2019—德国赛区”路演和颁奖活动，考察访问德国PTB国家中心，参观浙江清华长三角研究院德国孵化园，为“丽水柏林海外创新孵化中心”挂牌。考察访问中德科教园、英国格拉斯哥大学、英国剑桥大学生物化学中心，学习借鉴科研创新的成功经验。

**【丽水市代表团访问葡萄牙】** 12月9日至13日，市委常委、宣传部长任淑女率丽水市代表团访问葡萄牙，开展庆祝中葡建交40周年“亲情中华·瑞福新章”暨丽水三宝“一带一路”葡萄牙巡展活动。活动期间，代表团举办丽水文化旅游推荐会，集中推荐展示丽水的好山好水好风光和投资旅游项目，中国葡萄牙馆暨文化交流基地、咖啡博物馆、相机博物馆、华侨珍宝艺术馆、欧洲风情主题庄园、世界红酒文化中心等6个项目进行集中签约，丽水市与阿马多拉市签署建立友好交流关系的谅解备忘录。本次活动结束后，安特集团、倪东方艺术博物馆将在里斯本建设“葡萄牙中国丽水三宝馆暨中华文化交流中心”，将本次活动的展品全部陈列其中，并定期补充新的展品，让欧洲人民零距离感受中华传统文化的独特魅力。

**【丽水市政协代表团访问荷兰和德国】** 12月12日至19日，市政协副主席汤家友率丽水市政协代表团一行5人赴荷兰、德国考察生态农业产业。代表团走访德国威尔堡市政府、德国巴伐利亚州农业协会、荷兰农业及农产品协会等单位，交流化工农科技术引进及农旅项目招商。

## 主要来访

**【日本静冈、福井进修生到丽水交流访问】** 1月23日至25日，来自日本静冈县和福井县的浙江省亚洲友城进修生一行5人到丽水市遂昌县、松阳县交流访问。

**【省友协专职副会长到丽水调研】** 3月18日至19日，省友协专职副会长陈艳勤一行到丽水，调研市友协工作。市外办组织召开友协工作座谈会，陪同调研组实地走访青田侨乡进口商品城、安特仪表集团有限公司。

**【奥地利维也纳市多瑙区区长到丽水考察】** 4月3日至4日，奥地利维也纳市多瑙区区长恩斯特·内维尔维、奥地利驻上海总领事碧姬·罗宾森·希蕾纳一行18人到丽水考察，市外办相关人员陪同参加青田“世界红酒中心”奥地利馆开馆仪式。

**【葡萄牙里斯本市政府秘书长到丽水考察】** 4月8日至9日，葡萄牙里斯本市政府秘书长阿尔贝多·吉马良斯一行5人到丽水市青田县考察交流。

**【美国驻上海总领事到丽水访问】** 4月18日至19日，美国驻上海总领事谭森一行5人访问丽水，寻求丽水与美国在商贸、投资领域的互惠合作。副市长徐光文会见访问团一行，市外办陪同走访富来森集团、开发区展示中心。

**【德国资深水环保专家访问丽水】** 8月15日至16日，德国资深水环保专家、亚琛工业大学教授马克思·多曼先生一行访问丽水，了解雨洪管理、防涝抗涝、黑臭水体治理、污水处理、污泥处理及综合管理等情况，并与相关部门讨论丽水整体水资源问题。市外办、市住建局、市环保局相关负责人陪同考察非开挖污水管网修复项目现场、中岸污水处理厂、富泰革基布有限公司，以及松阳县生活污水处理厂和不锈钢集中污水处理厂。马克思·多曼是德国及国际水环保领域的资深专家和领军人物，自2000年以来兼任德国联邦政府环境顾问委员会顾问。

## 友好城市交流

**【丽水市与韩国丽水市友好交流】** 5月3日，应韩国丽水市邀请，市住建局局长率丽水市代表团一行5人出席韩国丽水市第53届龟船节。拜会韩国丽水市市长权伍俸，出席统制营游行活动、龟船节开幕式、欢迎晚宴等龟船节主体活动。

**【丽水市与日本三岛市友好交流】** 5月8日至9日，应日本三岛市邀请，市住建局局长率丽水市代表团一行5人赴三岛市开展友好访问，拜会三岛市市长丰冈武士，与三岛市重点交流垃圾分类工作和城市建设管理经验。5月20日至24日，市职业技术学院副院长一行3人赴日本三岛市，考察交流农业产业生产经营、农业教育等领域。拜访三岛市政府、静冈县经济产业部农业战略课，与静冈县立农林大学校、骏府葵会久能之里设施、三岛市农业协会三家机构交流，考察东京大学、早稻田大学，与静冈县立农林环境专职大学达成合作建立农业教育培训机构共识。7月22日至26日，丽水学院附属高级中学校长一行3人赴日本三岛市，拜访三岛市市长和三岛市国际交流协会会长，与三岛南高等学校交流课程设置、教学理念、社团活动等情况，签署两校友好交流协议书。7月24日至28日，丽水市政协提案委员会主任一行5人，赴日本三岛市考察养老产业，探讨交流社会老龄化以及养老护理人员紧缺等问题。

**【丽水市与法属留尼旺省圣·皮埃尔市友好交流】** 6月1日至2日，法属留尼旺省圣·皮埃尔市“社会工作委员会”秘书长费雷德先生率团一行27人到访丽水，进行友好交流访问。

**【莲都区与意大利共和国奥拉市缔结友好交流关系】** 8月21日，意大利共和国奥拉市市长Aulla访问丽水期间，与莲都区区长陈豪共同签署友好交流关系意向书。

**【丽水市与克罗地亚奥雷比奇市缔结友好交流关系】** 8月26日，市人大常委会主任虞红鸣率团出访克罗地亚。代表团与克罗地亚奥雷比奇市市长托莫斯拉夫·安奇共同签署友好交流关系意向书。

**【缙云县与塞尔维亚共和国一城市缔结友好交流关系】** 10月21日，塞尔维亚共和国贝尔格莱德兹韦兹达拉市市长Milos访问丽水期间，与缙云县人民政府县长王正飞共同签署友好交流关系意向书。

**【丽水市与坦桑尼亚联合共和国一城市缔结为友好城市】** 11月10日，在2019丽水首届国际友城论坛开幕式上，丽水市副市长戴邦和与坦桑尼亚联合共和国达累斯萨拉姆市副市长阿卜杜拉·姆丁卡共同签署《建立友好交流关系协议书》，两地正式缔结为友好城市。

**【缙云县与德国一城市缔结友好交流关系】** 11月10日，在2019丽水首届国际友城论坛开幕式上，缙云县委常委、常务副县长朱芝贵与德国皮尔纳市城市发展中心主任克里斯汀·弗洛克共同签署《建立友好交流关系意向书》。

**【丽水市与葡萄牙一城市缔结友好交流关系】** 12月11日，市委常委、宣传部长任淑女出访葡萄牙期间，与葡萄牙阿马多拉市议长安东尼奥共同签署友好交流关系意向书。

**【丽水市与西班牙一城市缔结友好交流关系】** 12月13日，市外办主任刘崇民出访西班牙期间，与西班牙托雷洪德阿尔多斯市议员Rubén Martínez Martín共同签署友好交流关系意向书。

（王伟丽）

# 义 乌 市

## (县级市)

**【概况】** 2019年，义乌市接待国(境)外来访团组165批次861人次。接待来自64个国家的外国新闻媒体17批次127余人次。共审核审批因公出国(境)团组75批254人次,共审发商务邀请函9708批13696人次,办理APEC商务旅行卡31批43人次,代办领事认证471批890本。牵头处理涉外案(事)件5起,协助处理80起。

**【日本金华(义乌)总商会代表团访问义乌】** 1月4日至5日,日本金华(义乌)总商会会长马健携企业考察团一行访问义乌。市委书记林毅,市委常委、副市长多佳,市人大常委会副主任胡爱芬,市政协副主席王建新等接待代表团一行。林毅表示,义乌获批国际贸易综合改革试验区后，将会以更加开放的姿态,鼓励外资以多种形式进入义乌并为其提供政策及服务,大力发展进口贸易,打造更加优越的投资环境,欢迎日本各类机构、企业入驻,建设日本大厦。

**【德国 Linens Rolf Herrmann 公司代表团来义考察】** 1月16日，市委常委、副市长多佳接待德国Linens Rolf Herrmann 公司董事长Rolf Herrmann 先生一行，双方就如何促进双边贸易往来和中小企业合作、提高义乌市场信誉度和城市影响力、推动义乌市场与德国等欧洲国家接轨等深入交流意见。在义期间,代表团参观了国际商贸城一区、义乌中国进口商品城,并举办小型产品分享会,与十余家义乌进口企业分享多款来自德国和保加利亚的日用、婴童、护肤类产品，3家企业表达了进一步对接的意向。此外还与义乌跨境公司座谈，详细了解义乌跨境电商运行模式，深入洽谈线上线下合作路径。

**【巴基斯坦驻华大使访问义乌】** 1月18日,市长王健,市委常委、副市长李俊福等会见巴基斯坦驻华大使马苏德·哈立德一行。王健向哈立德一行介绍义乌经济社会发展情况及巴基斯坦侨民来义采购，经商、生活情况。希望双方以国际贸易综合改革试验区建设为契机，进一步加强人文交流和进出口贸易合作。邀请巴基斯坦方在进口商品城设立国家馆,在国际商务大厦设立商协会等机构。马苏德·哈立德表示，义乌有着巨大的商机,双方经贸人文合作拥有无限潜力,希望“义新欧”铁路班列能通往巴基斯坦,义乌和巴基斯坦之间可以开通直航,通过交通的便利进一步加强双方多领域合作。大使馆将大力推动在义乌进口商品城设立巴基斯坦国家馆,推荐合适机构入驻国际商务大厦等事宜。同时,也希望义乌市政府能为巴基斯坦在华在义设立商会等事宜提供支持和帮助。

**【芬兰“读懂义乌研学营”一行访问义乌】** 1月25日,市委常委、副市长多佳接待芬兰教育署项目组官员杨琳率领的芬兰“读懂义乌研学营”一行,推介了义乌市情与相关展会,希望与芬兰加强教育、文化等领域合作,也积极建议驻上海总领事馆官员邀请总领事来义调研，组团参展等,推动经贸交流合作。

**【美大北欧地区共产党干部联合代表团访问义乌】** 2月25日，美大北欧地区共产党干部联合代表团一行30人访问义乌,市委常委、副市长李俊福在会见代表团时指出，义乌在大力发展经济的同时,也很注重党建工作。国际商贸城的党建工作就很好地体现党组织在地方经济社会发展中所发挥的重要作用。

**【义乌市人大代表团访问巴西和秘鲁】** 3月7日至15日，市人大常委会副主任颜新香率义乌市人大代表团一行6人出访巴西和秘鲁。代表团拜会两国官方机构、中国驻外使(领)馆、近三十家华人华侨社团，调研了“中拉经贸合作园”园区、Bras和25街等市场、当地华人企业、不同层次商场和超市。出访期间，开展拜访活动5次，商谈8次，走访调研12次，发放各类宣传资料200余份。

**【瑞士银行上海分行行长访问义乌】** 3月13日，市委常委、副市长多佳接待瑞士银行上海分行行长白敏仪一行，向来宾详细介绍义乌经济社会发展情况和国贸改革规划布局，诚邀瑞士银行来义乌参加5月份举办的“一带一路”国际城市经贸合作对话会。白敏仪表示愿意借助该活动进一步挖掘合作潜力。

**【芬兰波尔沃市长访问义乌】** 3月22日，市长王健接待芬兰波尔沃市长优肼·吴优拉一行，表示欢迎与波尔沃结为姐妹城市，并从经贸、教育、旅游、人文合作等方面，提出今后可进一步拓展的合作方向。优肼·吴优拉表示目前正积极在浙江省内寻找匹配度高的姐妹城市，对于义乌这座充满商机和活力的国际城市印象深刻。他将会综合考虑各方面因素和条件，早日确定姐妹城市的目标，同时希望双方进一步加深对彼此的了解和联系，更好地推动双方技术、教育和旅游等领域的合作。

**【白俄罗斯明斯克州副州长访问义乌】** 3月26日，市委常委、副市长多佳会见白俄罗斯明斯克州副州长一行，希望此行能推动司马列维奇市和奥尔沙市来义乌参加对话会，并组织企业参加义乌进口商品展，推动白俄罗斯更多优质产品入驻义乌，努力实现互利共赢。白俄罗斯明斯克州司马列维奇市和维捷布斯克州奥尔沙市是义乌市友好城市。

**【哈萨克斯坦总领事访问义乌】** 4月3日，市委常委、副市长多佳接待哈萨克斯坦驻上海总领事叶夫·佐齐汉为团长的考察团一行13人，并介绍义乌市进口展情况，以及进口展期间举办的“一带一路”国际城市经贸合作(义乌)对话会和义乌友好城市展。请佐齐汉推动哈萨克斯坦城市来义乌参加对话会，并组织企业参展，推动哈萨克斯坦更多优质产品入驻义乌。代表团一行考察义乌进口商品馆，与义乌皓野公司对接扩大进口哈萨克斯坦产品业务事宜，并考察保税物流区。

**【义乌市代表团访问捷克】** 4月13日至17日，副市长葛巧棣率义乌市代表团访问捷克。代表团分别走访捷克站物流园、商贸服务园，与捷克站负责同志就捷克站推进情况，存在的困难，发展思路等进行详细交流与探讨，并与天盟公司座谈，探讨政府与企业共同采取措施，形成合力，保证布拉格班列的常态运营。此外，代表团还拜访中信欧洲，欧洲商会联盟，走访中国商贸城，就加强捷克与义乌之间的贸易往来，深化双方在“一带一路”倡议下各领域的务实合作达成共识。欧洲商会联盟表示愿将更多欧洲特色产品推向义乌，通过义乌市场辐射浙江乃至中国市场。

**【在义乌外籍友人歌唱比赛】** 5月5日在市文化广场举行。共有来自印度、西班牙、乌克兰、巴西、意大利等17个国家的24组队伍参加比赛。

**【“义乌文化之夜”启幕】** 5月21日，以“民间外交，文化先行”为主题的“义乌文化之夜”在佛堂老街新华剧院启幕。活动吸引了来自全球41个国家79个城市共360余名政商界代表及智库学者参与。

**【世界城地组织亚太区2019年执行局会议暨“一带一路”国际城市经贸合作对话会】** 5月21日至23日在义乌举行。围绕“共享贸易畅通机遇，促进城市共赢发展”主题，来自世界城市和地方政府组织亚太区和全球41个国家79个城市和组织的360余名政商界代表及智库学者进行广泛深入讨论，凝聚共识。

全国友协副会长谢元，世界城地组织亚太区主席、印尼泗水市长丽斯玛，巴林驻华大使，尼泊尔驻华大使，塞尔维亚驻上海总领事，越南驻上海总领事，印尼驻华大使馆公使衔参赞等出席会议。市领导王健、陈秀仙、葛国庆等参加会议。市委常委、副市长多佳主持会议。

2017年，义乌加入世界城地组织，是世界城地组织亚太区理事会成员，也是世界城地组织亚太区下设的"一带一路"委员会（BRLC）创始会员及理事会成员。

**【义乌市代表团出访德国、捷克和西班牙】** 5月22日至31日，市委书记林毅率义乌市代表团访问德国、捷克和西班牙。

在捷克，林毅随浙江代表团参加捷克总统泽曼的会见。代表团一行还与捷克总统中国事务代表、捷中友协主席雅罗斯拉夫•德沃吉克等进行了多轮深入洽谈，商定共同推进捷克站、捷克小镇等项目。

在西班牙，代表团与西班牙对外贸易与投资促进局、西班牙物流运输协会、西班牙铁路运输公司负责人、"义新欧"发现之旅代表等，就推动"义新欧"中欧班列高质量发展进行了深入交流。天盟公司与班列客户签署了有关采购协议。

在德国，代表团与德国教育行业协会名誉会长菲纳克斯、新任会长尼豪斯及德国巴伐利亚州文教部官员等举行了工作会谈，并与德国教育行业协会就引进"德国教育装备协会教育展"签署了框架协议。

**【日本金华（义乌）总商会代表团访问义乌】** 5月22日至26日，日本金华（义乌）总商会会长马健率团访问义乌，并组织了12家日本企业参展2019年义乌进口商品博览会。21家义乌本土企业与23家日本企业就各自的对口领域，进行了点对点的深入交流。行业主要涉及日用品进出口、医疗器械、健康食品、美妆产品、IT技术服务、海外展会服务等。

**【尼泊尔驻华大使访问义乌】** 5月22日，市长王健会见尼泊尔驻华大使利拉•马尼•鲍德尔。王健指出，近年来，义乌与尼泊尔经贸人员往来日益紧密，义乌对尼泊尔出口同比增长215%，呈现良好态势。鲍德尔表示，尼泊尔与义乌合作前景广阔，愿意为双方深化各领域合作牵线搭桥，提供更好服务。

**【东南亚企业家代表团访问义乌】** 5月28日，马来西亚柔佛州议员、苏丹后法蒂玛慈善基金会主席拿督郑修强率东南亚企业家代表团访问义乌。市领导王健、李俊福会见了代表团一行。希望以这次考察为契机，推动双方在跨境电商、国际物流和进口领域上开展积极合作和交流，共同推进义乌与东南亚国家的互利共赢发展。

**【匈牙利驻上海总领事访问义乌】** 5月28日至29日，匈牙利驻上海总领事博岚、商务领事唐安哲一行3人访问义乌。市委常委、副市长李俊福接待代表团一行。李俊福从市场、物流、展会、进口等方面介绍义乌经济社会发展情况，邀请总领事组织企业参加义乌展会，举办经贸投资对接会，介绍更多优质匈牙利特色产品入驻义乌，并以义乌为平台销往全中国乃至全世界。

**【2019年第一期义路同行——全球青年创业培训】** 6月17日，来自24个国家的35位外国青年齐聚义乌，开启了为期7天的追梦之旅。他们通过参观考察、沙龙交流、实习对接等形式多样的活动，探索义乌奇迹、寻找商贸良机。

**【义乌市代表团访问联合国】** 6月20日，市委常委、副市长多佳率义乌市代表团拜访联合国项目署，就联合国采购中心落地义乌相关事项与联合国项目署罗响博士进行洽谈。罗响介绍采购中心项目的进展情况，多佳介绍义乌国际商协会大厦的相关情况，并表示采购中心落地，在硬件方面时机已经成熟。程序上将通过外交部协助项目署积极推进，争取早日落地。

**【义乌市代表团访问博鳌论坛秘书处】** 6月21日，市委常委、副市长多佳率义乌市代表团访问博鳌论坛秘书处，与亚太事务部负责人就举办博鳌论坛义乌会议进行商讨。双方在会议主题、政治涉及、规模、规格及合作模式上进行了初步讨论，商定将继续推进会议落地义乌。

**【义乌市代表团出席2019夏季达沃斯论坛】** 7月1日至2日，市委常委、副市长多佳率义乌市代表团一行赴大连参加夏季达沃斯——新领军者年会。期间，代表团参加了“发挥技术的力量”“平稳度过贸易战”等多场研讨分享会、大连之夜、波士顿CEO晚宴等活动，与瑞士、以色列、波兰等国家在内的政企代表，专家学者就贸易、共享经济、创新创业等议题开展广泛交流与讨论。

**【欧洲人民党青年组织代表团访问义乌】** 7月2日至4日，以欧洲民主学生会主席维尔吉利奥·法尔考为团长的欧洲人民党青年组织代表团一行访问义乌。市委常委、副市长李俊福会见代表团一行，希望考察团成员能将自己在义乌、浙江、中国的所见所闻所想所感分享给更多的欧洲青年和欧洲人民。

**【澳洲中华经贸文化交流促进会执行主席访问义乌】** 7月3日至4日，澳洲中华经贸文化交流促进会执行主席陈星惠率代表团一行访问义乌，副市长多佳会见代表团一行并介绍了义乌进口商品展孵化区和对外资企业设立的优惠政策。陈星惠表示，华贸会作为澳中两国政府之间沟通的纽带和桥梁，一定会利用好义乌这个平台，将更多优质的澳洲商品引入中国。

**【奥地利驻上海总领事访问义乌】** 7月5日，市委常委、副市长多佳接见奥地利驻上海总领事施丽婷、商务领事克里斯汀娜等一行，希望总领事此行能够推动在义乌设立奥地利国家馆，邀请奥地利青年参加“义路同行——全球青年创业培训计划”，让更多的奥地利元素落户义乌。施丽婷表示，总领事馆愿意深入拓展奥地利与义乌在人员往来、经贸合作、文化交流、智能制造等多领域的务实合作，搭建对外交流合作平台，进一步推动双方高质量发展。

**【第三届“未来之桥”中国—中东欧青年研修交流营】** 7月7日至11日在义乌举行。此次交流营举办国际论坛、合作洽谈、考察参观等多项活动，来自中国和中东欧17个国家的各界青年代表近200人参加。其间，青年代表们以“开放创新 青年伙伴”为主题开展全方位、宽领域、多层次的合作，围绕共建“一带一路”推动经贸、人才、文化、体育等各领域的深入对话交流，并达成共识。“17+1青年伙伴”合作洽谈会暨义乌市投资环境说明会上，中东欧17国青年代表分别介绍本国投资环境、推介合作项目、分享创业历程、表达合作投资意愿。

**【日本金华(义乌)总商会代表团访问义乌】** 7月8日，副市长葛巧棣接待了日本金华(义乌)总商会代表团一行，与代表团就义乌—大阪直飞货运航班事宜进行了对接，商会企业有意向与邮政公司合作，提供在日方的物流服务。企业纷纷表示，直飞航班对发展日本商品的进口贸易有极其重要的意义。

**【日本淡路市政府代表团访问义乌】** 7月11日，日本淡路市议会议长太田善雄率领政府代表团访问义乌，签署了深化友好交流合作相关协议。淡路市是义乌市正式签署的第一个友城，自2014年7月11日义乌与日本淡路市缔结友好交流关系以来，两座城市已牵手“结缘”5周年。此次的友好交流五周年纪念活动，为两市经济建设发展带来新的机遇。在行政、观光、经济、文化、教育、人才等各领域加强多样化的交流合作，努力拓展领域和深度，促进共同繁荣与发展。

**【匈牙利帕波市市长访问义乌】** 7月15日，市委常委、副市长多佳会见匈牙利帕波市市长阿鲁多佐·达玛舍率领的市政府代表团一行，希望通过双方加强交流协作推动帕波市创业青年来义乌参加“义路同行——全球青年创业培训计划”，并邀请帕波市及匈牙利其他地区优质商品入驻义乌进口商品展贸孵化区。阿鲁多佐·达玛舍表示义乌作为享誉全球的国际小商品贸易中心，长期以来与匈牙利在经贸、文化等领域有着广泛交流与合作，期待双方合作迈向更深层次、更广领域。

**【黎巴嫩未来阵线干部代表团访问义乌】** 7月21至22日，市委常委、副市长李俊福会见黎巴嫩未来阵线干部代表团并就义新欧班列、营商环境打造、义乌与黎巴嫩交往情况等方面与代表团成员进行了交流。

**【法国丝路商学院理事访问义乌】** 7月24日至25日，法国丝路商学院理事，法国丝路协会秘书长、中国办事处主任尹明访问义乌，并与义乌工商职业技术学院等多所院校就联合办学等领域的教育合作进行交流。来访期间，尹明与工商职业技术学院副院长何少庆及国际交流合作处、创意设计学院的相关负责人就共建工商学院法国研修基地、创意设计学院与里昂高等时尚学院联合办学等项目进行交流。双方实地考察了创意园，为进一步加深教育合作打下基础。

**【2019知行中国——中美高校学生领袖学院项目代表团】** 8月3日访问义乌。代表团由来自美国哈佛大学、哥伦比亚大学、芝加哥大学以及中国清华大学、北京大学、复旦大学等中美知名高校的62名优秀学生组成。副市长骆小俊接待了代表团一行，并就加强各方在人才交流、引进，青年创业等方面的合作与中国教育交流协会及中美高校的代表进行了深入的探讨。

**【布基纳法索政府考察团访问义乌】** 8月29日，布基纳法索考察团一行到达义乌，就义乌在改革开放过程中经济社会各方面的发展为主题开展一系列参观活动。先后参观了城市规划馆、网店第一村青岩刘、国际商贸城一区、五区以及义乌电子通讯市场。义乌的快速经济社会发展、浓厚的商业氛围、良好的创业环境、以及悠久的历史文化都给他们留下了深刻的印象。

**【埃塞俄比亚创新与技术部部长访问义乌】** 8月14日，副市长葛巧棣接待埃塞俄比亚创新与技术部部长梅库查亚一行并介绍了义乌经济发展概况，梅库查亚表示要学习义乌的发展经验，推动埃塞俄比亚咖啡、服饰等优质商品入驻义乌，同时也欢迎义乌企业赴埃塞俄比亚投资兴业。市委书记林毅，市委常委、副市长多佳，副市长葛巧棣与代表团餐叙交流，并就加强义乌与埃塞俄比亚在航空物流发展、内陆港建设、eWTP等方面合作进行深入探讨。

**【义乌市代表团访问蒙古国和土耳其】** 8月19日至25日，市委常委、副市长多佳率义乌市代表团访问蒙古国和土耳其。参加博鳌亚洲论坛乌兰巴托会议并发言、对土耳其知名冰激凌企业MADO开展招商引资。在蒙古国，代表团拜访蒙古国中华总商会，重点了解中资企业在蒙情况，投资机会和蒙古国相关投资政策信息。考察蒙古国综合市场，了解蒙古国市场建设及义乌小商品在蒙古国销售情况。中国国际电视台对代表团进行采访报导。在土耳其，多佳与卡赫拉曼马拉什市市长赫瑞汀·冈戈签署交流备忘录，为两市未来缔结友好交流关系奠定基础。

**【英国勋爵夫妇访问义乌】** 8月26日至28日，英国上议院议员、英国女王枢密院顾问官麦克·贝茨勋爵夫妇在义乌访问期间，完成“为友谊行走——浙江徒步行走活动”义乌段行程，沿途为社会公益慈善事业募集善款，并将募集的善款投入浙江的儿童和残疾人公益事业。市政协主席葛国庆接待勋爵夫妇，市委常委、副市长多佳陪同徒步行走并参观国际商贸城。

**【当选世界城地组织理事会成员和执行局成员】** 9月6日，在菲律宾马卡提市举办的世界城地组织亚太区2019年理事会会议上，义乌市被提名为2019-2022年度理事会和执行局成员。此次会议共有7个国家37个城市申请加入理事会，6个国家28个城市申请加入执行局。入选世界城地组织2019-2022年度理事会和执行局，标志着义乌跻身世界城地组织决策管理层，大幅提升在该组织的话语权和执行权。成功入选为义乌对接世界各地方政府和组织资源提供了更高更广的国际舞台，对义乌提高在世界城市中的地位、增强国际影响力具有重要意义，有利于义乌深度融入“一带一路”倡议，进一步服务国家总体外交。

**【牙买加蒙特哥贝市代表团访问义乌】** 9月6日，市委常委、副市长多佳会见了牙买加蒙特哥贝市市长霍默·戴维斯率领的代表团一行，双方就加强教育、文化、旅游、青年等领域的合作进行了亲切交流。多佳表示，义乌与蒙特哥贝市有着良好的合作基础，希望蒙特哥贝市组织中小企业积极参与到义乌的各大国际展会，也诚邀蒙特哥贝市政府和旅游部门参加2020年义乌文旅会，进一步加强两地文化、教育、旅游、经贸等全方位的合作交流，走出一条共享、共建、共赢的光明之路。霍默·戴维斯表示，牙买加自和中国建交47周年以来，中牙两国一直保持着密切的合作。希望通过加强双方在人文、旅游、商贸等各领域的交流，进一步深化两地战略合作关系，与义乌建立起更为长久紧密的贸易互动关系，并通过相互学习，借鉴双方发展经验和优势，积极寻求多样合作，实现合作共赢。

**【马来西亚代表团访问义乌】** 9月7日至8日，马来西亚国会下议院副议长倪可敏一行访问义乌，市长王健会见代表团，指出义乌与马来西亚的交流合作基础深厚，尤其是在经贸、文化等领域交流密切并卓有成效。希望以此考察为契机，进一步加强交流沟通、深挖合作潜力，为双方在更多领域开展互利共赢提供机会和空间，欢迎更多马来西亚的优秀企业和优秀青年来义兴业、创业。倪可敏对义乌繁荣的市场经济和良好的城市环境表示赞赏。希望能借势推进与义乌的合作交流。

**【2019年第二期义路同行——全球青年创业培训班】** 9月10日至14日在义乌开班。第二期项目为期五天，以义乌发现之旅为主题，共有来自22国的30位学员参加。义乌市为学员们提供了跨境电商、供应链及品牌构建、物流实操及市场采购贸易实操系列讲座，并组织前往义乌国际商贸城、青岩刘电商第一村等义乌商业地标参观观摩。

**【法国知名艺术家访问义乌】** 9月26日至27日，法国知名艺术家、城市与建筑艺术创意总监阿兰·博尼率代表团访问义乌。代表团深入了解义乌城市规划情况，就城市区域和建筑艺术设计合作开展调研。市委常委、副市长多佳接待代表团，希望博尼团队通过精湛的设计优化义乌城市建筑功能，营造艺术和美学氛围，提升城市品位。

**【义乌市代表团参加韩国国庆招待晚宴】** 9月26日，市委常委、副市长多佳率代表团参加韩国驻上海总领事馆韩国国庆招待晚宴，与韩国驻上海总领事崔泳杉进行了友好交流。多佳向崔泳杉推介了中国义乌国际小商品(标准)博览会，邀请总领事来义乌访问。其间，多佳分别与德国、马拉西亚、拉脱维亚、乌克兰等国驻上海总领事进行了交流，介绍了义乌市场展会等情况，重点推介了义博会，邀请各位总领事在义博会期间来义访问。

**【义乌市代表团拜访多国驻上海总领事馆】** 10月10日至12日，市委常委、副市长多佳率义乌市代表团赴上海集中拜访阿联酋、瑞士和捷克驻上海总领事馆，并参加奥地利驻上海总领事馆国庆招待会。多佳对各总领事馆给予义乌对外交流工作的大力支持表示感谢，并重点推介即将举办的义博会，邀请总领事率团来义乌参展参会。各国总领事纷纷表示将继续支持义乌有关工作，推动与义乌在经贸、物流、文化等多领域的务实合作，择日来义乌。

**【阿拉伯经济统一委员会秘书长访问义乌】** 10月11日至14日，阿拉伯经济统一委员会秘书长拉贝阿一行访问义乌。市委常委、副市长多佳会见代表团，向代表团介绍义乌经济社会发展经验以及和阿拉伯国家的交往情况，重点就青年创业培训、企业家合作等话题与外方进行了深入的交流。秘书长高度赞扬了“义乌经验”，希望双方在各个领域能进一步加强合作，实现互利共赢。

**【市领导会见义博会重要外宾】** 10月21日，来自阿联酋、斯洛伐克、波兰、乌兹别克斯坦等7个国家和地区的驻上海总领事、友好交流城市政府代表受邀参加“义博会”，市长王健，市委常委、副市长多佳及其他相关部门负责人一同会见来宾，为义乌市国际贸易的进一步发展寻找新机遇。王健向各位参会代表介绍义乌市最新的社会经济发展情况。请各位新老朋友继续关心和支持义乌发展，期待未来能与各国（地区）在文化、教育、医疗等方面有进一步的交流合作。

**【苏里南地区发展部长等访问义乌】** 10月24日至25日，苏里南地区发展部部长 Dikan Edgar Andre 携首都帕拉马里市长等一行访问义乌。市委常委、副市长多佳接待了代表团并介绍青创等项目，双方均希望加强在林业、旅游、人文等领域的交流合作。

**【义乌市代表团访问比利时】** 10月25日至29日，市委常委、副市长郭济环率义乌市代表团一行5人出访比利时。代表团出席中欧班列（义乌-列日）eWTP 菜鸟号（以下简称"班列"）抵达仪式，并与班列合作方、物流管理部门等开展全方位的沟通。代表团走访比利时当地华侨社团及企业，开展招商引资工作。

**【蒙古国人民党干部代表团访问义乌】** 10月26日，蒙古国人民党网络政策局局长策·楚龙扎格德率代表团一行26人访问义乌。市外办党组成员龚希明接待代表团，并就中欧班列运行、电商合作、经贸交流等事宜进行深入交流。在义期间，代表团一行参观了国际商贸城一区、四区、五区、城市规划馆及义乌港。

**【泰国商会和贸易院主席访问义乌】** 11月8日，市委常委、副市长刘磊会见泰国商会和贸易院主席一行，双方就进口商品引进、商协会招引、青年创业培训等进行了深入交流，并达成共识。在义期间，代表团一行考察了进口孵化区、国际商贸城。

**【参加中国地方对中东欧合作意向推介会】** 11月18日，市委常委、副市长刘磊率义乌市代表团赴北京参加中国地方对中东欧合作意向推介会。50余位来自中东欧11国执政党领导人及成员代表参会。刘磊用四个小故事生动诠释义乌在贸易、电商、市场、营商环境等领域的改革创新和独特优势，并从共享市场贸易平台、推动互利共赢的双向投资、共建中小企业跨境电商平台、夯实人文交流平台助力青年创业创新四方面畅谈合作机遇，希望能与中东欧国家进一步深化交流与合作。在对接交流环节，刘磊与塞尔维亚前进党副主席代表团、斯伐洛克方向党副主席代表团、斯洛文尼亚社会民主人士党总书记代表团、罗马尼亚国家自由党海外侨民组织副主席代表团、北马其顿外交部副部长等相互介绍彼此优势产业，合作意向等，主动寻求合作契机，进一步推进深入务实工作。诚挚邀请更多中东欧高访团来访义乌，也希望他们推荐中东欧国家优质企业及产品来义参展等，扩大进口贸易，人文交流等多领域合作。

**【义乌市代表团访问埃塞俄比亚和捷克】** 11月23日至30日，副市长葛巧棣率义乌市代表团访问埃塞俄比亚和捷克，就开拓非洲新市场、与阿里共同推进 eWTP 埃塞俄比亚数字贸易枢纽签约、捷克站与商城集团海外业务整合改制工作事宜，寻找义乌市场走出去商机。25日，eWTP 埃塞俄比亚项目框架协议签约仪式在埃塞俄比亚首都亚的斯亚贝巴隆重举行。埃塞俄比亚总理阿比、中国驻埃塞俄比亚大使谈践、阿里巴巴创始人马云、蚂蚁金服董事长井贤栋、义乌市副市长葛巧棣出席仪式并致辞。会上，埃塞俄比亚创新科技部、阿里巴巴、义乌商城集团共同签署了《eWTP 埃塞俄比亚项目合作备忘录》。此次签约的 eWTP 项目成为继9月在卢旺达基加利后的第二个非洲 eWTP 项目。

**【2019年第三期义路同行——全球青年创业培训】** 11月25日在义乌工商学院开班。这期活动共招募了来自17个国家的38名学员。本次培训计划包含培训授课、创业实践、参观考察、思想碰撞、文化体验等多方面内容。学员们走进国际商贸城、义乌进口商品孵化区、B保、跨境电商产业园（易家园区）、金斯顿物流等地，学习各领域实战知识，探讨最热门的创业话题，感受冬日热火朝天的义乌速度和激情。在进口商品城孵化区及采购商服务中心举办的推广和采购趣味比拼活动，让学员们有更强的参与感和获得感。学员们还走进美丽乡村

李祖村、澄心学堂，体验剪纸、武术、琴棋书画等民俗国粹。

**【“一带一路”商务代表团访问义乌】** 11月24至25日，“一带一路”商务代表团访问义乌，由来自格林纳达、东帝汶、坦桑尼亚等35个国家和地区的百余名驻华大使及商务参赞、沿线国家商协会机构主要负责人组成。市领导王健、刘磊会见来宾。市长王健向代表团简要介绍了义乌市经济社会发展情况。他指出，近年来义乌市主动融入“一带一路”建设，高质量高水平建设世界“小商品之都”，深入开展对外交流合作，推动市场创新发展，已与219个国家和地区保持着经贸往来。当前，义乌正在积极打造国际一流的营商环境，构建通达全球的物流网络，推动义乌与世界城市间对话合作。义乌市欢迎各位贵宾积极发动本国企业入驻进口商品孵化区，利用义乌这个窗口拓展中国市场。希望以这次考察为契机，推动双方持续深入开展贸易、会展、物流、友好城市等领域间的务实交流合作，也热忱欢迎世界各国朋友前来考察访问、投资兴业、旅游购物，共同分享义乌对外开放的新机遇。

**【莱索托外交副大臣访问义乌】** 11月26日，莱索托外交副大臣马哈帕一行三人访问义乌，参观国际商贸城、家具市场及进口孵化区。

**【德国驻上海总领事访问义乌】** 12月3日，德国驻上海总领事欧珍访问义乌。市政协主席葛国庆会见并简要介绍义乌市经济社会发展情况和与德国的交流合作情况。她表示，义乌将努力营造最优营商环境，支持德国企业在义乌发展，希望双方在文化、教育、旅游等多方面加深交流合作，实现共赢发展。欧珍表示，将会在积极推动德国和义乌在经济领域交流合作的基础上，不断深化其他领域的务实合作，使双方的友谊更巩固，为两地企业、人民带来更多实实在在的好处。

**【卢旺达驻华大使访问义乌】** 12月4日至5日，卢旺达驻华大使詹姆斯·基莫尼奥一行访问义乌。副市长葛巧棣会见代表团并详细介绍义乌市经济社会发展情况，希望通过双方通力合作，共同推进eWTP义乌全球创业中心——卢旺达数字贸易枢纽项目。葛巧棣对卢旺达创业青年、企业代表发出邀请，推介来义参加“义路同行——全球青年创业培训计划”，参加义乌各大展会，以义乌为平台开拓中国市场。詹姆斯·基莫尼奥表示，卢旺达十分期待双方合作迈入更新台阶，有意在进口商品城孵化区设立国家馆，进一步推动卢旺达产品进入中国市场。5日，卢旺达—义乌贸易投资沙龙在国际商贸城采购商服务中心成功举办，共吸引二十余位企业代表、经营户代表参加。

**【尼日利亚驻华大使访问义乌】** 12月5日，尼日利亚驻华大使访问义乌，参观考察义乌小商品城。市外事办副主任王烈刚接待大使一行。双方深入交流义乌小商品城发展情况，期待更多贸易合作。

**【义乌市代表团访问西班牙和摩洛哥】** 12月10日至18日，市政协主席葛国庆率义乌市代表团一行访问西班牙和摩洛哥。代表团参加在西班牙举行的义新欧班列开通五周年座谈会，并就市场贸易、友好城市交流、招商引资、城市建设、综合保税区等事宜进行了交流和考察。

**【义乌市代表团访问澳大利亚和日本】** 12月11日至18日，市政协副主席杨桂芳率义乌市代表团一行5人访问澳大利亚和日本。在澳大利亚，代表团与维多利亚州政府、澳大利亚AUCHCO公司、墨尔本MONASH儿童医院、中国驻悉尼总领事馆、墨尔本金华同乡会、澳洲中华经贸文化交流促进会、澳大利亚义乌同乡会，就招商引资、医疗合作、招才引智、义乌市场“走出去、引进来”等事宜进行了会见、商谈、交流。在日本，代表团与AYA医疗福祉集团、日本NTEC株式会社、Fancle株式会社（化妆品、食品、医药化工）、日本国际医疗健康福祉协会、日本金华（义乌）总商会、日本金华商会，就养老、医疗、招商引资、生鲜产品进口等事宜进行了考察、交流。

**【美国传统非裔大学项目代表团访**

**问义乌】** 12 月 18 日，在全国友协、中美交流基金会相关人员的陪同下，美国摩根州立大学、贾维斯基督学院、欧克伍德大学的校长和相关负责人访问义乌。市外办副主任沈干民、沈思接待。

**【基里巴斯足球代表团访问义乌】** 12 月 18 日，基里巴斯妇女、青年、体育和社会事务部长塔奥巴·凯亚率基里巴斯全国运动会男女冠军足球队一行访问义乌。副市长骆小俊参加相关活动。市领导详细介绍义乌市经济社会发展情况，希望双方通过加强交流协作推动基里巴斯创业青年来义参加“义路同行—— 全球青年创业培训计划”，推动两地学校间的足球交流、教练互换，深化义乌与基里巴斯在体育、文化等方面的交流。

**【义乌市代表团访问俄罗斯和印度】** 12 月 19 日至 26 日，市长王健率义乌市代表团访问俄罗斯和印度。

在俄罗斯，代表团访问俄罗斯联邦斯维尔德洛夫斯克州、俄罗斯联邦外交部驻乌拉尔地区相关负责人，推进双方在经济贸易、人文交流等领域深度合作；参观了义乌最大的俄方投资商西玛兰德公司旗下物流园、电子商务基地、大型超市等，开展了合作洽谈；拜访俄罗斯铁路总公司，双方就推动“义新欧”班列可持续发展项目进行磋商；与俄罗斯亚洲工业企业家联盟座谈，商讨联盟来义乌投资；拜访在俄拥有 2.4 万家连锁超市、年营业额约 110 亿人民币的莫斯科马格尼特连锁超市公司，推动该公司与义乌的进出口贸易进一步扩大；与俄罗斯最大的华人市场柳布利诺市场管理方基辅广场集团举行座谈，双方就海外仓、展会等领域合作进行深入交流；走访了浙商义商代表，了解他们的产业发展和营商环境情况，转达家乡人民的问候。

在印度，代表团会见科钦市市长苏米妮，推动双方发扬古代海上丝绸之路交往传统，继续深化经贸、文化领域交流合作；与新孟买市市长苏塔尔举行会晤，双方就建立友好城市关系，实现产业互补，在高新技术等方面开展合作深入交换意见；实地调研了 LULU 集团在科钦的大型商超，并参加了义乌及“义乌好货”科钦推介会；考察了喀拉拉邦信息技术园，深入了解印度信息技术产业发展情况，学习园区规划建设的先进经验；拜会中国驻印度大使馆，就加强义乌与印度合作寻求支持与帮助；代表团还拜访中印经济文化交流中心、印度浙江总商会，积极招引华侨回归，促进中印两国文化交流及民间交往。

**【伊朗驻上海总领事访问义乌】** 12 月 20 日，伊朗驻上海总领事拉马赞·帕尔瓦兹率代表团一行访问义乌。市委常委、副市长李俊福会见代表团一行。李俊福表示，义乌正大力发展进口和转口贸易，希望总领事推动优质伊朗产品来义乌参展销售，欢迎伊朗参加义乌 2020 年的“友城展”。总领事对义乌经济活力和文化包容性表示赞赏，并希望双方要推进各领域合作，特别是在城市交往、贸易往来方面加强联系沟通，共同化解当前合作中存在的一些障碍。

**【巴基斯坦驻华大使访问义乌】** 12 月 27 日，市长王健会见巴基斯坦驻华大使纳格玛娜·哈什米一行，双方就进一步深化合作、推动经贸往来等方面进行亲切交谈。市委常委、副市长李俊福参加会见。王健向纳格玛娜·哈什米简要介绍义乌市经济社会发展情况。并指出，义乌与巴基斯坦在经贸领域交流密切，1-10 月，巴基斯坦商人临时入境约 1.8 万人次，常驻义乌约 500 人。希望以此次考察为契机，进一步加强沟通交流、深挖合作潜力，努力在经贸、人文等领域合作上取得更大进展。纳格玛娜·哈什米表示，义乌对巴基斯坦来说是一座非常熟悉的城市，许多中国制造的商品通过义乌出口到巴基斯坦，双方合作基础良好、前景广阔。愿积极推动双方在工业制造、进出口贸易、产业园区开发、文化旅游等领域深化合作，同时欢迎更多义乌企业到巴基斯坦投资兴业。

（叶莉娜）